全国船舶工业职业教育教学指导委员会推荐教材

船舶避碰与值班

主　编　周志红
副主编　刘敬贤　魏天明　李向荣
主　审　张　卓

哈尔滨工程大学出版社
Harbin Engineering University Press

内容简介

本书依据《海船船员培训大纲(2021版)》二/三副适任要求的各项职能中对船舶避碰、值班、国际信号规则及驾驶台资源管理的适任要求编写,全书分成6个项目,项目一介绍国际海上避碰规则的基础知识,包括规则的起源及相关名词术语;项目二介绍船舶使用的各类信号,包括号灯、号型及国际信号规则;项目三介绍船舶在海上的航行避让原则,包括任何能见度的行动规则及让路船、直航船的行动等;项目四介绍船舶的避让行动,包括了几何制、等级制的避让,能见度不良的避让以及特殊情况下的避让;项目五介绍船舶值班的相关要求;项目六介绍驾驶台资源管理。

本书适合航海类高职院校学生学历教育及二/三副岗位各等级培训使用,也可以供管理级船员培训参考使用。为方便广大学员学习与理解,书中增加了大量学习资料,可扫描书中二维码获取学习资料。

图书在版编目(CIP)数据

船舶避碰与值班 / 周志红主编. — 哈尔滨 : 哈尔滨工程大学出版社, 2022.6
ISBN 978-7-5661-3524-7

Ⅰ. ①船… Ⅱ. ①周… Ⅲ. ①船舶航行-避碰规则 Ⅳ. ①U692.1②U675.96

中国版本图书馆CIP数据核字(2022)第084322号

船舶避碰与值班
CHUANBO BIPENG YU ZHIBAN

选题策划 史大伟 薛 力
责任编辑 唐欢欢
封面设计 李海波

出版发行 哈尔滨工程大学出版社
社 址 哈尔滨市南岗区南通大街145号
邮政编码 150001
发行电话 0451-82519328
传 真 0451-82519699
经 销 新华书店
印 刷 哈尔滨市石桥印务有限公司
开 本 787 mm×1 092 mm 1/16
印 张 17
字 数 448千字
版 次 2022年6月第1版
印 次 2022年6月第1次印刷
定 价 59.00元

http://www.hrbeupress.com
E-mail:heupress@hrbeu.edu.cn

编 写 团 队

主　编： 周志红

主　审： 张　卓

副主编： 刘敬贤　魏天明　李向荣

参　编（按姓氏笔画排序）：

王　峰　方玉宝　付天彪　朱建和　李　朋　李　冰

刘金华　刘　广　宋纪春　张建设　杨　林　杨　栋

郑　好　祝　波　赵贵竹　袁富春　黄　耀　聂　靖

曾宪志　彭启高　蒋　谦　蒙加林　詹方勇

前　言

针对船员培训的发展现状及远景规划，2019 年到 2021 年国家密集出台了各类关于船员培训、考试、管理方面的规章制度，2019 年 6 月发布了《中华人民共和国船员培训管理规则》并相继完善了其他相关的规章制度。经多次征求意见，2021 年 8 月发布了《海船船员培训大纲（2021 版）》，于 2021 年 10 月 1 日起实施。

笔者紧跟船员市场的变化，结合我国航海教育及船员培训的实际情况，面对高职院校学生群体及支持级船员职务晋升的培训需求编写本教材。教材着眼于培养高职学生及操作级船员的航海基本知识及基本技能，文字表述力求做到浅显易懂，紧密联系航海实践，参考广大船员的值班习惯，分析船员的值班心理，让各位读者特别是从未登船的高职学生正确认识与理解驾驶台的值班职责，指导各位学员步入驾驶台值班岗位并承担起值班职责，有效履行各项职能，为船舶运输中的安全及海员环境保护恪尽职守。

本教材设计为新型立体化教材，采用“项目任务”的编排模式，依据《海船船员培训大纲（2021 版）》二/三副适任要求的各项职能中对避碰、值班、国际信号规则及驾驶台资源管理的适任要求，以《1972 年国际海上避碰规则》《STCW 值班规则》及《国际信号规则》为主线编写，最后加入了驾驶台资源管理项目。全书分成 6 个项目，在内容编排上遵循了识别及使用船舶信号进行航行避让的原则，将《1972 年国际海上避碰规则》及《国际信号规则》进行了融合及项目化再分类，力求内容连贯，在项目一集中介绍各类名词术语，使教材更符合教学规律，便于学员理解与接受。在文字表述上力争使用通俗易懂、解释严谨的法律法规，对易于理解的内容以文字表述为主，对难于理解的内容辅以图片，对易于混淆且难以被读者理解的内容，使用教学课件、动画及现场教学视频的形式进行指导，并归类总结出了相关表格便于学员理解与记忆。每个项目后面都附有习题及解析，便于学员巩固所学内容。其中驾驶台资源管理项目是在主审张卓船长的全面指导下编写，全书编写得到了刘敬贤教授的热情指导。

本教材可供航海类高职院校学生学历教育及各类二/三副岗位培训使用，也可供管理级船员培训参考使用。本教材在编写及出版的过程中得到了相关航海类高职院校及船员培训机构的大力支持，特表谢意。由于编者水平有限，航海资历尚未遍布世界的每个角落，书中难免有些与特定地区航海实际不相符甚至冲突的地方，恳请各位同行和读者批评指正。

编　者

2022 年 1 月

目　　录

项目一　国际海上避碰规则的基础知识介绍

任务一　认识国际海上避碰规则

一、国际海上避碰规则的历史沿革

1. 产生:远古—1889 年

(1)海上航行起初以小型非机动船为主,在奴隶制与封建王朝时期,是没有海上避碰规则的,多实行等级制,按船舶大小及船主身份等级来实行避让,直到两千年前“RHODIAN LAW”《罗德海法》的出现。《罗德海法》首先提出了两船间的避让责任、两船应尽的义务及两船应承担的因碰撞所导致的赔偿责任等内容,是早期避碰规则的典型代表。尽管该法无法律约束力,仅仅是船舶间的一种自觉、自愿的行为(俗称自由摆脱),但对协调船舶间冲突,避免碰撞事故的发生具有积极的作用。

(2)18 世纪,英国工业革命中出现了蒸汽机,结束了“帆船一统天下”的格局,航海进入“汽船时代”,伦敦引航公会制定了《汽船航行规则》,从而产生了具备法律效力的海上避碰规则,在该规则中明确了“狭水道右行”“交叉相遇右转”的避让规则,俗称“左舵规则”。

(3)1863 年,英、法联合制定新的规则,后经 1880,1884 年两次修改,标志着海上避碰规则具备了国际性。

(4)1889 年,在美国政府的倡议下,在华盛顿召开了第一次讨论国际海上避碰规则的国际会议,修改了 1863 年制定的规则,但几年后仅仅在部分国家生效。我国清政府参加了该次会议。

2. 近代“规则”:1910—1960 年

(1)1910 年,世界主要海运国家在布鲁塞尔召开了一次国际会议,在会议上修改了 1889 年制定的规则,通过并颁布了《1910 年国际海上避碰规则》。我国清政府参加了该会议,接受该“规则”但做了保留。该规则统一了国际间海员在避碰方面存在的各种不同的习惯做法与行为准则,在历史上被称为第一个国际海上避碰规则。

(2)1929 年,在伦敦召开的国际海上人命安全公约(International convention for safety of life at sea,SOLAS)会议上修改了《1910 年国际海上避碰规则》,结束了“左舵规则”,确立了操右舵,舵叶应右转,船首右转响应的原则,结束了舵轮与舵叶转动方向不一致所造成的舵令混乱的局面。这一修正案于 1933 年生效。

(3)1948 年,海运国家再次在伦敦召集国际海上人命安全公约会议,结合 1929 年修正案,修改了“1910 年规则”,并将此修正案命名为《1948 年国际海上避碰规则》,同时废止“1910 年规则”。1957 年我国宣布接受《1948 年国际海上避碰规则》时,对有关非机动船舶的规定仍然做了保留,并于 1958 年 8 月 16 日颁布了《中华人民共和国非机动船舶海上安全航行暂行规则》,规范我国非机动船舶的海上避碰事宜。随后在实施《1960 年国际海上避碰规则》和《1972 年国际海上避碰规则》时继续对非机动船舶的海上避碰规定做了保留。

3. 现代“规则”:1960 年至今

(1)针对雷达普遍应用于船舶避碰和导航的现状,1960 年政府间海事协商组织(IMCO,简称“海协”,1982 年 5 月更名为“国际海事组织”,即 IMO)于伦敦召开“国际海事人命安全公约会议”,制定了《1960 年国际海上避碰规则》,该规则仍作为“国际海事人命安全公约”最终议定书的一个附件(不具有法律效力),于 1965 年生效。

(2)1972 年 10 月,联合国“政府间海事协商组织”又一次在伦敦主持召开专门大会,修订《1960 年国际海上避碰规则》,签署了《1972 年国际海上避碰规则公约》,并将新修订的《1972 年国际海上避碰规则》(以下简称《规则》)作为该公约的附件,强化了国际避碰规则在保证海上安全和保护海洋环境方面的重要作用和地位。《1972 年国际海上避碰规则》在 1977 年 7 月 15 日生效,我国于 1980 年 1 月 7 日正式加入 IMO,并于同年 4 月 1 日零点起正式实施该规则。

(3)为适应海上避碰实际需要,海协及更名后的国际海事组织分别于 1981,1987,1989,1993,2001,2007 和 2013 年通过 7 个修正案,对《规则》进行了修正,使其内容不断丰富和完善。我国同步实施这些修正案,这些修正案如下。

1981 年修正案——号灯、号型及用词方面,1983 年 6 月 1 日生效。

1987 年修正案——第十条,增加第八条 6 款,1989 年 11 月 19 日生效。

1989 年修正案——第十条 4 款,沿岸通航带,1991 年 4 月 19 日生效。

1993 年修正案——号灯、号型,1995 年 11 月 4 日生效。

2001 年修正案——地面效应船,2003 年 11 月 29 日生效。

2007 年修正案——船舶遇险信号的相关内容,2009 年 12 月 1 日生效。

2013 年修正案——增加了第六章,第三十九至四十一条,对缔约国政府提出了对符合国际海上避碰公约规定进行验证的要求,对船舶的航行避让基本不造成影响,2016 年 1 月 1 日生效。

二、《规则》的内容与结构

《规则》分为 6 章 41 条和 4 个附录。其主要内容结构如下:

第一章:总则(第一至三条)

第一条　适用范围

第二条　责任

第三条　一般定义

第二章:驾驶和航行规则(第四至十九条)

第一节　船舶在任何能见度情况下的行动规则(第四至十条)

第四条　适用范围

第五条　瞭望

第六条　安全航速

第七条　碰撞危险

第八条　避免碰撞的行动

第九条　狭水道

第十条　分道通航制

第二节　船舶在互见中的行动规则（第十一至十八条）

第十一条　适用范围

第十二条　帆船

第十三条　追越

第十四条　对遇局面

第十五条　交叉相遇局面

第十六条　让路船的行动

第十七条　直航船的行动

第十八条　船舶之间的责任

第三节　船舶在能见度不良时的行动规则（第十九条）

第十九条　船舶在能见度不良时的行动规则

第三章：号灯和号型（第二十至三十一条）

第二十条　适用范围

第二十一条　定义

第二十二条　号灯的能见距离

第二十三条　在航机动船

第二十四条　拖带和顶推

第二十五条　在航帆船和划桨船

第二十六条　渔船

第二十七条　失去控制或操纵能力受到限制的船舶

第二十八条　限于吃水的船舶

第二十九条　引航船舶

第三十条　锚泊船舶和搁浅船舶

第三十一条　水上飞机

第四章：声响和灯光信号（第三十二至三十七条）

第二十二条　定义

第三十三条　声号设备

第三十四条　操纵和警告信号

第三十五条　能见度不良时使用的声号

第三十六条　招引注意的信号

第三十七条　遇险信号

第五章：豁免（第三十八条）

第六章：对符合本公约规定的验证（第三十九至四十一条）

附录1：号灯和号型的位置和技术细节

附录2：在相互邻近处捕鱼的渔船额外信号

附录3：声号器具的技术细节

三、《规则》的双重性质

《规则》作为海上避碰行为的重要规范，具备技术规范和法律规范的双重性质，作为技术规范，它规范了船舶驾驶人员的避让行动，要求船舶驾驶员在避让中应按照《规则》的规定采取正确的避让行动，也称为避让行动的指南；作为法律规范，它不仅约束了船舶的避碰行为，而且是碰撞事故中判明碰撞责任的主要依据。

评价要素参考

1. 了解避碰规则的产生：从地方性规则到国际规则的转变过程。
2. 了解《规则》的发展、最新修订及其生效时间。
3. 掌握《规则》的内容及框架，特别是《规则》第二章的内容。
4. 理解《规则》的作用或其双重性质。

任务二　理解常用名词与术语

《规则》第三条在“除条文另有解释外”的前提下，对《规则》中所有的13个名词术语下了定义。《规则》第三条给出的定义为“一般定义”，适用于整个《规则》。“除条文另有解释外”是指在《规则》其他条文中引用相关的术语时，不能仅仅根据第三条的定义确定其具体含义，而必须考虑《规则》上下文是否有限制其外延的规定。“上下文另有规定”可能是某一具体条款本身限制了其外延；也可能是关联的其他条文限制了其外延，最典型的就是关于机动船的外延，学习中应予以特别关注。另外在《规则》各条中还涉及了安全航速、紧迫局面、紧迫危险、狭水道、船舶定线制、几何制、让路船、直航船、海员通常做法、良好船艺等各类术语，不仅要熟练掌握这些名词与术语的意义，而且还要能熟练地运用它们。分别介绍如下。

一、船舶(vessel)

《规则》定义：“船舶”指用作或者能够用作水上运输工具的各类水上船筏，包括非排水船筏、地效船和水上飞机。从该定义可以看出，“船舶”的定义的核心是“用作或者能够用作水上运输工具”。

“用作”是指这些船筏正在从事水上运输；而“能够用作”是指这些船筏的设计和建造的目的不是从事水上运输，当前也没有从事水上运输，但这些船筏是可以兼作水上运输工具来使用的。例如，各种作战舰艇、挖泥船或打捞船等工程船舶、航行中的钻井平台、在水面上的潜水艇等。而专用作助航标志的灯船或作为浮码头的趸船，其外形与船舶完全一致，而且也能作为水上运输工具使用，却不属于规则所指的“船舶”的范畴。

如何判断一个水上船筏是否属于《规则》所指的船舶，不仅要看是否有其“形”，而且还要看是否有其“实”；当其从事水上运输时，如果其原有的功能或属性没有改变，才属于《规则》所指的船舶。也门撤侨时的军舰，在撤侨时依然具备战斗力，仍然是军舰，其军舰的功能与属性没有因为从事水上运输而发生改变。如图1-1所示，如果将长江口灯船用来从事水上运输，灯船一旦离开了原始的位置，就失去了导航的功能，其原有功能和属性不复存在，所以不属于船舶。在码头供他船停靠的趸船，一旦从事水上运输，势必失去供他船停靠的功能，也不属于《规则》所指的船舶。

“各类水上船筏”是指不论种类、大小、形状、推进方式及用途的各种水上船筏，包括普通船舶与异形船舶。“水上(upon water)”一词是指这些船筏必须作为水面上的运输工具，即使处于非排水状态，也必须与水面相关联，如利用表面效应飞行的地效船就是必须与水面相关联的船舶；而起飞完毕，彻底离开水面处于飞行状态的水上飞机，就不再属于《规则》所述的船舶。

图 1 – 1　灯船与趸船

《规则》明确规定，“船舶”一词包括非排水船舶、地效船和水上飞机。非排水船舶指航行时基本上或完全不靠浮力支撑船体质量而脱离水面的船舶，如水翼船、气垫船及滑翔艇等。这些非排水船舶虽然脱离了水面，它们在《规则》适用的水域从事水上运输时，能够与普通正常航行的船舶构成碰撞危险，须按《规则》统一规范避让行动，因此，应属于《规则》所述的“船舶”。有关地效船和水上飞机将在后述定义中进一步阐述。

二、机动船（power-driven vessel）

《规则》定义：“机动船”指用机器推进的任何船舶。通常认为，“用机器推进”隐含船舶处于在航状态，其常规的推进方式是机器推进，但并不是指船舶正在使用机器推进，如停止主机处于漂航状态的机动船仍然应被视为机动船。除部分操纵能力受到限制的船舶和从事捕鱼的船舶外，其他种类的船舶一旦锚泊，就应统称为锚泊船，不再按船舶种类划分为不同类别，统一执行《规则》对锚泊船的相关规定。事实上，《规则》是依据船舶应承担的避让责任来划分船舶种类的，而并不依据船舶的实际用途。

“机动船”一词在《规则》不同条文中的外延并不完全相同，按其外延可以将机动船分为狭义机动船与广义机动船两类。第三条一般定义的机动船是广义的机动船。在具体判断“机动船”的外延时，应结合《规则》具体条文的内容，确定是否有限制其外延的条款，若不存在限制其外延的特殊条款，则其外延是完整的，指所有用机器推进的船舶——广义的机动船；否则就应归类为狭义的机动船。例如《规则》第十八条规定了各类船舶之间的避让责任，其中的机动船就排除了用机器推进的从事捕鱼的船舶、失去控制的船舶、操纵能力受到限制的船舶及限于吃水的船舶、水上飞机、地效船等，属于狭义的机动船。而在“船舶在能见度不良时的行动规则”中，要求“机动船应将机器做好随时操纵的准备”的规定，因没有对机动船的具体种类做出限制，而适用于任何用机器推进的船舶，包括处于从事捕鱼的船舶、失去控制的船舶和操纵能力受到限制的船舶等全部用机器推进的船舶，属广义的机动船。又如，第三十五条第 1 和第 2 款规定，在航机动船的雾号应是一长声或二长声，同时该条第 3 款规定，失去控制的船舶、操纵能力受到限制的船舶、限于吃水的船舶、从事捕鱼的船舶以及从事拖带或顶推他船的船舶等五类用机器推进的船舶应鸣放一长声继以二短声。因此，可以确定该条第 3 款限制了第 1,2 款中的机动船的外延，第 1,2 款中的机动船是指排除该第 3 款中提及的上述五类用机器推进的船舶之外的其他用机器推进的船舶，也属于狭义的机动船。狭义机动船的外延是依据条款的具体规定而调整的，虽然都属于狭义的机动船，但有些条款将限于吃水船和普通的拖带排除在机动船之外，而另一些条款又涵盖了这两类船舶。我们习惯将狭义的机动船称为普通机动船。

总之，解释和理解《规则》各条款中"机动船"一词时，不仅应当考虑第三条一般定义有关"机动船"的解释，还应当根据《规则》条款本身以及《规则》条款之间的关系，准确确定"机动船" 所指的外延。

三、帆船(sailing vessel)

《规则》定义："帆船"指任何驶帆的船舶，包括装有推进器但不在使用者。根据该定义，驶帆表明帆船必须处于在航状态，在航时仅仅用风帆获得动力的船舶为帆船，包括漂航没有驶帆在内。有一个特例就是装有推进器的帆船，即所谓的机帆船，根据《规则》定义，机帆船在航仅使用帆时，属于帆船；机器和帆都不用时，符合帆船定义中未使用推进器的规定，应视为帆船；如果仅使用机器则为机动船；如果机帆并用，就不符合帆船"推进器不在使用"的规定，不属于帆船，应归类为机动船。也就是说，机帆船只要使用推进器，无论是否驶帆均应视为机动船，应遵守《规则》有关机动船的规定。

机帆船在航，既不驶帆也不使用机器推进的状态下，从定义的角度出发是属于帆船的。在海上实践中到底归类于帆船还是机动船，白天应依据其外观为帆船还是机动船来判断，晚上应依据其显示的号灯来判断。在难以判断时，机动船应当假定他船为帆船，以策安全。

四、从事捕鱼的船舶(vessel engaged in fishing)

《规则》定义："从事捕鱼的船舶"指使用网具、绳钓、拖网或其他使其操纵性能受到限制的渔具捕鱼的任何船舶，但不包括使用曳绳钓或其他并不使其操纵性能受到限制的渔具捕鱼的船舶。判断船舶是否属于"从事捕鱼的船舶"应同时具备两个条件，即正在进行捕鱼作业，而且所使用的渔具使该捕鱼船的操纵性能受到限制。

所谓正在从事捕鱼作业，包括放流网、拖网、围网、张网等各类渔具作业，从放网开始到起网结束的整个过程。不应当根据船舶的用途或种类来判断其是否为一艘从事捕鱼的船舶。一艘正在驶往渔场、返回渔港或搜索鱼群而不在捕鱼作业中的渔船，就不属于《规则》所定义的从事捕鱼的船舶。

所谓"所使用的渔具使其操纵性能受到限制"是指其所使用的渔具使其转向和变速性能受到限制，但该限制并未严重到不能给他船让路的程度。一船所使用的渔具若不使其操纵性能受到限制，则不属于《规则》定义的从事捕鱼的船舶。渔船可能使用的渔具一般有流网、围网、拖网、绳钓、捕鲸枪(鲸枪命中之后)及曳绳钓、手钓等，其中曳绳钓、手钓属于不妨碍船舶操纵性能的渔具，因而正在使用曳绳钓、手钓捕鱼的船舶不能被认定为从事捕鱼的船舶；而使用绳钓等其他渔具捕鱼的船舶则属于从事捕鱼的船舶。各类捕鱼的方式如图 1－2 所示。

同时满足前述两个条件的船舶均可以被认定为从事捕鱼的船舶。从事捕鱼的船舶既可以是机动船，也可以是非机动船；既可能处于在航中，也可能处于锚泊中。

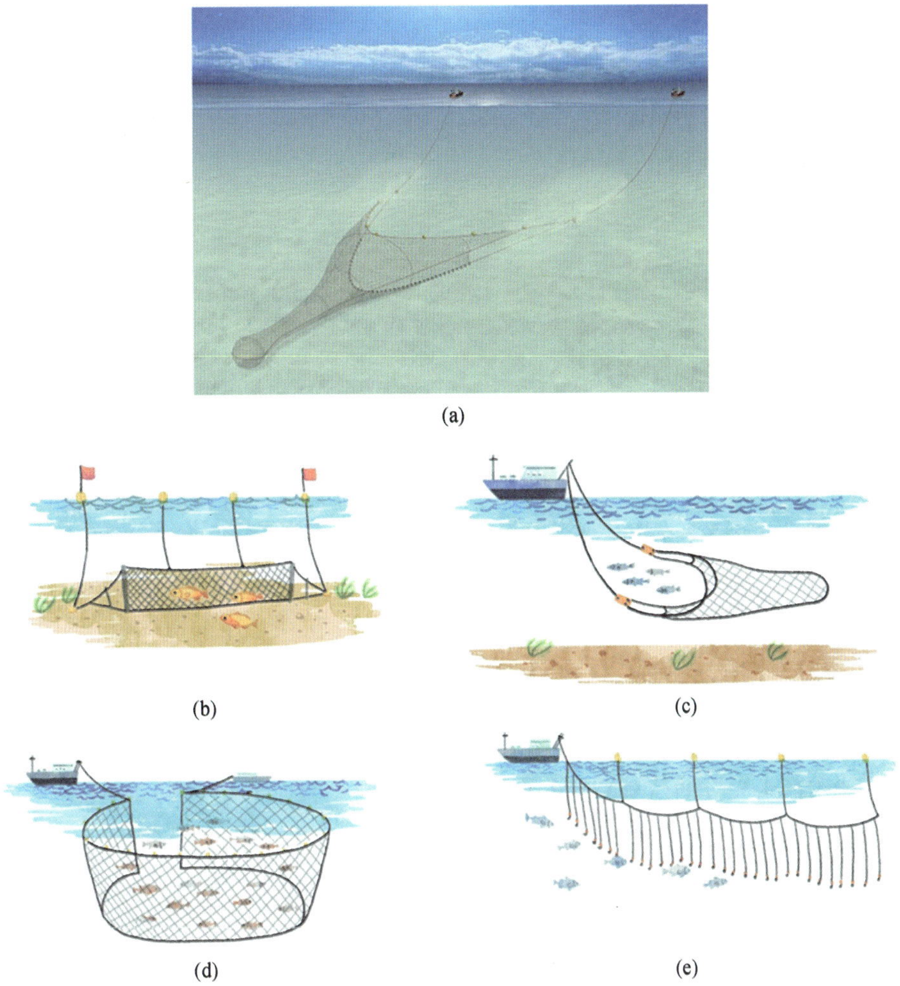

图 1－2　常见的捕鱼方式

五、水上飞机(seaplane)

《规则》定义:"水上飞机"包括为能在水面操纵而设计的任何航空器。根据该定义,水上飞机是经专业设计,适合在水面上漂浮并进行起飞和降落的航空器,而不是在水面迫降的遇险飞机,也不是非排水状态的气垫船、地效船。当水上飞机离开水面后,无论是超低空飞行还是在空中正常飞行,均不再属于《规则》所指的船舶。可以理解为水上飞机在高度上离开了规则的适用水域。此外,超低空飞行的高度都在 100 m 以上,已不能与水面正常航行的船舶构成碰撞危险,因此不再受《规则》的约束。

六、失去控制的船舶(vessel not under command)

《规则》定义:"失去控制的船舶"指由于某种异常的情况,不能按本规则条款的要求进行操纵,因而不能给他船让路的船舶。所谓的"异常情况",是指船舶本身或航行环境发生的一切非正常情况或意料之外的突发变故,这些情况包括:

(1)主机或舵机发生故障;

(2)车叶损坏或舵叶丢失;

(3)船舶发生火灾,正在按照灭火要求进行操纵;

(4)锚泊船在大风急流中走锚;

(5)处于无风中的帆船;

(6)大风浪中航行致使船舶不能改向和变速;

(7)船体破损进水;等等。

失去控制的船舶简称"失控船",在航中的船舶出现上述异常情况时,应被认定为"失去控制的船舶",应当立即显示失控信号。没有遭受任何异常情况,处于停车漂航中的船舶不属于失控船,应禁止违规使用失控信号。

船产生失控的起因是船舶遭受到了内部或/和外部异常情况,船舶所处的状态是不能按规则要求进行操纵,导致的结果是不能给他船让路。机动船一旦失控,白天应立即显示垂直的两个黑球;晚上应立即关闭桅灯,显示垂直两盏红色环照灯,在船舶惯性消失停止对水移动后,关闭舷灯和艉灯。"不能给他船让路"指一船无法按《规则》要求履行给他船让路或保向保速的责任。如果船舶遭受了上述异常情况,虽然操纵困难,但仍然可以根据《规则》采取避碰行动时,就不属于《规则》定义的失去控制的船舶,这种情况下,其显示失去控制船舶的号灯或号型也是不适当的。有一个很典型的案例:1969 年"奇梅"轮与"地捷瑞达"轮在多佛海峡的恶劣天气中发生碰撞,后者航速 6.5 kn,显示了失控灯,法官认为其完全有能力给他船让路而无权显示失控灯;此案例充分体现了操纵困难与不能按《规则》操纵的区别,不能用显示失控的信号来解除自己的避让责任。船舶只有在确实不能按《规则》操纵时,才可显示失控信号。

理解"不能按本规则条款的要求进行操纵"应注意:

(1)丧失按本规则各条要求进行操纵的能力,包含保向保速和变速改向。

(2)只能根据安全的需要进行操纵,而不能按《规则》的要求进行操纵,否则会引起危险。遭受火灾的船舶,在其车舵并未受损时,为避免火灾蔓延,只能操纵船舶使火场处于下风,从而丧失按《规则》要求操纵船舶的能力等。

(3)失去控制的船舶只能存在于"在航"状态,发生事故或处于异常情况的船舶在锚泊、搁浅后,不再构成《规则》所指的失去控制的船舶。事实上,只有在航的船舶才可能按《规则》操纵,锚泊、搁浅的船舶与"按本规则条款的要求进行操纵"根本无法关联。

七、操纵能力受到限制的船舶(vessel restricted in her ability to manoeuvre)

《规则》定义:"操纵能力受到限制的船舶"指由于工作性质,使其按本规则条款的要求进行操纵的能力受到限制,因而不能给他船让路的船舶。"操纵能力受到限制的船舶"应包括,但不限于下列船舶:

(1)从事敷设、维修或起捞助航标志、海底电缆或管道的船舶;

(2)从事疏浚、测量或水下作业的船舶;

(3)在航中从事补给或转运人员、食品或货物的船舶;

(4)从事发放或回收航空器的船舶;

(5)从事清除水雷作业的船舶;

(6)从事拖带作业的船舶,而该项拖带作业使该拖船及其拖带物驶离其航向的能力严重受到限制者。

操纵能力受到限制的船舶简称“操限船”，产生“操纵能力受到限制的船舶”的起因是船舶正在从事作业的工作性质，而不是指船舶的用途或船舶种类；船舶所处的状态是不能按规则进行操纵，导致的结果是不能给他船让路。《规则》条文列出了 6 种操纵能力受到限制的船舶，但并不仅仅局限于这 6 种。在理解“操纵能力受到限制的船舶”一词时，应当注意：

(1)船舶正在从事使其操纵能力受到限制的作业。

(2)船舶的操纵能力受到限制是由其所从事的该项作业的工作性质决定的。就其工作性质而言，不包括船舶进行测速、测定船舶操纵性能、校正罗经差等常规航海操作，也不包括从事捕鱼作业。从事捕鱼作业船的操纵能力被其所使用的渔具妨碍，但这种妨碍还没有达到不能给他船让路的严重程度。

(3)构成“操纵能力受到限制的船舶”的必要条件是：按本规则条款的要求进行操纵的能力受到限制，且达到了不能给他船让路的严重程度。“按本规则条款的要求进行操纵的能力受到限制” 是指该船所进行的作业使其按《规则》各条要求进行转向或变速的能力受到限制，或者如按《规则》要求进行操纵，则使其无法正常作业或产生危险。

(4)作业中的操纵能力受到限制的船舶可能处于在航状态，也可能是在锚泊中。其中，从事补给或转运人员、食品或货物的船舶及从事拖带作业的船舶只能是处于“在航”中，才可能成为操纵能力受到限制的船舶。

(5)从事拖带作业的船舶，只有当该项拖带作业使该拖船及其拖带物双方驶离其航向的能力严重受到限制时，才能被认定为操纵能力受到限制的船舶。从事普通拖带的船舶驶离航向的能力虽然受到了限制，但没有达到严重的程度，不能被认定为操纵能力受到限制的船舶。

八、限于吃水的船舶(vessel constrained by her draught)

《规则》定义：“限于吃水的船舶”指由于吃水与可航水域的可用水深和宽度的关系，致使其驶离航向的能力严重地受到限制的机动船。如图 1 – 3 所示，根据该定义，要构成“限于吃水的船舶”必须满足“驶离航向的能力严重地受到限制”和“机动船”这两个条件，即机动船遭受了“吃水深 + 可航水域窄”，导致驶离航向的能力严重地受到限制。

产生限于吃水的起因是由吃水与可航水域的可用水深及宽度的关系，因此，在判断时应当同时考虑可航水域的水深和宽度这两个因素；不仅要船舶吃水深，更重要的是可航水域的宽度受限。如图 1 – 4 所示，在具体判断一艘船舶是否能被认定为限于吃水的船舶时，主要依据应当是其“驶离航向的能力”是否严重地受到限制。如果某船吃水太大，而航道附近水域的水深太浅，导致可供该船安全航行的水域宽度变窄，则该船属于《规则》定义的“限于吃水的船舶”；如果某船虽然吃水相对于水深较大，但可航水域的宽度不受限制，则不属于《规则》定义的“限于吃水的船舶”。此外，应注意的是，限于吃水的船舶只能存在于在航状态，锚泊时不存在驶离航向的能力严重地受到限制的问题，因此也不属于“限于吃水的船舶”。一般来说，限于吃水船大多出现在航道中，而不是海洋中。

限于吃水的船舶必须是一艘“机动船”。一艘相同吃水的帆船或驳船，即使处于同样的航行环境，也不能被认定为限于吃水的船舶。虽然限于吃水的船舶应当是一艘机动船，但在遵守《规则》时，应当注意，如果某一条文对其做出了特殊要求或规定，则应当遵守其特殊规定，例如，在能见度不良的水域或其附近航行时，应按规定鸣放一长二短的声号；如果没有特殊要求,则应当遵守《规则》对机动船的规定。

图 1-3　限于吃水的船舶

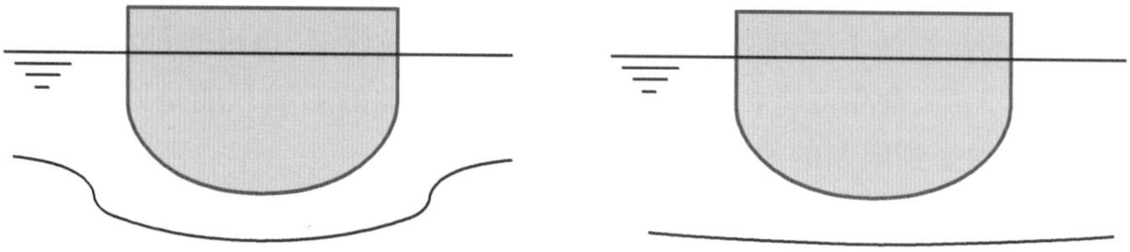

(a) 转向能力受限的深吃水船　　(b) 转向能力不受限的深吃水船

图 1-4　驶离航向的能力

九、在航(underway)

《规则》定义:"在航"指船舶不在锚泊、系岸或搁浅。从上述定义可以看出,《规则》把船舶的运动状态分为锚泊、系岸、搁浅和在航四种状态。

锚泊是指船舶被牢固抓住海底的锚所系留的一种状态。通常认为,船舶从锚抛出稳定抓底起算,至起锚时锚离底之间的这段时间为锚泊状态。锚泊时,船舶围绕锚位,在锚链的极限长度范围内随风流的作用而回转。理解锚泊应注意:

(1)系靠于另一锚泊船时,应认定为锚泊船。

(2)走锚中的船舶应认定为在航。

(3)一艘船并不想锚泊,但抛出的锚意外抓牢障碍物时,应视为锚泊。

(4)锚泊船起锚时,只要锚还没离底都应认定为锚泊。

(5)拖锚航行、抛锚协助调头等,锚没有牢固抓底,不应视为锚泊,应属于在航。

(6)在航与锚泊的起算分界点有一定争议。海员的通常做法,基本上以锚抛出和绞上作为锚灯开、闭或锚球升落的依据,是不符合《规则》规定的。

系岸指船舶依靠缆绳系牢于泊位的状态,通常认为,靠泊时,从船舶第一根缆绳套上缆桩开始至离泊时最后一根缆解清为止的状态均为系岸。另外,由于系浮筒的船舶是用其缆绳固定于浮筒之上的,因而通常被认定为系岸。

搁浅指船舶全部或部分搁置在浅滩上,丧失或部分丧失浮力而无法漂浮或航行的状态。搁浅船即使在主机驱动下可以局部地移动或转动，只要不能航行，就应认定为搁浅。擦底是不能被认定为搁浅的，船舶擦底而过时，虽然航行受到影响，但没有严重到不能航行的程度。我国有关部门在海事事故分类中将："一船搁置在浅滩上，造成财产损失或超过12小时都应视为搁浅。"此定义不适用于《规则》所述的情况，其共同点是两者都强调丧失浮力要达到不能漂浮或航行的程度。

在航指船舶不在锚泊、系岸或搁浅。在航分为对水移动和不对水移动两种状态。在航对水移动指船舶在推进器（或其他动力装置）的作用下在水面移动和船舶停车（或其他动力装置）后靠惯性的作用在水面的移动状态。在航不对水移动指船舶不使用推进器（或其他动力装置）漂浮在水面随波逐流的状态，包括该船在风的作用下向下风漂移的状态（驶帆除外）。

十、船舶的长度和宽度（length and breadth）

《规则》定义：船舶的"长度"和"宽度"是指其总长度和最大宽度。船舶的总长度（length overall, LOA）是指船舶最前端与最后端之间（包括外板和两端永久性固定突出物在内）的水平距离；船舶的最大宽度（greatest breadth）包括船舶外板和永久性固定突出物在内的垂直于纵中线面的最大水平距离。如图1－5所示，这里的船舶尺度应是船舶的实际最大尺度，即周界尺度。

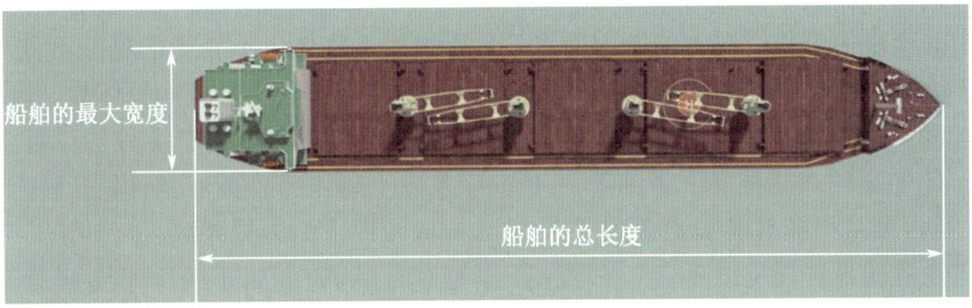

图1－5 船舶尺度

十一、互见（in sight of one another）

《规则》定义：只有当两船中的一船自他船能以视觉看到时，才应认为两船是在互见中。该定义的核心内容"自他船能以视觉看到"，包括三个关键词，即"能""视觉"和"看到"，因此，"互见"含义并不以实际的互相看见（in sight of each other）为前提。从实际情况来看，两船相互用视觉看见一定构成"互见"，但处于互见的两船并不一定已经相互看见。在理解"互见"一词的含义时，应注意：

（1）在大多数情况下，一船看到他船时，他船也能够看到本船。因此，实践中一船看到另一船时，通常可以认为两船已处于互见中。但这并不意味着一船看到他船时两船一定会互见，也不意味着对互见的判断仅以"一船看到另一船"为条件。这是因为，互见的定义强调的是一船能"被"看到，而不是看到他船。实践中存在一种因号灯能见距离不同的特殊情况，小船夜晚能在较远距离看到大船，而大船无法同时看到号灯能见距离太近的小船。

（2）互见的判断过程是以当时情况下"能"以视觉看到为标准，"能"表明是一种以正常视力和正规瞭望为基准的理论推算，并不以实际看到为条件。实践中，一船能够以视觉看到本船，但因他船疏忽瞭望而没有实际看到本船，不能影响互见条款的适用，也不免除其疏忽瞭望和因互见而应承担的避碰责任。

(3)“互见”的标准是能用视觉“看到”他船的号灯、号型或轮廓，从而确定他船的状态及两船的会遇势态。两船互见后要遵守互见中的行动规则，从《规则》对互见后船舶行动的要求上看，“看到”来船须达到能够看清对方号灯、号型(若显示)或轮廓的程度才能称为“互见”。只能见到他船影子而看不清轮廓或夜间看不清他船号灯时不应认为是互见。

(4)互见的“见(in sight)”是指以“视觉”看到，并得到直观的视觉印象。通常认为“视觉”不仅包括用肉眼，还包括使用望远镜。雷达观测是不能被认定为“视觉”的。

(5)互见存在于任何能见度情况，不管当时能见度如何，只要一船能用视觉看到他船，即可认为两船已处于互见之中。即使在能见度不良的水域中，两船也能互见，只是互见时两船的距离较近而已。

十二、能见度不良(restricted visibility)

《规则》定义:“能见度不良”指任何由于雾、霾、下雪、暴风雨、沙暴或任何其他类似原因而使能见度受到限制的情况。显然，能见度不良是空气中混入雾、霾、雪、雨、沙暴等某些介质后，空气的透明度降低，从而使能见距离受到限制的情况。当空气透明度良好时，在狭水道的弯头或岛礁区两船被居间障碍物遮蔽而相互看不见的情况不属于能见度不良;在伸手不见五指的夜晚由于我们视力的原因而看不到不发光的物体也不属于能见度不良。

对于能见距离受限到何种程度时才能被认定为能见度不良，《规则》未做定量的规定。在船舶避碰上，一般认为，能见距离小于 5 n mile 属能见度不良。由于雾号的可听距离约为 2 n mile，船舶通常在能见度下降到 2 ~ 3 n mile 及以下时才鸣放雾号，航海实践中经常出现“雾航”，通常就是指在航船舶遭遇到了 2 ~ 3 n mile 及以下的能见距离。

应当注意的是，“能见度不良”与“互见”不是互补的，它们属于两个不同概念。在能见度良好时，两船可以在较远的距离上互见，船舶间应按“船舶在互见中的行动规则”采取避让行动;在能见度不良时，两船接近到当时的能见距离以内时，也能互见，此时船舶采取避让行动，不仅要实施能见度不良的戒备，还要考虑“船舶在互见中的行动规则”和第二条责任条款的相关要求。

十三、地效船(WIG craft)

《规则》定义:“地效船”一词，系指多式船艇，其主要操作方式是利用表面效应贴近水面飞行。根据该定义，地效船有多种操作方式，其既可以在水面上操纵，也可以贴近水面利用表面效应飞行，部分地效船还可以在空中飞行，但利用表面效应(机翼在贴近地面或水面飞行时升力增大的现象)贴近水面飞行是其主要的操作方式。此外，地效船在起飞、降落的操作过程中，有部分时间仍在水面航行。无论地效船处于何种状态，均属于《规则》定义的地效船，应遵守《规则》关于其航行避让的要求。但在不同状态下，其避让责任并不完全相同，详见《规则》第十八条。图 1 –6 所示地效船和水上飞机供参考。

(a) 地效船

(b) 水上飞机

图 1－6　地效船和水上飞机

十四、安全航速(safe speed)

《规则》第六条“安全航速”规定:每一船在任何时候都应以安全航速行驶,以便能采取适当而有效的避碰行动,并能在适合当时环境和情况的距离以内把船停住。《规则》虽然没有直接给“安全航速”下定义,但根据该条规定,可以认为,安全航速是指能采取适当而有效的避碰行动,并能在适合当时环境和情况的距离以内把船停住的速度。正确理解安全航速须关注以下各方面:

(一)适当而有效的避碰行动

所谓“适当”是指使用正常手段操纵船舶(非应急操船)来采取的避碰行动(改向、变速、改向结合变速),该避碰行动不仅应能适合当时的环境和情况,而且还应是《规则》所准许的。所谓“有效”是指这种避碰行动导致的结果应有效,不仅能和他船避免碰撞,会遇时还要能适合当时环境,使两船保持适当的安全距离。要求船舶以安全航速行驶,实际上是为了在会遇两船形成碰撞危险之后,能有足够时间采取避碰行动,使两船最终在安全距离上驶过。一方面,船舶动能会随着航速增加很快增长,不尽早进行避碰操纵会直接导致不能和他船保持安全距离驶过,所以航速过高不是安全航速;另一方面,航速过低,转向效果差,并有可能失去对船舶的有效控制,这对船舶避碰也是十分不利的,所以,航速过低也不是安全航速。

(二)能在适合当时环境和情况的距离以内把船停住

减速、停船是避免船舶碰撞的有效行动之一。在发生的很多碰撞事故中,驾驶员在碰撞发生前都采取了停车甚至倒车的避碰行动,但仍未能避免碰撞,其中主要原因就是行动前的船速过高或行动太迟。因此,在确定安全航速时,除要按《规则》采取避碰行动外,所确定的船速还要满足“能在适合当时环境和情况的距离以内把船停住”的条件。

船舶的停船性能与船舶排水量、初始船速、主机的倒车功率、推进器种类、外界风流影响等因素有关。其中,船舶排水量和初始船速是影响船舶停船性能的最主要因素,船舶排水量越大,初始船速越高,停船冲程就越大,把船停住所需的时间和距离也越长。因此,在决定船舶的安全航速时,不仅应当考虑船舶所处的环境和情况,而且应当考虑船舶本身的操纵性能,尤其是与船舶倒车功率相关的停船性能。显然,在交通拥挤或操纵水域受限的区域航行时,安全航速应明显低于大洋航行时的航速。

(三)“安全航速”与“地方限速”的关系

《规则》并没有对安全航速做出定量的规定,事实上,安全航速应该是依据环境和局面而动态变化的,根本不可能定量。在很多特定水域中,其主管当局为确保船舶航行的畅通和航行安全,根据当地水域的具体特点对船舶做出了限速的具体规定。例如,2018 年修订的《上海黄浦江通航安全管理规定》第十五条规定:“船舶航行时,船速不得高于 8 kn”。这种限速规定,不能认为是对《规则》“安全航速”的量化,它仅仅是对船速做出的限制性规定。在某些条件下,“限制速度”可能是“安全速度”中的最大值。但条件一旦变得复杂,即使速度低于限制速度,仍然可能不是安全航速。船舶在有限速规定的水域中航行时,首先必须严格执行地方限速的规定,不超速的同时,还应遵守《规则》,根据通航条件的变化适时调整“安全航速”。

十五、碰撞危险(risk of collision)

1. 碰撞危险的基本含义

虽然《规则》多处都提及了碰撞危险,却并没有给出碰撞危险的定义,而且《规则》的很多条款是以构成碰撞危险为前提的。一般认为“碰撞危险”仅仅是一种碰撞的可能性,如图 1－7 所示,如果船舶都保速保向,在未来某一时刻会同时到达某一地点或不能保持安全会遇距离,则称船舶间存在碰撞危险。使用雷达很早就可以发现碰撞危险;能见度不良时,使用视觉很晚才能发现碰撞危险;对遇(驶)时,碰撞危险很快就可以转变为碰撞;但在追越中,从碰撞危险到碰撞发生所需的时间就相对较长;可以说环境、局面不同,碰撞的危险程度也不一样。发现碰撞危险时,依据危险临近的等级不同可以将局面分成三个等级:一般碰撞危险,须跟踪局面变化;“紧迫局面”须马上行动;“紧迫危险”须两船协调共同行动。

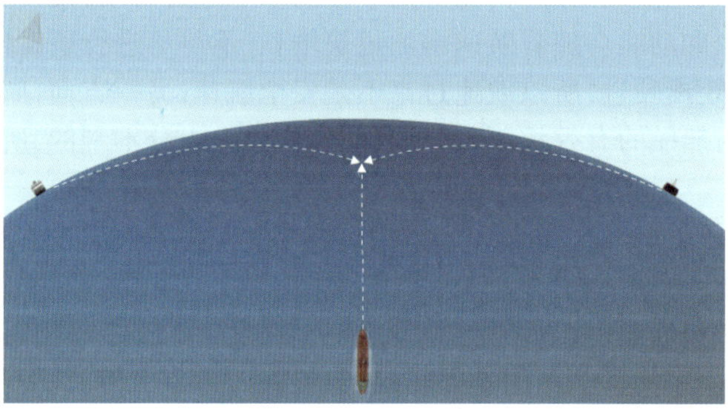

图 1－7　碰撞危险

2. 判断碰撞危险的主要依据

两船会同时到达某一地点是判断碰撞危险的简要方法。一般判断碰撞危险的最主要的因素是两船会遇时的最近会遇距离(distance of closest point of approaching,DCPA)和到达最近会遇距离处的时间(time to closest point of approaching,TCPA)。通常认为,当 DCPA 小于安全会遇距离,且 TCPA 较小的情况下,应当认为两船存在碰撞危险;如果 DCPA 为零,但 TCPA 较大,这种状况就犹如北京与上海两地刚刚起飞逆向飞行的飞机一样,由于距离过远对应的 TCPA 过大,一般不必考虑两者间的碰撞危险。

(1)最近会遇距离(DCPA)

最近会遇距离表示两船在会遇过程中距离最近时的距离,它是衡量两船是否可能发生碰撞的重要标准之一。DCPA 为 0,说明两船若保持航向和航速不变,将同时到达某一点,最终必将发生碰撞;DCPA 大于 0,说明两船之间能保持一定的最小会遇距离,如果该会遇距离小于安全距离,则不安全,应认为两船之间存在碰撞危险。只有两船的最小会遇距离超过安全会遇距离,才可以认为不存在碰撞危险。在决定安全会遇距离的大小时,需要考虑当时的环境和情况、船舶本身的性能和尺度等因素。此外,在判断碰撞危险时,除了考虑最近会遇距离外,还必须考虑到达最近会遇距离处的时间这一因素。

(2)到达最近会遇距离处的时间(TCPA)

到达最近会遇距离处的时间是从即刻起到两船发生最小会遇距离时为止,所经历的时间。当 DCPA 为 0 或 DCPA 小于安全会遇距离时,TCPA 越小,表明船舶到达最近会遇距离处的时间越短,碰撞的危险越大;TCPA 越大,表明船舶到达最近会遇距离处的时间越长,碰撞危险相对不是那么大。TCPA 是一种时间概念,是两船间的距离与相对速度的比值,与两船间的会遇态势及各自航速所导致的相对速度、两船之间的距离有直接关系。

在海上船舶避碰的实践中,海员往往更习惯于观测来船方位,结合距离及其变化率来判断是否存在碰撞危险。当相互驶近的两船间的距离不大,方位变化不大,接近速度较大时两船就构成碰撞危险。两船接近的相对速度越大,说明 TCPA 越小。

诚然,除考虑两船会遇时的最近会遇距离和到达最近会遇距离处的时间这两个因素外,在判断是否存在碰撞危险时,还应当考虑船舶所航行的水域环境、外界的气象和能见度情况、船舶的尺度以及船舶的操纵性能等诸多因素的共同影响。船舶间会遇时,应保持的最小安全距离应依据这些因素而适当调整。在能见度不良时的宽阔海洋上,超大型船舶应保持的安全距离要大于 2 n mile;而在能见度良好时,两条万吨以下的船舶可能只需大于 0.5 n mile 即可。

十六、紧迫局面(close-quarters situation)

“紧迫局面”一词最早出现在《1960 年国际海上避碰规则》中,《1972 年国际海上避碰规则》除第八条外,在第十九条第 4、第 5 款也均提及“紧迫局面”,一般认为“紧迫局面”是指当两船接近到单凭一船的行动已不能导致在安全距离上驶过的局面,即只有当两船此时均采取适当的行动,且两船的行动是协调的,才能使两船在安全距离上通过。

类似于构成碰撞危险的两船应保持的最小安全距离,最初适用紧迫局面时两船间的距离,也取决于多种因素,包括能见度、会遇态势、两船的相对速度、船舶所处水域、通航密度、船舶尺度等,其中能见度情况是应当考虑的主要因素之一。在大海上,通常认为在能见度不良的情况下,紧迫局面最初适用时的两船间距离以 2 ~ 3 n mile 为外界,但对互见中的普通万吨级船舶而言,有时 1 n mile 的距离也是可以接受的。事实上,如果陷入紧迫局面的两船能立即协调行动,两船之间的距离就应不再减小,而是逐步增加,这样,两船就可以有效化解紧迫局面,保持安全的最小会遇距离而相互驶过。因此,决定两船是否构成紧迫局面时的间距,仅仅略大于会遇时双方应保持的最小安全会遇距离。

十七、紧迫危险(immediate danger)

我国航海界普遍认为,“紧迫危险”是指当两船接近到单凭一船的行动已不能避免碰撞的局面，此时，只有两船均采取适当而协调的行动，才可能避免发生碰撞。

与碰撞危险和紧迫局面一样，两船在紧迫危险最初适用时的距离，也同样取决于船舶航行环境及自身的多种因素。大海上，通常认为在能见度不良的情况下，紧迫危险最初适用时的两船间距离以 1 ~ 2 n mile 为外界，在能见度良好的互见中，两船间的距离小于 1 n mile 可以认为正在构成紧迫危险。事实上，一旦构成紧迫局面，如果两船仍然不采取行动，任由 TCPA 缩小，就属于正在形成紧迫危险；换句话说，如果不采取行动，紧迫危险与紧迫局面是接踵而至的。

十八、狭水道（narrow channels）

狭水道是指航行水域有限，致使船舶不能自由操纵的天然水道。一般认为宽度为 2 n mile 左右及以下的水道为狭水道，实际上冰区、水雷区、岛礁区航道，以及江河、港口进出口的一部分等航行水域受限的区域也被认为是“狭水道”。与狭水道相匹配，还有一个名词叫航道，航道是指开敞性可航水道或由港口当局加以疏浚维持一定水深的可航水道，一般都设有航道浮标或中央标。狭水道与航道一般都是并存的。如图 1 – 8 所示的狭水道与航道供参考。

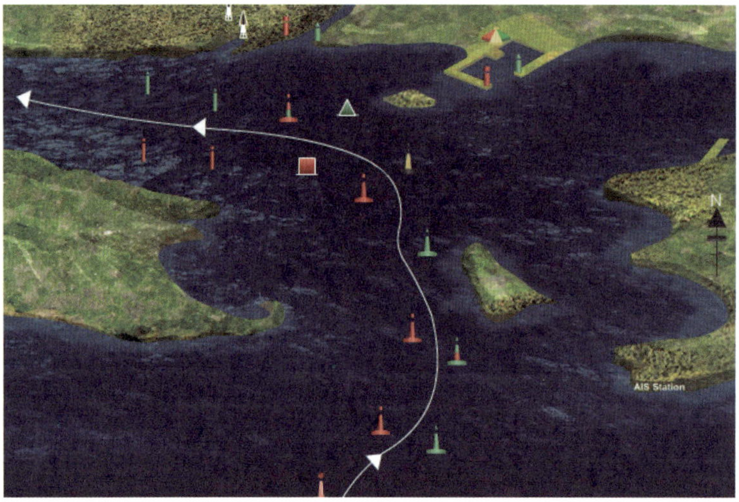

图 1 – 8　狭水道与航道

十九、船舶定线制（ships’ routeing）

船舶定线制是一条或数条航路的任何制度或定线措施，旨在减少海难事故，增进复杂水域航行安全。船舶定线制的目的在于增进船舶汇聚区域和交通密集区域以及由于水域有限、存在碍航物、水深受限或气象条件较差而使得船舶的行动自由受到限制的水域中的航行安全，并防止或减少由于船舶在环境敏感区域或其附近发生碰撞、搁浅或锚泊对海洋环境造成污染或其他损害的危险。正确理解船舶定线制须注意以下各项。

1. 定线制的具体目的（包括下列各项或其中的几项）

（1）分隔相反的交通流，以减少对遇局面/态势的发生。

（2）减少穿越船与航行在已建立的通航分道内的船舶之间的碰撞危险。

(3)简化船舶汇聚区域内交通流的形式。

(4)在沿海开发或勘探集中的区域内组织安全的交通流。

(5)在对所有船舶或对某些等级的船舶航行有危险或不理想的水域中或其周围组织安全的交通流。

(6)在水深不明或水深接近吃水的区域对船舶提供特殊指导,以减少搁浅的危险。

(7)指导船舶避开渔场或组织船舶通过渔场。

船舶定线制包括分道通航制、环形道、沿岸通航带、双向航路、推荐航路、推荐航线、深水航路、警戒区、避航区、禁锚区等定线措施,可根据实际需要单独或组合使用。例如长江口的定线制就是由分道通航制、环形道、沿岸通航带、警戒区、双向航路等多种形式共同组成,各类定线制的作用归纳如下。

分道通航制(traffic separation scheme):通过适当方法建立通航分道,以分隔相反的交通流的一种定线措施。其布局及作用类似高速公路,对相反的交通流实施严格的分隔措施。

环形道(roundabout):由一个分隔点或圆形分隔带和一个规定界限的环形通航分道所组成的一种定线措施。在环形通道内,通航船舶环绕分隔点或分隔带按逆时针方向航行而实现分隔并简化汇聚区交通流的形式。其布局及功能与公路及街道的环形道类似。

沿岸通航带(inshore traffic zone):由一个指定区域构成的一种定线措施,该区域位于分道通航制向岸一侧边界与邻近的海岸之间,并按照分道通航制第4款规定使用,在沿岸通航带实行双向通航,对交通流没有严格的分隔,同时还可以作为船舶的临时锚泊地点。其功能与城市街道两侧设置的非机动车道类似。

双向航路(two-way route):是指在规定的界限内建立双向通航,旨在为通过航行困难或危险水域的船舶提供安全通道的一种措施。类似乡村公路,只规定了航道的两侧边界,中间没有设立分隔带/线来分隔相反的交通流。

推荐航路(recommended route):为方便船舶通过而设置的未规定宽度的一种航路,往往以中心线浮标作为标志。附近水域都是安全的,只是引导船舶沿一定方向行驶。类似在沙漠中导航一样,将偏航控制在一定的范围之内,都是安全的。

推荐航线(recommended track):是指经过特别选择以尽可能保证无危险存在并建议船舶沿其航行的一种航路。类似山间小路,一旦偏航就可能遭受危险。

深水航路(deep water route):在规定的界限内,海底及海图上所标志的水下障碍物已经精确测量适于深吃水船舶航行的航路。深水航路主要是预期给那些由于水深受限,吃水又较深的船舶使用,在海图上一般都标明了可以使用该航路船舶的最小吃水;浅吃水的船舶应尽量避免使用深水航路。

警戒区(precautionary area):由一个规定界限的区域构成的一种定线措施,该区域可能有推荐的交通流方向,船舶航行时必须特别谨慎地驾驶。一般设置在分道通航制的端部附近、横越区或交通流的汇聚区并附有专门的警戒标识,提醒船舶注意航行安全。

避航区(area to be avoided):由一个规定界限的区域构成的一种定线措施,在该区域内航行特别危险或对于避免海难事故特别重要,所有船舶或某些等级的船舶应避开该区域。

禁锚区(no anchoring area):由一个规定界限的区域构成的一种定线措施,该区域内船舶锚泊是危险的或可能对海洋环境造成无法接受的损害。除非是在船舶或人员面临紧迫危险的情况下，所有船舶或特定类型船舶应避免在禁锚区内锚泊。

2. 船舶定线制的构成要素介绍

一个实际采用的船舶定线制通常由下列成分构成。

分隔带或分隔线（separation zone or line）：位于两相反或接近相反的通航分道之间，分隔相反的交通流；或位于通航分道与邻近的海区之间，用于标识通航分道的外侧边界；或为分隔同一航向的特殊级别船舶而设定的通航分道所设置的区域或线，如图 1－9 所示的紫色区域及紫色虚线。

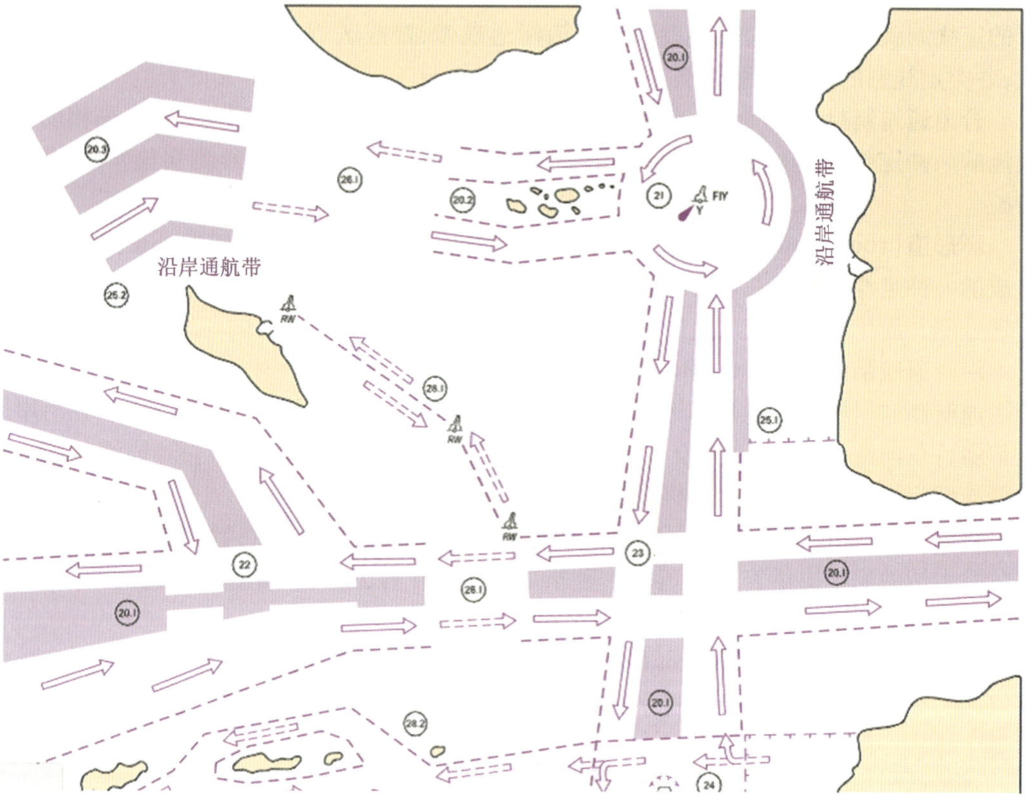

图 1－9　典型的船舶定线制

通航分道（traffic lane）：在规定界限内建立单向通航的一种区域，该区域是船舶通航的航路，其边界可以由分隔带或自然碍航物构成。如图 1－9 所示标有实线空心箭头的白色区域。

规定的交通流方向（established direction of traffic flow）：指示分道通航制内规定的交通运行方向的一种交通流图式，一般用实线空心箭头表示，如图 1－9 所示。

推荐的交通流方向（recommended direction of traffic flow）：在规定交通流方向不可行或不必要的地方，指示推荐交通运行方向的一种交通流图式，一般用虚线空心箭头表示，如图 1－9 所示。

3. 使用船舶定线制的注意事项

定线制在复杂水域疏导船舶交通，对保持正常的交通流，引导船舶避开航行危险至关重要。航行在该区域时，应注意以下各项。

(1)除特殊情况外，均应当按指定或推荐的航路、规定的航行方法驾驶船舶。

(2)在IMO采纳的分道通航制水域或其附近航行时，除严格遵守《规则》第十条的规定外，还应严格执行地方主管机关的其他额外规定。

(3)船舶在地方主管机关制定的定线制或其附近航行时，应严格遵守地方规则对该水域的相关规定。

(4)无论船舶在何种定线制或其附近航行，在履行避碰责任及行动时，并不享有任何特权，船舶仍有责任全面遵守《规则》的其他各项规定，特别是《规则》第二章的规定。

(5)完全分隔航道是不可能的，在船舶汇聚处应特别谨慎地驾驶。

(6)船舶在双向航路上应尽可能靠右行驶。

(7)当船舶不利用警戒区时，应当尽可能远离该区域。

(8)海图上标明的与船舶定线制相关的箭头仅仅指示规定的或推荐的交通总流向，船舶在航道中行驶时，其航迹向应与规定的或推荐的交通流方向尽可能一致，而不是严格地按照箭头设定其航向。

关于船舶定线制的详细内容参阅IMO英文出版物《船舶定线制》(*Ships' Routeing*)。

二十、几何制介绍

所谓几何制是依据两船的相对几何位置来确定避碰局面的一种方法。如图1－10所示为几何制的区间，船首正前方左右各6°或半个罗经点的方位属于对遇局面区间，船尾艉灯光弧范围属于追越局面区间，其他方位属于交叉相遇局面区间。

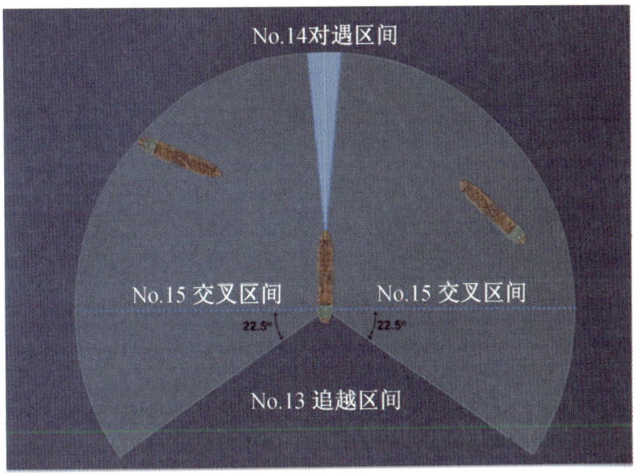

图1－10　几何制的区间

与几何制相对应，另一种确定船舶间避让责任的原则就是等级制。所谓等级制就是按《规则》第十八条的规定，依据船舶的操纵性能的不同来确定船舶间的避让责任。《规则》将操限船与失控船划分为最高等级，其次是从事捕鱼的船舶，然后是帆船，等级最低的是机动船。

二十一、让路船与直航船

《规则》规定应给他船让路的船舶即为让路船。显然，让路船不能单独存在，让路船是相对被让路船即直航船而言的。当会遇两船中的一船为直航船时，另一船必定是让路船，让路船应与直航船并存。在理解"让路船"的含义时，应注意到让路与直航强调的是两船的避让责任与地位，让路船应尽早履行让路的责任，同时直航船履行保向保速的义务。《规则》中的"不应妨碍他船的船舶"或"避免妨碍他船的船舶"不是让路船，其另一方也不是直航船，没有保向保速的义务；对遇局面中的两机动船、能见度不良时不在互见中相遇的两船既不存在让路船与直航船，也不能称之为"互为让路船"，此时的两船具有同等的避让责任，都要尽早采取避让行动。

“直航船”是会遇两船避让关系中与“让路船”相对应的一个概念,即“被让路船”。虽然《规则》将被让路船命名为“直航船”,但其含义并不是“始终保持航向和航速的船舶”。在让路船尽早采取避让行动时,直航船应与让路船的行动相匹配,履行保持航向和航速直航的义务,便于让路船识别其航向、航速及动态。如果让路船没有遵循《规则》尽早采取大幅度地让路行动,直航船也有义务采取行动避免碰撞。直航船在两船会遇过程中的不同阶段,负有不同的责任和义务,保向保速仅仅是《规则》相应条款生效的初始阶段赋予直航船的责任和义务,直航船应依据局面的发展适时终止保向保速并采取相应的行动。

二十二、海员通常做法与良好船艺

“海员通常做法”在《规则》中已经沿用了一百多年,但始终没有给出解释。一般认为,海员通常做法是在长期驾驶和管理船舶的实践中所形成的一种习惯的,经常性的,并为实践所证明的,对确保安全、避免碰撞是行之有效的,为广大海员所接受并广泛采用的做法,是“良好船艺”的另一种表达方式。也有人认为“良好船艺”更侧重于航海技能,良好的船艺即优良的操船技艺,是指航海人员在长期的航海实践中所积累的经验、所形成的优良技艺及通常做法,是海员通常做法的一部分。因此“海员通常做法”的范围更加广泛,涵盖了航海技能、船舶管理、操船者的知识水平等各个方面。常见的海员通常做法和良好船艺包括:遇到复杂环境时备车、备锚;避让时使用手操舵;舵工对舵令进行重复等。

评价要素参考

(1)船舶:理解的关键点——用作水上运输工具时,其原有属性或功能是否丧失。

(2)机动船:理解的关键点——必须处于在航中且常规动力为机器推进,并非一定正在使用机器。注意有广义与狭义之分。

(3)帆船:理解的关键点——必须处于在航中,驶帆且没有使用机器,注意机帆船的特例。

(4)从事捕鱼船:理解的关键点——正在使用使操纵性能受限的渔具捕鱼。

(5)水上飞机:理解的关键点——设计为适合水面操纵的航空器。

(6)失控船:理解的关键点——遭受异常情况,导致不能按规则给他船让路。

(7)操限船:理解的关键点——由于正在从事工作的性质,导致不能按规则给他船让路。注意不是由船舶种类决定的,而是由其正在从事的作业决定的。

(8)限于吃水船:理解的关键点——深吃水的机动船,驶离航向的能力严重受限,强调为机动船。

(9)在航:理解的关键点——不在锚泊、系岸或搁浅,分在航对水移动和不对水移动两种状态。

(10)船舶的长度和宽度:理解的关键点——指船舶的周界尺度。

(11)互见:理解的关键点——是一种理论推算,强调通过视觉自他船看到,并非以实际看到为基准。

(12)能见度不良:理解的关键点——因雾、霾、雨、雪等天气现象导致空气透明度下降,而使能见距离变小的情况。

(13)地效船:理解的关键点——主要操作方式是利用表面效应飞行。

(14)安全航速:理解的关键点——是一个定性的概念,强调能使用有效的操纵手段,在适合当时环境和情况的距离内将船停住;安全航速不是一成不变的,应随外界环境和情况适时调整;正确理解安全航速与地方限速的区别与联系,地方限速给安全航速设定了上限值。

(15)紧迫局面:理解的关键点——属于一个定性的概念,通过一船的行动不能保障在安全距离驶过时,两船之间的距离不是一成不变的,是随外界环境、情况及本船的操纵性能而改变的。

(16)紧迫危险:理解的关键点——属于一个定性的概念,通过一船的行动不能避免碰撞时,两船之间的距离不是一成不变的,是随外界环境、情况及本船的操纵性能而改变的,紧迫危险与紧迫局面是接踵而至的。

(17)狭水道:理解的关键点——可供航行水域宽度受限,航行条件较复杂的水域。

(18)船舶定线制:理解的关键点——为增进复杂水域航行安全所采用的航路措施;注意其包含的种类、各组成要素及其作用。

(19)几何制:能分辨清楚追越、交叉、对遇及各个区间的划分标准。

(20)让路船与直航船:理解的关键点——让路与直航是并存的,注意区分让路与不应妨碍,让路与同等避让责任。

(21)海员通常做法、良好船艺:长期驾驶和管理船舶的实践经验是其核心内容。

1-1　名词术语习题、学习资料

任务三　掌握国际海上避碰规则的适用范围

《规则》第一条"适用范围"规定:

1. 本规则条款适用于在公海和连接公海可供海船航行的一切水域中的一切船舶。

2. 本规则条款不妨碍有关主管机关为连接公海而可供海船航行的任何港外锚地、港口、江河、湖泊或内陆水道所制定的特殊规定的实施。这种特殊规定,应尽可能符合本规则条款。

3. 本规则条款不妨碍各国政府为军舰及护航下的船舶所制定的关于额外的队形灯、信号灯、号型或笛号,或者为结队从事捕鱼的渔船所制定的关于额外的队形灯、信号灯或号型的任何特殊规定的实施。这些额外的队形灯、信号灯、号型或笛号,应尽可能不致被误认为本规则其他条文所规定的任何信号灯、号型或信号。

4. 为实施本规则,本组织可以采纳分道通航制。

5. 凡经有关政府确定,某种特殊构造或用途的船舶,如不能完全遵守本规则任何一条关于号灯或号型的数量、位置、能见距离或弧度以及声号设备的配置和特性的规定,则应遵守其政府在号灯或号型的数量、位置、能见距离或弧度以及声号设备的配置和特性方面为之另行确定的、尽可能符合本规则所要求的规定。

第一条规定了整个《规则》的适用范围,应从以下各方面去理解。

一、适用的水域和船舶

《规则》第一条(适用范围)第 1 款规定:“本规则条款适用于公海和连接公海可供海船航行的一切水域中的一切船舶。”

(一)适用的水域

从第一款的规定可以看出,《规则》适用的水域由两部分组成,即“公海”和“连接公海”的水域,这两部分水域都要求满足“可供海船航行”的条件。为便于理解《规则》的适用水域,可以参考图 1-11 的海洋权属划分示意图。

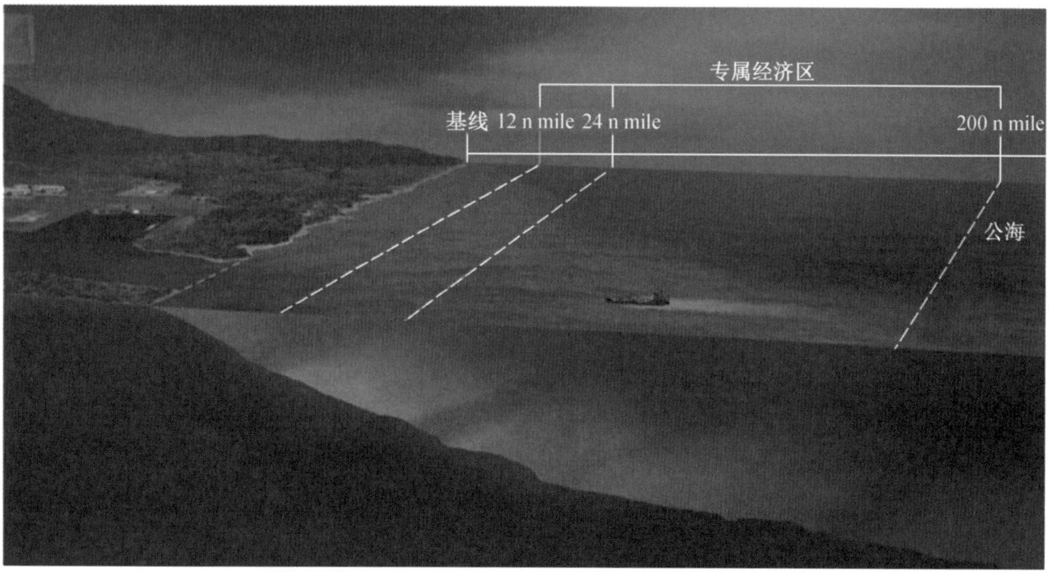

图 1-11　海洋权属划分示意图

公海(high seas):指各国内水、领海和专属经济区以外,不受任何国家主权管辖和支配的海洋水域。公海不受任何国家主权的管辖,各国有平等使用公海的权利。

领海(territorial sea):指沿海国的主权及于其陆地领土及其内水以外邻接的一带海域,在群岛国的情形下则及于群岛水域以外邻接的一带海域,称为领海,是一国领土的组成部分。沿海国主权及于领海以上的空间及其海床和底土。

毗连区(contiguous zone):指邻接沿海国领海,但在领海范围之外一定宽度的海域,是保护沿海国权利的重要海域。毗连区从测算领海宽度的基线起不得超过 24 n mile。沿海国在毗连区对其海关、财政、卫生和移民等类事项行使管辖权。

专属经济区(exclusive economic zone):又称经济海域,是指国际公法中为解决国家或地区之间的因领海争端而提出的一个区域概念。专属经济区是指领海以外并邻接领海的一个区域,专属经济区从测算领海宽度的基线量起,不应超过 200 n mile(370.4 km),除去离另一个国家更近的点。

港外锚地(roadstead):按《联合国海洋法公约》第十二条给出的定义,港外锚地是指全部或部分位于领海外部界限之内,或全部位于领海外部界限之外,通常用于船舶装卸和锚泊的水域。由于船舶吃水过大,但沿岸国领海水深较小,导致港外锚地可能全部或一部分位于领海之外。

内陆水道(inland waterways):通常是指领海基线以内水域中的水道。

连接公海可供海船航行的水域:通常是指专属经济区、领海、内水以及通过相关水域与公海相连并可供海船航行的港口、江河、湖泊或内陆水道等一切水域。《规则》适用于"连接公海而可供海船航行的水域"须具备两个条件:一是该水域必须与公海相"连接(connected)",与公海的"连接"是指实质性的连接,即连接的程度能保障海船安全进出公海,简言之,对海船的航行而言,这些水域和公海是一体的。但是,不论是间接连接还是直接连接,抑或自然连接还是人工运河连接都属于《规则》所指的"连接"于公海的情况。二是这些水域必须"可供海船航行"。通常认为,"可航(navigable)"一词,一方面是指在地理上连接公海,有足够的水深和宽度,能保障《规则》所适用的船舶安全地航行;另一方面,该水域不仅要有海图等必要的航海图书资料,还能提供引航、锚地、码头、油水物料补给、修理等船舶所必需的各式服务。而"海船"是指设计为从事海上运输或作业的一切船舶,这些船舶关键是要满足海船建造规范所要求的船舶强度、稳性、浮性、抗沉性等性能方面的要求,不是依据船舶的大小来确定是否属于海船的。大的海船总吨超过十万,也有小的海船总吨不足一百。简言之,可供海船航行的一切水域,是指海船能够安全抵达的一切水域。

(二)适用的船舶

适用水域内的一切船舶:不论这些船舶的大小、种类、用途和从事作业的性质,也不论这些船舶所处的状态如何,只要处于《规则》适用的水域,就适用于《规则》,但处于超低空飞行(距离水面高度100 m)的水上飞机是不适用于《规则》的。因此《规则》所适用的船舶不限于海船,而是所有处于适用水域中的船舶。在理解《规则》所适用的船舶时,应特别注意如下几点:

(1)适用《规则》的船舶在上述水域的状态为"在水上(upon water)",包括接触水面和不接触水面(非排水状态)两种状态,但不包括潜水状态。潜水艇在水面航行(包括接近水面的上浮和下沉过程)时适用《规则》,在水下潜航时则不适用《规则》。在水面上的水上飞机(包括起飞、降落、滑行、漂航或停泊)适用于本《规则》,但处于超低空飞行(距离水面高度100 m)的水上飞机是不适用于《规则》的;地效船无论处于什么航行状态均适用本《规则》。可以将潜航的潜艇和超低空飞行的水上飞机理解为在高度上离开了《规则》的适用水域,因此不适用于《规则》。

(2)军舰无论在战时还是在平时,政府公务船无论是否在执行公务,从安全避碰的角度出发,均应适用于《规则》。

(3)船舶在《规则》适用的水域航行、锚泊、系岸或搁浅均适用于《规则》,但在船坞修理或载驳船/半潜船上的船舶通常不适用于《规则》,这些不适用于《规则》的船舶也可以理解为离开了规则适用的水域;或者理解为载于他船的货物,其自身不再属于船舶的范畴。图1-12所示载驳船供参考。

此外,我国在签署《1972年国际海上避碰规则公约》时,曾对我国的非机动船做了保留,并于1958年发布了《中华人民共和国非机动船舶海上安全航行暂行规则》。该暂行规则作为我国非机动船的地方法规,应优先于《规则》执行。

图 1－12　载驳船

二、地方规则

《规则》第一条第 2 款规定:“本规则条款不妨碍有关主管机关为连接公海而可供海船航行的任何港外锚地、港口、江河、湖泊或内陆水道所制定的特殊规定的实施。这种特殊规定,应尽可能符合本规则条款”。这些特殊规定是沿海国主管机关在其管辖的水域中制定的各种有关船舶避碰的“地方规则(local rules)”,如我国的《中华人民共和国内河避碰规则》、各港的港章等。

(一)制定地方规则的机构或组织

被授权制定和实施特殊规定的主体是《1972 年国际海上避碰规则公约》各缔约国的“有关主管机关(appropriate authority)”。“有关主管机关”由各缔约国立法确定,通常指各缔约国政府和主管国家水上交通安全的机关以及经授权的地方当局。例如,中华人民共和国海事局及经授权的各级海事管理机构就属于这类主管机关。

(二)可以制定地方规则的水域

根据《规则》的规定,可以制定地方规则的“特殊水域”包括港外锚地、港口、江河、湖泊或内陆水道等主管机关有权管辖的水域。

(三)制定地方规则应当遵循的原则

根据本条第 2 款的规定,这些特殊规定应尽可能符合《规则》各条。因此,主管机关在制定地方规则时,应当在考虑当地水域环境、交通条件和习惯做法的基础上,使得所制定的特殊规定尽可能与《规则》的规定相一致。也就是说,地方规则的制定是受到《规则》的约束的,制定地方规则不能违背《规则》的航行避让原则。

（四）地方规则与《规则》的关系

《规则》明确规定，《规则》条款不妨碍地方规则特殊规定的实施。因此，地方规则和《规则》同时适用时，船舶应当优先执行地方规则的规定，当地方规则的规定与《规则》的规定不一致时，应执行地方规则的特殊规定；地方规则没有规定的事项应当仍然执行《规则》的规定。

（五）我国几个典型的避碰规则

1.《中华人民共和国内河避碰规则》

我国内河避碰规则第二条（适用范围）规定："在中华人民共和国境内江河、湖泊、水库、运河等通航水域及其港口航行、停泊和作业的一切船舶、排筏均应当遵守本规则。船舶、排筏在国境河流、湖泊航行、停泊和作业，按照中国政府同相邻国家政府签订的协议或者协定执行。船舶、排筏在与中俄国境河流相通的水域航行、停泊和作业不适用本规则。"

从上述规定中可以看出，内河避碰规则的适用范围是以水域范围来限定的，而不论船舶的国籍、吨位以及是否为海船等。

2.《中华人民共和国非机动船舶海上安全航行暂行规则》

《中华人民共和国非机动船舶海上安全航行暂行规则》第一条规定："凡使用人力、风力、拖力的非机动船，在海上从事运输、捕鱼或者其他工作，都应当遵守本规则。"

该暂行规则是针对我国早期接受《规则》所做的保留而制定的，该暂行规则仅适用于我国的非机动船舶。该规定与船舶的国籍高度关联，在我国管辖水域内，中国国籍的非机动船与适用《规则》的外国非机动船相遇构成碰撞危险时，应执行我国对非机动船的相关规定；该规定区别于其他地方规则的不同之处在于，不适用于处于我国水域外籍非机动船之间的避让。如果我国非机动船在公海与外籍非机动船相遇，就另当别论，当存在疑问时，应按海员通常做法和良好船艺谨慎驾驶。

3.《中华人民共和国渔船作业避让暂行条例》

《中华人民共和国渔船作业避让暂行条例》第一条规定："本条例适用于我国正在从事海上捕捞的船舶"。该规定与船舶从事作业高度关联，适用于在我国管辖海域内，所有从事海上捕捞的渔船之间的避让，不适用于渔船与商船之间的避让。典型的渔船船名识别为"××渔"，不论其位于哪一海域捕鱼都应遵守该暂行条件，除非受到其他规定的限制。

三、额外的队形灯、信号灯、号型或笛号

《规则》第一条第3款规定："本规则不妨碍各国政府为军舰及护航下的船舶所制定的关于额外的队形灯、信号灯、号型或笛号，或者为结队从事捕鱼的渔船所制定的关于额外的队形灯、信号灯或号型的任何特殊规定的实施。这些额外的队形灯、信号灯、号型或笛号，应尽可能不致被误认为本规则其他条文所规定的任何信号灯、号型或信号。"理解时应注意以下各点。

（1）制定额外的队形灯、信号灯、号型或笛号的主体：各国政府，而不是有关主管机关。

（2）额外的队形灯、信号灯、号型或笛号适用的船舶：军舰及护航下的船舶、结队从事捕

鱼的渔船；只有这两类船舶结队航行或捕鱼时才能显示这些额外的信号，不适用于其单独航行时。军舰及护航下的船舶可显示四类信号，即额外的队形灯、信号灯、号型或笛号；而结队从事捕鱼的渔船仅限于额外的队形灯、信号灯、号型三类信号，结队捕鱼没有额外的笛号的规定。需要注意的是，上述信号是额外的，即在船舶原有信号的基础上额外添加的信号，既不能替代《规则》所规定的号灯、号型或笛号，也不能单独使用。“军舰及护航下的船舶”以及“结队从事捕鱼的渔船”首先应当严格遵守《规则》显示或鸣放规定的号灯、号型或笛号。

(3)制定额外的队形灯、信号灯、号型或笛号的特殊规定的原则：为避免造成识别上的误解，《规则》要求这些信号应尽可能不致被误认为《规则》其他条文所规定的任何号灯、号型或信号，它们应尽可能在颜色、形状及特性等方面与《规则》规定的号灯、号型和信号显著区别开来。另外，也须避免与助航标志的灯光相混淆。

四、分道通航制规定

《规则》第一条第 4 款规定：“为实施本规则，本组织可以采纳分道通航制。”本款是针对《规则》第十条“分道通航制”而言的，在理解和执行本条款时应注意以下问题。

(1)这里所指的本组织即 IMO。

(2)在 IMO 采纳的某一分道通航制水域航行的船舶，应遵守《规则》第十条的规定，同时不能忽略《规则》其他条款的要求；未被 IMO 采纳的分道通航制应当成地方规则处理，优先于《规则》执行。由此可见，无论某一分道通航制是否被 IMO 采纳，航行在该水域的船舶均应严格遵守其关于分道通航制的相关规定。

五、特殊构造或用途船舶的特殊规定

《规则》第一条第 5 款规定：“凡经有关政府确定，某种特殊构造或用途的船舶，如不能完全遵守本规则任何一条关于号灯或号型的数量、位置、能见距离或弧度以及声号设备的配置和特性的规定时，则应遵守其政府在号灯或号型的数量、位置、能见距离或弧度以及声号设备的配置和特性方面为之另行确定的、尽可能符合本规则所要求的规定。”本规定仅适用于特殊构造或用途的船舶，而不适用于常规船舶。这些船舶由于其特殊构造或用途而不能完全遵守《规则》有关号灯、号型与声号设备的配置有关规定。例如，航空母舰的舰岛偏于一舷，其桅灯不能在舰首尾中心线上设置；某些驾驶台前置的半潜船，没有艉楼，前后桅灯设置在同一桅杆上，没有保持适当间距；一些滚装船因其驾驶台位于船首而致使舷灯超前于前桅灯等。其次，本款仅允许有关政府为这些特殊构造或特殊用途的船舶在号灯或号型数量、位置、能见距离或弧度以及声号设备的配置和特性方面确定特殊的规定。例如，军舰可以仅显示一盏桅灯（号灯数量上的变化），航空母舰可以将其桅灯偏离艏艉中心线显示（号灯位置上的变化）。除上述几个方面外，不得另行制定特殊规定。理解时还须注意以下几点。

(1)批准制定特殊规定的主体：船旗国政府，而不是有关的主管机关。

(2)制定号灯、号型与信号特殊规定的原则：为避免造成识别上的困难，对这些特殊构造或用途的船舶制定的号灯、号型与声号设备，在技术细节方面应尽可能符合《规则》的规定，即不仅不能冲突，而且应当在可行的范围内尽可能与《规则》的规定保持一致或相仿。

如图 1－13 所示为一些典型的特殊构造与用途船舶的号灯设置情况。

(a)　(b)　(c)

图 1－13　典型的特殊构造与用途船舶的号灯设置

评价要素参考

（1）适用的水域：正确理解“连接”“海船”及“可供海船航行”。

（2）适用的船舶：理解的关键点——无论是否海船，符合规则对船舶的定义即可。

（3）地方规则：理解的关键点——由主管机关对国家主权范围内的水域制定，虽然优先执行，但受海上避碰规则的约束，应尽可能与《规则》相符。

（4）结队额外的队形灯、信号灯、号型或笛号：掌握制定的主体是各国政府，理解时应注意对结队捕鱼及军舰护航下的船舶要求的不同，不能单独使用，也不适用于单船；特别注意不能对结队捕鱼的船舶制定额外的笛号。

（5）分道通航制：理解的关键点——IMO 采纳的遵守第十条，未采纳的按地方规则处理，也应严格执行。

（6）特殊构造或用途船舶的特殊规定：理解的关键点——优先执行，确定的主体是有关政府，仅限于号灯或号型的数量、位置、能见距离或弧度以及声号设备的配置和特性方面；受《规则》的约束，应尽可能符合《规则》的要求。

1－2　适用范围习题、学习资料

任务四　有效履行遵守国际海上避碰规则的责任

《规则》自产生至今，经过了一百多年的发展、补充和修改。《规则》第二章“驾驶和航行规则”是基于两条船在常规操纵与航行中出现的局面而制定的，仅规定了一般情况下的航行和避碰原则，不可能涵盖实际航行中可能遇到的各种情况。在某些特殊情况下，还存在着不能按《规则》所规定的方法进行避让，或按其规定进行避让反而不利于避碰的情况。鉴于以上原因，特制定了《规则》第二条，以使《规则》更趋完善。《规则》第二条责任条款规定：

1. 本规则条款并不免除任何船舶或其所有人、船长或船员由于遵守本规则条款的任何疏忽，或者按海员通常做法或当时特殊情况所要求的任何戒备上的疏忽而产生的各种后果的责任。

2. 在解释和遵行本规则条款时，应充分考虑一切航行和碰撞的危险以及包括当事船舶条件限制在内的任何特殊情况，这些危险和特殊情况可能需要背离规则条款以避免紧迫危险。

正确理解第二条应从以下方面入手。

一、对责任条款的理解

第二条“责任”是对《规则》其他条款没有做出明确规定的情况而做的原则性的规定，要求船舶谨慎驾驶避免出现各类疏忽，对航行中可能遇到的各种情况保持戒备，接纳海员通常做法，允许船舶在不能遵守和执行《规则》的某些条款时，依据实际环境和情况按海员通常做法操纵船舶进行避让，甚至采取背离《规则》的行动以避免紧迫危险。本条所包含的内容十分广泛，背离的条件也十分严格。只有在深刻领会《规则》其他各条精神实质的基础上才能对本条做出正确的解释，在执行中才不至于出偏差。在采取具体的避让行动时，除了全面考虑《规则》各条的规定外，还必须充分考虑各种特殊情况和海员通常做法所要求的戒备。

二、责任条款的作用

纵观《规则》第二章“驾驶和航行规则”的条文，有关航行戒备原则性的规定都在第一节“任何能见度的行动规则”中，包括瞭望、安全航速、碰撞危险、避免碰撞的行动、狭水道、分道通航制等；关于采取避碰行动的准则包含在第二节和第三节中，包括追越、帆船、对遇局面、交叉相遇局面、让路船直航船的行动、船舶之间的责任、能见度不良的行动规则等。然而，船舶在海上航行时，其所遇到的环境和情况是千变万化的，无论是从航行戒备的角度，还是从采取避让行动的角度，《规则》条款不可能将所有的局面详尽无遗地列出。《规则》条款的规定只能是对海上航行与避让的原则性指导与要求，船舶在任何时候均应当根据当时的环境和情况保持应有的戒备，并采取适合当时环境和情况的避让行动，这也是将责任条款称为是对《规则》完善的原因。一方面，《规则》要求船舶严格遵守《规则》的明文规定，航行及避让时运用良好的船艺，保持对海员通常做法或者特殊情况可能所要求的戒备；另一方面，《规则》要求船舶在采取避让行动时，不能机械地理解《规则》条文的规定，而应当全面考虑《规则》条文的内涵，并根据当时的具体环境和情况来采取航行或者避碰的行动。总之，责任条款是对《规则》其他条款的有力的补充和解释，其目的同样是防止海上事故的发生，保证船舶的航行安全。

三、疏忽

（一）疏忽的含义

民法对疏忽的解释为过失，是指行为人并不存在希望损害发生的意图，但对损害的发生应该或能够预见却没有预见，最终导致损害发生。显然，过失是指行为人的过失行为，而非过失心态。“过失”又可以理解为“应当为而不为，不应当为而为”的行为。

本款所指的“疏忽”是指一些与船舶碰撞有直接因果关系的行为与不为。在追究因疏忽而产生的各种后果的责任时，一般不考虑行为人的主观愿望，而着重考虑该行为或不为所造成的客观后果，即该行为或不为是否导致碰撞危险的形成，或导致碰撞危险的不可避免。在海上避碰实践中，“疏忽”包括应当戒备而未戒备或戒备不足；应当预见而未预见或预见不准；应当判断而未判断或判断有误；应当行动而未行动或行动不当（时机不当、地点不当、场合不当、方式不当等）；不应当行动而盲目行动等。

《规则》第二条第1款列出的疏忽包括对遵守《规则》的疏忽和保持戒备上的疏忽，而保持戒备上的疏忽可进一步分解为对海员通常做法所要求的任何戒备上的疏忽和对当时特殊情况所要求的任何戒备上的疏忽。

（二）犯有疏忽而不能免责的对象

《规则》第二条第1款规定：“本规则条款并不免除任何船舶或其所有人、船长或船员由于遵守本规则条款的任何疏忽，或者按海员通常做法或当时特殊情况所要求的任何戒备上的疏忽而产生的各种后果的责任。”可见犯有疏忽不能免责的对象包括了“任何船舶或其所有人、船长或船员”。

1. 船舶

《规则》将船舶定为民事诉讼法律关系的主体，尽管船舶是受操纵者所支配，但碰撞的表现形式是一种船舶间的冲突或相互侵权，即一船的不当行为侵害了另一船受《规则》保护的航路权，甚至使其受到损害。将船舶作为诉讼法律关系的主体，受损方可以据此提出海事请求权，并可请求法院扣押当事船舶。

2. 船舶所有人

船舶所有人又叫船东，船舶所有人的疏忽责任主要表现在船舶管理和船舶责任两个方面，而船舶所有人的船舶管理责任又可以进一步延伸到船舶经营人、船舶管理公司、租船人等实际运营或管理船舶的人员，但不能延伸到船舶代理人，船舶代理人仅仅是上述人员为方便完成某些具体业务在各地的雇佣人员，代理人仅仅是按其雇主的指示办事。

（1）船舶所有人在船舶管理方面，如果犯有故意或重大过失，并被证实与碰撞的发生有因果关系，则不能免除责任。例如：开航前或当时，船舶所有人知道或应该知道船舶处于不适航状态，无法按《规则》的要求进行操纵，但仍强令开航。如果事后证明，这导致了船舶碰撞不可避免或造成船舶损害，《规则》不免除其管理船舶的责任。同时保险公司也将拒绝予以赔偿。

（2）在船舶责任方面，尽管《规则》不免除船舶在某些方面的责任，但船舶并不是自然人，真正能承担民事赔偿责任的只能是船舶所有人。因此，不论船舶所有人在船舶管理方面是否犯有过失和疏忽，只要其所属船舶在与他船的碰撞中被证实犯有过失，就不能免除船舶所有人的赔偿责任。如果触犯刑律，还可能被追究刑事责任。

3. 船长和船员

绝大多数碰撞事故是由于船长或船员在管理和驾驶船舶过程中的疏忽或过失所致。根据本条规定，船长和船员不能免责。即使事故完全是意外或不可抗力所致，船长或船员仍负有举证义务，举证在事故过程中，船长或船员已尽最大努力，且未犯有任何过失，此时方可免责。船长或船员所能承担的责任包括罚款、警告、吊销执照或解雇；如触犯刑律也可能被追究刑事责任，但由船舶碰撞而造成的民事赔偿责任仍由船舶所有人承担。需要注意的是，在船执行引航任务的引航员通常不承担任何事故的责任，在雇佣引航员引航期间，驾驶管理船舶的责任依然由船长、值班驾驶员承担，因此引航员不属于船长和船员的范畴。

《规则》作为法律规范，仅是海上碰撞法的一部分，其主要目的是规范船舶间的避碰行动，界定碰撞双方的法律责任，至于违反这一规范而造成后果的处罚问题，一般由碰撞法的相应法律和有关部门做出规定。

(三)不能免责的疏忽的种类

根据第二条第1款，可以将疏忽划分为三种：遵守《规则》各条的疏忽；对海员通常做法所可能要求的任何戒备上的疏忽；对当时特殊情况可能要求的任何戒备上的任何疏忽。这三种疏忽几乎包括了所有有关船舶驾驶的问题，内容极其广泛。从技术上来说，三种疏忽的内容往往是互相交叉的，即一种过失行为可能是两种以上的疏忽所致。从司法角度讲，三种疏忽彼此是独立的，构成船舶间碰撞的疏忽只能归纳为三种疏忽之一；一般认为，某一种行为明显违反了《规则》的规定，则不论是否同时构成其他两种疏忽，都只能归结为对遵守《规则》的疏忽。

1. 对遵守《规则》的疏忽

对遵守《规则》的疏忽可以分为：船舶及其所有人对遵守《规则》的疏忽及船长、船员对遵守《规则》的疏忽两类。

船舶所有人、经营人向船长、船员提出船舶应达到一定航速的要求，使得船长、船员不能遵守安全航速的规定；对船舶主机或者燃油的使用做出硬性规定，要求船舶驾驶员在海上定速航行时不得使用主机、除进出港航行外必须使用重油等；配备的船员尤其是负责航行值班的船员不符合航行区域的要求，按最低配员配备船员导致值班船员不足而疲劳驾驶等；对船员未遵守《规则》的规定听之任之等都属于船舶或其所有人对遵守《规则》的疏忽。

船员对遵守《规则》的疏忽的表现形式多种多样，一般通过比对《规则》条款来确定，大致可归纳为以下几种。

(1)航行值班态度不端正，玩忽职守，麻痹大意，不执行甚至违反《规则》。如，疏忽瞭望，使用16频道聊天不保持VHF守听，夜航未保持夜视眼；与他船会遇不及时判断局面与碰撞危险，夜间航行不检查航行灯的显示情况；采取避让行动不能做到“早、大、宽、清”对航向航速做一连串的小变动；等等。

(2)错误地解释和运用《规则》条文。如直航船一味坚持保向保速；在遵守《规则》能够避免紧迫危险时背离《规则》采取行动。片面强调《规则》的某一规定，而忽视条款间的关系和系统性。如在狭水道航行时，在形成碰撞危险后仍然坚持“右行”的原则，不及时避让。

(3)只要求对方执行《规则》,不顾自身的义务和责任。如,对遇局面不尽早避让消极等待;锚泊船对临近的碰撞危险不发出警告声号;狭水道、分道通航制区片面强调不应妨碍而忽视碰撞危险等。

(4)航行时不能保持有效的戒备,特别是在能见度不良、通航密度较大等复杂环境下航行时。如交通密集区未能按通航密度适时调整安全航速;能见度不良不备车,不进行雷达标绘或与其相当的系统观测,不安排额外瞭望人员等。

(5)业务水平有限,缺乏航行经验。如不会调节雷达导致物标丢失;对风流压差估计不足,在狭水道、分道通航制区不能正确控制船位导致偏航,甚至逆行驶入反向航道。

2. 对海员通常做法可能要求的任何戒备上的疏忽

"海员通常做法"的纳入是对《规则》的补充与完善,因此,船舶除要求严格遵守《规则》外,在遵守《规则》明文规定不足以避碰时,还须按照海员通常做法和良好船艺去让清他船。海员通常做法范围广泛,对海员通常做法所要求的戒备产生的疏忽通常表现如下。

(1)不熟悉本船的操纵性能及当时本船或外界条件的限制而盲目操船。

(2)对风流的影响估计不足,特别是在大风浪天气航行且船舶自身受风面积较大时。

(3)受限水域航行时,对浅水、岸壁、船间效应缺乏应有的戒备。

(4)在高纬度海区航行对冰山的出现缺乏戒备,在雾区航行对遇雾缺乏戒备。

(5)值班人员不复诵车钟令和舵令,值班驾驶员不核实水手操舵,不监控车舵运行情况。

(6)船位未核实或正在转向避让时交接班,接班不提前上驾驶台熟悉情况而交接班(提前上驾驶台属于海员通常做法,保持夜视眼则属于正规瞭望)。

(7)狭水道、复杂水域航行时没有备车、备锚、开启测深仪、增加瞭望人员。

(8)狭水道航行没有做到逆水船让顺水船、进口船让出口船、单船让拖带船组。

(9)在狭窄航道或弯头地段等航行条件复杂水域盲目追越、会船。

(10)避让中未及时使用手操舵,下达转向指令未使用舵角舵令,而使用航向舵令。

(11)未及时发现本船的号灯(型)显示不正常。

(12)锚泊的水域或方法不当,或对本船或他船的走锚缺乏戒备。

(13)不了解地方特殊规定及避让习惯。

3. 当时特殊情况可能要求的戒备上的疏忽

特殊情况即异乎寻常的情况。形成特殊情况的原因包括船舶条件、自然条件、交通条件、他船所采取行动等各个方面发生的突变。为确保航行安全,船舶应针对可能出现的特殊情况保持适当的戒备,在航次计划中实施针对性的风险评估,在收到各类警报或通报时及时做好应急准备等。船舶事先应能预见而未预见可能会出现的特殊情况;事先已预见到可能会出现特殊情况却没有实施相关戒备或戒备不足;出现特殊情况后未采取任何戒备措施或戒备措施不当等,这些都属于对特殊情况所要求的任何戒备上的疏忽,它包括但不限于以下各种情况。

(1)在非雾区突遇浓雾。

(2)未收到气象预报,突遇暴风雨等严重影响视距和船舶操纵性能的天气。

(3)三艘及以上的船舶相遇,同时构成碰撞危险的局面。

(4)为避让一船而与另一船构成紧迫局面。

(5)夜间临近处突然发现不点灯的小船,或突然出现显示灯光的船舶。

(6)他船突然背离《规则》采取具有危险性的行动。

(7)航行中主机、舵机、操舵系统等航行或导航设备突发故障。

(8)由于环境和条件的限制,本船或他船无法按照《规则》的规定采取避碰行动。

诸如此类的情况还有许多,总之,要求航海人员在各方面不断提高自身的素质,在危险出现之前能良好地感知,尽可能早地做出正确判断;当危险出现时,则应采取谨慎、合理的措施,以避免碰撞事故的发生。当碰撞不可避免时,应尽可能减小碰撞的损失。

四、背离

海上航行环境复杂多变,存在各种航行危险,在海上航行船舶还时常会遭遇到各种特殊情况,在强调所有船舶都应严格遵守《规则》的同时,《规则》也考虑到了各种危险或特殊情况引发的例外,正如第二条第 2 款所述"这些危险和特殊情况可能需要背离《规则》条款以避免紧迫危险。"该规定让船舶在特殊情况下背离《规则》条款采取避碰行动成为可能。

(一)背离的条件

"在解释和遵行本规则条款时,应充分考虑一切航行和碰撞的危险以及包括当事船舶条件限制在内的任何特殊情况"这里所指的危险和特殊情况就属于背离《规则》的前提条件,可以简单地分成三类,即航行的危险;碰撞的危险;包括当事船舶的条件限制在内的任何特殊情况。

1. 存在航行的危险

当船舶按照《规则》的要求航行或者采取避碰行动时,可能遭遇到触礁、搁浅、船间效应、岸壁效应等航行的危险。例如,《规则》狭水道条款要求船舶"右行",如该狭水道航道右侧的水深受限,船舶仍然靠右行驶就可能存在搁浅的危险,船舶只能在航道中心线附近行驶,无法执行"右行"的规定。

2. 存在碰撞的危险

当船舶按照《规则》航行或者采取避碰行动,就会产生与他船碰撞的危险。例如,《规则》要求构成对遇局面的船舶大幅度右转进行避让,当一船右舷存在其他船舶时,右转就会与第三船构成碰撞的危险,无法执行对遇局面右转的规定。

3. 存在特殊情况

条文明文规定的特殊情况包括由于自然条件受到限制而构成的特殊情况和船舶自身条件限制两方面。如对遇局面中,如果船舶右舷临近浅滩、暗礁或沉船,不能遵循《规则》大幅度右转向就属于自然条件的限制;由于当事船舶自身条件受到限制构成的特殊情况,如从事捕鱼的船舶由于渔具妨碍,在给操纵能力受到限制的船舶让路时,不能遵循第八条的要求,采取大幅度地避让行动。

多船会遇和他船背离时采取行动也应归类于特殊情况。如图 1-14 所示,三船会遇构成碰撞危险时,《规则》不适用,三船既

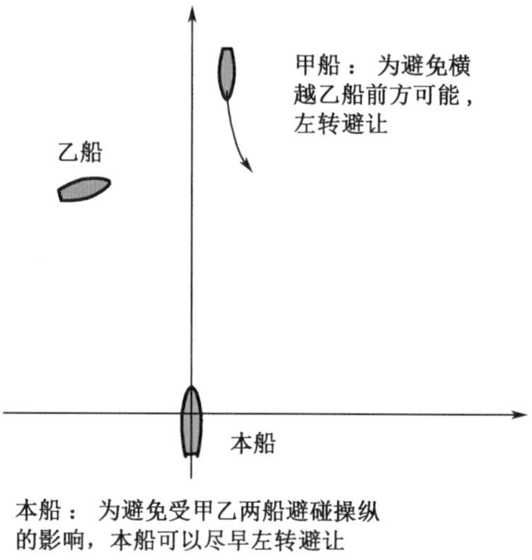

图 1-14　多船会遇局面

不适用对遇局面条款，也不适用交叉相遇局面条款，而是一种特殊情况，不能按《规则》的某一规定进行避让，每一船舶都必须运用良好的船艺采取避让行动，图中本船应考虑甲、乙两船可能采取的避让行动，本船可在出现碰撞危险前尽早操纵船舶大幅度左转避免卷入甲、乙两船的避让行动，任何拖延等待都可能导致局面恶化，由于《规则》不适用于多船会遇，虽然属于特殊情况，但不存在背离之说。在两船会遇局面中，如果他船背离《规则》采取危险行动，本船仍然坚持遵守《规则》规定就可能导致危险，在这种特殊情况下，应果断背离《规则》按海员通常做法进行避碰操纵。

此外，因地方规则的特殊要求也可能构成特殊情况。如日本内海的“来岛海峡”所制定的按潮汐不同分别选择“左行”或“右行”的航行规定与《规则》在狭水道“右行”的原则不相符，如果坚持《规则》右行就可能会逆行导致碰撞或航行的危险，应严格遵守地方规则的规定。由于遵守了地方规则，这种情况不应被认定为背离。

（二）背离的限制与目的

《规则》属于法律条文，应严格执行，背离《规则》有苛刻的条件限制，如果遵守《规则》能够避免碰撞与危险，即使出现了特殊情况，船舶也不能背离《规则》采取行动。为方便操纵，双方协议背离属于违反《规则》的行为。任何实际存在航行的危险、碰撞的危险并不构成背离的充要条件；避免了碰撞也不是背离的理由；只有在不背离就会发生紧迫危险时，才可以背离。背离《规则》必须同时满足以下三个条件。

（1）危险是客观存在的，而不是主观推测的。

（2）危险必须是紧迫的。即遵守《规则》采取避让行动会导致一船或者两船面临紧迫的危险。这里的“紧迫危险”并不局限于碰撞格局中两船间所形成的紧迫危险，同时也包括可能存在的航行上的紧迫危险，如逼近搁浅、触岸等。

（3）背离是必需的、合理的。如果客观事实表明遵守《规则》会导致碰撞或航行的紧迫危险，只有背离《规则》才可能避免这种危险。也就是说，只有当时的危险局面不允许船舶继续遵守《规则》的某项具体规定时，才可以背离这项规定，只要还存在机会遵守《规则》，就不应当背离，而且背离的行动要符合海员通常做法，且能被他船理解。

背离《规则》的目的是避免航行或碰撞的紧迫危险，这里的“紧迫危险”可以理解为必须立即采取行动才能避免而不能再拖延等待的危险。如即将搁浅、触礁就属于航行的紧迫危险。为避免“紧迫危险”而背离某一规定是《规则》所允许和期望的，但是，允许背离并不是《规则》灵活性的体现，背离有严格的条件限制，只有满足背离的条件，才能背离《规则》采取行动。“协议背离”是违反《规则》的行为，应当禁止。再次强调，在《规则》适用之前或不适用的情况下，是不存在背离的。

（三）可以背离的条款

《规则》本身是严谨的，因此，并不是《规则》的所有条款都可以背离，号灯、号型及任何能见度情况下的行动规则中的保持戒备的原则性规定是不能背离的，如瞭望、安全航速、碰撞危险等条文就不能背离，《规则》第二条自身也是无法背离的。能够背离的仅仅是《规则》所适用的某些关于具体的航行或避让行动规定。例如“狭水道右行规则”，对遇局面右转规定以及那些附带有“安全可行”“如当时环境许可”“尽可能”等字眼的关于航行及避让条款。在背离某些或者某一条款的具体规定时，对《规则》其他条款的规定仍然必须严格遵守。

(四)背离的注意事项

1. 背离是遵守《规则》第二条的一项义务

第二条第2款规定:“这些危险和特殊情况可能需要背离规则条款以避免紧迫危险。”如果在需要背离时,仍然不背离《规则》采取行动导致碰撞或其他危险,也会构成对遵守《规则》的疏忽。因此,每一船不能将这种准许背离仅仅视为一种授权,而应当将其看作一种遵守规则避碰的义务。

2. 背离行动必须符合良好船艺的要求

如背离《规则》采取的行动不能被他船理解,势必会出现双方避碰行动不协调而导致碰撞或其他事故,违背背离的目的导致无效背离的情况。因此,船舶在背离《规则》采取行动时,其所采取的行动必须符合良好船艺的要求,能被他船所理解与接受,这样才有助于避免紧迫危险,至少也应当能够减轻碰撞或事故的损失。

3. 不能借背离而随意违背《规则》

如前所述,背离《规则》是有严格的条件限制的,不能借口《规则》准许背离而随意违背《规则》。在不具备背离《规则》的条件下,协议背离也是不符合《规则》要求的。例如,对遇局面中的两船协议各自向左转向扩大安全会遇距离是典型的违反《规则》的行为。但是,协议避碰并不等于协议背离,在很多情况下,《规则》对两船的具体避碰行为未作明确规定,例如第十八条中的让路船,《规则》只做出了“早、大、宽、清”的避让原则,并未指出具体的避让行动,此时,两船在《规则》准许的框架内协调具体的避碰行动,属良好船艺的做法,并不违反《规则》。

4. 采取背离行动时间上的要求

当前方确实存在航行危险或受到船舶自身操纵条件限制时,船舶依据环境或局面的具体情况尽早采取背离行动是符合良好船艺要求的,同时也便于他船识别,如图1-15所示。为避免航行的危险,沿通航分道行驶的船舶,无须等待危险临近时才背离规则穿越通航分隔带/线进入沿岸通航分道;在避免碰撞的危险时,是不能及早采取背离行动的,《规则》准许某一船采取背离的避碰行动的目的是避免紧迫危险,因此,只有正在临近碰撞的紧迫危险时,船舶才能采取背离行动。

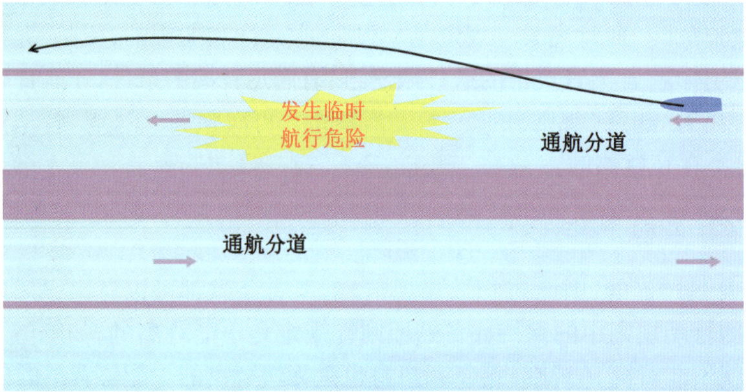

图1-15 通航分道内适时背离规则

评价要素参考

(1)熟悉应履行《规则》责任条款的对象有哪些,这些对象是如何界定的。注意船舶代理人不受《规则》约束。

(2)掌握疏忽和戒备的内涵。

(3)能正确区分三类疏忽。

(4)正确理解背离的条件、目的及要求;背离时能区别对待航行和碰撞的紧迫危险。

1-3　责任条款习题、学习资料

项目二　船舶信号的使用与识别

在海上如何准确识别船舶，判断其种类及动态，协调航行与避让，值班驾驶员除了掌握并熟练运用《规则》规定的号灯、号型及声响灯光信号之外，还须按《STCW 公约马尼拉修正案》的要求具备使用视觉信号进行通信的能力。

船舶与外界的通信方法包括视觉信号通信、声响信号通信和无线电通信。《STCW 公约马尼拉修正案》在操作级驾驶员的航行职能中，明确要求负责航行值班的驾驶员应能使用视觉信号进行通信，包括使用《国际信号规则》的能力，用莫尔斯信号收发经修订的《1972 年国际海上避碰规则》附录四和《国际信号规则》附则一规定的遇险信号 SOS 以及《国际信号规则》中规定的单字母信号的通信能力。视觉信号通信包括灯光通信（flashing light signalling）、旗号通信（flag signalling）、手旗或手臂通信（morse signalling by hand-flag or arms）以及船舶挂旗常识等。本项目将围绕《规则》及《国际信号规则》的内容，依据船员培训大纲的要求展开介绍。

任务一　理解船舶号灯、号型的设置与显示的总体要求

一、号灯与号型的作用

号灯与号型是用来表示船舶种类、尺度、动态和工作性质等的灯光与型体。号灯和号型不仅可以用来表示船舶的种类、大小和工作性质，而且是判断船舶的动态、航向，两船所构成的会遇态势，以及是否存在碰撞危险的重要依据。灯光的强度能随距离接近而变强；来船的前后桅灯水平张角的改变、舷灯颜色的变换，就表明了其航向或会遇态势的变化，是判断碰撞危险的重要依据；也可以据此了解他船的操纵行动及避让意图，进一步核实避让行动的有效性。《规则》第三章规定了不同尺度的各类船舶在不同航行状态时所显示的号灯、号型。在实际工作中，船舶驾驶人员不但应当正确显示本船的号灯和号型，而且还应当多积累经验，掌握及时识别他船的号灯和号型的技能，并能依据观察到的号灯、号型迅速、准确地判明他船的种类、尺度、动态或作业方式以及两船所构成的会遇态势是否存在碰撞危险等，最终采取适当的避让行动。

二、号灯与号型的适用范围

《规则》第三章第二十条“适用范围”（号灯、号型的适用范围）规定：

1. 本章条款在各种天气中都应遵守。

2. 有关号灯的各条规定，从日没到日出时都应遵守。在此期间不应显示别的灯光，但那些不会被误认为本规则各条款订明的号灯，或者不会削弱号灯的能见距离或显著特性，或者不会妨碍正规瞭望的灯光除外。

3. 本规则条款所规定的号灯，如已设置，也应在能见度不良的情况下从日出到日没时显示，并可在一切其他认为必要的情况下显示。

4. 有关号型的各条规定,在白天都应遵守。

5. 本规则条款订明的号灯和号型,应符合本规则附录一的规定。

(一)适用的对象及天气条件

《规则》第1款规定:“本章条款在各种天气中都应遵守。”这就要求所有适用《规则》的船舶在各种天气中都应遵守《规则》第三章各条款对号灯、号型的相关规定,即无论白天黑夜、天气、能见度情况以及海况如何,也无论船舶处于什么状态、进行何种作业,任何船舶均应当显示相应的号灯和号型。根据这一要求,负责航行值班的船员应当经常检查号灯、号型是否正常显示,发现号灯或号型发生损坏时,应立即予以修复,以恢复显示。由于天气原因不能及时修复时,应采取适当的替代或应急措施,以策安全。不按规定显示号灯、号型,将导致遵守《规则》的重大过失,并在船舶碰撞事故中承担相应责任。

(二)号灯的显示时间

《规则》第二十条第2、第3款规定了显示号灯的时间,包括:

(1)从日没到日出应显示;

(2)能见度不良时,从日出到日没也应显示;

(3)其他一切认为必要的情况下也可以显示。

所谓“必要的情况”通常是指晨昏蒙影期间、能见度良好但由于各种原因天色较暗时的白天等。前两项规定为强制显示,可以看出,能见度不良时应24小时显示号灯;第三项规定为自主决定是否显示。航海实践中,有些船长要求船舶在海上航行时24小时显示航行灯,该做法似乎并不违反第三项“一切认为必要”的要求,其初衷是避免忘记开启航行灯,但这种懒政习惯也可能导致忽视对号灯的检查,因此不建议推广。

(三)不应显示的灯光

根据《规则》第二十条第2款的规定,在显示号灯期间,下述三种灯光不得显示:

(1)会被误认为《规则》订明的号灯的灯光,如船尾外露的灯光。

(2)会削弱号灯能见距离或显著特性的灯光,如甲板照明灯及从舷灯附近的室内外露的灯光。

(3)会妨碍正规瞭望的灯光,如驾驶台、海图室内的灯光及设置在甲板上向后的照明灯等。

(四)号型的显示时间

《规则》第二十条第4款规定:“有关号型的各条规定,在白天都应遵守。”这里的“白天”包括从日出到日没,以及日没到日出期间的晨昏蒙影时段,因此,应同时显示号灯和号型的时间包括三个时间段,即能见度不良,天色较暗的白天;晨昏蒙影期间。

(五)显示号灯、号型的注意事项

每一船舶应当根据《规则》的规定,正确显示号灯和号型。在显示号灯和号型时,应当注意如下各点。

(1)严格按照《规则》的规定显示号灯或号型,在开航前应当试验和检查各号灯是否能正常显示,包括检查备用号灯,测试航行灯报警装置并备妥号型和应急号灯。定期检查号灯备用灯泡的库存情况,不足时及时申请,申请时注意对灯泡功率及耐震的要求,收储时应与普通灯泡分开存放。

(2)在航行值班过程中,应经常检查本船显示的号灯是否正常,航行中发现他船时应及时检查号灯的显示情况,一旦发现号灯损坏或熄灭,应当及时更换或修复;如遇恶劣天气无法更换桅灯灯泡,应注意应急使用替代号灯,在发现前方来船时,临时显示前锚灯代替前桅灯,使用后桅顶附近的白色环照灯代替后桅灯;发现后方来船时,临时用后锚灯代替艉灯等。

(3)注意检查本船是否外露其他会被误认为或干扰号灯特性的灯光,特别注意在傍晚时分检查生活区窗帘及水密门的关闭情况,防止生活区灯光外露。

(4)不得显示不符合本船实际情况的号灯或号型,如号灯的能见距离不符合要求,停车漂航违规显示失控信号等。

三、号灯的定义与能见距离

(一)号灯的定义

《规则》第二十一条“定义”中规定了号灯的基本位置、灯色和发光光弧。

(1)“桅灯”是指安置在船的首尾中心线上方的白灯,在225°的水平弧内显示不间断的灯光,其安装要使灯光从船的正前方到每一舷正横后22.5°内显示。

(2)“舷灯”是指右舷的绿灯和左舷的红灯,各在112.5°的水平弧内显示不间断的灯光,其装置要使灯光从船的正前方到各自一舷的正横后22.5°内分别显示。长度小于20 m的船舶,其舷灯可以合并成一盏,装设于船的首尾中心线上。

(3)“艉灯”是指安置在尽可能接近船尾的白灯,在135°的水平弧内显示不间断的灯光,其装置要使灯光从船的正后方到每一舷67.5°内显示。

(4)“拖带灯”是指具有与本条3款所述“艉灯”相同特性的黄灯。

(5)“环照灯”是指在360°的水平弧内显示不间断灯光的号灯。

(6)“闪光灯”是指每隔一定时间以频率为每分钟闪120次或120次以上的号灯。

根据第二十一条号灯的定义,以长度大于等于50 m的机动船为例,其桅灯、舷灯和艉灯的水平照射弧度如图2-1所示。

理解号灯的定义除参考附录一对号灯的要求外,还应特别注意以下各项。

(1)桅灯要求安装在首尾中心线上,前低后高,没有要求尽量往前、往后设置。

(2)舷灯只要求左红右绿,没要求显示在最宽处。

(3)艉灯要求尽可能接近船尾,但没有要求在首尾中心线上。

(4)环照灯是定光灯,可以是不同的颜色。

(5)闪光灯只限定了频率,灯光可以是不同的颜色。闪光灯与操纵号灯的不同之处表现在灯色和闪光频率上。操纵号灯只能是白色,每闪1秒间隔1秒。

(二)号灯的能见距离

《规则》第二十二条规定了各种号灯的能见距离。综合《规则》第二十一、第二十二条的规定,号灯的类别、灯色、水平光弧和能见距离可归纳如表2-1所示。

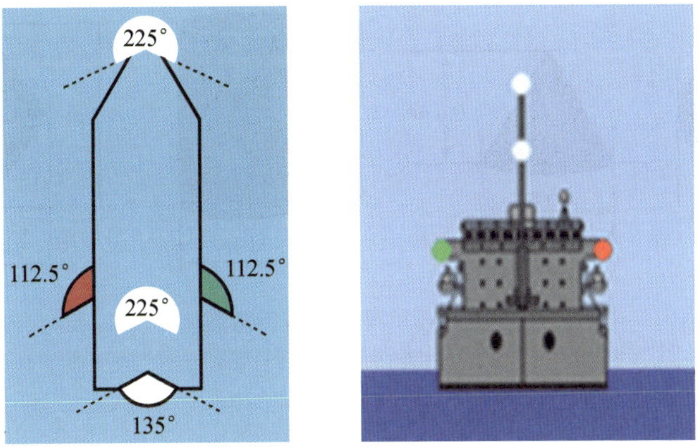

(a)　　(b)

图 2－1　机动船航行灯示意图

表 2－1　号灯特性

号灯类别	灯色	水平光弧/(°)	能见距离/n mile			
			$L \geq 50$ m	$20 \leq L < 50$ m	$12 \leq L < 20$ m	$L < 12$ m
桅灯	白	225	6	5	3	2
舷灯	红、绿	112.5	3	2	2	1
艉灯	白	135	3	2	2	2
拖带灯	黄	135	3	2	2	2
环照灯	不定	360	3	2	2	2
操纵号灯	白	360	5			
闪光灯	不定	360	闪频≥120 次/min,能见距离无规定			
一艘不易觉察部分淹没的被拖船或物体;白色环照灯的最小能见距离为 3 n mile						

注:①L 代表船长;

②操纵号灯每闪 1 s,间隔 1 s,信号间的间隔不少于 10 s;

③临近捕鱼的额外号灯能见距离至少 1 n mile,但应小于为渔船规定的号灯距离。

四、号型的基本种类

《规则》附录一规定了号型应是黑色,号型间的垂直距离应至少为 1.5 m,并具有以下尺度,各类号型尺度如图 2－2 所示。

(1)球体的直径应不小于 0.6 m;

(2)圆锥体的底部直径应不小于 0.6 m,其高度应与直径相等;

(3)圆柱体的直径至少为 0.6 m,其高度应两倍于直径;

(4)菱形体应由两个本款(2)所述的圆锥体以底相合组成。

长度小于 20 m 的船舶,可用与船舶尺度相称的较小尺度的号型,号型间距亦可相应减小。

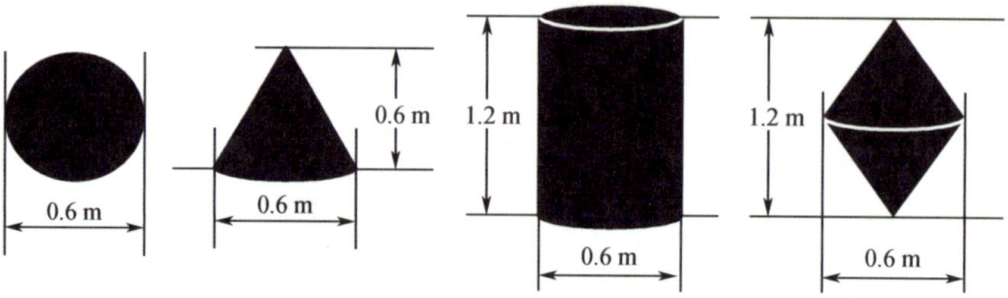

图 2-2　号型尺度示意图

注：①号型颜色：黑色；②号型间的垂直距离：长度≥12 m 的船至少 1.5 m。

五、观察船舶号灯判断航向区间

根据《规则》第二十一条号灯的定义，船舶可根据观测到他船号灯的变化情况大致估算他船的航向或航向区间。解题时不考虑号灯设置的断光界限的影响。

（一）看到他船的舷灯举例

本船航向 0°，左舷 35°看到他船红舷灯，求他船航向区间，如图 2-3 所示。

（1）建立坐标系，见舷灯他船船首正对本船，作他船航向延长线，得到第一个航向 180° − 35° = 145°

（2）能见到红色舷灯：他船在 145°的航向时右转 112.5°期间都可以见到红舷灯，于是得到第二个航向 145° + 112.5° = 257.5°。最终得其航向区间为 145° ~ 257.5°。

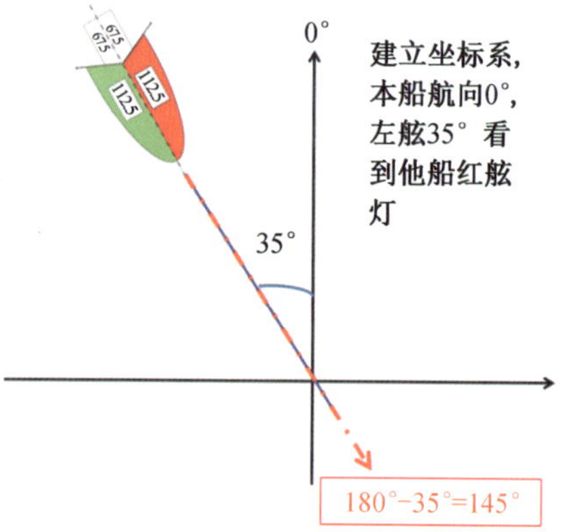

图 2-3　依据舷灯判断航向区间

解题技巧：与舷灯相关联，建立坐标让他船船首正对本船。见红舷灯他船右转 112.5°，见绿舷灯他船左转 112.5°。该类题型包括以下几种情况：舷灯消失，看到艉灯；艉灯消失，看到舷灯；同时看到舷灯和艉灯；仅看到左右舷灯。

（二）看到他船的艉灯举例

本船航向 40°、90°方位看到他船艉灯消失，绿灯出现，求他船航向，如图 2-4 所示。

（1）可以选择首向上或者真北向上建立坐标，本例选择首向上建立坐标系，本船航向 40°、90°方位看到他船艉灯。

（2）他船船尾正对本船，做他船首尾线延长线，得到第一个航向 090°。

（3）艉灯消失绿灯出现，他船应右转 67.5°，即得到他船估算航向为 90° + 67.5° = 157.5°。

解题技巧：与艉灯相关联，建立坐标让船尾正对本船。看到绿舷灯出来他船右转 67.5°，红舷灯出来他船左转 67.5°。

评价要素参考

(1)掌握号灯和号型显示时间的规定，注意“白天”与“日出到日没”的区别。

(2)正确理解“认为必要”显示号灯的时间。

(3)熟悉号型尺寸的要求。

(4)掌握各类号灯的定义，包括灯质、灯色及显示弧度的要求。

(5)掌握号灯最小能见距离与船长的关联性。

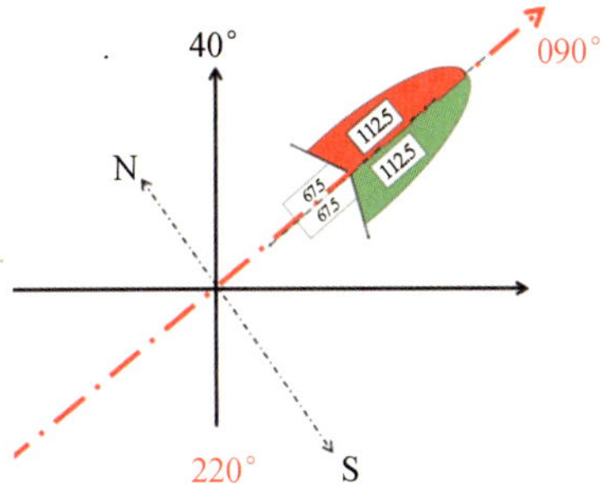

图 2－4　依据艉灯判断航向区间

2－1　号灯、号型基础知识习题、学习资料

任务二　显示与识别各类船舶的号灯、号型

《规则》第二十三到三十一条规定了各类船舶的号灯与号型，必须熟练掌握，现分别介绍如下。

一、在航机动船的号灯与号型

《规则》第二十三条“在航机动船”规定如下。

1. 在航机动船应显示：

(1)在前部一盏桅灯；

(2)第二盏桅灯，后于并高于前桅灯；长度小于 50 m 的船舶，不要求显示该桅灯，但可以这样做；

(3)两盏舷灯；

(4)一盏艉灯。

2. 气垫船在非排水状态下航行时，除本条第 1 款规定的号灯外，还应显示一盏环照黄色闪光灯。

3. 除本条第 1 款规定的号灯外，地效船只有在起飞、降落和贴近水面飞行时，才应显示高亮度的环照红色闪光灯。

4. (1)长度小于 12 m 的机动船，可以显示一盏环照白灯和舷灯以代替本条第 1 款规定的号灯。

(2)长度小于 7 m 且其最高速度不超过 7 kn 的机动船，可以显示一盏环照白灯以代替本条 1 款规定的号灯。如可行，也应显示舷灯。

(3)长度小于 12 m 的机动船的桅灯或环照白灯，如果不能装设在船的首尾中心线上，可以离开中心线显示，条件是其舷灯合并成一盏，并应装设在船的首尾中心线上或尽可能地装设在接近该桅灯或环照灯所在的首尾线处。

（一）适用范围

本条适用于“在航”的机动船，包括在航对水移动和在航不对水移动两种状态，本条所涵盖的机动船无论是否对水移动，都应遵守本条的规定同时显示桅灯、舷灯和艉灯。本条所指的“机动船”是狭义的机动船，并非《规则》第三条“一般定义”中所指的“用机器推进的任何船舶”，其外延既不包括普通拖带及限于吃水船，也不包括失去控制的船舶、操纵能力受到限制的船舶、从事捕鱼的船舶等，这些船舶应遵守《规则》其他条款为其各自所规定的相应的号灯和号型。

（二）机动船在航时的号灯

（1）船长 50 m 及以上的在航机动船应当显示：前后桅灯、左右舷灯和一盏艉灯，其正视图、侧视图、后视图如图 2－5 所示。

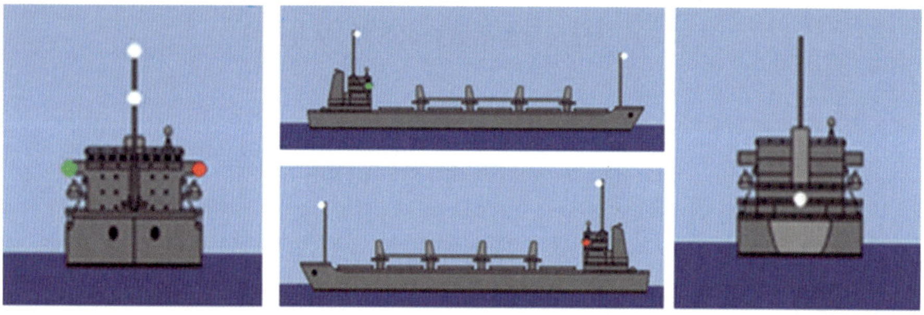
(a) 正视图　(b) 侧视图　(c) 后视图

图 2－5　船长≥50 m 机动船在航时的号灯

（2）船长不足 50 m 的在航机动船应显示：前部一盏桅灯、左右舷灯和一盏艉灯；可以自主决定是否显示后桅灯，其正视图、侧视图、后视图如图 2－6 所示。如显示后桅灯，其视图与 50 m 以上的机动船相同。

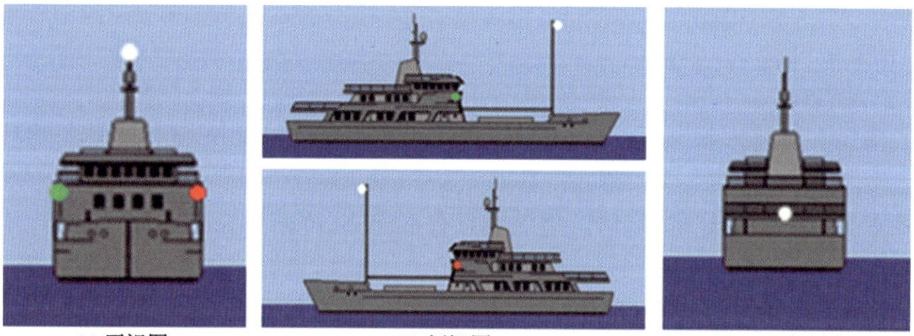
(a) 正视图　(b) 侧视图　(c) 后视图

图 2－6　船长不足 50 m 机动船在航时的号灯

（3）小型机动船的特殊规定：本条各款针对不同尺度的机动船所显示的号灯做了不同的规定，《规则》使用“可以”一词授权船长小于一定尺度的机动船简化其显示的号灯。但这种简化并非强制的，即船长较小的机动船也可以显示《规则》为船长较大的船舶规定的号灯与号型，例如船长<50 m的机动船同样可以显示后桅灯，船长不足7 m航速不超过7 kn的机动船也可以显示红绿舷灯。此外，本条第3款对小型机动船显示的号灯做了如下规定。

①船长<12 m的机动船，可以用一盏环照白灯代替其桅灯和艉灯，即桅灯与艉灯合并成了一盏环照白灯，左右舷灯正常显示。其正视图、侧视图、后视图如图2－7所示。

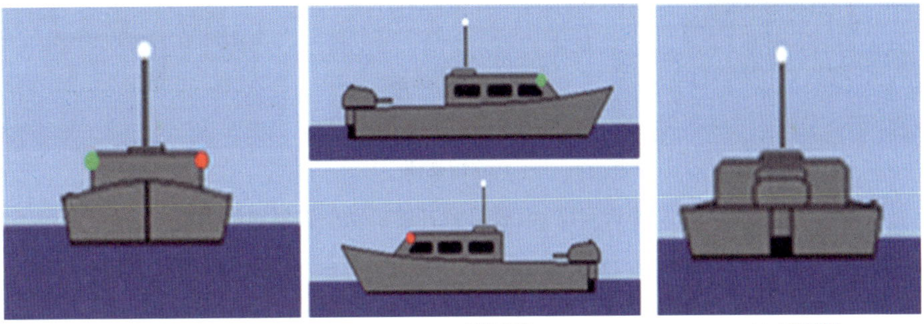

(a) 正视图　　(b) 侧视图　　(c) 后视图

图2－7　船长<12 m的机动船在航时的号灯

②船长<7 m且其最高速度不超过7 kn的机动船，可以显示一盏环照白灯以代替其桅灯、舷灯和艉灯，其正视图、侧视图、后视图如图2－8所示。但是，《规则》还规定，这类小船如可行，也应显示舷灯。如果航速超过7 kn，应参照L<12 m的机动船执行。

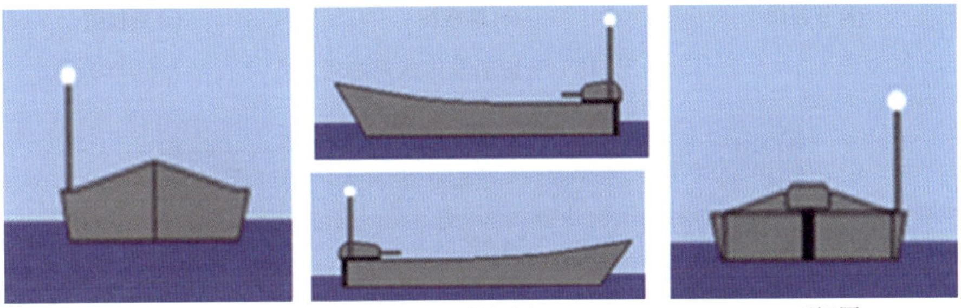

(a) 正视图　　(b) 侧视图　　(c) 后视图

图2－8　船长<12 m的机动船在航时的号灯

③船长<12 m的机动船的桅灯或环照白灯，如果不可能装设在船的首尾中心线上，可以离开中心线显示，其条件是其舷灯合并成一盏，并应装在船的首尾中心线上，或尽量装设在其桅灯或环照灯所在首尾线的附近。也就是说，如果桅灯或者环照白灯没有显示在首尾中心线上，就应该用舷灯的合色灯来标示船舶的首尾中心线。其正视图、侧视图、后视图如图2－9所示。

(4)气垫船、地效船的特殊规定：当气垫船在非排水状态下航行或者地效船在起飞、降落和贴近水面飞行时，由于航速较快及其非排水的特殊情况，为引起其他船舶的注意，除按本条第1款规定按船长不同显示普通机动船的号灯外，气垫船应额外显示一盏环照黄色闪光灯；而地效船应额外显示高亮度的环照红色闪光灯。

气垫船在非排水状态下航行时，其正视图、侧视图、后视图如图2－10所示。在水面正常操纵时，应关闭黄色闪光灯（气垫船的特征号灯），仅显示普通机动船的号灯。

地效船在水面起飞、降落和飞行时，其号灯如图2－11所示。在水面正常操纵时，应关闭高亮度红色闪光灯（地效船的特征号灯），仅显示普通机动船的号灯。

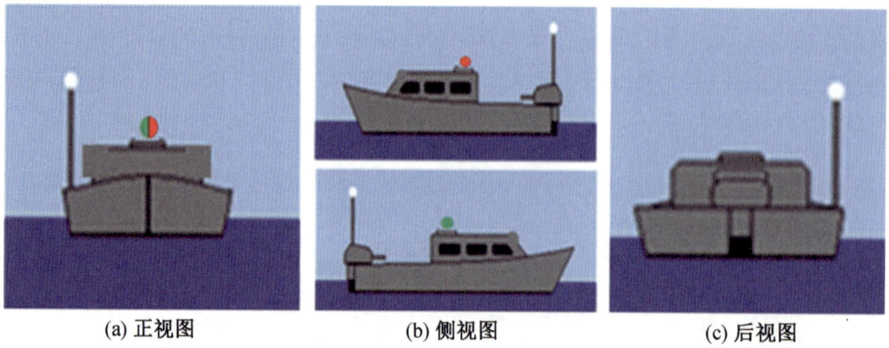

图 2－9　船长 <12 m，舷灯合并的机动船在航时的号灯

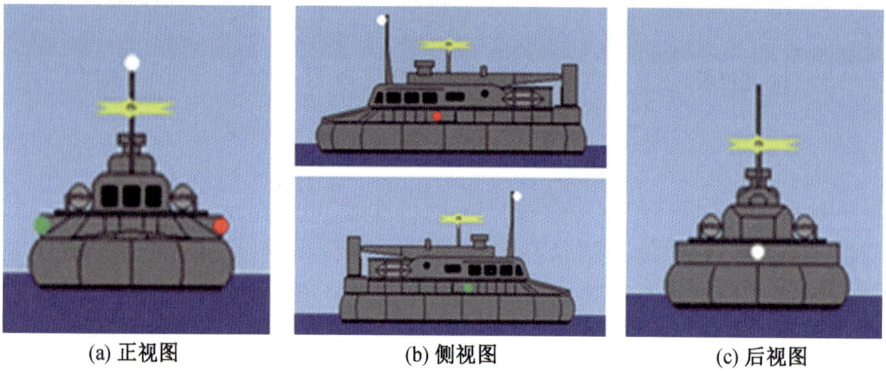

图 2－10　气垫船非排水时的号灯

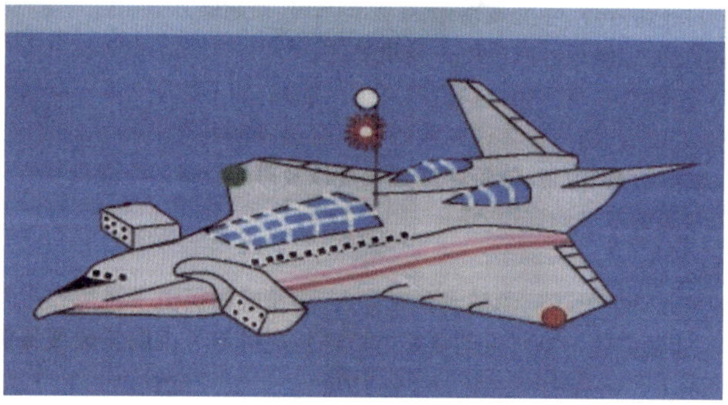

图 2－11　地效船起飞、降落、飞行时的号灯

(三)在航机动船的特征号灯小结

普通机动船的特征号灯是桅灯，要求强制显示，长度 50 m 及以上的机动船应显示前后两盏桅灯，小尺度的机动船可以合并桅灯与艉灯显示一盏环照白灯；气垫船除了显示普通机动船的号灯外，在非排水状态下航行时还应显示黄色闪光灯一盏；地效船在起飞、降落和飞行等处于高速状态时，除了普通机动船的号灯外，还应显示一盏高亮度的红色闪光灯。

评价要素参考

(1)掌握机动船在航是本条的适用条件，须正确理解机动船的外延；显示号灯应注意，在航无论是否对水移动都应同时显示桅灯、舷灯和艉灯。

(2)熟悉按船长显示在航机动船号灯的要求,《规则》允许小船按大船的要求显示号灯。

(3)熟悉小船号灯合并显示的要求。

(4)注意机动船在航没有号型的显示要求。

二、拖带和顶推的号灯与号型

《规则》第二十四条“拖带和顶推”规定如下。

1. 当机动船拖带时应显示:

(1)垂直两盏桅灯,以取代第二十三条1款(1)项或1款(2)项规定的号灯;当从拖船船尾至被拖物体后端的拖带长度超过200 m时,垂直显示三盏这样的号灯;

(2)两盏舷灯;

(3)一盏艉灯;

(4)一盏拖带灯位于艉灯垂直上方;

(5)当拖带长度超过200 m时,在最易见处显示一个菱形体号型。

2. 当一顶推船和一被顶推船牢固地连接成为一组合体时,则应作为一艘机动船,显示第二十三条规定的号灯。

3. 当机动船顶推或傍拖时,除组合体外,应显示:

(1)垂直两盏桅灯,以取代第二十三条1款(1)项或1款(2)项规定的号灯;

(2)两盏舷灯;

(3)一盏艉灯。

4. 适用本条1或3款的机动船,还应遵守第二十三条1款(2)项的规定。

5. 除本条7款所述外,一被拖船或被拖物体应显示:

(1)两盏舷灯;

(2)一盏艉灯;

(3)当拖带长度超过200 m时,在最易见处显示一个菱形体号型。

6. 任何数目的船舶如作为一组被傍拖或顶推时,应作为一艘船来显示号灯:

(1)一艘被顶推船,但不是组合体的组成部分,应在前端显示两盏舷灯;

(2)一艘被傍拖的船应显示一盏艉灯,并在前端显示两盏舷灯。

7. 一不易觉察的、部分淹没的被拖船或物体或者这类船舶或物体的组合体应显示:

(1)除弹性拖曳体不需要在前端或接近前端处显示灯光外,如宽度小于25 m,在前后两端或接近前后两端处各显示一盏环照白灯;

(2)如宽度为25 m或25 m以上时,在两侧最宽处或接近最宽处,另加两盏环照白灯;

(3)如长度超过100 m,在(1)和(2)项规定的号灯之间,另加若干环照白灯,使得这些灯之间的距离不超过100 m;

(4)在最后的被拖船或物体的末端或接近末端处,显示一个菱形体号型,如果拖带长度超过200 m,在尽可能前部的最易见处另加一个菱形体号型。

8. 凡由于任何充分理由,被拖船舶或物体不可能显示本条5款或7款规定的号灯或号型时,应采取一切可能的措施使被拖船舶或物体上有灯光,或至少能表明这种船舶或物体的存在。

9. 凡由于任何充分理由,使得一艘通常不从事拖带作业的船不可能按本条1或3款的规定显示号灯,这种船舶在从事拖带另一遇险或需要救助的船时,就不要求显示这些号灯。

但应采取如第三十六条所准许的一切可能措施来表明拖带船与被拖船之间关系的性质，尤其应将拖缆照亮。

（一）适用范围

本条适用于“从事拖带”的机动船，非机动船从事拖带不适用于本条；拖带必须处于在航中，包括在航对水移动和在航不对水移动两种状态，与机动船的规定相同，只要在航，无论是否对水移动都应全面显示本条规定的号灯。本条所指的“机动船”包括了专门从事拖带的拖轮和平时不从事拖带的其他机动船，因此本条所指的机动船应属于《规则》第三条“一般定义”中所指广义机动船。如果从事拖带作业的机动船突然失控，就形成了失控船拖带其他船舶的特殊情况。

（二）从事拖带作业的机动船的号灯

当机动船从事拖带时，拖带长度不同，其应显示的号灯、号型也不同。所谓“拖带长度”是指自拖船船尾至被拖船船尾间的水平距离。

（1）拖带长度 $S>200$ m 时，用垂直三盏桅灯以取代机动船的前桅灯或者后桅灯，并在垂直于艉灯的上方显示一盏黄色的拖带灯；白天，应在最易见处显示一个菱形体号型，其正视图、侧视图、后视图如图 2－12 所示。

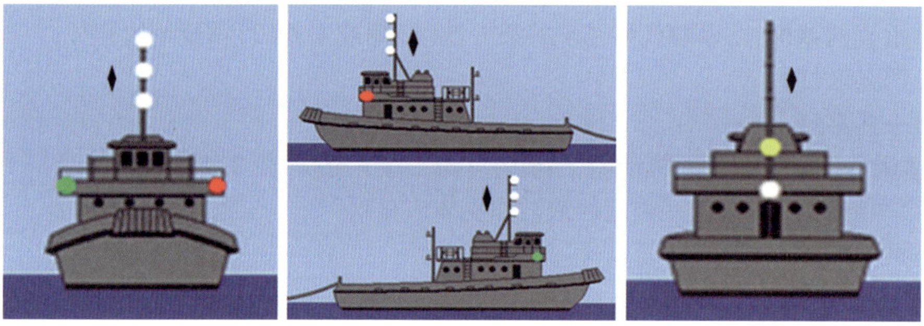

(a) 正视图　(b) 侧视图　(c) 后视图

图 2－12　拖轮长度不足 50 m、拖带长度 $S>200$ m 时应显示的号灯、号型

当拖轮长度≥50 m 时，还应显示第二盏桅灯，从正前方看会出现垂直四盏白灯，其正视图、侧视图、后视图如图 2－13 所示。

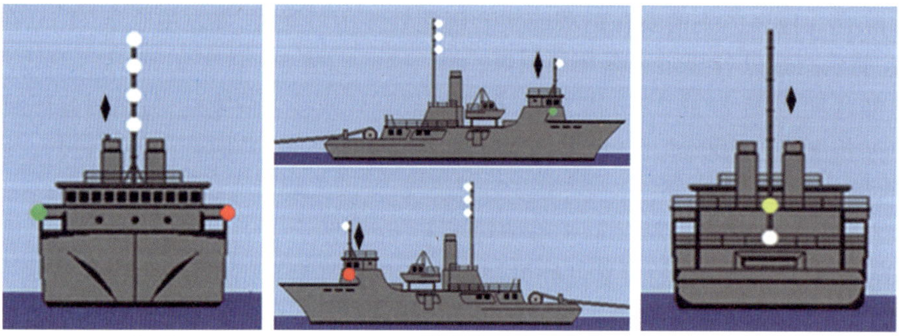

(a) 正视图　(b) 侧视图　(c) 后视图

图 2－13　拖轮长度≥50 m、拖带长度 $S>200$ m 时应显示的号灯、号型

(2)拖带长度不足200 m时,用垂直两盏桅灯以取代前桅灯或者后桅灯,并在垂直于艉灯的上方显示一盏拖带灯;拖带长度不足200 m时,从事拖带的机动船无须显示号型。其正视图、侧视图、后视图如图2-14所示。

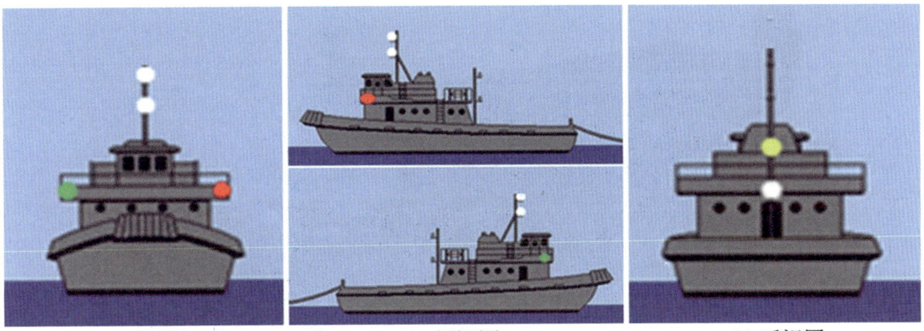

(a) 正视图　(b) 侧视图　(c) 后视图

图2-14　拖轮长度不足50 m、拖带长度不足200 m时应显示的号灯

拖带长度不足200 m,当拖轮长度≥50 m时,拖轮还应显示第二盏桅灯,从正前方看会出现垂直三盏白灯,其正视图、侧视图、后视图如图2-15所示。

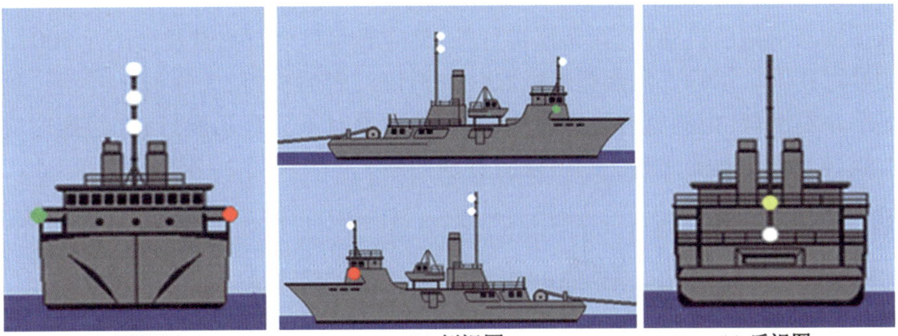

(a) 正视图　(b) 侧视图　(c) 后视图

图2-15　拖轮长度≥50 m、拖带长度不足200 m时应显示的号灯

(三)组合体

当一顶推船和一被顶推船牢固地连接成为一组合体时,则应作为一艘机动船,显示《规则》为机动船所规定的前后桅灯、左右舷灯和艉灯,无拖带灯及号型。其正视图、侧视图、后视图如图2-16所示。

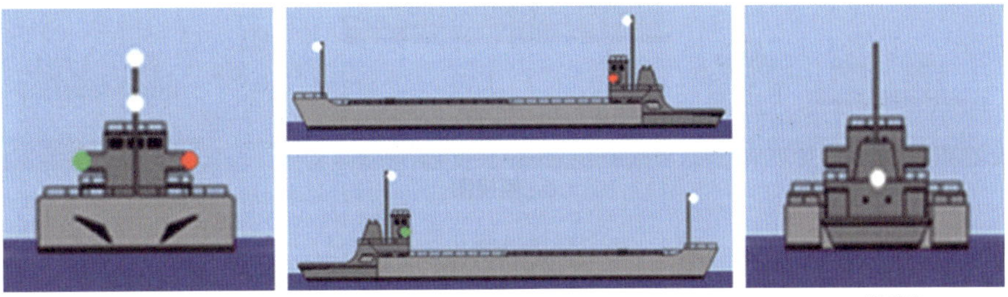

(a) 正视图　(b) 侧视图　(c) 后视图

图2-16　牢固组合体在航时的号灯

牢固组合体的实质是特定拖轮的船头嵌入驳船设置的特定凹口内成为一体，如图 2－17 所示。

图 2－17　牢固组合体

（四）从事顶推或者傍拖的机动船

从事顶推与傍拖的机动船，除无拖带灯外，其应显示号灯与拖带长度不足 200 m 的机动船显示的号灯相同。用垂直两盏桅灯以取代前桅灯或者后桅灯，无须显示号型。被顶推的驳船仅显示左右舷灯，为避免妨碍拖轮的瞭望，被顶推时不应显示艉灯；被傍拖时应显示左右舷灯及艉灯。其正视图、侧视图、后视图分别如图 2－18 和图 2－19 所示。

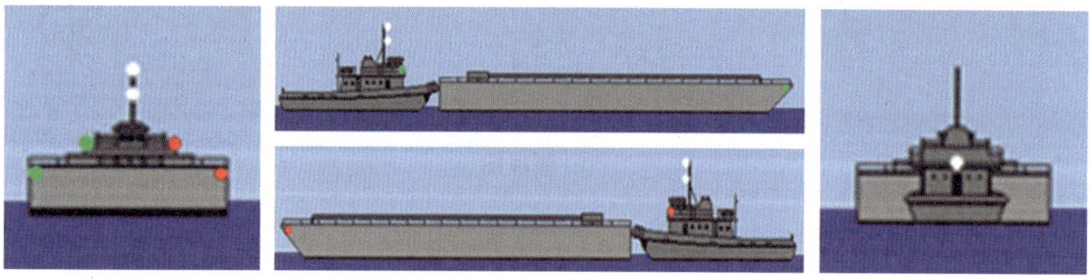

(a) 正视图　(b) 侧视图　(c) 后视图

图 2－18　从事顶推应显示的号灯

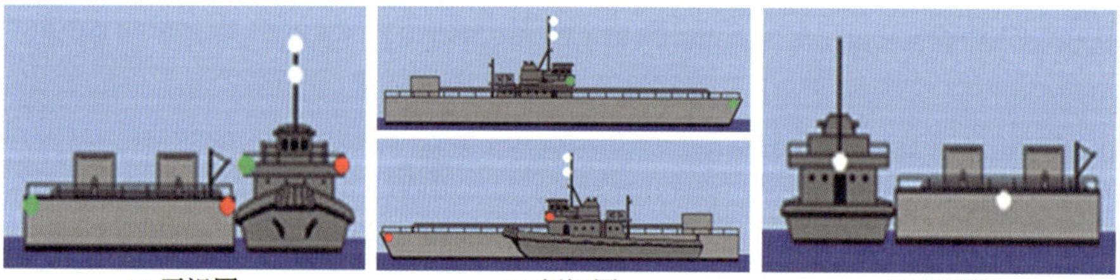

(a) 正视图　(b) 侧视图　(c) 后视图

图 2－19　从事傍拖应显示的号灯

当拖轮长度≥50 m 时，拖轮应按机动船的要求显示第二盏桅灯。

（五）被拖船或被拖物体

被拖船或被拖物体应按非机动船显示左右两盏舷灯和一盏艉灯。这里的被拖船或物体通常指“尾拖”，是各被拖船以首尾相连的方式进行拖带。当拖带有多艘被拖船或被拖物体时，则每一艘被拖船或被拖物体均分别显示舷灯和艉灯。当拖带长度 $S<200$ m 时，被拖船或被拖物体无须显示号型；只有当拖带长度 $S>200$ m 时，才应在最易见处显示一个菱形体号型，如图 2－20 所示。

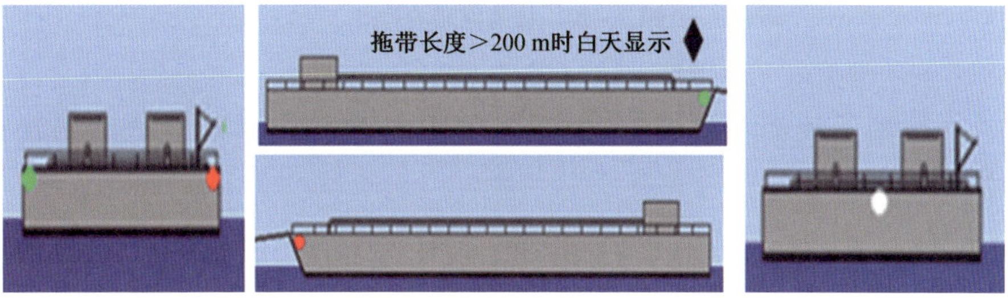

(a) 正视图　　(b) 侧视图　　(c) 后视图

图 2－20　被拖体的号灯、号型

（六）被顶推船

被顶推船应当显示两盏舷灯；任何数目的被顶推船如作为一组被顶推，则应作为一艘船来显示舷灯。如图 2－21 所示，被顶推船不能显示艉灯，无须显示号型。

图 2－21　被顶推船的号灯

（七）被傍拖船

被傍拖船应当显示两盏舷灯、一盏艉灯；任何数目的被傍拖船如作为一组被傍拖，则应作为一艘船来显示号灯。如图 2－22 所示，被傍拖船无须显示号型。

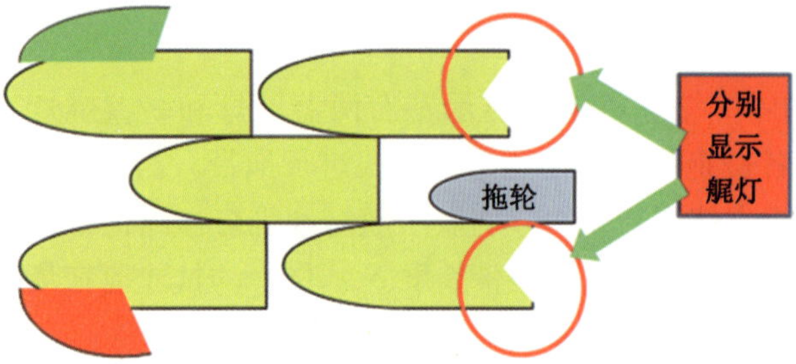

图 2－22　被傍拖船的号灯

（八）一艘不易被觉察的、部分淹没的被拖船舶或物体或者这类船舶或物体的组合体

“一艘不易被觉察的、部分淹没的被拖船舶或物体或者这类船舶或物体的组合体”通常是指被拖带的进水严重的遇难船，部分淹没的木筏、木排和物体等，但不包括弹性拖曳体。由于这类船舶或物体的水上部分难以被视觉和/或雷达觉察到，有必要特别用号灯、号型标示其存在。特别是其边界位置，其应当显示的号灯如下。

（1）如宽度小于 25 m，在前后两端或接近前后两端处各显示一盏环照白灯，如被拖体长度超过 100 m，在上述首尾规定的号灯之间，另加若干环照白灯，使得这些灯之间的距离不超过 100 m；当其拖带长度 $S \leqslant 200$ m 时，白天应当在最后一艘被拖船舶或物体的末端或接近末端处，显示一个菱形体号型；当拖带长度 $S > 200$ m 时，除在最后一艘被拖船舶或物体的末端或接近末端处显示一个菱形体号型外，还应当在尽可能前部的最易见处另加一个菱形体号型。其应显示的号灯、号型如图 2－23 所示。

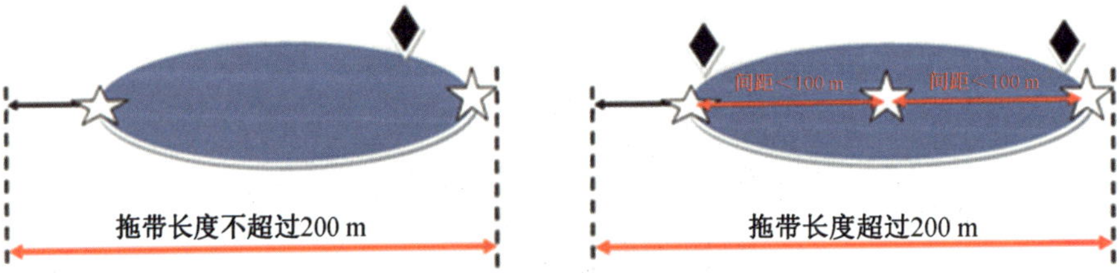

图 2－23　宽度小于 25 m 不易觉察的、部分淹没的被拖船舶或物体的号灯、号型

（2）如宽度为 25 m 或 25 m 以上时，如图 2－24 所示，应在两侧最宽处或接近最宽处，另加两盏环照白灯。

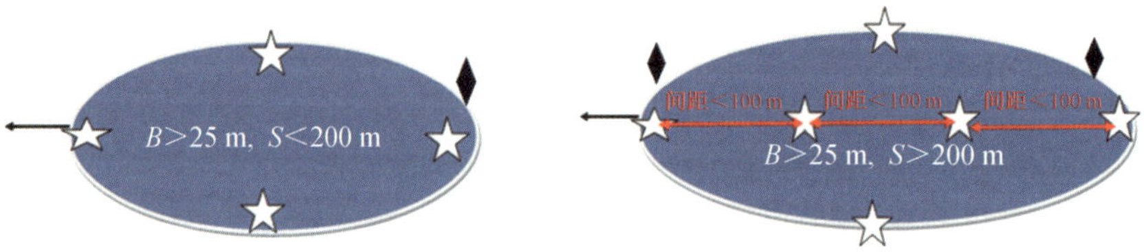

图 2－24　宽度超过 25 m 不易觉察的、部分淹没的被拖船舶或物体的号灯、号型

(3)弹性拖曳体无须在前部显示号灯、号型,只要在尾端显示一盏白灯、一个菱形体号型,如图 2－25 所示。

图 2－25　弹性拖曳体应显示的号灯、号型

(九)拖船、被拖船或被拖物体不能显示《规则》规定的上述号灯时

凡由于任何充分理由,使得一艘通常不从事拖带作业的船舶不可能按本条第 1 款或第 3 款的规定显示号灯,这种船舶在从事拖带另一遇险或需要救助的船舶时,就不要求显示这些号灯。但是,该船舶应当根据《规则》第三十六条“招引注意的信号”所准许的一切可能措施,例如在船尾设置一盏探照灯,光束指向被拖船的方向,尤其应将拖缆照亮,以此来表明拖船与被拖船之间的拖带关系。

凡由于任何充分理由,当被拖船或不易觉察的、部分淹没的被拖船舶或物体或者这类船舶或物体的组合体,不可能显示本条第 5 款或第 7 款规定的号灯或号型时,应采取一切可能的措施使被拖船舶或物体上有灯光,或者至少能表明这种船舶或物体的存在。

(十)拖带的号灯、号型小结

拖带(含顶推与傍拖)的特征号灯为垂直的两盏桅灯,当拖带长度超过 200 m 时应显示垂直三盏桅灯的特征号灯;尾拖应显示黄色的拖带灯表明与被拖体之间的拖带关系,可以将黄色拖带灯理解为尾拖后视的特征号灯,顶推与傍拖是没有拖带灯的,而且被顶推船或物体不应显示艉灯,以避免妨碍后方拖轮瞭望。白天常规的拖带类型是很容易被视觉识别的(含尾拖、傍拖与顶推),但拖带长度是否大于 200 m 是不能用视觉判断的,因此只有拖带长度大于 200 m 时,拖轮与被拖体才分别显示一个菱形体号型。被拖体一般都作为非机动船仅显示舷灯与艉灯(被顶推不显示艉灯),不易被觉察部分被淹没的被拖体应显示若干盏环照白灯表明其周界尺度。

评价要素参考

(1)掌握拖带长度的认定及拖带方式的分类。
(2)熟悉顶推、傍拖、尾拖及组合体显示特征号灯的要求。
(3)熟悉从事拖带显示号型的要求。
(4)熟悉普通被拖体被顶推、傍拖或尾拖时显示号灯、号型的要求。
(5)熟悉部分淹没、不易觉察被拖体显示号灯、号型的要求。
(6)熟悉弹性拖曳体显示号灯、号型的要求。
(7)理解无法显示拖带号灯时,取代从事拖带号灯的方法。
(8)能够依据拖带显示的众多号灯的间距及其排列方式,将它们正确地分组。

三、在航帆船和划桨船的号灯与号型

《规则》第二十五条“在航帆船和划桨船”规定如下。
1. 在航帆船应显示:
(1)两盏舷灯;
(2)一盏艉灯。

2. 在长度小于20 m的帆船上，本条1款规定的号灯可以合并成一盏，装设在桅顶或接近桅顶的最易见处。

3. 在航帆船，除本条1款规定的号灯外，还可在桅顶或接近桅顶的最易见处，垂直显示两盏环照灯，上红下绿。但这些环照灯不应和本条2款所允许的合色灯同时显示。

4. (1)长度小于7 m的帆船，如可行，应显示本条1或2款规定的号灯。但如果不这样做，则应在手边备妥白光的电筒一个或点着的白灯一盏，及早显示，以防碰撞。

(2)划桨船可以显示本条为帆船规定的号灯，但如不这样做，则应在手边备妥白光的电筒一个或点着的白灯一盏，及早显示，以防碰撞。

5. 用帆行驶同时也用机器推进的船舶，应在前部最易见处显示一个圆锥体号型，尖端向下。

(一)在航帆船

根据"一般定义"的规定，帆船是不能使用推进器的，帆船也是非机动船的典型代表。本条的适用条件是帆船在航，应显示的号灯是左右两盏舷灯、一盏艉灯，但不能显示桅灯。此外，在航帆船还可以在桅顶或接近桅顶的最易见处垂直显示上红下绿两盏环照灯。上红下绿垂直两盏环照灯应理解为帆船的特征号灯，但该特征号灯不要求强制显示。当帆船显示上红下绿的特征号灯时，我们应将其认定为帆船；如果不显示该特征号灯，我们可以将其视为非机动船对待。帆船不显示和显示特征号灯时的正视图、侧视图、后视图分别如图2－26、图2－27所示。

(a) 正视图　　(b) 侧视图　　(c) 后视图

图2－26　帆船不显示特征号灯时

(二)$L<20$ m的在航帆船

$L<20$ m的在航帆船可以按要求显示左右两盏舷灯、艉灯及特征号灯；也可以将舷灯和艉灯合并成一盏"三色灯"，装设在桅顶或接近桅顶处，但显示"三色灯"时就不能在桅顶同时显示上红下绿的特征号灯，以防特征号灯与三色灯组合被他船混淆误判为其他类型的船舶。"三色灯"一般用一盏白炽灯照明，分别在左右舷灯和艉灯的光弧范围使用红、绿和无色三种透明灯罩，从而实现在不同弧度同时显示红光、绿光和白光。帆船桅顶的三色灯的正视图、侧视图、后视图分别如图2－28所示。

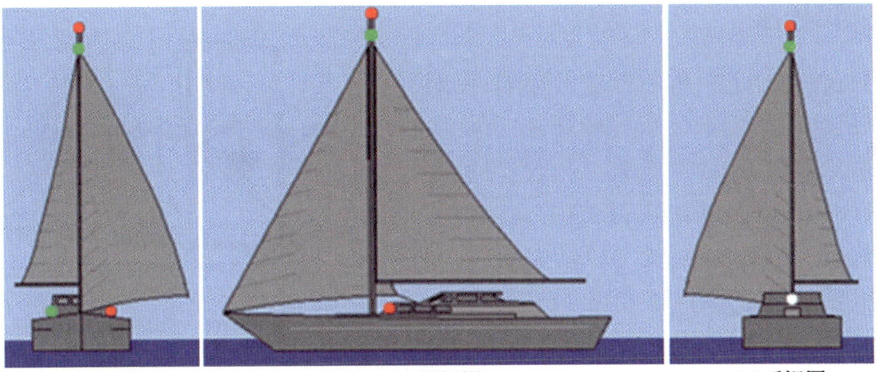

(a) 正视图　(b) 侧视图　(c) 后视图

图 2－27　帆船显示特征号灯时

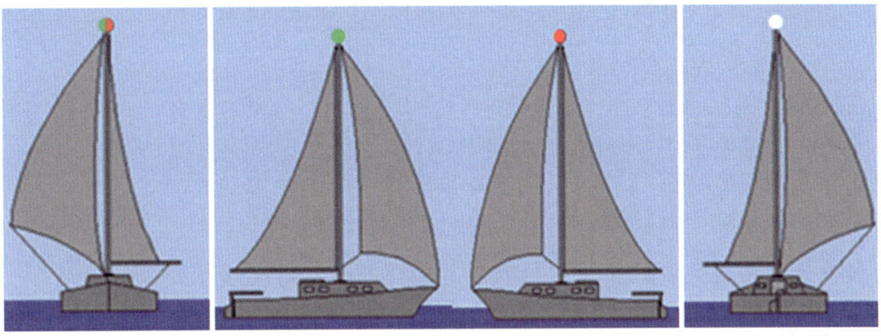

(a) 正视图　(b) 侧视图　(c) 后视图

图 2－28　$L<20$ m 的帆船的号灯

(三) $L<7$ m 的在航帆船和划桨船

$L<7$ m 的在航帆船和划桨船，如可行，也应当按照《规则》对帆船在航的要求显示舷灯和艉灯或者三色灯，如不可行，则应在手边备妥白光的电筒一个或点着的白灯一盏，及早显示，以防碰撞。其号灯如图 2－29 所示。

(a) $L<7$ m 的在航帆船的号灯　(b) 划桨船的号灯

图 2－29　$L<7$ m 的在航帆船和划桨船的号灯

（四）机帆船

用帆行驶同时也用机器推进的船舶，夜间应当按照机动船的规定显示其号灯；白天为便于识别，避免被他船误判为帆船，应在易见处显示一个尖端向下的圆锥体号型，如图 2 – 30 所示。夜间其正视、侧视、后视与机动船相同，白天应加挂尖端向下的圆锥体号型。

图 2 – 30　机帆船的号型

（五）帆船的号灯、号型小结

非机动船是没有桅灯的，在桅顶显示垂直的上红下绿两盏环照灯为帆船的特征号灯，但可以不显示，禁止特征号灯与三色灯同时显示在桅顶。划桨船无特征号灯，只需要显示舷灯、艉灯，如不可行，须备妥白光电筒或点着的白灯。机帆并用的机帆船应显示尖端向下的圆锥体号型和机动船的号灯。

评价要素参考

（1）掌握在航帆船特征号灯的识别及其非强制显示的要求；
（2）熟悉在航帆船三色灯的显示要求及显示注意事项；
（3）熟悉长度不足 7 m 的小型帆船及划桨船在航时号灯的显示要求；
（4）掌握在航机帆船号灯、号型的显示要求。

四、渔船的号灯与号型

《规则》第二十六条“渔船”规定如下。

1. 从事捕鱼的船舶，不论在航还是锚泊，只应显示本条规定的号灯和号型。

2. 船舶从事拖网作业，即在水中拖曳爬网或其他用作渔具的装置时，应显示：

（1）垂直两盏环照灯，上绿下白，或一个由上下垂直、尖端对接的两个圆锥体所组成的号型；

（2）一盏桅灯，后于并高于那盏环照绿灯；长度小于 50 m 的船舶，则不要求显示该桅灯，但可以这样做；

（3）当对水移动时，除本款规定的号灯外，还应显示两盏舷灯和一盏艉灯。

3. 从事捕鱼作业的船舶，除拖网作业者外，应显示：

（1）垂直两盏环照灯，上红下白，或一个由上下垂直、尖端对接的两个圆锥体所组成的号型；

（2）当有外伸渔具，其从船边伸出的水平距离大于 150 m 时，应朝着渔具的方向显示一盏环照白灯或一个尖端向上的圆锥体号型；

（3）当对水移动时，除本款规定的号灯外，还应显示两盏舷灯和一盏艉灯。

4. 本规定附录二所述的额外信号，适用于在其他捕鱼船舶附近从事捕鱼的船舶。

5. 船舶不从事捕鱼时，不应显示本条规定的号灯或号型，而只应显示为其同样长度的船舶所规定的号灯或号型。

（一）适用范围

对"渔船"的理解，《规则》第二十六条的标题虽为"渔船"，但本条规定仅仅适用于符合《规则》一般定义的"从事捕鱼的船舶"，渔船不仅要正在进行捕鱼作业，而且所使用的渔具还应使其操纵性能受到限制。根据捕鱼作业方式的不同，又可以分为拖网捕鱼和非拖网捕鱼两类。

《规则》第二十六条第1款明确规定了本条的适用范围：在航或锚泊中从事捕鱼的船舶，都应只显示本条规定的号灯和号型。因此，当从事捕鱼的船舶在锚泊中从事捕鱼时，不应当显示《规则》第三十条规定的锚灯、锚球，而应当按本条规定显示号灯和号型。同时，本条第5款也明确规定，船舶不从事捕鱼时，不应显示从事捕鱼的号灯、号型，而只应显示为其同等长度的船舶所规定的号灯、号型。

此外，本条第4款规定，相互邻近从事捕鱼船舶，可以显示《规则》附录二所述的额外信号。

（二）从事拖网作业的渔船显示的号灯、号型

根据本条第2款的规定，从事拖网捕鱼的船舶应显示的号灯、号型有：

（1）特征号灯、号型：上绿下白垂直两盏环照灯；尖端对接的圆锥体。

（2）船长50 m及以上的船舶，应额外显示后桅灯，船长不足50 m的船舶可以自主决定是否显示后桅灯。本规定表明，上绿下白的特征号灯仅能显示在前桅处。

（3）在航对水移动时，还应当显示左右舷灯和艉灯；在航不对水移动时，则不应显示舷灯和艉灯，仅显示上绿下白的特征号灯及后桅灯。

（4）锚泊中进行拖网捕鱼时，同在航不对水移动，仅显示上绿下白的特征号灯。

拖网捕鱼号灯、号型的正视图、侧视图、后视图分别如图2－31及图2－32所示。

注：长度不足50 m的船舶可以按机动船号灯的设置要求，不显示后桅灯。

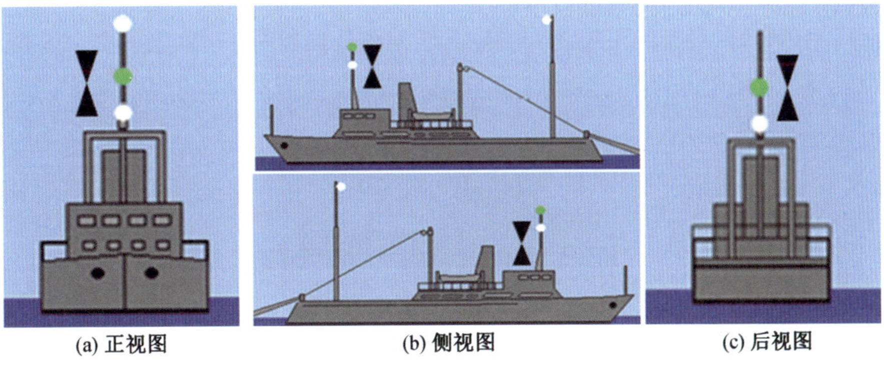

(a) 正视图　　(b) 侧视图　　(c) 后视图

图2－31　拖网捕鱼锚泊或不对水移动时的号灯、号型

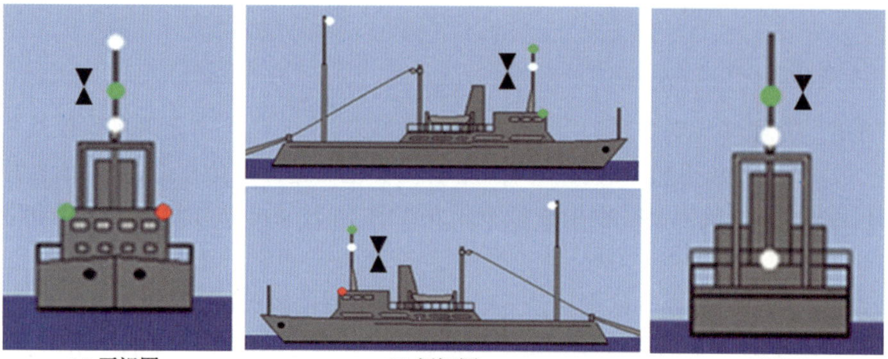

(a) 正视图　　(b) 侧视图　　(c) 后视图

图 2－32　拖网捕鱼对水移动时的号灯、号型

(三)从事非拖网捕鱼的渔船显示的号灯、号型

根据本条第二款的规定,从事非拖网捕鱼的船舶应显示的号灯、号型有:

(1)特征号灯、号型:上红下白垂直两盏环照灯;尖端对接的圆锥体。与拖网捕鱼相比,特征号灯不同,特征号型相同。

(2)无论船长多少,都不能显示桅灯。在有渔具外伸且水平距离大于 150 m 时,应在渔具外伸方向显示一盏环照白灯或一个尖端向上的圆锥体,如图 2－33 所示。

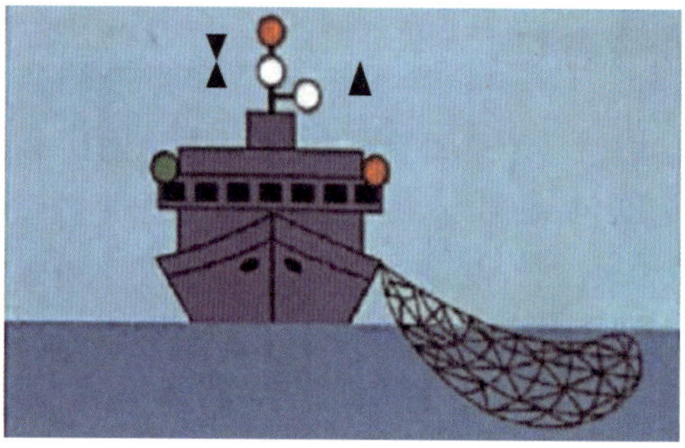

图 2－33　非拖网捕鱼渔具外伸大于 150 m 时的号灯、号型

(3)在航对水移动时,与拖网捕鱼的规定相同,应当显示左右舷灯和艉灯;不对水移动时,则不应显示舷灯和艉灯,仅显示上红下白的特征号灯。

(4)锚泊中进行非拖网捕鱼时,应显示的号灯、号型与拖网捕鱼的原则相同,同在航不对水移动,仅显示上红下白的特征号灯。

非拖网捕鱼号灯、号型的正视图、侧视图、后视图分别如图 2－34 及图 2－35 所示。

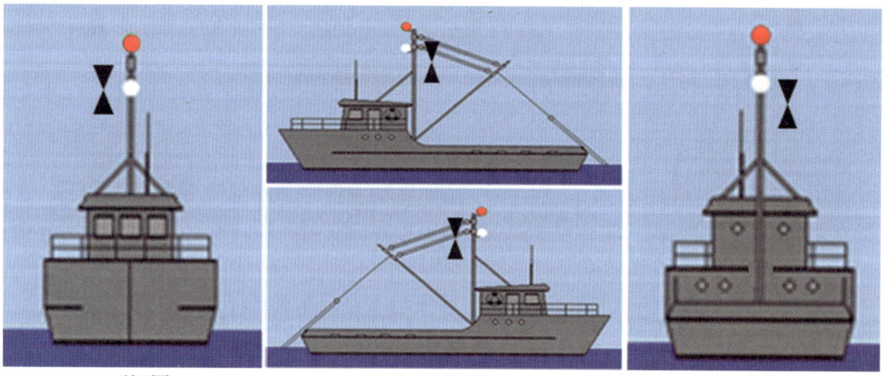

(a) 正视图　　(b) 侧视图　　(c) 后视图

图 2－34　非拖网捕鱼锚泊或在航不对水移动时的号灯、号型

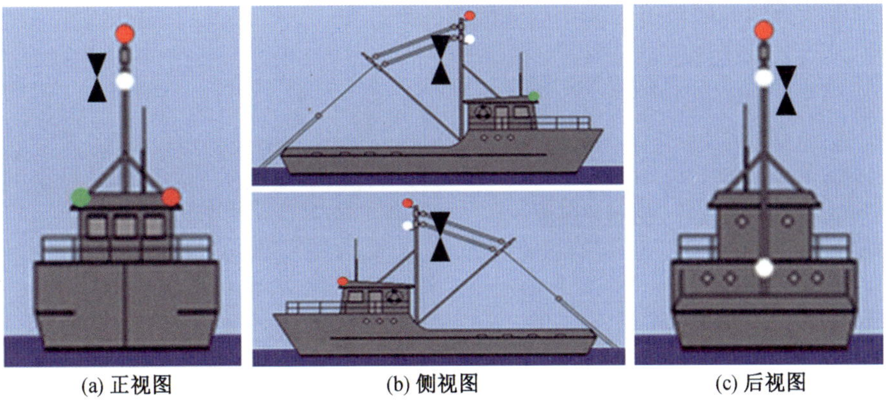

图 2－35 非拖网捕鱼对水移动时的号灯、号型

(四)《规则》附录二中“在相互邻近处捕鱼的渔船的额外信号”的规定

1. 通则

本附录中所述的号灯，如为履行第二十六条 4 款而显示时，应安置在最易见处。这些号灯的间距至少应为 0.9 m，但要低于第二十六条 2 款(1)项和 3 款(1)项规定的号灯。这些号灯，应能在水平四周至少 1 n mile 的距离上被见到，但应小于本规则为渔船规定的号灯的能见距离。

2. 拖网渔船的信号

(1)长度等于或大于 20 m 的船舶，在从事拖网作业时，不论使用海底还是深海渔具，应显示：

①放网时：垂直两盏白灯；

②起网时：垂直两盏灯，上白下红灯；

③网挂住障碍物时：垂直两盏红灯。

(2)长度等于或大于 20 m，从事对拖网作业的每一船应显示：

①在夜间，朝着前方并向本对拖网中另一船的方向照射的探照灯；

②当放网或起网或网挂住障碍物时，按附录第 2 款(1)规定的号灯。

(3)长度小于 20 m，从事拖网作业的船舶，不论使用海底或深海渔具还是从事拖网作业，可视情显示本段(1)或(2)中规定的号灯。

3. 围网船的信号

从事围网捕鱼的船舶，可垂直显示两盏黄色号灯。这些号灯应每秒钟交替闪光一次，而且明暗历时相等。这些号灯仅在船舶的行动为其渔具所妨碍时才可显示。

该额外号灯仅适用于拖网捕鱼(含单拖、对拖)和围网捕鱼，没有额外号型的规定。相关视图如图 2－36、图 2－37 及图 2－38 所示。

图 2－36 作业的额外号灯(1)

注:对拖捕鱼的渔船也可以使用以上的额外号灯。

图 2－37　作业的额外号灯(2)

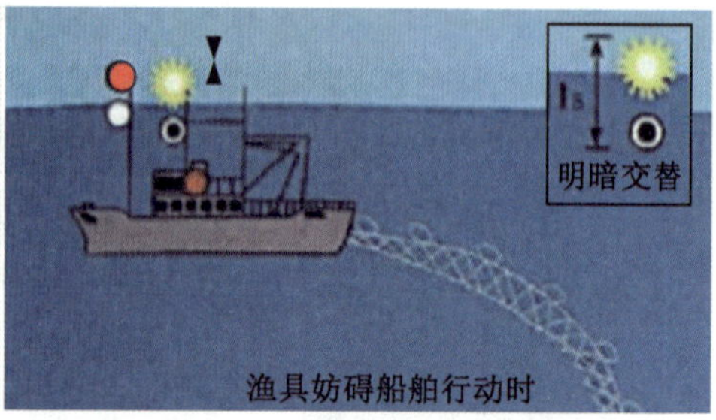

图 2－38　作业的额外号灯(3)

对额外号灯的要求:船长 20 m 及以上的船舶在相互临近处进行捕鱼作业时,应在低于特征号灯的易见处显示这些额外的号灯,船长不足 20 m 的船舶不强制要求显示,应参照执行。额外号灯间的间距至少 0.9 m,能见距离至少 1 n mile,与长度小于 12 m 的渔船的舷灯的能见距离要求相同,但应小于其舷灯的实际能见距离。围网渔船在相互临近捕鱼时,只有当该围网渔船的行动被其渔具妨碍时,才可显示垂直两盏黄色号灯,两灯应每秒钟交替闪光一次,而且明暗历时相等。

(五)从事捕鱼船号灯、号型小结

从事捕鱼的船舶,无论作业方式如何,其特征号型都是尖端对接的圆锥体,非拖网作业渔具外伸大于 150 m 时,在渔具外伸方向悬挂一个尖端向上的圆锥体。拖网捕鱼的特征号灯是垂直上绿下白两盏环照灯,非拖网捕鱼的特征号灯为垂直上红下白的两盏环照灯;对水移动时显示两盏舷灯和一盏艉灯;不对水移动或锚泊中捕鱼时,仅显示特征号灯、号型,即使在锚泊中捕鱼,也不显示《规则》规定的锚泊信号“锚灯、锚球”。拖网作业可以显示额外的号灯(没有号型)表明放网、起网、网挂住,对拖捕鱼还可以使用探照灯朝前照亮对方;围网捕鱼的船舶可以使用交替闪光的黄色环照灯,以表明其操纵被网具妨碍。

评价要素参考

(1)正确理解从事捕鱼船号灯、号型的适用条件。

(2)熟悉从事捕鱼船拖网、非拖网的特征号灯、号型;能正确区分对水移动、不对水移动及锚泊中作业时各显示的其他号灯、号型。

(3)应注意到仅拖网捕鱼有后桅灯的显示要求,其他类型的从事捕鱼船没有后桅灯的要求。

(4)掌握从事捕鱼船临近捕鱼时显示额外号灯表示作业动态的相关规定,额外号灯的能见距离及显示位置的要求。

五、失去控制或操纵能力受到限制的船舶

《规则》第二十七条“失去控制或操纵能力受到限制的船舶”规定如下。

1. 失去控制的船舶应显示：

(1)在最易见处，垂直两盏环照红灯；

(2)在最易见处，垂直两个球体或类似的号型；

(3)当对水移动时，除本款规定的号灯外，还应显示两盏舷灯和一盏艉灯。

2. 操纵能力受到限制的船舶，除从事清除水雷作业的船舶外，应显示：

(1)在最易见处，垂直三盏环照灯，最上和最下者应是红色，中间一盏应是白色；

(2)在最易见处，垂直三个号型，最上和最下者应是球体，中间一个应是菱形体；

(3)当对水移动时，除本款(1)项规定的号灯外，还应显示桅灯、舷灯和艉灯；

(4)当锚泊时，除本款(1)和(2)项规定的号灯或号型外，还应显示第三十条规定的号灯、号型。

3. 从事一项使拖船和被拖物体双方在驶离其航向的能力上受到严重限制的拖带作业的机动船，除显示第二十四条1款规定的号灯或号型外，还应显示本条2款(1)和(2)项规定的号灯或号型。

4. 从事疏浚或水下作业的船舶，当其操纵能力受到限制时，应显示本条2款(1)(2)和(3)项规定的号灯和号型。此外，当存在障碍物时，还应显示：

(1)在障碍物存在的一舷，垂直两盏环照红灯或两个球体；

(2)在他船可以通过的一舷，垂直两盏环照绿灯或两个菱形体；

(3)当锚泊时，应显示本款规定的号灯或号型以取代第三十条规定的号灯或号型。

5. 当从事潜水作业的船舶其尺度使之不可能显示本条4款规定的号灯和号型时，则应显示：

(1)在最易见处垂直三盏环照灯，最上和最下者应是红色，中间一盏应是白色；

(2)一个国际信号旗“A”的硬质复制品，其高度不小于1 m，并应采取措施以保证周围都能见到。

6. 从事清除水雷作业的船舶，除显示第二十三条为机动船规定的号灯或第三十条为锚泊船规定的号灯或号型外，还应显示三盏环照绿灯或三个球体。这些号灯或号型之一应在接近前桅桅顶处显示，其余应在前桅桁两端各显示一个。这些号灯或号型表示他船驶近至清除水雷船1 000 m以内是危险的。

7. 除从事潜水作业的船舶外，长度小于12 m的船舶，不要求显示本条规定的号灯和号型。

8. 本条规定的信号不是船舶遇险求救的信号。船舶遇险求救的信号载于本规则附录四内。

(一)失去控制的船舶显示的号灯、号型

失去控制的船舶的特征号灯是垂直两盏环照红灯，应在易见处显示；对应的特征号型是垂直两个球体。对水移动时，还应当显示左右两盏舷灯和一盏艉灯，但不应当显示桅灯。当不对水移动时，不应当显示舷灯和艉灯，而仅仅显示垂直两盏环照红灯。失控船不对水移动时应显示的号灯、号型的正视图、侧视图、后视图如图2－39所示。

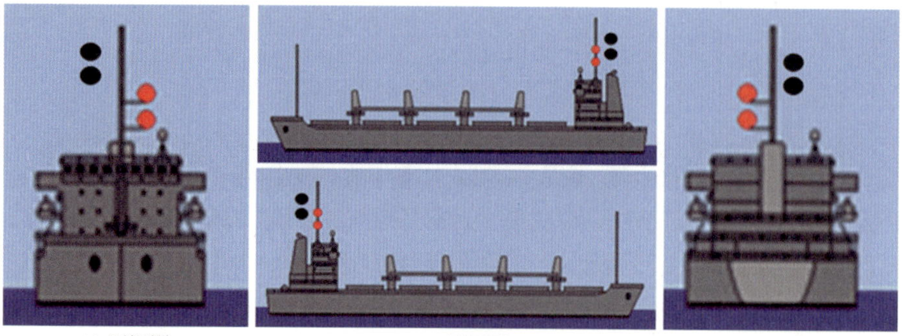
(a) 正视图　(b) 侧视图　(c) 后视图

图 2－39　失控船不对水移动时的号灯、号型

注：船舶失控对水移动时，另加舷灯与艉灯。

普通机动船、帆船、限于吃水船、操纵能力受到限制的船舶、从事捕鱼的船舶、执行引航任务的船舶等，一旦失去控制，应立即显示两盏垂直的环照红灯（俗称失控灯）悬挂两个垂直的球体，同时关闭各自的特征号灯，降下特征号型，如机动船的桅灯，帆船上红下绿环照灯，限于吃水船的三盏环照红灯/黑色圆柱体，操限船的红白红环照灯/球菱球号型等。在惯性消失不再对水移动后，应关闭舷灯和艉灯，最终仅显示两盏失控灯/两个黑球。在船舶被拖带或锚泊/搁浅后，应不再显示失控的特征号灯、号型，改为显示其相应状态下的号灯、号型。

（二）除从事清除水雷作业、从事拖带作业以及疏浚或水下作业的船舶以外的操纵能力受到限制的船舶显示的号灯、号型

为方便记忆，我们常将此类船舶通称为普通的操限船，普通的操限船涵盖了除从事清除水雷作业、从事拖带作业以及疏浚或水下作业的船舶以外的操纵能力受到限制的船舶，其显示的号灯、号型归类如下。

（1）特征号灯、号型：垂直红白红三盏环照灯、垂直球菱球三个号型均应在最易见处显示。

（2）在航对水移动时，还应当显示桅灯、左右舷灯和艉灯；当在锚泊中从事作业时，还应当显示锚灯、锚球；当在航不对水移动时，应当关闭桅灯、左右舷灯和艉灯，只显示特征号灯、号型。应当注意的是，“在航中从事补给或转运人员、食品或货物的两艘船舶”，均应当显示上述的号灯、号型。普通操限船在航对水移动及锚泊或在航不对水移动时显示的号灯、号型对应的正视图、侧视图、后视图分别如图 2－40 及图 2－41 所示。

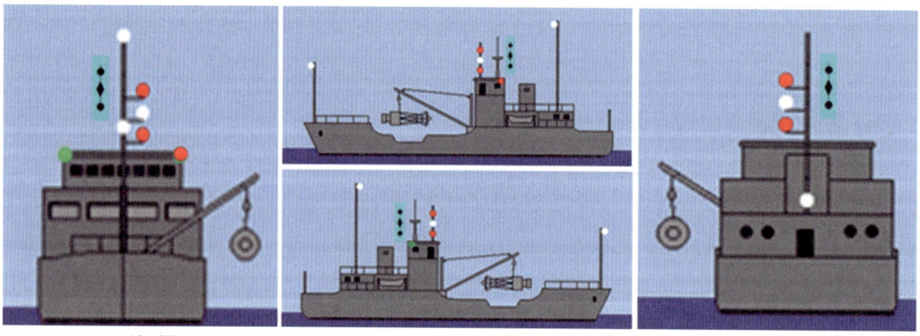
(a) 正视图　(b) 侧视图　(c) 后视图

图 2－40　普通操限船在航对水移动时的号灯、号型

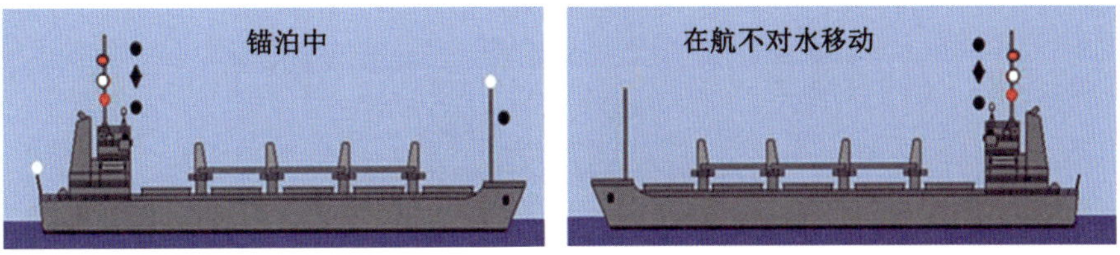

图 2－41 普通操限船锚泊或在航不对水移动时的号灯、号型

（三）从事拖带作业的操纵能力受到限制的船舶显示的号灯、号型

从事拖带作业的操纵能力受到限制的船舶在航时，除了显示《规则》第二十四条规定的拖带的号灯、号型外，还应当显示普通操限船垂直红白红三盏环照灯或垂直球菱球特征号灯、号型。应当注意的是，从事拖带的船舶在航时才可能是操限船，锚泊后，其不再属于操纵能力受到限制的船舶，应当显示《规则》第三十条规定的锚泊船的号灯或号型。当拖带成为操限船时，显示的号灯、号型对应的正视图、侧视图、后视图如图 2－42 所示。

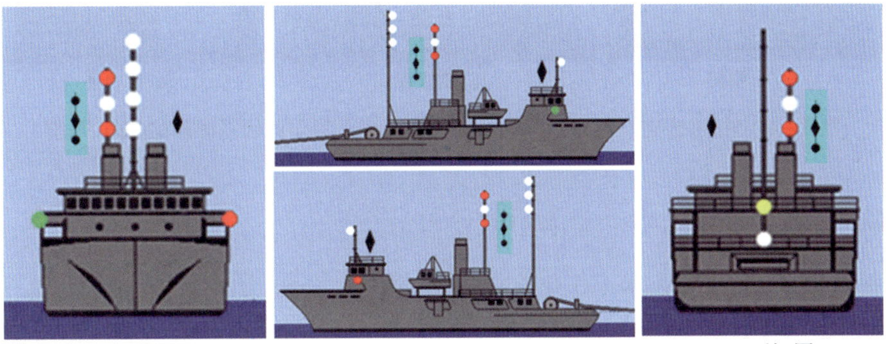

(a) 正视图　(b) 侧视图　(c) 后视图

图 2－42 从事拖带作业的操限船的号灯、号型

（四）从事疏浚或水下作业的操纵能力受到限制的船舶

从事疏浚或水下作业的操纵能力受到限制的船舶所从事的具体作业包括：从事敷设、维修或起捞助航标志、海底电缆或管道，从事疏浚、测量或水下作业，等等，其显示的号灯、号型归类如下。

（1）特征号灯、号型：垂直红白红三盏环照灯；垂直球菱球三个号型均应在易见处显示。

（2）在航对水移动时，还应当显示桅灯、左右舷灯和艉灯；当在锚泊中从事作业时，不应显示锚灯、锚球；只显示在航不对水移动的号灯、号型，即关闭桅灯、左右舷灯和艉灯，只显示特征号灯、号型。

（3）当存在障碍物时，存在障碍物的一舷，显示垂直两盏红色环照灯或垂直两个黑球；在他船可通过的一舷，显示垂直两盏绿色环照灯或垂直两个菱形体。在航对水移动及锚泊或在航不对水移动时从事疏浚或水下作业的操限船显示的号灯、号型对应的正视、侧视、后视图分别如图 2－43 及图 2－44 所示。

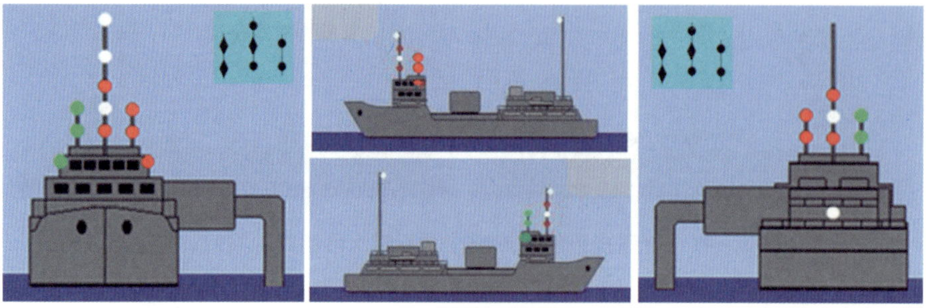

(a) 正视图　(b) 侧视图　(c) 后视图

图 2－43　在航对水移动从事疏浚及水下作业操限船的号灯、号型

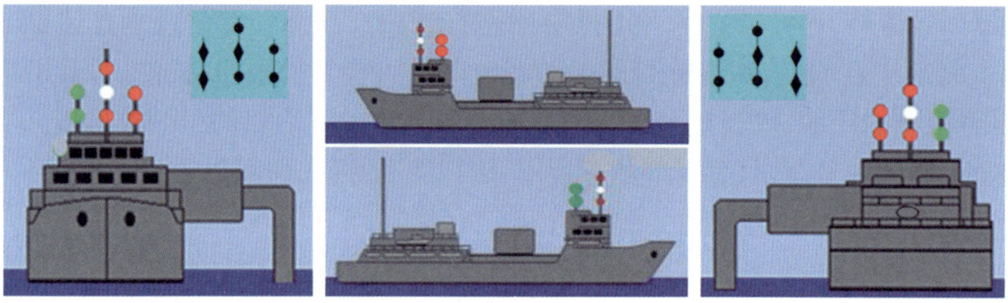

(a) 正视图　(b) 侧视图　(c) 后视图

图 2－44　锚泊或在航不对水移动时进行疏浚或水下作业的操限船的号灯、号型

(五)从事潜水作业的小船显示的号灯、号型

从事潜水作业是隶属于水下作业的,如果船舶尺度较小,不能显示本条第 4 款为水下作业的船舶规定的号灯和号型时,无论在航还是锚泊,都只需在易见处显示垂直红白红三盏环照灯;一个国际信号旗“A”的硬质复制品,其高度不小于 1 m,并应采取措施以保证周围都能见到。其号灯、号型对应的正视图、侧视图、后视图如图 2－45 所示。

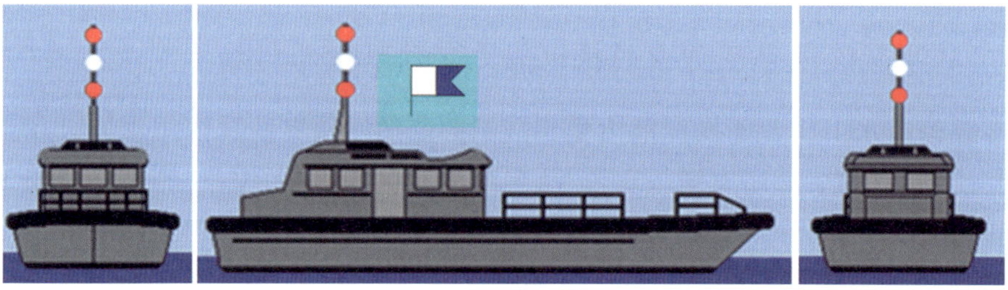

(a) 正视图　(b) 侧视图　(c) 后视图

图 2－45　从事潜水作业的小船的号灯、号型

(六)从事清除水雷作业的船舶显示的号灯、号型

从事清除水雷作业的船舶,除按同长度机动船在航或锚泊时显示号灯、号型外,还应当在接近前桅桅顶处以及前桅桁两端各显示一盏环照绿灯或一个球体,以表示他船驶近至该船 1 000 m 以内是危险的。这就是清除水雷作业船舶的特征号灯、号型,俗称品字形的三盏

环照绿灯或品字形的三个黑球，显示位置是前桅。其号灯、号型对应的正视图、侧视图、后视图如图 2－46 所示。

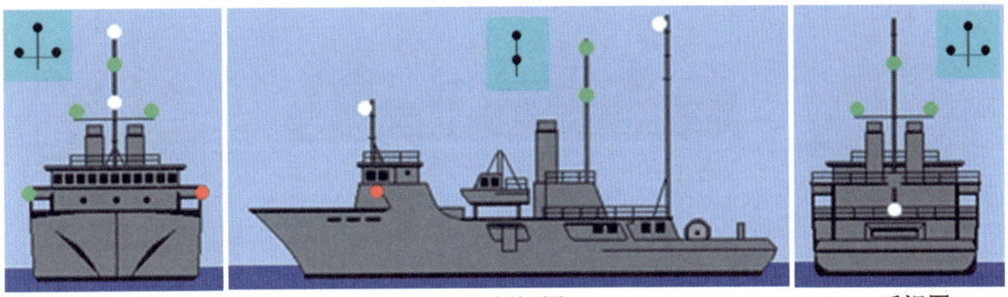

图 2－46　从事清除水雷作业的船舶在航时应显示的号灯、号型

注：锚泊中从事清除水雷作业时，应用锚灯、锚球取代图中的航行灯。

（七）$L<12$ m 的操纵能力受到限制的船舶显示的号灯、号型

除从事潜水作业的船舶外，$L<12$ m 的船舶，可以不显示《规则》第二十七条规定的号灯和号型。$L<12$ m 的从事潜水作业的船舶，仍然必须显示《规则》第二十七条规定的号灯和号型。

评价要素参考

（1）能熟练区分操限船的几个大类，掌握各类操限船的特征号灯、号型。

（2）能熟练区分对水移动、不对水移动、锚泊中作业时各类操限船显示号灯、号型的不同要求。

（3）熟悉从事疏浚或水下作业的操限船号灯、号型的特殊要求。

（4）熟悉从事潜水作业的小船号灯、号型的特殊要求。

（5）熟悉清除水雷作业的操限船号灯、号型的特殊要求。

（6）能正确将各类操限船众多的号灯、号型分组，准确识别特征号灯、号型。

（7）熟悉失控船的特征号灯、号型及其显示要求。

六、限于吃水的船舶的号灯与号型

《规则》第二十八条“限于吃水的船舶”规定如下。

限于吃水的船舶，除第二十三条为机动船规定的号灯外，还可在最易见处垂直显示三盏环照红灯或者一个圆柱体。

限于吃水的船舶除强制显示《规则》第二十三条为普通机动船规定的号灯外，还可自愿在最易见处显示垂直三盏环照红灯或一个圆柱体号型，以表示其“由于吃水与可航水域的可用水深和宽度的关系”所导致的偏离所驶航向的能力严重地受到限制。限于吃水船的特征号灯是垂直三盏环照红灯，特征号型是一个圆柱体号型，但它的特征号灯、号型并不强制要求显示，该规定与帆船特征号灯、号型的显示要求相同。如果显示，就表明其能享有《规则》规定的避免被妨碍的权利；如果不显示，就表示其地位仅仅是普通机动船，自愿放弃避

免被妨碍的权利。其号灯、号型对应的正视图、侧视图、后视图如图 2 – 47 所示。

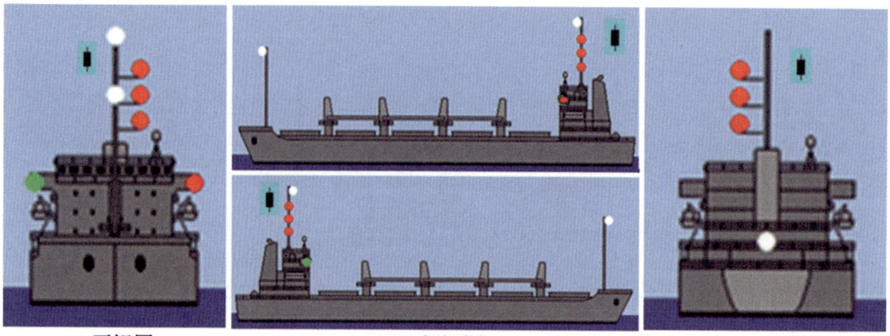

(a) 正视图　(b) 侧视图　(c) 后视图

图 2 – 47　限于吃水的船舶的号灯、号型

评价要素参考

熟悉限于吃水船的特征号灯、号型及其显示要求。

七、引航船舶的号灯与号型

《规则》第二十九条“引航船舶”规定如下。

1. 执行引航任务的船舶应显示:

(1)在桅顶或接近桅顶处,垂直两盏环照灯,上白下红;

(2)当在航时,外加舷灯和艉灯;

(3)当锚泊时,除本款(1)项规定的号灯外,还应显示第三十条对锚泊船规定的号灯或号型。

2. 引航船当不执行引航任务时,应显示为其同样长度的同类船舶规定的号灯或号型。

本条第一款规定:引航船舶执行引航任务时,应显示的特征号灯为上白下红垂直两盏环照灯。虽然没有规定特征号型,但其船身都有明显的“PILOT”字样并悬挂有代表引航的“H”旗。在航中执行引航任务时,无论是否对水移动都要显示舷灯和艉灯;锚泊中执行引航任务时,除特征号灯外,还要显示锚灯、锚球。长江口执行引航任务的母船经常在锚泊中通过引航小艇转运引航员,这就是典型的在锚泊中执行引航任务,应显示锚灯、锚球和引航船上白下红的特征号灯,如图 2 – 48 所示。

本条第二款规定:不执行引航任务的引航船不应显示引航船的特征号灯,而应显示其同类型、同等长度船舶的号灯、号型。引航船一般都是机动船,在航不执行引航任务时,只应显示机动船的桅灯、舷灯和艉灯。需要特别说明的是,在航中执行引航任务时,引航船是不能显示桅灯的,也可以理解为用特征号灯取代了桅灯。在航中和锚泊中执行引航任务的船舶的号灯、号型对应的正视图、侧视图、后视图分别如图 2 – 49 及图 2 – 50 所示。

图 2－48 白天在锚泊中执行引航任务的船舶

(a) 正视图 (b) 侧视图 (c) 后视图

图 2－49 在航中执行引航任务的船舶的号灯、号型

(a) 正视图 (b) 侧视图 (c) 后视图

图 2－50 锚泊中执行引航任务的船舶的号灯、号型

注:船长≥50 m 的引航船还应添加后锚灯

评价要素参考

(1)熟悉引航船的特征号灯、号型及其显示要求;

(2)熟悉在航及锚泊中执行引航任务时号灯、号型的显示要求;注意在航无论是否对水移动都应显示舷灯与艉灯,特别注意在执行引航任务时没有桅灯的显示要求。

八、锚泊船舶和搁浅船舶的号灯与号型

《规则》第三十条“锚泊船舶和搁浅船舶”规定如下。

1. 锚泊中的船舶应在最易见处显示：

(1)在船的前部，一盏环照白灯或一个球体；

(2)在船尾或接近船尾并低于本款(1)项规定的号灯处，一盏环照白灯。

2. 长度小于50 m的船舶，可以在最易见处显示一盏环照白灯，以取代本条1款规定的号灯。

3. 锚泊中的船舶，还可以使用现有的工作灯或同等的灯照明甲板，而长度为100 m及100 m以上的船舶应当使用这类灯。

4. 搁浅的船舶应显示本条1款或2款规定的号灯，并在最易见处外加：

(1)垂直两盏环照红灯；

(2)垂直三个球体。

5. 长度小于7 m的船舶，不在狭水道、航道、锚地或其他船舶通常航行的水域中或其附近锚泊时，不要求显示本条1和2款规定的号灯或号型。

6. 长度小于12 m的船舶搁浅时，不要求显示本条4款(1)项和(2)项规定的号灯或号型。

(一)锚泊船的号灯和号型

锚泊船是不论种类的，除水下作业的操限船及从事捕鱼的船舶没有锚泊信号外，其他船舶锚泊时均要求显示锚泊信号。本条规定了锚泊船的号灯，即船首和船尾最易见处各一盏白色环照灯，前高后低布置的两盏环照白灯俗称为前后锚灯，但 $L<50$ m 的船舶可以自主选择显示后锚灯，该规定与机动船按船长显示后桅灯类似，显示后锚灯的船舶不一定船长大于50 m，但不显示后锚灯的船舶，船长一定不足50 m。另外锚泊中的船舶还应用工作灯或同等的灯照明甲板，而长度不足100 m的船舶可以自主决定是否使用这类灯，与锚灯、桅灯对船长的规定相同，显示甲板照明灯的船舶不一定船长100 m及以上，但不显示甲板照明灯的船舶一定船长不足100 m。锚泊船的号型为一个球体(俗称“锚球”)，显示在船舶前部，无论船长多少都只要求在船首显示一个锚球。船长100 m及以上、船长50 m及以下船舶号灯、号型对应的正视图、侧视图、后视图分别如图2－51及图2－52所示。

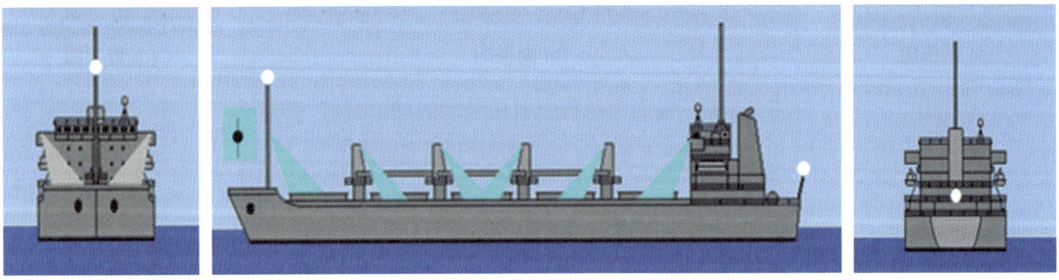

(a) 正视图　(b) 侧视图　(c) 后视图

图2－51　船长100 m及以上船舶的锚泊信号

说明：船长不足100 m的船舶，不要求显示甲板照明灯。

(a) 正视图　(b) 侧视图　(c) 后视图

图 2-52　船长 50 m 及以下船舶的锚泊信号

应当注意的是，从事捕鱼船、疏浚或水下作业的操限船在锚泊中作业时，不显示锚泊的号灯和号型，而应显示其各自在航不对水移动时的号灯和号型。

(二)搁浅船的号灯和号型

本条规定搁浅船的号灯：除根据船舶尺度显示相应的锚灯外，还应在易见处显示搁浅的特征号灯，即垂直两盏环照红灯；搁浅船的特征号型仅仅是垂直三个球体，不能同时显示锚球，搁浅船也不能显示甲板照明灯。船长 50 m 及以上、船长不足 50 m 船舶的号灯、号型对应的正视图、侧视图、后视图分别如图 2-53 及图 2-54 所示。

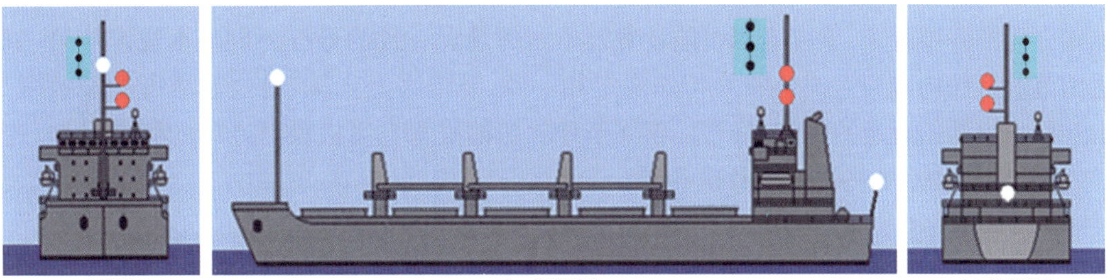

(a) 正视图　(b) 侧视图　(c) 后视图

图 2-53　船长 50 m 及以上的船舶的搁浅信号

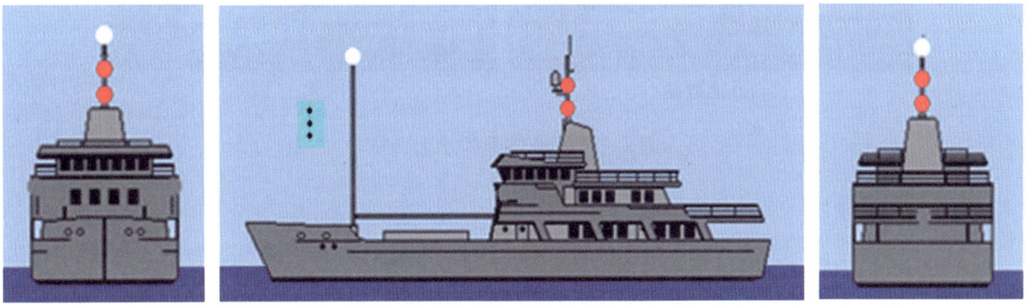

(a) 正视图　(b) 侧视图　(c) 后视图

图 2-54　船长不足 50 m 的船舶的搁浅信号

（三）小船锚泊和搁浅的号灯和号型

考虑到长度不足 12 m 的船舶搁浅处的水深基本都不足 1 m，因此《规则》不要求 $L<12$ m 的搁浅船舶显示搁浅信号，免除显示锚灯及垂直两盏环照红灯或者垂直三个球体。

同样，《规则》要求 $L<7$ m 的船舶，只要不在狭水道、航道、锚地或其他船舶通常航行的水域中或其附近锚泊，就不用显示锚泊信号。可以理解为，在不妨碍他船时，不要求这些小船显示本条为锚泊船规定的号灯或号型。

评价要素参考

（1）熟悉锚泊及搁浅的特征号灯、号型。

（2）熟悉不同船长显示锚灯、甲板照明灯的要求。

（3）正确理解小船显示锚泊、搁浅信号的特别规定，注意小船是可以按大船的要求显示号灯、号型的。

九、水上飞机的号灯与号型

《规则》第三十一条"水上飞机"规定：当水上飞机或地效船不可能显示按本章各条规定的各种特性或位置的号灯和号型时，则应显示尽可能近似于这种特性和位置的号灯和号型。水上飞机和地效船隶属于机动船，如果不能满足《规则》对机动船号灯和号型的特性或位置方面的各项规定，就应当尽可能设置与本章的规定一致的号灯、号型，本规定与第一条适用范围特殊构造用途的船舶的特殊规定相一致，要求水上飞机、地效船尽可能显示第二十三条为机动船规定的号灯、号型。不同于地效船的是水上飞机没有专门的特征号灯。图 2－55 地效船和水上飞机的图片供参考。

(a) 地效船　　　(b) 水上飞机

图 2－55　地效船和水上飞机

评价要素参考

熟悉《规则》对水上飞机号灯的要求。

十、各类船舶号灯与号型的小结

根据《规则》第二十三条至三十一条以及附录二的规定，为便于记忆，将各类船舶的特征号灯、号型及各类船舶在不同动态下应显示的号灯和号型分别归类列于表 2－2、表 2－3 供参考。

表 2－2　各类船舶的特征号灯、号型汇总表

<table>
<tr><th colspan="2">类别</th><th>特征号灯</th><th>特征号型</th></tr>
<tr><td colspan="2">普通机动船在航</td><td>桅灯</td><td>无特征号型</td></tr>
<tr><td colspan="2">帆船在航</td><td>上红下绿的环照灯，可以不显示</td><td>无特征号型</td></tr>
<tr><td colspan="2">机帆船在航</td><td>桅灯（同机动船）</td><td>尖端向下的圆锥体</td></tr>
<tr><td colspan="2">顶推与傍拖在航</td><td>垂直的两盏桅灯取代前/后桅灯，无拖带灯（被顶推船不能显示艉灯）</td><td>无特征号型</td></tr>
<tr><td colspan="2">不足 200 m 的拖带</td><td>垂直的两盏桅灯取代前/后桅灯，有拖带灯</td><td>无特征号型</td></tr>
<tr><td colspan="2">超过 200 m 的拖带</td><td>垂直的三盏桅灯取代前/后桅灯，有拖带灯</td><td>拖轮及被拖船各显示一个菱形体号型</td></tr>
<tr><td rowspan="2">从事捕鱼</td><td>拖网</td><td>上绿下白的环照灯，按船长另加后桅灯（无前桅灯）</td><td rowspan="2">尖端对接圆锥体</td></tr>
<tr><td>非拖网</td><td>上红下白的环照灯，无桅灯</td></tr>
<tr><td colspan="2">捕鱼的额外号灯</td><td>放网：两盏环照白灯
起网：上白下红环照灯（同引航船）
网挂住：两红色环照灯（同失控船）</td><td>无额外的号型</td></tr>
<tr><td colspan="2">行动被渔具妨碍时，围网渔船的额外号灯</td><td>非强制显示，垂直两盏黄灯每秒交替闪光一次</td><td>无额外的号型</td></tr>
<tr><td colspan="2">普通的操限船</td><td>垂直红白红环照灯；
对水移动加桅灯、舷灯、艉灯</td><td>垂直显示球菱球</td></tr>
<tr><td colspan="2">除雷作业的操限船</td><td>品字形三盏环照绿灯（从侧面看仅两盏）</td><td>品字形三个黑球（从侧面看仅两个）</td></tr>
<tr><td colspan="2">潜水作业的小船</td><td>垂直红白红环照灯</td><td>硬质“A”旗的复制品</td></tr>
<tr><td rowspan="2">水下作业特定信号</td><td>可通航舷</td><td>垂直两盏环照绿灯</td><td>垂直两个菱形体</td></tr>
<tr><td>有障碍物舷</td><td>垂直两盏环照红灯</td><td>垂直两个球体</td></tr>
<tr><td colspan="2">限于吃水船</td><td>垂直三盏环照红灯（可以不显示）</td><td>黑色圆柱体（可以不显示）</td></tr>
<tr><td colspan="2">失控船</td><td>垂直两盏环照红灯（无桅灯与甲板照明灯），不对水移动时关闭舷灯、艉灯</td><td>垂直两个黑球</td></tr>
<tr><td colspan="2">搁浅船</td><td>锚灯＋垂直两盏环照红灯（无甲板照明灯）</td><td>垂直三个黑球</td></tr>
<tr><td colspan="2">气垫船非排水时</td><td>黄色环照闪光灯</td><td>无特征号型</td></tr>
<tr><td colspan="2">地效船高速时</td><td>高亮度红色环照闪光灯</td><td>无特征号型</td></tr>
<tr><td colspan="2">水上飞机</td><td>无特征号灯</td><td>无特征号型</td></tr>
</table>

注：①普通操限船：不包括水下作业、清除水雷及潜水作业的小船在内的操限船。

②地效船高速时：指起飞、降落及贴近水面飞行时段。

③在锚泊中从事捕鱼和进行水下作业的操限船，不显示锚泊信号，只显示特征号灯、号型。

表 2－3　船舶号灯、号型汇总表

<table>
<tr><td colspan="2" rowspan="3">船舶类别</td><td colspan="4">号灯</td><td colspan="2">号型</td></tr>
<tr><td colspan="2">在航</td><td colspan="2" rowspan="2">锚泊</td><td rowspan="2">在航</td><td rowspan="2">锚泊</td></tr>
<tr><td>对水移动</td><td>不对水移动</td></tr>
<tr><td rowspan="7">机动船</td><td rowspan="2">$L\geqslant 50$ m</td><td colspan="2" rowspan="2">前后桅灯各一盏、舷灯、艉灯</td><td rowspan="2">前后锚灯</td><td>$L\geqslant 100$ m 应显示甲板照明灯</td><td rowspan="6">无</td><td rowspan="3">●</td></tr>
<tr><td>$L<100$ m 可显示甲板照明灯</td></tr>
<tr><td>12 m$\leqslant L<50$ m</td><td colspan="2">桅灯、舷灯、艉灯</td><td colspan="2">锚灯</td></tr>
<tr><td>$L<12$ m</td><td colspan="2">同上，可用环照白灯取代桅灯和艉灯（当舷灯合并显示在首尾中心线上时，环照白灯可偏离中心线）</td><td colspan="2">锚灯</td></tr>
<tr><td>船长 <7 m 最高速度 $\leqslant$ 7 kn</td><td colspan="2">环照白灯一盏，如可行也应显示舷灯</td><td colspan="2">不要求显示，但在交通密集区应发出有效灯光表明其存在</td><td>不要求</td></tr>
<tr><td>气垫船</td><td colspan="2">按同等长度机动船显示号灯；非排水状态时，还应显示黄色环照闪光灯一盏</td><td colspan="2" rowspan="2">锚灯</td><td rowspan="2">●</td></tr>
<tr><td>机帆船</td><td colspan="2">按同等长度机动船显示号灯</td><td>▼</td></tr>
<tr><td rowspan="5">拖带、顶推、傍拖船</td><td>拖带长度 >200 m</td><td>垂直三盏桅灯</td><td rowspan="2">同时显示舷灯、艉灯、拖带灯；拖船长度 $\geqslant$ 50 m 另加前或后桅灯</td><td colspan="2" rowspan="5">锚灯（拖轮通常应与被拖船及被顶推、傍拖船分别锚泊）</td><td>◆</td><td rowspan="5">●</td></tr>
<tr><td>拖带长度 $\leqslant$ 200 m</td><td>垂直二盏桅灯</td><td rowspan="4">无</td></tr>
<tr><td>牢固的组合体</td><td colspan="2">按同长度机动船显示号灯</td></tr>
<tr><td>顶推和傍拖船</td><td colspan="2">垂直二盏桅灯、舷灯、艉灯；拖船 $L\geqslant 50$m 另加前或后桅灯一盏（无拖带灯）</td></tr>
<tr><td>一艘船舶从事救助、拖带遇难船</td><td colspan="2">可不显示拖带特征号灯，但应用探照灯光照射被拖船和拖缆，以表明其拖船与被拖船的关系</td></tr>
</table>

表 2－3(续 1)

<table>
<tr><th colspan="2" rowspan="3">船舶类别</th><th colspan="3">号灯</th><th colspan="2">号型</th></tr>
<tr><th colspan="2">在航</th><th rowspan="2">锚泊</th><th rowspan="2">在航</th><th rowspan="2">锚泊</th></tr>
<tr><th>对水移动</th><th>不对水移动</th></tr>
<tr><td rowspan="5">被拖带、顶推、傍拖</td><td>拖带长度 > 200 m</td><td colspan="2" rowspan="2">舷灯、艉灯;如有充分理由不能按规定显示号灯时,应尽一切可能点灯,或至少能表明其存在</td><td rowspan="5">锚灯;《规则》无统一规定,通常应与拖轮分别锚泊并显示锚灯和号型</td><td>◆</td><td rowspan="5">●</td></tr>
<tr><td>拖带长度 ≤200 m</td><td rowspan="3">无</td></tr>
<tr><td>被顶推</td><td>舷灯</td><td rowspan="2">任何数目船舶作为一组被顶推或傍拖时,作为一艘船显示号灯</td></tr>
<tr><td>被傍拖</td><td>舷灯、艉灯</td></tr>
<tr><td>一艘不易觉察、部分淹没的被拖船或物体,或这类船舶或物体的组合体</td><td colspan="2">$B \leq 25$ m 时,前后环照白灯各一盏;$L > 100$ m 时,另加环照白灯若干,使间距 < 100 m;弹性拖曳体前部不需要白灯;宽度 > 25 m 时,在两侧最宽处各加一盏环照白灯;不能按规定显示号灯时,应点灯或能表明其存在</td><td>末端◆;
$L > 200$ m
前部另加◆</td></tr>
<tr><td rowspan="3">帆船</td><td>长度 ≥20m</td><td rowspan="4">舷灯
艉灯</td><td>还可于桅顶或接近桅顶垂直显示上红下绿环照灯</td><td rowspan="2">锚灯</td><td rowspan="2">无</td><td rowspan="2">●</td></tr>
<tr><td>长度 < 20 m</td><td>或将舷灯艉灯合为一盏,于桅顶或接近桅顶处,不可与上红下绿环照灯同时显示</td></tr>
<tr><td>长度 < 7 m</td><td rowspan="2">或在手边备妥白光的电筒一个,或白灯一盏,及早显示</td><td rowspan="2">不在其他船通常航行的水域或附近锚泊时可不显示锚灯,否则应表示其存在</td><td rowspan="2">无</td><td rowspan="2">同锚灯要求</td></tr>
<tr><td colspan="2">划桨船</td></tr>
</table>

表 2－3(续 2)

船舶类别			号灯			号型	
			在航		锚泊	在航	锚泊
			对水移动	不对水移动			
从事捕鱼船	拖网作业		垂直上绿下白环照灯、舷灯、艉灯，$L\geqslant 50$ m 加后桅灯	垂直上绿下白环照灯	同在航不对水移动	⧗	
	非拖网作业	渔具外伸 ≤150 m	垂直上红下白环照灯；舷灯、艉灯	垂直上红下白环照灯			
		渔具外伸 >150 m	同上；渔具外伸方向另加一盏白色环照灯			同上，渔具伸出方向外加▲	
临近处捕鱼的额外号灯	拖网作业		放网时，垂直两盏白色环照灯； 起网时，垂直两盏环照灯上白下红； 网被挂住时，垂直两盏红色环照灯		无	无	无
	对拖作业		用探照灯照射另一船前方；其余同上				
	围网船		操纵行动为渔具所妨碍时，垂直两盏黄色环照灯，每秒交替闪光一次				
失去控制的船舶			垂直两盏红色环照灯；舷灯、艉灯	垂直两盏红色环照灯	锚灯	● ●	●

表 2－3(续 3)

<table>
<tr><th colspan="2" rowspan="3">船舶类别</th><th colspan="3">号灯</th><th colspan="2">号型</th></tr>
<tr><th colspan="2">在航</th><th rowspan="2">锚泊</th><th rowspan="2">在航</th><th rowspan="2">锚泊</th></tr>
<tr><th>对水移动</th><th>不对水移动</th></tr>
<tr><td rowspan="6">操纵能力受到限制的船舶</td><td>除清除水雷作业船外的船舶</td><td>垂直红、白、红环照灯;桅灯、舷灯、艉灯</td><td>垂直红、白、红环照灯</td><td>垂直红白红环照灯;锚灯</td><td>●
◆
●</td><td>●
●◆
●</td></tr>
<tr><td>使双方偏离航向严重受限的拖带</td><td colspan="2">垂直红、白、红环照灯;按规定另加拖带时应显示的号灯和号型</td><td>通常各船分别锚泊、显示锚灯和锚球</td><td>●
◆
●</td><td>●</td></tr>
<tr><td rowspan="2">从事疏浚和水下作业的船舶</td><td>桅灯、舷灯、艉灯</td><td></td><td rowspan="2">同在航不对水移动</td><td colspan="2" rowspan="2">可航 ◆◆　●◆●　障碍 ●●</td></tr>
<tr><td colspan="2">垂直红、白、红环照灯
障碍舷:应显示垂直二红环照灯
可航舷:应显示垂直二绿环照灯</td></tr>
<tr><td>从事潜水作业船</td><td colspan="2">同上,尺度小不能显示时,显示垂直红白红环照灯;</td><td>红白红环照灯</td><td colspan="2">高 1m 硬 A 旗</td></tr>
<tr><td>清除水雷作业船</td><td colspan="2">机动船号灯,另在桅顶显示品字形三盏绿色环照灯</td><td>锚灯,品字形三盏绿色环照灯</td><td>●
●●</td><td>加 ●</td></tr>
<tr><td colspan="2" rowspan="2">L≤12m 的船舶</td><td colspan="5">除从事潜水作业的船舶外,不要求显示失控和操限船的号灯和号型</td></tr>
<tr><td colspan="5">搁浅时,不要求显示搁浅的号灯和号型</td></tr>
<tr><td colspan="2">L≤7 m 的船舶</td><td colspan="5">不在狭水道、航道、锚地或其他船舶通常航行的水域中或其附近锚泊时不要求显示锚泊的号灯和号型</td></tr>
<tr><td colspan="2">限于吃水的船舶</td><td colspan="2">机动船的号灯,可外加垂直三盏红色环照灯</td><td>锚灯</td><td>■,可不显示</td><td>●</td></tr>
<tr><td colspan="2">引航船执行任务时</td><td colspan="2">舷灯、艉灯,在桅顶或接近桅顶处另加垂直上白下红环照灯(无桅灯)</td><td>锚灯＋上白下红</td><td>无</td><td>●</td></tr>
<tr><td colspan="2">搁浅船</td><td colspan="2">不在航</td><td>锚灯,垂直二盏红色环照灯
(无甲板照明灯)</td><td>不在航</td><td>●
●
●</td></tr>
</table>

2-2　各类船舶号灯、号型习题、学习资料

任务三　使用与识别船舶的声响和灯光信号

互见中的船舶可以用声响和灯光信号来表明船舶正在或企图采取的行动,或对他船的行动表示提醒、怀疑或警告。能见度不良时,船舶应使用声响信号来表明其种类、动态,为不在互见中的船舶提供某些有用的避让信息。下面逐一介绍相关信号。

一、声响和灯光信号的定义

《规则》第三十二条“定义”规定:

(1)“号笛”一词,指能够发出规定笛声并符合本规则附录三所载规格的任何声响信号器具。

(2)“短声”一词,指历时约 1 s 的笛声。

(3)“长声”一词,指历时 4 ~6 s 的笛声。

如何精确用汽笛发送“短声、长声”信号,控制历时是关键。使用电动或手动汽笛时,应以控制发声按键或拉绳的时间长短计时,由于声波延时,当声波从设置在船首的汽笛传递到驾驶台被听到时,可能已经历时约 1 s,听到汽笛声音后继续发声 1 s,会导致短声实际历时约 2 s。为明显区分、避免混淆短声与长声信号,使用汽笛时,短声历时应尽量不要超出 1 s,长声历时应尽量接近 6 s。互见中重复使用信号时,应控制好信号间的时间间隔,同一组信号内的间隔约 1 s,不同组的信号间隔应控制在 10 s 以上。能见度不良的信号间隔应遵守其特殊规定。

二、声响信号设备的配置要求

根据《规则》第三十三条的规定,船舶应配备的声号设备按船长大小可分为四个等级,船舶应配备的声响信号设备如图 2-56 所示。

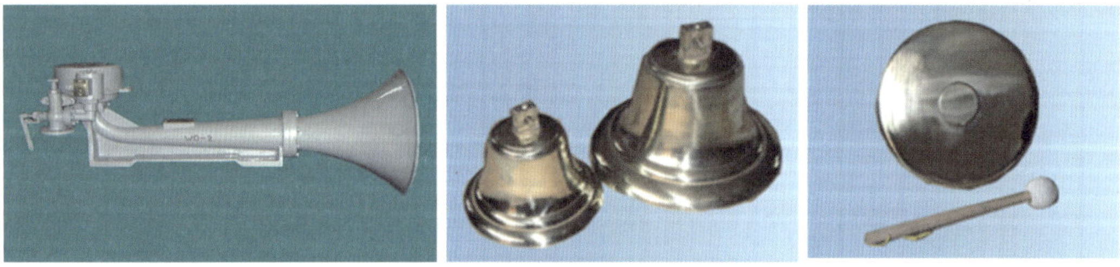

图 2-56　船舶的声响信号设备

(1)$L \geq 100$ m,应配备号笛、号钟、号锣各一个,且号锣的音调和声音不可与号钟相混淆。

(2)20 m$\leq L<100$ m,应配备号笛、号钟各一个。

(3)12 m$\leq L<20$ m,应配备一个号笛。

(4)$L<12$ m,不要求上述配备。如不配备,应配置有效的声号器具,如雾角、手摇铃等。

三、操纵和警告信号

《规则》第三十四条"操纵和警告信号"规定:

1. 当船舶在互见中,在航机动船按本规则准许或要求进行操纵时,应用号笛发出下列声号表明之:

"一短声"表示"我船正在向右转向";

"两短声"表示"我船正在向左转向";

"三短声"表示"我船正在向后推进"。

2. 在操纵过程中,任何船舶均可用灯号补充本条 1 款规定的笛号,这种灯号可根据情况予以重复:

(1)这些灯号应具有以下意义:

"一闪"表示"我船正在向右转向";

"两闪"表示"我船正在向左转向";

"三闪"表示"我船正在向后推进"。

(2)每闪历时应约 1 s,各闪应间隔约 1 s,前后信号的间隔应不少于 10 s;

(3)如设有用作本信号的号灯,则应是一盏环照白灯,其能见距离至少为 5 n mile,并应符合本规则附录一所载规定。

3. 在狭水道或航道内互见时:

(1)一艘企图追越他船的船应遵照第九条 5 款(1)项的规定,以号笛发出下列声号表示其意图:

"二长声继以一短声"表示"我船企图从你船的右舷追越";

"二长声继以两短声"表示"我船企图从你船的左舷追越";

(2)将要被追越的船舶,当按照第九条 5 款(1)项行动时,应以号笛依次发出下列声号表示同意:

"一长、一短、一长、一短声"。

4. 当互见中的船舶正在互相驶近,并且不论由于何种原因,任何一船无法了解他船的意图或行动,或者怀疑他船是否正在采取足够的行动以避免碰撞时,存在怀疑的船应立即用号笛鸣放"至少五声短而急"的声号以表示这种怀疑。该声号可以用"至少五次短而急的闪光"来补充。

5. 船舶在驶近可能被居间障碍物遮蔽他船的水道或航道的弯头或地段时,应鸣放一长声。该声号应由弯头另一面或居间障碍物后方可能听到它的任何来船回答一长声。

6. 如船上所装几个号笛,其间距大于 100 m,则只应使用一个号笛鸣放操纵和警告声号。

(一)适用范围

1. 适用的能见度

除本条第5款规定的“过弯声号”外,操纵和警告信号仅仅适用于处于互见中的两船;而第5款规定的“过弯声号”仅仅适用于能见度良好时,由于居间障碍物阻挡视线导致非互见的情况,用来探知居间障碍物后有无他船存在,并表明本船的存在。

2. 适用的船舶

《规则》规定声号设备的配备要求是依据船舶的长度来决定的,而并不依据船舶的种类,因此非机动船也须实时使用各类声号来表明其意图。虽然本条第1款所规定的操纵声号仅强制适用于在航机动船,在航非机动船也可以自主选择使用,便于他船了解自己的行动意图;本条第2款所规定的灯光信号是对第1款的补充,适用于所有用号笛发出操纵信号的船舶。

本条第1款所指的“机动船”是符合《规则》第三条“一般定义”所指的“任何用机器推进的船舶”,属于广义机动船的概念,包括普通的机动船、操纵能力受到限制的船舶、限于吃水的船舶、用机器推进的从事捕鱼或拖带的船舶,甚至还包括失去控制的船舶。“在航”包括在航对水移动和在航不对水移动两种情况。

3. 适用条件

本条第1款所规定的操纵声号适用于“按本规则的准许或要求进行操纵时”,是指按《规则》第二章“驾驶和航行规则”的要求,承担避让责任的船舶遵循《规则》所采取的避让行动。另外,本规定也明确了禁止随意使用声号,避免被他船误解。

(二)操纵和警告信号汇总

操纵警告信号包括了互见中的操纵信号,即常说的“一右,二左,三后退”,也称为行动声号;怀疑警告信号,即“短而急的至少五短声”。这些信号既可以用汽笛发出,也可以用闪光进行补充。

在狭水道内互见时,如需他船协助才能安全追越,实施追越前,企图追越他船的船舶应用声号表明这种企图。用汽笛发出“两长一短”表明请求从他船的右舷追越,用汽笛发出“两长两短”表明请求从他船的左舷追越;被追越船如果同意,应用汽笛发出“一长、一短、一长、一短”,追越声号不能用灯光信号补充。《规则》没有指明被追越船不同意时所鸣放的声号,但通常可以使用怀疑警告信号来表达不同意。

无论发送还是回答,弯头信号均为“一长声”,与机动船对水移动时的雾号相同;鸣放的目的与能见度不良的声号也相同,都是为了表明自己的存在,因此在鸣放能见度不良的声号时,不应同时使用过弯声号,以免与能见度不良的声号相互混淆。船舶在探知到弯道处有他船存在时,应继续遵守狭水道右行的规定,按海员通常做法和良好船艺的要求保持戒备谨慎驾驶。各类信号表达的意图归类见表2-4所示。

表 2-4　操纵警告信号汇总表

适用时机	信号种类	适用船舶	使用时机	信号特征 声号(灯号)	信号意义
互见中	操纵行动信号	在航机动船	按本规则条款准许或要求进行操纵时	·(*)	正在向右转向
				· ·(**)	正在向左转向
				· · ·(***)	正在向后推进
	追越声号	任何在航船舶	在狭水道或航道内，须他船配合行动允许追越时	— — ·	企图从他船的右舷追越
				— — · ·	企图从他船的左舷追越
				— · — ·	同意他船追越
	怀疑与警告信号	任何船舶	无法了解他船的意图或行动，或者怀疑他船是否正在采取足够的行动时	短而急的至少 · · · · · (*****)	怀疑他船的行动或警告他船按规则采取行动
能见度良好	过弯信号	任何船舶	驶近可能有其他船舶被居间障碍物遮蔽的水道或航道的弯头或地段时	—	提醒他船注意，在弯头或居间障碍物的另一面有船正在驶近，并警告他船注意，会遇即将形成，须高度戒备并谨慎驾驶
			弯头另一面或居间障碍物后的来船听到声号时	—	已获悉在弯头或居间障碍物的另一面有船正在驶近，也警告鸣放声号的船注意本船动态并谨慎驾驶

注：①声号用号笛发出，灯号用操纵号灯发出；
②符号“·”表示一短声，“—”表示一长声，“*”表示一次闪光。

(二)理解操纵和警告信号的注意事项

在使用操纵和警告信号时，应当注意如下各点：

(1)本条第 1 款、第 2 款规定的操纵行动信号表示船舶正在进行的操纵行动，如“三短声”表明主机正在倒车，但由于惯性，船舶可能还存在前进余速；同样“一短声”表明船舶已经操右舵，但船舶可能还在继续左转，只是左转越来越慢并逐渐转变为最终的右转。操纵信号不是船舶的行动意图，操纵行动信号只能在船舶正在采取操纵行动时鸣放；识别他船的操纵信号时，一定要考虑船舶惯性的不利干扰。

(2)互见中“在航机动船”应强制鸣放相应的操纵行动声号；而操纵行动灯光信号是操纵避让过程中对操纵行动声号的一种补充，是非强制性的，但灯光信号能够有效弥补声响信号的不足，在夜晚或通航密度较大时更利于识别，应当予以积极使用。用作显示操纵行动灯光信号的号灯，应是一盏环照白灯，其能见距离至少为 5 n mile。在显示操纵行动灯光信号时，每闪历时应 1 s，各闪间隔约 1 s；灯光信号可以按《规则》的规定重复使用，重复发送的间隔是 10 s；但《规则》没有对声号的重复使用做任何规定，实践中可以参照灯光信号的规定进行重复使用。

(3)结合本条第 3 款和《规则》第九条第 5 款的规定,在狭水道或航道内,只有要被追越船采取行动以允许安全追越时,企图追越的船舶才需要鸣放相应的追越声号。若无须被追越船采取行动就能安全追越,则没有必要鸣放追越声号。与操纵信号不同之处在于,追越声号表示追越船企图采取的行动,而不是正在采取的行动。因此,追越船应当在企图采取追越行动前,鸣放追越声号。被追越船在听到追越船的追越声号后,如其同意追越,应当鸣放"一长、一短、一长、一短声",并采取减速、改向措施让出部分水域,缩短两船并行时间,增大横距,避免船间效应带来的危险。如被追越船不同意追越,虽然本条并没有明文给出"不同意追越声号",但被追越船可以按《规则》第九条第 5 款的规定"如有怀疑,则可以鸣放第三十四条 4 款所规定的声号"。因此,当被追越船不同意追越或对是否能够安全追越有怀疑时,可以鸣放至少 5 声短而急的声号。尽管鸣放这种至少 5 声短而急的声号是非强制性的,但符合海员通常做法,被追越船应当予以鸣放。

(4)怀疑与警告信号适用于互见中的任何船舶,而不论其是否在航,也不论其属于何种船舶。同样,应当注意鸣放怀疑与警告声号是强制性的要求,而显示闪光信号补充怀疑警告声号是非强制性的。

(5)在狭窄及弯曲水道,顶流船给顺流船让路符合良好船艺的要求。《规则》规定弯道声号适用于船舶即将到达弯头地段时。因此,应在抵达弯道前提前鸣放该声号提醒他船注意,并不是进入弯道后才鸣放。

(6)由于声波在空气中的传播速度不快,若安装距离较远的两个号笛同时鸣放两短声或三短声,由于前后笛音相互叠加,他船听到的可能是一长声。因此,本条第 6 款规定,如船上装有几个号笛,且其间距大于 100 m,则应只使用一个号笛鸣放操纵和警告声号,以避免发生声号间的混淆与干扰。

四、能见度不良时的声号

《规则》第三十五条"能见度不良时的声号"规定:

在能见度不良的水域中或其附近时,不论白天还是夜间,本条规定的声号应使用如下:

(1)机动船对水移动时,应以每次不超过 2 min 的间隔鸣放一长声。

(2)机动船在航但已停车,并且不对水移动时,应以每次不超过 2 min 的间隔连续鸣放两长声,两长声间的间隔约 2 s。

(3)失去控制的船舶,操纵能力受到限制的船舶,限于吃水的船舶、帆船,从事捕鱼的船舶以及从事拖带或顶推他船的船舶,应以每次不超过 2 min 的间隔连续鸣放三声,即一长声继以两短声,以取代本条 1 或 2 款规定的声号。

(4)从事捕鱼的船舶锚泊时,以及操纵能力受到限制的船舶在锚泊中执行任务时,应当鸣放本条 3 款规定的声号以取代本条 7 款规定的声号。

(5)一艘被拖船或者多艘被拖船的最后一艘,如配有船员,应以每次不超过 2 min 的间隔连续鸣放四声,即一长声继以三短声。当可行时,这种声号应在拖船鸣放声号之后立即鸣放。

(6)当一顶推船和一被顶推船牢固地连接成为一个组合体时,应作为一艘机动船,鸣放本条1或2款规定的声号。

(7)锚泊中的船舶,应以每次不超过1 min的间隔急敲号钟约5 s。长度为100 m或100 m以上的船舶,应在船的前部敲打号钟,并应在紧接钟声之后,在船的后部急敲号锣约5 s。此外,锚泊中的船舶,还可以连续鸣放三声,即一短、一长和一短声,以警告驶近的船舶注意本船位置和碰撞的可能性。

(8)搁浅的船舶应鸣放本条7款规定的钟号,如有要求,应加发该款规定的锣号。此外,还应在紧接急敲号钟之前和之后各分隔而清楚地敲打号钟三下。搁浅的船舶还可以鸣放合适的笛号。

(9)长度为12 m或12 m以上但小于20 m的船舶,不要求鸣放本条7款和8款规定的声号。但如不鸣放上述声号,则应鸣放他种有效的声号,每次间隔不超过2 min。

(10)长度小于12 m的船舶,不要求鸣放上述声号,但如不鸣放上述声号,则应以每次不超过2 min的间隔鸣放其他有效的声号。

(11)引航船当执行引航任务时,除本条1,2或7款规定的声号外,还可以鸣放由四短声组成的识别声号。

(一)适用范围

能见度不良时使用的声号(航海实践中常简称为“雾号”)适用于在能见度不良的水域中或其附近航行、锚泊、搁浅的任何船舶。与《规则》的第十九条的适用范围不同,本条的适用并不以“不在互见中”和“在航”为前提。只要船舶处在能见度不良的水域中或其附近就应鸣放能见度不良时的声号,即使两船接近到互见,能见度不良时的声号仍然应针对可能存在且不在互见中的第三者进行鸣放。

(二)各类船舶在能见度不良时使用的声号

《规则》第三十五条规定的各类船舶在能见度不良时使用的声号汇总见表2-5。

表2-5　能见度不良的声号汇总表

船舶种类	状态	声号	鸣放间隔
机动船(包括组合体)	在航对水移动	—	≤2 min
	在航不对水移动	— —	≤2 min
失控船/操限船 限于吃水船 从事捕鱼船 帆船 顶推/傍拖/拖带船	在航	—··	≤2 min
一艘或多艘被拖船的最后一艘	在航	如配有船员,可行时,应在拖轮鸣放声号后鸣放 —···	≤2 min

表 2－5(续)

<table>
<tr><th>船舶种类</th><th>状态</th><th colspan="2">声号</th><th>鸣放间隔</th></tr>
<tr><td>L＜100 m</td><td rowspan="3">锚泊时</td><td>急敲号钟约 5 s</td><td rowspan="2">需要时均可鸣放 ·—· 警告他船碰撞的危险</td><td rowspan="2">≤1 min</td></tr>
<tr><td>L≥100 m</td><td>前部急敲号钟 5 s，接着在船后部急敲号锣约 5 s</td></tr>
<tr><td>从事捕鱼船，水下作业的操限船在锚泊中作业时</td><td colspan="2">—··
（与在航时相同）</td><td>≤2 min</td></tr>
<tr><td>搁浅船</td><td>搁浅时</td><td colspan="2">1. 应按同长度船鸣放锚泊信号：急敲号钟、号锣；
2. 在急敲号钟之前和之后，还应各分隔而清楚地敲打号钟三下；
3. 还可鸣放合适的笛号供识别</td><td>≤1 min</td></tr>
<tr><td>引航船执行引航任务时</td><td>不论何种状态</td><td colspan="2">应鸣放机动船相应状态时的声号，还可鸣放识别声号：····</td><td>根据相应声号的规定</td></tr>
<tr><td>12 m≤L＜20 m</td><td>不论何种状态</td><td colspan="2">不要求鸣放锚泊、搁浅的雾号，但不鸣放时，应鸣放他种有效声号</td><td>≤2 min</td></tr>
<tr><td>L＜12 m</td><td>不论何种状态</td><td colspan="2">不要求鸣放所有雾号，但不鸣放时，应鸣放他种有效声号</td><td>≤2 min</td></tr>
</table>

注：“·”表示汽笛短声；“—”表示汽笛长声。

五、招引注意的信号

《规则》第三十六条“招引注意的信号”规定：“如须招引他船注意，任何船舶可以发出灯光或声响信号，但这种信号应不致被误认为本规则其他条款所准许的任何信号，或者可用不致妨碍任何船舶的方式把探照灯的光束朝着危险的方向。任何招引他船注意的灯光，应不致被误认为是任何助航标志的灯光。为此目的，应避免使用诸如频闪灯这样高亮度的间歇灯或旋转灯”。

（一）使用“招引注意的信号”的目的

顾名思义，“招引注意的信号”是为了引起他船的注意，其目的是弥补无法被《规则》规定的信号所覆盖的各种特殊情况。招引注意的信号并不要求强制使用，只是建议船舶在“须引起他船注意”时使用，但为了确保海上航行安全，最大限度地减少事故的发生，《规则》要求任何船舶应充分意识到本条规定的重要性及可行性，务必按海员通常做法保持对“特殊情况可能要求的任何戒备”，积极地予以使用。

（二）“招引注意信号”的种类

船舶通常使用的“招引注意的信号”可以分为两大类，即“灯光信号”与“声响信号”，灯光信号包括环照灯、探照灯、莫尔斯灯信号或突耀的火焰等;声响信号包括笛号、钟号、锣号或其他有效声响的爆发声以及甚高频(VHF)信号等。

(三)“招引注意信号”的适用情况

在任何能见度情况下,任何船舶认为有必要招引他船注意时,均可使用“招引注意的信号”。通常包括:

(1)当一艘通常不从事拖带作业的船舶拖带另一遇险或需要救助的船舶时,如果该船不可能按照第二十四条“拖带和顶推”第1款或第3款规定显示拖带特征号灯,就应采取第三十六条所准许的一切可能措施来表明拖船与被拖船之间的拖带关系,尤其应将拖缆照亮。由于各种原因,在不宜解脱拖缆,继续保持拖带的方式锚泊时,为使他船能注意到这一特定的锚泊方式,可采用一切措施,并将拖缆照亮,以表明两船之间的连接关系。凡由于任何充分的理由,一艘被拖船或被拖物体不可能显示第二十四条第5款或第7款规定的号灯或号型时,应采取一切可能措施使被拖船或物体上有灯光,或至少能表明这种船舶或物体的存在。

(2)一艘正在走锚的船舶,在走锚尚未被有效控制的情况下,可鸣放适当的笛号,如用汽笛发出“超长音”,以招引附近船舶注意本船的动态。附近的船舶若发现一船走锚,也可鸣放上述笛号以招引走锚船的注意或提醒临近的他船注意该船的动态。

(3)夜间,一艘在航船舶发现本船号灯熄灭,在尚未修复之前,可显示适当的灯光,以招引他船注意。若一船发现他船号灯熄灭,可鸣放适当的声号或灯号招引该船注意。

(4)一艘从事捕鱼船或操限船,当发现他船的航向及其未来的动向可能影响其作业或可能损坏其渔具或作业的设备时,在夜间,可使用适当的灯号,并且将探照灯的光束指向危险的方向;在白天,可使用适当的声响信号及旗帜信号。

(5)当一船出现意外情况,如人员落水、溢油等,须立即采取相应的措施或适当的操纵行动时,可使用适当的声号或灯号招引他船的注意,以获取他船的配合或协助。

(6)当一船发现他船正在驶向危险水域或正在接近某一危险物时,可采用不致妨碍该船的方式,把探照灯的光束指向该船的前方或朝向危险的方向;或使用视觉信号发出莫尔斯信号U“ · · —”。

(7)执行特殊使命的船舶,如军用舰船、政府公务船,在有必要或希望能得到他船协助的情况下,也可使用适当的声号或灯号。

(四)使用“招引注意信号”的注意事项

一方面,《规则》并不强制使用招引注意的信号,但需要时,船舶应当积极予以使用。另一方面,只有在没有明文规定的信号供使用时,才可以使用招引注意信号,应当禁止滥用招引注意的信号,避免干扰当事船舶瞭望及判断局面。

所使用的信号不应与《规则》其他各条明文规定的任何信号类似而造成混淆;为避免被误认为是任何助航标志的灯光,不应使用诸如频闪灯这样高亮度的间歇灯或旋转灯。在有地方特殊规则的水域,还应注意所使用的信号应不致被误认为是该特殊规则所订明的各种信号。为避免妨碍他船的正规瞭望,不宜将探照灯的光束朝向他船的驾驶室。

六、遇险信号

《规则》第三十七条“遇险信号”规定:“船舶遇险并需要救助时,应使用或显示本规则附录四所述的信号。”附录四中所述的遇险信号既可以单独使用或显示,也可以几个信号同时使用或显示。附录四规定的遇险信号如下(有些信号也是《国际信号规则》规定的信号):

1. 下列信号,不论是一起还是分别使用或显示,均表示遇险需要救助:

(1)每隔约 1 min 鸣炮或燃放其他爆炸信号一次。

(2)以任何雾号器具连续发声。

(3)以短的间隔,每次放一个抛射红星的火箭或信号弹。

(4)无线电报或任何其他通信方法发出莫尔斯码 …———…(SOS)的信号。

(5)无线电话发出“梅代”(MAYDAY)语音信号。

(6)《国际简语信号规则》中表示遇险的信号 N. C. 。

(7)由一个球体或任何类似球体的物体及在其上方或下方的一面方旗所组成的信号。

(8)船上的火焰(如从燃着的柏油桶、油桶等发出的火焰)。

(9)火箭降落伞式或手持式的红色突耀火光。

(10)放出橙色烟雾的烟雾信号。

(11)两臂侧伸,缓慢而重复地上下摆动。

(12)通过数字选择性呼叫(DSC)在以下频道上发送的遇险报警:

①甚高频 70 频道;

②中频和高频(MF/HF),频率为 2 187. 5 kHz、8 414. 5 kHz、4 207. 5 kHz、6 312 kHz、12 577 kHz 和 16 804. 5 kHz。

(13)通过国际海事卫星(inmarsat)船舶站或其他移动卫星服务商提供的船舶地面站发送的船对岸的遇险报警。

(14)由无线电应急示位标发出的信号。

(15)无线电通信系统发出的经认可的信号,包括救生艇筏雷达应答器。

2. 除为表示遇险需要救助外,禁止使用或显示上述任何信号,并禁止使用可能与上述任何相混淆的其他信号。

3. 应注意《国际信号规则》及《商船搜寻和救生手册》的有关部分,以及下述信号:

(1)一张橙色帆布上带有一个黑色正方形和圆圈或者其他合适的符号(供空中识别);

(2)海水染色标志。

此外,我国的非机动船在海上遇难,需要他船或者岸上救援的时候,按《中华人民共和国非机动船舶海上安全航行暂行规则》显示下列信号:

(1)用任何雾号器具连续不断发出声响;

(2)连续不断燃放火光;

(3)将衣服张开,挂上桅顶。

评价要素参考

(1)掌握号笛、短声、长声的定义,能正确使用号笛发出相应的信号;

(2)熟悉号笛、号钟、号锣按船长不同的配备要求;

(3)熟悉操纵警告信号的适用条件,掌握各类行动声号及警告信号所表达的意义;

(4)正确理解《规则》对船舶强制使用汽笛及灯光补充信号的要求;

(5)能正确使用并理解追越声号;

(6)能正确使用并理解狭水道的弯道声号;

(7)能正确使用并理解能见度不良时各类船舶在航及锚泊的声号,特别注意锚泊船使用汽笛的相关规定;

(8)能正确使用并理解招引注意的信号,并注意到招引注意的信号应不致被误认为《规则》或航标信号,也不能妨碍他船瞭望的原则;

(9)能正确使用并理解遇险信号;注意到其使用原则:除遇险需要救助外,其他时候均不能使用;使用方法:可以重复和同时使用多种遇险信号。

2 -3　声响灯光信号习题、学习资料

任务四　认识《国际信号规则》

《国际信号规则》于 1965 年在国际海事协商组织(IMCO)(现国际海事组织(IMO))的第四次大会上通过,1969 年 4 月 1 日生效,经 1981 年、1987 年和 2003 年的修订成为现行的《国际信号规则》。现行《国际信号规则》已进行了大量修正以符合 IMO 的最新要求。在海上发生危及航行和人身安全等紧急情况时,使用《国际信号规则》能保障各国船舶、飞机、岸台之间在各种情况下进行通信联系,在存在语言障碍时也能保障通信畅通。《国际信号规则》适用于使用各种通信工具及手段,不仅适用于视觉使用,也能使用无线电话和无线电报,当明语通信发生困难的时候,能够使通信更简捷明了。由于《国际信号规则》统一采取一个信号具有一个完整意义的原则,因而不会产生歧义,使得海上人命救助活动更加可靠、有效。根据《SOLAS 公约》的规定,《国际信号规则》是按照《SOLAS 公约》配备无线电装置的所有船舶必备的航海出版物之一。

制定《国际信号规则》的目的是,在危及航行和人身安全的情况下,特别是语言沟通存在障碍时,提供合适的通信方法和工具。《国际信号规则》的内容分为三部分。第一部分是正文,共有 14 章,包括各种信号通信的方法、程序、定义及规则等,供所有通信者共同遵守执行和使用;第二部分是通信时可能用到的信号码及其所代表的实际意义,这部分是《国际信号规则》的主体;第三部分为附录,包括遇险信号(distress signal)、救生信号(life-saving signal)、呼救发信程序及安全电信的收听等,供紧急情况下参考使用。常用的通信信号分为以下三类:

(1)单字母的信号用于最紧急、最重要的或者是最常用的部分。

(2)双字母的信号用于通用的部分。

(3)三字母信号以 M 开头,用于医疗部分。

其主要内容介绍如下。

一、单字母信号及其意义

《国际信号规则》中单字母信号由26个英文字母组成，除“R”没有意义外，其他25个字母都有其完整的意义。单字母信号用于最紧急、最重要或最常用的内容，适于用旗帜、灯光、音响及无线电等不同的方式进行通信，应熟练掌握。单字母信号的含义如下：

A ：我下面有潜水员，请慢速远离我。

I have a diver down, keep well clear at slow speed.

B*：我正装卸或载运危险货物。

I am taking in, or discharging, or carrying dangerous goods.

C*：是（肯定或“前组信号的意义应理解为肯定的”）

Yes. (Affirmative or "The significance of the previous group should be read in the affirmative".)

D*：请让开我，我操纵困难。

Keep clear of me, I am manoeuvring with difficulty.

E*：我正向右转向。

I am altering my course to starboard.

F ：我操纵失灵；请与我通信。

I am disabled; Communicate with me.

G*：我需要引航员。（在渔场附近当正在作业渔船使用时，它的意思是“我正在收网”。）

I require a pilot. (When made by fishing vessels operation in close proximity on the fishing groups, it means: "I am hauling nets.")

H*：我船上有引航员。

I have a pilot on board.

I*：我正向左转向。

I am altering my course to port.

J ：请远离我，我船失火，且船上载有危险货物或正在泄漏危险货物。

Keep well clear of me, I am on fire and have dangerous cargo on board, or I am leaking dangerous cargo.

K ：我希望与你通信。

I wish to communicate with you.

L ：你应立即停船。

You should stop your vessel instantly.

M ：我船已停，并已没有对水速度。

My vessel is stopped and making no way through the water.

N ：不。（否定或“前组信号的意义应理解为否定的”。这个信号仅可用视觉或音响信号发出。在用话音或无线电发送这个信号时应该用“NO”字。）

NO. (Negative or "The significance of the previous group should be read in the negative". This signal may be given only visually or by sound. For voice or radio transmission the signal should be "NO".)

O ：有人落水。

Man overboard.

P ：在港内：本船将要出海，所有人员应立即回船。在海上：当由渔船使用时，意为"我的网缠在障碍物上"。

In harbor: all persons should report on board as the vessel is about to proceed to sea. At sea: it may be used by fishing vessels to mean "My nets have come fast upon obstruction."

Q ：我船没有染疫，请发给进口检疫证。

My vessel is "healthy" and I request free pratique.

S*：我的机器正在开倒车。

I am operating astern propulsion.

T*：请让开我，我正在对拖作业。

Keep clear of me, I am engaged in pair trawling.

U ：你正临近危险中。

You are running into danger.

V ：我需要援助。

I require assistance.

W ：我需要医疗援助。

I require medical assistance.

X ：中止你的意图，并注意我发送的信号

Stop carrying out your intentions and watch for my signals.

Y ：我正在走锚。

I am dragging my anchor.

Z*：我需要一艘拖轮。（在渔场附近由正在作业的渔船使用时，它的意思是"我正在放网。"）

I require a tug. (When made by fishing vessels operating in close proximity on the fishing groups, it means "I am shooting nets.")

注意：

(1)有 * 符号的字母信号，仅在遵照《1972 年国际海上避碰规则》的规定情况下，才可用声号发送。

(2)信号"K"和"S"如果作为对乘小艇的遇险船员的登陆信号时，则另有专门的含义。

(3)当破冰船与被救船之间使用 A、G、J、P、N、H、L、4、Q、B、5、Y 等单字母时，另有含义。

二、数字信号的使用

数字信号可以通过信号旗、莫尔斯信号灯及无线电信号发送，数字信号一般和由字母组成的源代码信号一起发送。例如："DI20"表示"我需要供 20 人乘坐的小艇"；"FJ2"表示"出事(或幸存艇筏)位置已经设置浮标"。数字中的小数点可以通过以下方式发送：

(1)旗语通信：在需要表示小数点的位置插入回答旗。

(2)灯光和声响信号：用 AAA 表示小数点。

(3)语音：读出"DECIMAL"。

船舶常用的数字信号码如下，须熟练掌握：

(1)方位或方位角:方位由字母 A 加上三位数字表示,从 000°~359°,按顺时针方向计算。除另有说明外,这通常表示真方位。例如“A120”表示方位 120°。

(2)航向:航向由字母 C 加上三位数字表示,从 000°~359°,按顺时针方向计算。除另有说明外,它通常表示真航向。例如“C120”表示航向 120°。

(3)距离:距离由字母 R 加上数字表示,以海里(n mile)为单位。例如:“A090 R3”表示方位是 090°,距离是 3 n mile。

(4)速度:用 S 加数字表示,以 kn 为单位。例如“LH S4”表示“拖带时最大速度为 4 kn”。用 V 加数字表示,以 km/h 为单位。例如直升机发送“BQ V300”表示“我机的对地速度为 300 km/h”。

(5)日期:由 D 加 2 个、4 个或 6 个数字表示,用六位表示时,前两位数字为“日期”,中间两位为“月份”,后两位为“年份”;用四位数字表示时,前两位表示“日期”,后两位表示“月份”;用两位数字表示时,则表示当年本月的“日期”。例如“ D090721 ”表示 2021 年 7 月 9 日,“D1504”表示 4 月 15 日,“D04 ”表示本月 4 日。

(6)时间:以 4 个数字表示,前两个数字从 00~23 表示小时,后两个数字从 00~59 表示分钟,数字前加字母“T”表示当地时间;数字前加字母“Z”表示世界协调时(UTC)或世界平时(GMT)。例如“Z1530”表示世界时 1530 时,而“T1530”则表示地方时 1530 时。应注意航海学要求的时间表达方式是将字母放在数字的后面,如 1530GMT、1530LT。

(7)纬度和经度:纬度由 L 加四位数字加 N/S 表示,前两位数字为“度”,后两位为“分”;经度由 G 加四或五位数字加 E/W 表示,前两位或三位数字表示“度”,后两位表示“分”。例如“L3537N、G14015E”表示纬度 35°37′N,经度 140°15′E。

(8)水深:数字加 M 表示以米(m)为单位的水深;数字加 F 表示以英尺(ft①)为单位的水深。

三、补充码

《国际信号规则》遵循每一个信号都有完整意义这一基本原则。在某些特定的情况下,需要使用补充码补充现有的信号组,使原码的意义更完整或更具体。补充码都是用数字表示的,不能单独使用,只能在信号码后面使用。补充码分为专用补充码与通用补充码两类,专用补充码是一码一个意义,通用补充码可以在不同的信号码后面使用。

(一)专用补充码的作用

1. 改变原码的意义

例如:原码“CP”表示“我(或指明的船)正前来援助你”;加补充码 1 后“CP1”表示“搜救航空器正前来援助你”。

2. 对原主题和原信号提问

例如:“DY”表示“船舶(船名或呼号)已经在纬度××经度××处沉没”;加补充码 4 后“DY4”表示 “船舶沉没处的水深是多少?”

3. 回答原信号的问题或要求

例如:原码“HX”表示“你在碰撞中受到损坏吗?”;加补充码 2 后“HX2”表示 “我船水

① 1 ft≈0.304 8 m

线下受到严重损坏”。

4. 明确或详细地说明情况

例如:原码“IN”表示“我需要一名潜水员”;加补充码 4 后“IN4”表示“我需要一名潜水员清理锚”。

(二)通用补充码表

《国际信号规则》共有两个补充码表,第三章第 4 节是专为医疗救助设定的,共三个补充表;其中表一列出了身体各部位的名称,表二列出了常见疾病的名称,表三列出了常用药物名称。第二章第 10 节将《国际信号规则》中出现频次较高的词汇总结了三个通用补充码表;其中表一有四个补充码,补充说明所使用的发信方式;表二列出了十个使用频次较高的词汇;表三列出了十个补充码,补充说明方向。第二章补充码表的具体内容见表 2 -6。

表 2 -6　补充码表

信号	表一	表二	表三
0		水	方向未知(或天气无风)
1	用手旗或手臂发送莫尔斯信号	伙食	东北
2	用“喊话器”发送信号	燃料	东
3	用莫尔斯信号灯发送信号	排水装置	东南
4	用声号发送信号	消防设备	南
5		医疗救助	西南
6		拖带	西
7		救生筏	西北
8		船舶待命	北
9		破冰船	方向未知(或风向不定或多变)

四、船舶和航空器的识别

船名和地名:船名或地名用字母直接拼出。例如“KO Lucky”表示“你应尽力设法拖带 Lucky 轮”,“ RV Singapore”表示“你应驶往新加坡”。

船舶和航空器的识别码:船舶和航空器的识别码是在国际范围内分配的,船舶的识别码俗称船舶呼号,是船舶登记国政府指定给该船的一组字母和数字。船舶呼号不但能和船名一样代表某一特指的船舶,而且还可以表示它的国籍;通常由四个或四个以上的英文字母或字母与数字混合构成,起始的一个或两个字符通常代表船舶所属国籍。此外,还可用 9 位数字的水上移动通信业务标识码(MMSI)、船舶识别号(official number)、IMO 编号等来识别船舶。

五、通信程序信号码

程序信号是为了便于通信而设计的一种信号,常用的通信程序信号码如下:

$\overline{AA}\ \overline{AA}\ \overline{AA}$:通用呼叫或呼叫不明船舶信号(适用于发信船)

General call signal (or call for unknown station).

$\overline{\text{TTTT}}$:回答信号(适用于收信船回答发信船发出的 $\overline{\text{AA}}$ $\overline{\text{AA}}$ $\overline{\text{AA}}$)

The Answering signal.

DE:识别信号(与 $\overline{\text{AA}}$ $\overline{\text{AA}}$ $\overline{\text{AA}}$ 或 $\overline{\text{TTTT}}$ 配合使用)

The name or identity signal of the transmitting station.

$\overline{\text{EEEEEE}}$:撤销信号

Erase signal.

AAA:句号或小数点信号

Full stop or decimal point.

T: 表示收到字或组信号

Indicate the receipt of each word or group.

C:肯定信号

Indicate an affirmative statement or an affirmative reply to an interrogative signal.

K:请求建立联系

"I wish to communicate with you" or "Invitation to transmit".

AS:等待信号

Waiting signal or Period signal.

AR:结束信号(适用于发信船)

Ending signal.

R:信文收到信号(适用于收信船对 AR 的回答)

Received or I have received your last signal.

CS:请告知你的船名或识别码

Requesting the name or identity signal of the receiving station.

RQ:疑问信号

Indicate a question.

N:否定回答信号(在语音信号中用"No"表达)

Negative reply.

OK:正确收到重发信号,也可以表示对问题的肯定回答

A correctly received repetition, or an affirmative answer to a question.

RPT:重发信号(与字、组信号连用)

Repeat signal.

RPT AA:重发某字、组后面的全部

Repeat all after "××".

RPT AB:重发某字、组前面的全部

Repeat all before "××".

RPT BN:重发某字、组与某字、组间的全部

Repeat all between words "××" and "××".

RPT WA:重发某字、组后面的一字(组)

Repeat "××" after words "××".

RPT WB：重发某字、组前面的一字（组）

Repeat "××" before words "××".

六、破冰船与被援助船之间的信号

（一）常用的破冰服务信号

《国际信号规则》为破冰船和被救助船之间规定了专用的信号，这些信号可以使用视觉、声号或无线电进行通信，其中有10个单字母信号，相关信号见表2－7。

表2－7　破冰船使用的信号

信号	破冰船	被援助船
A	进车（沿冰间航道前进时） Go ahead（proceed along the ice channel）	我正在进车（沿冰间航道前进时） I am going ahead（I am proceeding along the ice channel）
G	我正在进车，请跟上 I am going ahead，follow me	我正在进车，我正跟着你的 I am going ahead，I am following you
J	不要跟着我（沿冰间航道前进时） Do not follow me（proceed along the ice channel）	不跟着你（我将沿冰间航道前进） I will not follow you（I will proceed along the ice channel）
P	慢车 Slow down	我正在慢车 I am slowing down
N	停车 Stop your engines	我正在停车 I am stopping my engines
H	倒车 Reverse your engines	我正在倒车 I am reversing my engines
L	你应立即停船 You should stop your vessel instantly	我正在停船 I am stopping my vessel
4	停止前进，我被冰困住 Stop，I am icebound	停止前进，我被冰困住 Stop，I am icebound
	备注：此信号仅发给在冰间航道的船，不论其在破冰船前方，还是驶近或远离破冰船。此信号不能通过无线电话发送。 Note：This signal given only to a ship in an ice-channel ahead of and approaching or going away from icebreaker. It should not be made by radiotelephone	
Q	减小船间距离 Shorten the distance between vessels	我正在减小船间距离 I am shortening the distance
B	增加船间距离 Increase the distance between vessels	我正在增加船间距离 I am increasing the distance

表 2-7(续)

信号	破冰船	被援助船
5	注意 Attention	注意 Attention
Y	准备带(或解除)拖缆 Be ready to take (or cast off) the towline	准备带(或解除)拖缆 I am ready to take (or cast off) the towline
WM	破冰服务开始,请使用破冰服务专用信号,并保持视觉、听觉瞭望及无线电守听。 Icebreaker support is now commencing. Use special icebreaker support signals and keep continuous watch for sound, visual or radiotelephony signals	
WO	破冰服务结束,请驶往你的目的港。 Icebreaker support is finished, proceed to your destination	

注:①破冰船可能用音响或灯光信号发出"K"要求船舶保持连续的无线电守听。

②如果接受破冰服务的不止一艘船,各船舶间应尽可能维持固定的间距。时刻跟踪你自己和前面船的速度;如果你船减速,应及时告知你后面的船。

③使用上述信号并不解除任何船舶遵守《国际海上避碰规则》的要求。

(二)可以在破冰作业中直接使用的单字母信号

*E:我正在向右转向;

*I:我正在向左转向;

*S:我船正在向后推进;

M:我船已停,并没有对水移动。

注释:

(1)带有*号的单字母信号,只有在遵守《1972 年国际海上避碰规则》规定的情况下才可以用声号发送。

(2)有关破冰作业的其他信号见《国际信号规则》其他相关部分。

评价要素参考

(1)了解《国际信号规则》的起源及其主要内容。

(2)掌握单字母信号的含义及其使用注意事项。

(3)了解数字信号的使用原则及常用数字信号的含义。

(4)了解补充码的作用及补充码表所包含的主要内容。

(5)了解常用通信程序码的使用及其含义。

(6)掌握破冰援助中常用信号码的含义。

2-4 国际信号规则习题

任务五　使用与识别船舶视觉信号

《国际信号规则》可以使用的通信方法有旗号通信、灯光通信、声号通信、强力扬声器喊话、无线电报、无线电话、用手旗或手臂使用莫尔斯码通信共七种。其中旗号通信、灯光通信、用手旗或手臂使用莫尔斯码通信属于视觉通信,视觉通信适合于能见度良好时使用;声号通信、强力扬声器喊话属于听觉通信;无线电报、无线电话属于无线电通信。根据《国际信号规则》的定义,视觉通信是指可用眼睛看到的以任何通信方法发送的信号。显然,视觉信号只能在视距范围内使用,属于近距离通信。下面分别简要介绍旗号通信和灯光通信;用手旗或手臂使用莫尔斯码通信将在任务六莫尔斯信号通信中介绍。

一、旗号通信

旗号通信是指在能见度良好的白天,在视觉范围内使用国际信号旗传递信息的通信方式。一套国际信号旗共 40 面,包括 A ~ Z 共 26 面字母旗, 0 ~ 9 共 10 面数字旗,代 1、代 2、代 3 共 3 面代旗和 1 面回答旗。它们的形状和图案见本书末尾“国际信号旗示意图”。

(一)旗号通信术语

组(group):由一面或数面字母或数字旗组成的旗号。

挂(a hoist):将一组或几组旗号挂在一根旗绳上为一挂。

拉一半(at the dip):一挂或一面旗悬挂在桅杆旗绳全长一半左右的位置。

拉到顶(close up):一挂或一面旗悬挂在桅杆旗绳顶端。

隔绳(tack line):指长大约 2 m 的旗绳,用来隔开同一挂旗号中不同的组。

(二)信号旗的种类

字母旗:每面字母旗是一个单字母信号旗,既可单独使用,表达任务四所述的单字母信号;也可与其他字母旗或数字旗联合使用,表达双字母信号或组成各种信号码。除 A、B 两面字母旗的外形为燕尾形外,其他 24 面字母旗都是长方形。

数字旗:每面表示一个数字,数字中的小数点由“回答旗”表示。数字旗与回答旗的外形都是长梯形。

代旗:代旗的外形都是三角形。当船上只有一套信号旗时,代旗可以使一面旗在同一组旗号中重复一次或多次。但在同一组旗号中任何一面代旗的使用不得超过一次。代一是重复在它前面的同类旗从上往下数的第一面旗,代二是重复第二面旗,代三是重复第三面旗。例如:要悬挂信号“MDDD”时,应依次使用信号旗 M、D、代二、代三。

回答旗:在数字组中,作为小数点;在旗号通信过程中,它可用作表示回答信号和通信结束的信号。

(三)旗号通信方法

(1)一次升一挂的通信方式。发信船一次升一挂,待收信船收到后才能降下。收信船按发信船升降顺序收读。

(2)一次升多挂的通信方式。当多挂旗号悬挂在桅杆左、右横桁时,悬挂、收读顺序是先右横桁后左横桁;对同一横桁上的多挂旗号,悬挂、收读顺序是先外侧后内侧;对同一挂上的多挂旗号,悬挂、收读顺序是先上后下。

(四)旗号通信程序

(1)普遍呼叫:对发信船周围所有船的呼叫。发信船首先挂出"CQ"码组,再挂出通信码组。发信船也可以不挂出"CQ"码组,直接挂出通信码组。收信船看到发信船的信号挂出时,应把回答旗悬挂在半旗的位置表示"已看到发信船挂出的信号",并在了解其意义时,立即拉到顶;发信船看到收信船回答旗拉到顶后,即可落下这一挂信号,收信船随后将回答旗回落到半旗的位置。以此类推,发信船再悬挂第二挂信号,等待收信船回答。

(2)对特定船的呼叫:将收信船的呼号与信号码组一起挂出,等待收信船回答,通信程序如上。

(3)对特定而不知呼号的船舶的呼叫:首先挂出本船的呼号,然后挂出"VF"或"CS"码组,"VF"码组表示"你应挂出你船的呼号"。"CS"码组表示"你船的名称或呼号是什么"。如果发信船周围有多艘船,发信船可以使用"YQ"码组。"YQ"码组表示"我希望用(补充码表1)与在我方位××的船通信"。例如"YQ A060"表示"我希望用国际信号旗与在我方位060的船舶通信"。建立联系后,用普通呼叫的程序进行通信。

(4)通信结束:发信船降下最后一挂旗后,单独挂出回答旗,表示通信结束;收信船将回答旗拉到顶,表示全部信文收妥;降下回答旗,表示通信结束。

如果军用船舶希望与商船进行旗号通信,就应当在显著位置悬挂回答旗,并在整个通信过程中保持悬挂该旗。

二、挂旗常识

(一)船舶挂旗种类

船籍国国旗:表示船舶的国籍,应挂在船尾旗杆或后桅斜杆上。当船舶处于各国领海和内水水域时悬挂;必要时在公海也须悬挂船籍国国旗。

公司旗:表示该船所属公司的专用旗号,一般悬挂在船首旗杆上。

到达港的国旗:当船舶到达其他国家的港口时,应悬挂该国家的国旗,一般悬挂在右横桁最外侧的旗绳上。

国际信号旗:船舶旗号通信用旗,一般挂在左、右横桁处。

(二)升降国旗

国旗代表一个国家的尊严,必须认真、正确悬挂。日出升,日没降,恶劣天气除外。航行和锚泊时通常由4~8名值班水手负责升降;靠泊时由相应班次的水手负责。当有多面旗需要升降时,船籍国国旗最先升起,最后降下。

如果到达一个国家的内水时是白天,应马上升起该国国旗。在该国锚地、港口停泊期间与船旗国国旗一并升降,到达国国旗在船籍国国旗升起后再升起,在船籍国国旗降下前降下。

(三)升降其他常用旗帜

除国旗外,船舶到离港经常还要升降其他信号旗。进港如果强制引航,则先挂字母"G"

旗，表示"我船需要引航员"，便于引航员识别，在本船驶近引航员登船点之前挂好。当引航员上船后，应降下"G"旗，改挂"H"旗表示"我船上有引航员"。引航员下船后降下"H"旗。当始发港和目的港是不同国家港口时，到达目的港时，如果本船没有染疫，应悬挂字母"Q"旗，表示"我船没有染疫，请发给进口检疫许可证"，检疫通过后降下"Q"旗，此后港口工作人员才可以登船。如果船上有危险品，应悬挂字母"B"旗，表示"我正在装卸或载运危险货物"。

船舶离港时，如果该港强制引航，在引航员上船后应挂"H"旗，表示"我船有引航员"，引航员下船后降下"H"旗。

（四）船舶挂满旗

船舶挂满旗应按两面字母旗一面数字旗（或代旗、回答旗）的顺序连接起来使用。悬挂方法是从船首旗杆经过桅顶直至船尾旗杆，并在桅顶悬挂船籍国国旗。

（五）船舶间致敬

船舶之间通常用国旗敬礼。在敬礼时，敬礼船应在本船驶近受礼船的正横之前，将国旗降下约一半的高度，待受礼船回礼后（即受礼船也将国旗降下约一半的高度，然后再拉到顶，表示回礼）再将国旗升到原来位置。

评价要素参考

（1）掌握视觉通信的种类及其各自的特点。
（2）能准确识别国际信号旗。
（3）理解信号旗的通信程序，能使用国际信号旗进行简单的通信。
（4）掌握挂旗常识及常用信号旗的含义。

2－5　船舶视觉信号习题

任务六　使用莫尔斯信号通信

莫尔斯信号无线电通信是20世纪广泛使用的无线电通信方式，直到20世纪90年代末期才逐步被现行的GMDSS通信系统所取代。但作为一种古老的通信方式，特别是在缺乏无线电等各类通信器材的时候，使用莫尔斯视觉信号进行遇险紧急通信仍然是首选。莫尔斯信号除了可以使用无线电报进行传输外，还可以使用灯光或声响信号来传送，《STCW公约》要求值班驾驶员具备能用莫尔斯信号灯进行遇险及单字母信号通信的能力。

一、莫尔斯码简介

莫尔斯码以"点"和"画"为基本要素，用"点"和"画"单独或混合发出信号，表示字母和数字等。使用时,以一“点”作为一个时间单位(短音),一“画”等于三个时间单位(长音),一个莫尔斯码中的两个通信要素(点、画)之间的间隔等于一个时间单位;两个字母之间的间隔等于三个单位;两个字或组之间的间隔等于七个时间单位。字母与数字的莫尔斯符号见表2－8。

表2－8　莫尔斯字母、数字符号表

字母	符号	字母	符号	数字	符号
A	·—	N	—·	1	·————
B	—···	O	———	2	··———
C	—·—·	P	·——·	3	···——
D	—··	Q	——·—	4	····—
E	·	R	·—·	5	·····
F	··—·	S	···	6	—····
G	——·	T	—	7	——···
H	····	U	··—	8	———··
I	··	V	···—	9	————·
J	·———	W	·——	0	—————
K	—·—	X	—··—		
L	·—··	Y	—·——		
M	——	Z	——··		

二、灯光信号通信

灯光信号通信是利用莫尔斯灯发送上述莫尔斯信号的明语或码语信文的通信方式。灯光信号通信要遵守莫尔斯信号“点”和“画”的规定,但是最好把“点”发成与“画”相比时间比例更短些,这样会把“点”和“画”区分得更清楚,灯光通信的标准速率是每分钟四十个字母。灯光信号的通信程序包括呼叫、识别、信文、结束四个步骤。

(一)灯光信号通信程序

(1)呼叫:包括发送“$\overline{\text{AA}}\ \overline{\text{AA}}\ \overline{\text{AA}}$”表示对周围船的普通呼叫,或发送对方呼号表示对某一船的呼叫。对方用“$\overline{\text{TTTT}}$”回答信号给予回答。

(2)识别:发信船先发送“DE”,然后发送自己的呼号或船名。收信船重复发信船的信号,并发送自己的呼号或船名。发信船也要重复收信船发送的信号。双方确认无误后完成识别步骤。

(3)信文:包括明语或信号码组。使用信号码组时,应以信号“YU”开始。当信号中包括名称、地点等时,在信文中也可以使用明语。收到每一字或组后,用“T”表示收到了。

(4)结束:结束的信号是“AR”,并用“R”给予回答。

如果整个信文都是明语,也要遵守同样的规则。如果两个台已经建立通信联系并已互相发送信号，则呼叫和识别程序可以省略。

（二）灯光信号通信方法

灯光信号通信使用通信码组进行通信，下面列举常用的通信方法。

1. 呼叫与识别

（1）发送“$\overline{\text{AA}}\ \overline{\text{AA}}\ \overline{\text{AA}}$”进行普遍呼叫（或呼叫未知船舶），表明发信船希望与在信号视距内的所有台或不知名称或呼号的船舶通信，并引起它们的注意。这种呼叫应不断地发送直到受信船回答为止。

（2）受信船发送“$\overline{\text{TTTT}}$”回答呼叫，应不断地发送直到发信船停止呼叫。通信以信号“DE”开始，后面接发信船的名称或呼号。

2. 用常用程序码进行信文通信

（1）发送字母“T”用于表示收到每个字或组。

（2）发送信号“$\overline{\text{EEEEEE}}$”撤销发出的信号，用于表示最后一组或字发错。收信船也用此信号回答。发信船接到回答信号后，应重发经过改正的最后一组或字，然后继续发送下面的报文。

（3）重发信号“RPT”的用法如下：

①由发信船发出“RPT”表示发信船要求重发。如果发信船在发出“RPT”之后没有紧接着重发任何信号，这就表示要求收信船重复收到的信号（“重复你所收到的信号”）。

②由收信船发出“RPT”表示要求发信船重发已发送的信号（“请重复你所发送的信号”）。

③专门的重发信号“AA”“AB”“WA”“WB”和“BN”都是由收信船发送的，这些信号都应紧接在重发信号“RPT”后面，要求发信船重发所要求的内容。例如：“RPT AB KL”表示要求重发“KL”组以前的信号。具体用法见本项目任务四第五条“通信程序信号码”。

（4）如果不明白信号或不能理解译出的信号码，在此情况下，重发信号是不适用的。收信船应从信号码中找出适当的信号，如“ZL”表示“你的信号已经收到，但是不明白”。

（5）用信号“OK”表示正确地收到重发的信号。这一信号也可以表示对问题的肯定回答（“它是对的”）。

（6）用信号“CS”表示发信船在询问收信船的名称或呼号。

（7）单独地或在信号末尾发送信号“AS”表示要求对方台等待进一步的通信（等待信号）；当“AS”信号插在组与组之间时，表示对信号的分隔以免混淆。

（8）用信号“C”表示肯定的声明或对询问信号的肯定的回答；用信号“RQ”表示疑问；用信号“N”对询问信号的否定回答或否定声明，在使用无线电或扬声器通信中用信号“NO”表示。

（9）信号“N”或“NO”和“RQ”分别用于将肯定信号改变为否定或疑问的声明，应在主体信号后面发出。例如：“CY N（或 NO）”表示“小艇不能前往你处”，是对信号“CY”的否定；又如：“CW RQ”表示“船上是否有小艇或筏?”，是对信号“CW”提出的疑问。信号“C”“N”或“NO”和“RQ”不能和单字母信号连接使用。

3. 通信结束

发信船用信号“AR”表示信号完结或通信结束。收信船回答信号“R”表示“收到”或“我已收到你最后的信号”。

三、旗语通信

旗语通信是用手旗或手臂发送莫尔斯符号的通信方法(Morse signaling by hand flags or arms),用两手握旗或只用两臂变换不同的位置发出“点”“画”组成的莫尔斯信号进行通信。手旗是用两面信号旗“O”或“P”套在木柄上制成的。

(一)手旗或手臂发送莫尔斯符号方法

手旗或手臂发送莫尔斯符号方法如图2-57所示。

图2-57　手旗或手臂发送莫尔斯符号

(二)通信方法

手旗或手臂通信与灯光通信的方法相同,也是通过莫尔斯符号发送明语信文或码语信文。通信时按下列程序进行:

(1)呼叫:发信船可使用呼叫信号“$\overline{AA}$ $\overline{AA}$ $\overline{AA}$”,也可用任何方法发送信号码“K1”向对方表示“我希望用手旗或手臂发送莫尔斯符号与你通信”。

(2)回答:收信船回答对方的呼叫或表示信文收到时,可用回答信号“T”;或者以任何方式发出信号码组“YS1”,表示“我不能用手旗或手臂发送莫尔斯符号与你通信”。

(3)通信结束时,发信船应发送结束信号“AR”,收信船用信号“R”回答。

发送信号时应使用双臂,但因故无法使用时,也可只用单臂进行。

评价要素参考

(1)了解莫尔斯信号,能正确发送与识别 SOS 信号。
(2)了解莫尔斯信号的通信程序与通信方法。
(3)了解旗语通信的方法。

2-6　莫尔斯信号通信习题

项目三 《国际海上避碰规则》中的航行及避让原则

《规则》第二章“驾驶和航行规则”共分三节，分别是“船舶在任何能见度情况下的行动规则”“船舶在互见中的行动规则”和“船舶在能见度不良时的行动规则”。《规则》第四条规定“本节条款适用于任何能见度的情况”，该款规定了第5～10条的适用范围。总体而言，“船舶在任何能见度情况下的行动规则”主要是一些关于航行避让方面原则性的规定，并没有涉及具体的避让行动。任何能见度情况下的行动规则既适用于能见度良好的情况，也适用于能见度不良的情况，而不论船舶是否处于互见中。然而，根据《规则》条文的含义以及与其他条文的联系，“船舶在任何能见度情况下的行动规则”中的某些条款，有着不同的适用条件，例如《规则》第九条第5款(1)项有关狭水道追越声号的规定，仅仅适用于追越船与被追越船处于互见中的情况，因为互见是构成追越的条件之一；又如《规则》第七条第4款有关利用罗经方位法判断碰撞危险的规定，也仅仅适用于互见中的情况，因为只有在互见中，才能通过视觉观测到他船的罗经方位；再如《规则》第九条第6款有关鸣放狭水道弯头声号的规定，仅仅适用于能见度良好的情况。

《规则》第二章“驾驶和航行规则”第二节“船舶在互见中的行动”涵盖第十一条到第十八条，其中第十六、十七、十八条所涉及的也是航行避让的原则，并未涉及具体的避让行动，下面按条文顺序依次介绍。

任务一 有效实施正规瞭望

《规则》第五条“瞭望”规定：“每一船在任何时候都应使用视觉、听觉以及适合当时环境和情况的一切可用手段保持正规的瞭望，以便对局面和碰撞危险做出充分的估计。”该条款被放在了“船舶在任何能见度情况下的行动规则”的首条；此外，《STCW规则》及《中华人民共和国海船船员值班规则》都对瞭望提出了相关要求，足见其重要性。

一、保持正规瞭望的重要性

解决问题的前提是发现问题，只有保持正规瞭望时发现了危险，及时地去分析它，才可能采取行动避免危险或碰撞，因此保持正规瞭望是确保海上航行安全的首要因素。另一方面，保持正规瞭望也是决定安全航速、正确判断碰撞危险并采取避让行动的基础和前提条件。在船舶碰撞案例中，绝大多数当事船舶几乎都被法院判定有不同形式和程度的疏忽瞭望；各国专家学者对船舶碰撞事故的统计分析结果表明，不能保持正规瞭望是导致碰撞事故发生的重要原因或主要原因，而值班责任心不强、疏忽大意又是导致不能保持正规瞭望的主要原因，端正态度对保持正规瞭望很重要。

二、瞭望的适用范围

(一)瞭望条款适用的船舶

瞭望条款适用于“每一船舶”,只要属于《规则》一般定义中的船舶,处于《规则》适用的水域,不论其用途、种类、大小和所处的状态,都有责任遵守瞭望的规定。不论是正常状态的船舶还是“失去控制的船舶”或“操纵能力受到限制的船舶”,都应遵守瞭望条款;不管是普通的商船还是执行政府公务或军事任务的船舶,为避免碰撞都应按要求保持正规瞭望。

瞭望条款隶属于“驾驶和航行规则”,因此瞭望条款适用于每一在航的船舶,无论其是否对水移动;锚泊船、搁浅船和系岸的船舶应参照该要求执行。很多航运企业都要求锚泊中的船舶与在航一样保持正规瞭望,这并非《规则》的要求,应属于海员通常做法,锚泊值班不仅应当对本船是否处于正常的锚泊状态做出确切的估计,而且应当对驶近的他船是否会与本船构成碰撞危险做出判断,并在必要时鸣放相应的警告信号,提醒他船避免碰撞。如果锚泊船疏忽瞭望导致碰撞,也将承担相应的责任。搁浅的船舶也应当与锚泊船一样保持正规的瞭望。针对系岸的船舶,虽然不要求其像在航或锚泊中的船舶那样保持正规的瞭望,但应实施相应的值班制度,保持有效的瞭望,随时观察船舶本身和船舶周围的环境和情况,确保系泊安全,防止因缆绳或进出港船舶的船行波对本船产生的危险,此外,还须关注来自岸上的危险。

(二)瞭望条款适用的时间

保持正规瞭望的规定适用于任何时候,即全天候,只要符合《规则》定义的船舶,在《规则》适用的水域航行,就应 24 小时遵守。不论是白天还是黑夜,能见度良好还是能见度不良,是否处于互见中,良好天气还是恶劣天气,航行在大海上还是航行在狭水道和船舶交通密集的沿岸水域,船舶处于良好的工作状态还是失去控制时,船舶都要保持正规的瞭望。

(三)瞭望条款适用的人员

保持正规瞭望的规定不仅适用于值班驾驶员,而且适用于其他负有瞭望职责的人员,包括驾驶台的专门瞭望人员、船首的瞭望人员、靠离泊作业或为保安目的安排在甲板的值班人员等。被指定担当瞭望职责的人员应完成相关培训,满足《STCW 规则》适于值班的要求,否则只能履行协助瞭望的职责。

三、正规瞭望的目的

根据《规则》瞭望条款的规定,保持正规瞭望的目的是对局面和碰撞危险做出充分的估计。《STCW 规则》对瞭望的要求指出瞭望的目的包括:

(1)针对操作环境中发生的任何重大变化,利用视觉和听觉以及所有其他可用的手段保持连续戒备状态;

(2)全面评估碰撞、搁浅和其他航行危险的局面和风险;

(3)探明遇险的船舶或飞机、遇难船舶人员、沉船、残骸和其他航行危险物。

因此,保持正规瞭望的目的除了《规则》所述对局面和碰撞危险做出充分的估计,避免船舶碰撞、搁浅、触礁等海上事故外,还应及时发现并救助遇险的船舶、飞机、人员,以达到保证海上安全的最终目的。

（一）对局面做出充分的估计

对局面做出充分的估计，局面应包括船舶内部和外部环境两方面：

1. 对船舶外部航行环境的探知与估计

对船舶外部航行环境的探知与估计即对船舶当时所处的水域的环境和情况做出充分的估计，包括对船舶所处水域的能见度情况、天气情况、水域的水深和宽度、是否属于狭水道、分道通航制区、岛礁区水域；船舶通航密度、航线分布情况及地方航行习惯，特别关注是否属于横越区、渔区、冰区、海盗出没区、战区等。值班驾驶员应依据航行环境及周围船舶动态确定本船应采取的行动或戒备。

2. 对船舶内部环境的感知与估计

对船舶内部环境的感知与估计即对船舶设备及值班人员状况做出充分的估计，包括对船舶的操纵性能的限制、船舶的动力装置及操舵装置的情况、通信导航设施的情况以及这些仪器和装置的误差、本船所显示的号灯和号型的情况等做出充分的估计。瞭望人员没有及时发现本船所显示的号灯熄灭，转向后没有通过比对电罗经与磁罗经读数来发现罗经误差，这些都被认为是对瞭望的疏忽。另外，还须考虑是否依据局面配备了足够的瞭望人员，值班人员及辅助人员是否能有效地履行瞭望职责等。

（二）对碰撞危险做出充分的估计

对碰撞危险做出充分的估计，通常应当包括以下内容：

1. 发现来船

凭借视觉、听觉和其他可用的瞭望手段，从来船的形体、号灯和号型、声响和灯光信号、雷达回波、AIS、VHF 通信和 VTS 服务中获得的信息及早发现在本船周围的其他船舶；并根据所获得的上述信息结合自身的航海知识与经验，掌握来船的大小、种类、状态、动态以及分布等。

2. 分析判断局面

通过观测来船的罗经方位的变化情况，对他船进行雷达标绘或与其相当的系统观测，或者通过其他手段获得的信息，判断来船与本船构成何种会遇局面、是否存在碰撞危险，依据《规则》的规定本船应采取何种避让行动等。

3. 跟踪核实

根据所获得的信息，随时跟踪来船的动态和避让意图；与他船保持联系，密切注意来船动态的变化，核实避让行动的有效性，及时准确了解和掌握来船动态变化的趋势和可能造成的后果。

四、瞭望人员的岗位和职责

瞭望人员是船舶保持正规瞭望的主体。《STCW 规则》对如何保持正规瞭望和确定瞭望人员的数量做出了具体规定。要求瞭望人员必须全神贯注地保持正规瞭望，不得从事或分派给会影响瞭望的其他工作；强调瞭望人员和舵工的职责是分开的，舵工在操舵时不应被视为瞭望人员，除非在某些小船上，操舵位置具有四周无遮挡的视野并且没有夜视障碍或其他保持正规瞭望的障碍。当然，空班舵工或在自动舵航行时，没有操舵的舵工是可以视为瞭望人员的。2020 年修正的《中华人民共和国海船船员值班规则》对瞭望的要求如下。

(1)船长应当合理安排航行值班船员,以保持连续正规的瞭望。船长安排值班时应当考虑的因素包括:

①能见度、天气和海况;

②航行所在区域的通航密度和所发生的其他活动;

③在分道通航区域内及其附近水域时所必须注意的情况;

④由船舶特性、即时操纵要求和预期操纵可能引起的额外工作量;

⑤指定的值班船员适于值班的状况;

⑥值班船员的专业适任能力及经验;

⑦值班驾驶员对船舶设备、装置和程序的熟悉程度及操船能力;

⑧必要时召唤待命人员立即到驾驶台协助的可能性;

⑨驾驶台仪器和操纵装置(包括报警系统)的工作状况;

⑩舵和推进器的控制以及船舶操纵特性;

⑪船舶尺度和指挥位置的视野;

⑫驾驶台的结构对值班人员瞭望的影响;

⑬其他涉及值班安排、适于值班的标准、程序和指南。

(2)值班驾驶员应当始终保持正规瞭望,并应当符合下列要求:

①利用视觉、听觉等一切可用的方法和手段对当时的环境和情况保持连续观察、观测;

②充分估计到碰撞、搁浅和其他可能危害航行安全的局面和危险;

③及时发现遇难的船舶和飞机、船舶遇难人员,及时发现沉船残骸等危害航行安全的物体。

(3)在驾驶台和海图室分设的船上,值班驾驶员为了履行其必要的职责,在确信航行安全的情况下,可以短时间进入海图室。

(4)瞭望人员和舵工的职责应当分开,舵工在操舵时不应当同时承担瞭望人员的职责。在操舵位置四周的视野未被遮挡且没有夜视障碍,不妨碍保持正规瞭望的情况下,舵工可同时承担瞭望人员职责。

(5)如果能在需要时立即召唤其他合适人员到驾驶台协助,在充分评估以下各项,以及能确保安全的情况下,值班驾驶员在白天可以是唯一的瞭望人员:

①天气及能见度情况;

②通航密度;

③邻近的航行危险物;

④在分道通航制或者其附近水域内航行时所必须注意的情况;

⑤其他影响航行安全的因素。

(6)夜间航行时应当至少有一名值班水手协助驾驶员瞭望。

(一)瞭望人员的数量

根据局面和值班人员应承担的任务来确定具体值班期间应配备的瞭望人员的数量。根据上述规定,只有充分评估了影响航行安全的所有因素,并指定了能随时被召唤到驾驶台的待命人员时,负责值班的高级船员在白天才可以是唯一的瞭望人员;否则,根据驾驶台值班等级的规定,在最低值班等级时,瞭望人员至少应当包括一名负责值班的高级船员和另一名专职的瞭望人员;在能见度不良时或在狭水道、交通密集水域等值班等级较高的水域航行时，驾驶台至少应包括 2 名瞭望人员和一名舵工，必要时船长应上驾驶台，且指定专门人员进行雷达观测，还可以在船首部或驾驶台侧翼设置额外的瞭望人员。在较高值班等级时，保持正规瞭望的职责应由除正在操舵的舵工以外的其他所有组成航行值班的人员共同担任。例如：在靠离泊期间，值班的瞭望人员就包括了驾驶台的船长、值班驾驶员、引航员；船首的大副；船尾的二副等至少 5 名瞭望人员。在航海实践中，为保障甲板保养工作，有些船舶只要在大洋航行时，甚至在沿岸航行或夜航期间，驾驶台也仅配备一名值班的高级船员，这种做法违反了《规则》和《STCW 规则》的要求，应当禁止。

(二) 瞭望人员的资格

瞭望人员只能由合格的、称职的航海人员来担任。瞭望人员必须完成了《STCW 规则》所要求的培训并持证上岗，每一名作为专门瞭望人员的船员均应具备必要的航海专业知识与技能，以及健康的视觉、听觉等身体素质。除负责值班的驾驶员外，瞭望人员通常应当由值班水手来担任，而不应当由船上的其他服务人员来担任，也不能由非专业的其他高级船员来担任，如机舱的轮机人员就不能承担驾驶台的值班与瞭望职责。如前所述，非专业人员只能作为辅助人员承担协助瞭望的任务，例如：防海盗值班时，两人一组进行甲板巡视，机舱人员在履行保安职责的同时，还可以作为辅助瞭望人员。

(三) 瞭望的位置

负责航行值班的驾驶员应始终身处驾驶台，其他瞭望人员的位置应当根据当时的实际情况来指定合适的瞭望地点。除天气条件不允许外，专门的瞭望人员应当依据环境或局面的需要来配备，通常在船舶的前部或高处，能见度不良时配置在船首的瞭望人员俗称为“了头”，在冰山或岛礁区航行时，为了有效利用天空中的反光效应，一般采取登高瞭望的方式，将瞭望人员布置在驾驶台顶部的高处。这样配备也有助于瞭望人员的注意力不被驾驶台人员的交谈和工作所分散，并且更利于使用视觉及听觉等瞭望手段。

(四) 瞭望人员的职责

瞭望人员必须严守岗位，恪尽职责，集中精力保持连续、不间断的瞭望，不得有丝毫的麻痹大意，利用各类可利用的瞭望手段对四周进行仔细、全方位地搜索；也不得分配或履行可能影响瞭望的其他工作。如果瞭望人员疏忽瞭望，不能及时发现来船并判断碰撞危险，一旦发现来船太晚就很容易导致紧迫局面甚至紧迫危险，如果避让行动不协调，即使在能见度良好的宽敞水域也极易导致发生碰撞事故。

五、瞭望的手段

(一) 视觉瞭望

视觉瞭望是保持正规瞭望最基本的和最主要的手段。使用望远镜瞭望也属于视觉瞭望，视觉瞭望的优点是简易、方便、直观，并能迅速地获得准确的信息。无论能见度情况如何，疏忽或放弃视觉瞭望将被认为是违反正规瞭望的行为。在准许智能船舶进入航运市场以前，即使是装设有现代化导航设备的船舶，视觉瞭望仍然是保持正规瞭望的最基本的手段。但人的视觉会受到光线及天气的影响，在遭遇浓雾天气时，除正确使用雷达外，仍然要保持良好的视觉瞭望。

（二）听觉瞭望

听觉瞭望是保持正规瞭望的基本手段之一。虽然听觉没有视觉的范围宽广，且不如视觉直观，但在能见度不良的情况下，尤其是在浓雾中，它可以在视觉无法察觉的情况下，首先获得他船鸣放的雾号，从而判断他船的大概方位、动态和种类。另外，听觉还可以通过VHF 无线电话获取瞭望的补充信息，通过听觉监控航海仪器、设备发出的警报在避碰中的作用也是不可小觑的。

（三）雷达瞭望

雷达瞭望是能见度不良时的重要瞭望手段，雷达瞭望在互见时也应予以使用，特别是在视觉瞭望受到诸如背景灯光的干扰导致瞭望效果不佳时，以及在通航密度较大的拥挤水域、进出港、分道通航制区、狭水道等复杂水域及夜间航行时，雷达协助导航及避碰的作用是显而易见的。除应了解雷达设备的特性、效率和局限性，以及海况、天气和其他干扰对探测的影响外，还应根据不同环境正确使用雷达各项功能，诸如：交替切换远近距离扫描；大洋航行时设置并开启雷达自动捕获功能；对探测到的物标进行雷达标绘或与其相当的系统观察，以便获取碰撞危险的早期警报，对局面和碰撞危险做出充分的估计。雷达瞭望远不如视觉瞭望直观，雷达回波有滞后现象，应注意到雷达设备的局限性对雷达观测带来的负面影响。

（四）其他手段

除了视觉瞭望和听觉瞭望以外，船舶还应当使用“适合当时环境和情况的一切可用的手段”来保持正规瞭望，除了利用望远镜、VHF 无线电话、雷达和 ARPA 进行观测外，还可以通过船舶自动识别系统（automatic identification system，AIS）获得他船的信息，综合利用 ECDIS 提供的信息等。AIS 不仅可以获取他船的船名、航速、航向、目的港等信息，还可以通过接入的 GPS 及罗经信息计算来船的 DCPA 与 TCPA，AIS 可以为船舶避碰提供重要的参考资料；但是在 AIS 的输入数据错误时，它就可能会误导我们的避碰操纵，而且 AIS 提供的信息也不是实时更新的，因此，我们不仅要正确使用 AIS，而且要认识到其提供的信息只能为避碰参考。随着 ECDIS 的广泛使用，利用 ECDIS 提供的综合信息进行避碰也越来越重要，但我们一定要注意过分依赖 ECDIS 的弊端，任何时候都要意识到，只有视觉瞭望才是最及时、最直观的瞭望手段。

各种瞭望手段都有其优点、特点和局限性，因此，在瞭望时应注意对上述各种瞭望手段趋利避害地加以综合运用，交叉核对消除不利因素的影响，将各种瞭望手段有机地结合起来，从而形成一个科学的、有效的、保持正规瞭望的完整系统。在瞭望中，没有用尽一切可使用的瞭望手段，往往会认为是对保持正规瞭望的一种过失。

六、正确理解正规瞭望

《规则》和《STCW 规则》都要求保持“正规瞭望”，但没有对其做出定义。通常认为，保持正规瞭望，应当至少做到如下各点。

（1）应根据环境和情况配备足够、称职的瞭望人员。

（2）瞭望处所应能获得最佳的瞭望效果。

（3）瞭望时应使用适合当时环境和情况的一切可以使用的手段。

（4）瞭望应是连续的、不间断的。

（5）瞭望人员恪尽职责，做到认真、谨慎。

（6）瞭望的方法正确，并且是全方位的。利用视觉进行瞭望时，应当做到先近后远、由右到左、由前到后的周而复始的瞭望方法，务必做到全方位观察；瞭望人员应当来回走动，以消除因视线被大桅、通风筒、将军柱等遮蔽所造成的盲区的影响。

（7）正确处理好瞭望与其他各项工作的关系，在各项工作中，瞭望和避让应当是首要的工作，切不可因为定位、转向、海图作业等工作影响瞭望。

评价要素参考

（1）熟悉瞭望条款的适用范围：适用的船舶、适用的人员、适用的时间。

（2）能正确理解设置一个人履行瞭望职责的前提条件。

（3）熟悉瞭望的职责任务、目的。

（4）能正确运用瞭望的手段，认识到视觉瞭望是最基本的手段。

（5）熟悉各类瞭望手段的优缺点及其适用条件。

3－1　瞭望条款习题、学习资料

任务二　正确选择安全航速

《规则》第六条“安全航速”规定：每一船在任何时候都应以安全航速行驶，以便能采取适当而有效的避碰行动，并能在适合当时环境和情况的距离以内把船停住。在决定安全航速时，考虑的因素中应包括下列各点。

1. 对所有船舶

（1）能见度情况。

（2）交通密度，包括渔船或者任何其他船舶的密集程度。

（3）船舶的操纵性能，特别是在当时情况下的冲程和旋回性能。

（4）夜间出现的背景亮光，诸如来自岸上的灯光或本船灯光的反向散射。

（5）风、浪和流的状况以及靠近航海危险物的情况。

（6）吃水与可用水深的关系。

2. 对备有可使用的雷达的船舶

（1）雷达设备的特性、效率和局限性。

（2）所选用的雷达距离标尺带来的任何限制。

（3）海况、天气和其他干扰源对雷达探测的影响。

（4）在适当距离内，雷达对小船、浮冰和其他漂浮物有探测不到的可能性。

（5）雷达探测到的船舶数目、位置和动态。

(6)当用雷达测定附近船舶或其他物体的距离时,可能对能见度做出更确切的估计。

下面依据《规则》对正确选择安全航速的要求逐一介绍。

一、安全航速的适用范围

“每一船在任何时候都应以安全航速行驶”该规定与瞭望条款要求相同,“安全航速”条款也隶属于“驾驶和航行规则”,该规定仅适用于所有“在航”的船舶。在航不对水移动的船舶,应随时做好主机操纵的准备,使船舶能依据局面的变化而及时改向、变速。

(一)每一船

安全航速的规定适用于每一在航船舶,即不管船舶的种类、大小、状态如何,也不论该船舶是否装设有现代化的助航设施;只要是《规则》适用的船舶,在《规则》适用的水域,处于在航状态,就有责任执行安全航速的规定。即使是“限于吃水的船舶”和某些“操纵能力受到限制的船舶”,甚至某些“失去控制的船舶”,只要其能够调整航速,就应遵守《规则》有关安全航速的规定,以安全航速行驶。

(二)任何时候

每一船舶在任何时候都必须以安全航速行驶。所谓“任何时候”,既是时间上的任何时候,同时还包括船舶处的任何环境和情况,简言之,只要在航就应24小时全天候执行安全航速的规定。不论在白天还是黑夜、能见度如何、在开阔水域还是受限水域等;只要属于《规则》定义的船舶,在《规则》适用的水域,处于在航状态,无论是否对水移动,都应保持安全航速行驶。为在任何时候都能保持安全航速行驶,船舶应始终跟踪周围环境和情况的变化,并不断地做出估计,最终根据局面选择适当的安全航速。《STCW公约马尼拉修正案》已将负责值班的高级船员应毫不犹豫地使用舵、主机和音响信号装置写入了强制性规则中,《STCW公约马尼拉修正案》第A-Ⅵ/2节第4-1部分(航行值班中应遵循的原则)第29段规定:“在需要时,负责航行值班的高级船员应毫不犹豫地使用舵、主机和音响信号装置,但如有可能,应及时通知拟进行主机变速,或者按照适用的程序有效地使用装配在驾驶台的无人机舱土机控制器”。

二、决定安全航速时应考虑的因素

根据定义,安全航速是能在适合当时环境和情况的距离以内把船停住的速度,因此,船舶应依据环境和局面的变化而动态调整安全航速,安全航速没有固定值。在决定安全航速时,《规则》按船舶是否配备雷达列举了一些应考虑的因素供参考。

(一)对所有船舶应当考虑的因素

1. 能见度情况

能见度是决定安全航速时应考虑的首要因素。能见度不良时,不能用视觉及时发现来船,难以判断来船动态,不利于两船协调避碰行动。就如《规则》第八条避免碰撞的行动第5款所述“如需为避免碰撞或须留有更多时间来估计局面,船舶应当减速或者停止或倒转推进器把船停住”,由于能见度的原因,在未发现来船或发现来船但动态不明时,应适当降低安全航速,因此,能见度的情况将直接决定安全航速的大小。《规则》不仅在本条中提出在决定安全航速时要考虑能见度情况,并把这一因素放在首要位置,而且在第十九条“船舶在能见度不良时的行动规则”中进一步要求:“每一船舶应以适合当时能见度不良的环境和情况的安全航速行驶,机动船应将机器做好随时操纵的准备。”因此,能见距离的大小也是决定安全航速的诸因素中最为重要的因素。

2. 交通密度

交通密度通常是指一定水域中船舶的密集程度。当船舶在船舶密集的水域航行时,可航水域的范围受到限制,能采取避碰行动的空间必然受到限制。同时,由于船舶密集,船舶间会遇频率升高,会遇形式更趋复杂,给船舶驾驶员分析会遇局面、判断碰撞危险、进行避碰决策增加了难度。因此,在交通密度较大的水域中航行时,如果仍高速行驶,就有可能在时间和距离两个方面均无充分的余地来采取适当而有效的避碰行动。船舶在渔船密集区、港口附近等交通密度较大的水域中航行时,所用速度一般要比在通航密度较小的水域中低,或备车行驶,这种做法也符合良好船艺的要求。

3. 船舶的操纵性能(特别是当时情况下的冲程和旋回性能)

船舶的操纵性能包括船舶的旋回性能、航向稳定性能和停船性能等,其中与船舶避让行动密切相关的是船舶的旋回性能和停船性能,这两个性能是进行改向或/和变速避碰操纵时必须考虑的因素,而且都与船舶航速息息相关,直接决定停船距离的大小。船舶的操纵性能因船而异,在决定安全航速时应予以充分考虑。

4. 夜间出现的背景亮光

夜间出现的背景亮光诸如来自岸上的灯光或本船灯光的反向散射,如图 3－1 所示。

图 3－1　来自港口的背景灯光

背景灯光会削弱船舶号灯的能见距离,想从诸多的背景亮光中分辨出船舶的号灯特别困难,背景灯光会对船舶驾驶员的视觉瞭望产生严重影响,甚至使驾驶员不能发现亮光方向存在的船舶。本船驾驶台玻璃反射的灯光会让驾驶员在观察他船号灯时产生错觉,也会对瞭望和及时发现来船产生不利影响。这些背景灯光可能是海上渔船的灯光、逆太阳光或月光行驶时海面的反光,以及港口或沿岸的亮光。类似于能见度不良,当视觉瞭望受到限制时,应充分发挥雷达的瞭望功能。

5. 风、浪和流的状况以及靠近航海危险物的情况

风、浪和流作为影响船舶操纵的外界因素,会直接影响船舶的冲程和旋回圈的大小。

当船舶顺风、顺浪、顺流时，船舶冲程增大，反之则冲程将减小；船舶旋回圈也将有所变化，在大风浪中甚至会发生旋回困难；当船舶低速遇横风、横浪、横流时，船舶所受的横向漂移影响会很大。船舶驾驶员在决定安全航速时应充分地考虑和估计这些影响。航海危险物的情况通常是指航线附近的浅滩、暗礁、沉船等对航行安全带来威胁的障碍物。在靠近航海危险物航行时，如果对当时的风、流、浪、浅水效应、岸壁效应等影响估计不足，很可能出现搁浅、触礁等事故。可供操纵的水域变小，必然要适当降低安全航速；为减轻风、流对航向的影响，又不能过于低速。正确选择安全航速需要不断积累航海经验。

6 . 吃水与可用水深的关系

吃水与可用水深的关系作为决定安全航速时应考虑的因素，主要是考虑到富余水深对船舶操纵性能以及船舶偏离所驶航向的能力的影响。船舶在浅水中航行，会发生浅水效应，船体下沉量增加，阻力增大，舵效变差，旋回圈变大，为克服浅水效应带来的不利影响，船舶应该降低安全航速。另一方面，当可航水域宽度变窄时，还可能发生船间效应、岸壁效应，导致船舶偏离所驶航向的能力受到限制，将不能采取大幅度的转向行动。鉴于这些情况，当航行在浅窄水域时，应备车航行，适当降低安全航速，以策安全。

（二）对备有可使用的雷达的船舶还应考虑的因素

1. 雷达设备的特性、效率和局限性

雷达作为一种导航设备，在船舶避碰方面也得到了广泛的应用。但雷达设备有其自身的特性和局限性，例如，雷达能在大量程上发现远距离的他船，得到碰撞危险的早期警报，但同时可能会丢失小物标；在小量程上有探测小物标的优势，却得不到碰撞危险的早期警报；雷达探测到的物标远不如视觉直观；在通航密度较大的水域，特别是在渔区航行时，雷达屏幕上的回波高度密集，信息量过大，很难正确分辨出物标。另外，雷达回波具备延时效应，当他船的运动状态发生变化时，雷达对这种变化反应缓慢，驾驶员通过雷达不能及时觉察；此外，雷达提供的各种信息均存在不同程度的误差，甚至出现假回波，误差的存在极有可能导致驾驶员做出错误的判断。鉴于上述情况，在决定安全航速时，应当充分考虑雷达设备的特性、效率和局限性。

2. 所选用的雷达距离标尺带来的任何限制

虽然远距离扫描可以获取碰撞危险的早期警报，但存在回波清晰度不高、分辨率较低、丢失小物标等不足；近量程可以提高回波清晰度、分辨率，并有利于探测到小物标，但又得不到碰撞危险的早期警报。综合考虑大小距离标尺的局限性，在决定安全航速时，为在船舶避碰中充分发挥雷达的作用，通常在进行雷达观测时采用远、近距离挡交替使用的方法；当船上有两台可使用的雷达时，可分别将其设在远、近距离挡，以方便使用，消除由于雷达距离标尺带来的任何限制。

3. 海况、天气和其他干扰源对雷达探测的影响

海况、天气和其他干扰源对雷达探测的影响，主要是指海浪干扰、雨雪干扰、同频干扰、多次反射回波、间接回波、异常传播等干扰对雷达探测的影响，这些干扰有时是相当严重的，不仅使雷达丢失小物标，甚至大型船舶的回波也会被海浪、雨雪所淹没而无法辨认。尽管可以通过调整雷达的有关抑制旋钮来消除干扰，但同时也可能抑制了那些反射能力弱的小物标的回波，这对船舶避碰是十分危险的。当不能排除丢失物标的可能时，为留出更多时间估计局面，应采取控制安全船速的措施，必要时备车航行。

4. 在适当距离内,雷达对小船、浮冰和其他漂浮物有探测不到的可能性

由于小船、浮冰及一些漂浮物的电磁波反射能力弱,它们的回波很可能被海浪、雨雪干扰所淹没,导致它们的雷达回波丢失。当雷达受到海况和天气等因素的影响较大时,这种可能性也随之升高。因此,任何时候都不能过分依赖雷达提供的信息,特别是在遭遇恶劣天气时,雷达屏幕上没有回波,并不等于海上没有其他船舶或物标。在经常有小船出没的水域或可能有浮冰漂流的高纬海区航行时,更应该注意这一点。应根据船舶周围环境的变化及回波在雷达屏幕上出现的具体位置,不断调节雷达回波控钮,防止回波丢失。例如:为准确探测 4 n mile 处的小物标,可以使用 6 n mile 量程,临时减小海浪雨雪抑制并适当增加雷达增益办法,当回波能形成连续轨迹时,就可以基本确定是存在小物标,否则就可能是假回波或其他干扰产生的回波。

5. 雷达探测到的船舶数目、位置和动态

雷达探测到的船舶数目反映了当时船舶的通航密度。探测到的船舶数目越多,通航密度越大。船舶在这种通航密度高的水域中航行时,在判断碰撞危险、避碰决策、采取避碰行动等各方面都将增加困难,对此应高度重视。如果雷达屏幕上的回波过于密集,在雷达自动标绘时,还可能由于临近回波相互干扰,雷达跟踪时错误地将两个回波当成一个处理,导致得出错误的结论。就雷达探测到的船舶的位置和动态来说,应运用雷达找到重点物标,显示在本船正横以前,小舷角、距离近、接近速度快、DCPA 越小则危险性越高;来船位于正横或正横以后危险性则相对较小。对此,应根据来船的运动要素、与本船的会遇态势等情况做出具体的判断,以便在确定航速时给予充分考虑。就他船的动态而言,应特别注意那些动态不清、向速不定、不按《规则》行动和高速行驶的船舶。

6. 当用雷达测定附近船舶或其他物体的距离时,可能对能见度做出更确切的估计

如上所述,能见度是决定安全航速时应考虑的首要因素,然而能见距离不能凭视觉和经验来做出准确判断,如果使用雷达测量能见度不良时初显的物标,船舶驾驶员就可以对能见度做出正确的估计。而这一点,对于能见度情况可能发生变化时和夜间更为重要。特别是在沿海雾区航行时,为准确判断时常变化的能见度,应经常使用这种方法随时跟踪能见度的变化情况。

总之,以安全航速行驶是确保航行安全的重要条件,在决定安全航速时,除考虑上述所列的因素外,还应当考虑与船舶航行安全相关的其他因素,如本船的助航设施的情况,值班人员的经验等,以保证船舶在任何时候均以安全航速行驶。船公司或者船舶承租人的航次指令、船舶班期、经济效益及租船合同中的最低航速等不应当成为不以安全航速行驶的理由。

评价要素参考

(1)熟悉安全航速条款的适用范围:适用的船舶、适用的时间。

(2)正确理解能见度是决定安全航速的首要因素。

(3)熟悉影响安全航速的其他因素。

3－2　安全航速条款习题、学习资料

任务三 正确判断碰撞危险

《规则》第七条“碰撞危险”条款规定：

1. 每一船都应使用适合当时环境和情况的一切可用手段判断是否存在碰撞危险，如有任何怀疑，则应认为存在这种危险。

2. 如装有雷达设备并可使用，则应正确予以使用，包括远距离扫描，以便获得碰撞危险的早期警报，并对探测到的物标进行雷达标绘或与其相当的系统观察。

3. 不应当根据不充分的信息，特别是不充分的雷达观测信息做出推断。

4. 在判断是否存在碰撞危险时，考虑的因素中应包括下列各点：

（1）如果来船的罗经方位没有明显的变化，则应认为存在这种危险。

（2）即使有明显的方位变化，有时也可能存在这种危险，特别是在驶近一艘很大的船或拖带船组时，或是在近距离驶近他船时。

在海上，哪些船舶应有效地判断碰撞危险，如何判断，下面逐一介绍。

一、碰撞危险条款的适用范围

《规则》第七条第1款规定：“每一船都应使用适合当时环境和情况的一切可用手段判断是否存在碰撞危险。”其措辞与瞭望条款基本相同，保持正规瞭望是正确判断碰撞危险的前提，而判断碰撞危险又是瞭望的目的之一；通过瞭望来发现物标，判断碰撞危险是对物标的跟踪与分析。与瞭望条款的适用范围一样，碰撞危险的判断也适用于每一船、任何时候。

（一）每一船

不论船舶的用途、种类、大小和所处的状态，只要符合《规则》有关船舶的定义，处于《规则》的适用水域，就有责任遵守本条的规定。因此，不论是机动船还是非机动船，大船还是小船，处于正常状态下的船舶还是失去控制的船舶或操纵能力受到限制的船舶，普通的商船还是执行政府公务或军事任务的船舶，普通的船舶还是工程作业船或者尚未就位的钻井平台，都应当正确判断碰撞危险。

碰撞危险条款也隶属于“驾驶和航行规则”，因此判断碰撞危险的规定仅适用于所有“在航”的船舶，无论是否对水移动。海上的锚泊船和搁浅船应参照执行，锚泊中或搁浅中的船舶应当对驶近的他船是否会与本船构成碰撞危险做出判断，并在必要时鸣放相应的警告信号，提示他船采取避让行动以避免碰撞。

（二）任何时候

判断碰撞危险的规定适用于任何时候，包括时间概念上的任何时候和船舶所处状态上的任何时候。与瞭望条款所述的任何时候一样，应是全天候的。即不论是白天还是黑夜，不管能见度的情况如何，船舶是否处于互见中，良好天气还是恶劣天气；只要在《规则》适用的水域，无论航行在大海上还是航行在狭水道和船舶交通密集的沿岸水域；属于《规则》定义的船舶，在《规则》适用的水域，无论船舶处于良好的工作状态还是失去控制时，都要正确地判断碰撞危险。

二、使用适合当时环境和情况的一切可用手段判断碰撞危险

“每一船都应使用适合当时环境和情况的一切可用手段判断是否存在碰撞危险”有两层含义，一是判断碰撞危险的方法、手段必须与当时船舶所处的水域、气象和海况、通航密度、能见度以及船舶本身的条件相适应；二是每一船舶应使用所有可能的手段来判断碰撞危险并交叉核实，消除不利因素的影响，避免误判。判断碰撞危险的方法主要有雷达标绘法或与其相当的系统观察判断法、罗经方位判断法、舷角判断法、桅灯水平张角判断法，此外还可以借助 VHF 无线电话通信及 AIS 提供的信息协助判断。

与瞭望的手段一样，判断碰撞危险的方法也是依据环境和局面来选择的，每一种方法都有其特定的局限性，其中雷达标绘法的准确度比较高，是《规则》明文要求的判断方法。雷达标绘判断法，不仅可求得来船的运动要素，还可以得到匹配的避让措施，但却受到雷达的局限性的影响，同时雷达标绘也需要一定的时间；观测来船罗经方位的方法简单迅速，但不能有效估计来船的距离；观测来船的相对方位时，还将受到本船航向变化的影响；在晚上观测来船前后桅灯的水平张角的变化只能粗略判断碰撞危险，但可以及时发现来船航向及会遇态势的变化；在分道通航制水域内守听 VHF 无线电话，可以及时了解有关船舶的动态信息，特别是那些与分道的交通总流向行驶方向不一致的船舶信息，能及早识别正在逼近的碰撞危险。但 VHF 无线电话通信也存在对他船识别错误或者事先协议避让而后又反悔的情况等；AIS 系统能够自动接收他船的有关信息，有助于判断是否存在碰撞危险，但一些小船上特别是渔船上可能没有正确输入 AIS 数据，导致 AIS 接收到错误信息，得出碰撞危险的错误判断。比较安全的做法是充分发挥各种方法的优势，在白天能见度良好时，综合选择雷达标绘、罗经方位/舷角、AIS、VHF 无线电话等手段中的两种以上进行交叉核对，跟踪他船动态，并运用第三种辅助方法协助判断，彻底消除不利因素对判断碰撞危险的影响。

三、正确使用雷达

《规则》第七条第 2 款对正确使用雷达以及利用雷达标绘法判断碰撞危险做出了具体的规定：“如装有雷达设备并可使用，则应正确予以使用，包括远距离扫描，以便获得碰撞危险的早期警报，并对探测到的物标进行雷达标绘或与其相当的系统观察。”《STCW 规则》马尼拉修正案也对正确使用雷达做出了规定。

1. 正确使用雷达

正确使用雷达既是保持正规瞭望的一种手段，也是判断碰撞危险的有效方法。正确使用雷达应包括正确使用雷达和正确分析雷达回波两个方面。所谓正确使用雷达，除了熟悉雷达控制面板上每个开关或按钮的功能及作用，能正确调节雷达图像消除各种干扰，获取清晰饱满的物标回波外，还包括正确使用雷达菜单中的各种辅助功能，如选择合适的量程及显示方式、设置警报圈自动捕获物标等。结合调谐、海浪及雨雪干扰抑制旋钮的状态，正确分析雷达屏幕上的回波，确定是否存在回波丢失或假回波现象；当回波过于密集时，判断是否存在回波跟踪错乱现象等。使用雷达时，应充分认识所使用雷达的性能、效率与局限性；对雷达存在的误差做出正确的估计；根据当时环境和情况的要求选择适当的距离标尺，交替使用远近量程获取碰撞危险的早期警报；充分发挥雷达自动标绘功能等。

根据航海实践，在宽阔水域进行雷达标绘时，距离挡通常设置在 12 n mile，并采用图像稳定的北向上或者航向向上相对运动显示方式。船上有两台可使用的雷达时，除可以分别

放在远近不同量程上使用外,还可以分别使用不同的显示方式。

2. 对物标进行雷达标绘或与其相当系统的观察

雷达标绘是判断碰撞危险最准确的方法,分为手动标绘和自动标绘(ARPA)两种。手动标绘是指通过系统连续观测来船雷达回波的距离、方位,利用观测数据在专用的雷达标绘纸上或者直接在装有反射作图器的雷达屏幕上作图,求取来船的航速、航向、DCPA 和 TCPA 等信息,从而判断是否存在碰撞危险,注意一定要以适当的时间间隔观测三次或三次以上来消除观测误差。两次观测也可以标绘,但不能消除观测误差,在来船航向不是很稳定时误差会特别大,如果来船在两次观测期间改变了航向和/或航速,就会做出错误推断,这也是《规则》第七条第三款所述"不应当根据不充分的信息,特别是不充分的雷达观测信息做出推断"的一部分。自动雷达标绘是在手动或自动捕获物标后,利用雷达内置程序自动跟踪计算物标的各种参数,求得其航向、航速、DCPA 和 TCPA。自动标绘雷达已经广泛使用,很多自动标绘雷达都具备试操船功能,可以对船舶的避碰行动提供指导。雷达标绘应当自始至终贯彻于整个避碰过程,直到最后驶过让清并恢复原航向为止。

与雷达标绘相当的系统观察一般是通过专门的雷达或视觉对来船的方位和距离进行连续观察,其实质就是通过配合使用雷达电子方位线方位和距标圈,或通过连续观测来船罗经方位、舷角等方法来判断碰撞危险。使用雷达的距标圈和电子方位线很容易测得他船的方位和距离并得到其变化规律,由此推断是否碰撞危险。在不使用雷达时,可以在观测来船的罗经方位的同时标记来船在驾驶台玻璃窗上的相对位置,根据其相对位置的变化情况确定来船方位及距离的变化趋势,查取方位距离变化表估算 DCPA,从而判断是否存在碰撞危险。这种方法更需要熟练的技巧和丰富的经验,缺乏相应实践和经验的驾驶员,不宜采用该方法,而应当进行雷达标绘。

总之,船舶应正确使用雷达,以便获得碰撞危险的早期警报,并通过雷达标绘或与其相当的系统观察对碰撞危险做出准确的判断。否则将被认为是一种对遵守碰撞危险条款的疏忽。

四、判断碰撞危险的注意事项

(一)如有任何怀疑,应认为存在碰撞危险

《规则》第七条第 1 款规定:"每一船都应使用适合当时环境和情况的一切可用手段判断是否存在碰撞危险,如有任何怀疑,则应当认为存在这种危险。"

当一船采取了适合当时环境和情况的一切可用手段对是否存在碰撞危险进行了判断,但由于种种原因,仍不能确定是否存在碰撞危险时,应假定该船存在碰撞危险,并依据《规则》采取相应的行动。例如,当在本船正前方附近发现一盏白灯,两船的距离又在不断接近且 DCPA 不是很大,对该白灯究竟是他船的艉灯还是桅灯难以判断时,应当假定是他船的桅灯,与本船构成碰撞危险;又如,发现一船未按规定显示号灯、航向不明、方位变化无规律,只要两船距离在减小,就应假定两船间存在碰撞危险。

(二)不应当根据不充分的信息,特别是不充分的雷达观测信息作出推断

《规则》第七条第 3 款明确规定:"不应当根据不充分的信息,特别是不充分的雷达观测信息做出推断。"不应当依据不充分的信息做出推断,这种推断包括实际存在碰撞危险而做

出不存在碰撞危险的推断,也包括实际不存在碰撞危险而做出存在碰撞危险的推断。错误的推断,均有可能导致错误的行动,从而导致紧张局面甚至发生事故。船舶间不存在碰撞危险而错误地做出了存在碰撞危险的错误推断,如果依据错误的推断采取行动,可能会因为该行动而导致形成碰撞危险,因此这种推断也危险。除了利用雷达观测两次做出是否存在碰撞危险属于不充分的雷达观测资料外,不充分的观测资料还包括以下各项。

1. 瞭望手段不当所获得的信息

所采用的瞭望手段不适合当时环境和情况,这样所获得的信息往往是不充分的信息。例如,船舶雾航时,不进行雷达观测且忽视视觉瞭望,仅凭他船的雾号做出判断;能见度良好时,放弃视觉瞭望过分依赖雷达或 ECDIS 数据,没有考虑雷达的局限性正确调节雷达,且没有进行雷达标绘或与其相当的系统观察。

2. 判断方法不当所获得的信息

没有使用适合当时环境和情况的方法判断碰撞危险。例如,在船舶航向不稳定时,判断碰撞危险采用舷角判断法而不是罗经方位或雷达标绘判断法;在使用雷达进行观测时,未进行系统连续观测所获得的信息,夜间雷达观测时,没有结合视觉观察他船航行灯的变化及时发现来船航向的改变。在观测时未利用多种手段进行全面的观测或者观测次数太少所获得的信息都是不充分的信息。

3. 观测数据存在误差

直接使用观测数据,未能消除观测中存在的误差,特别是在进行雷达观测时,这种误差将对碰撞危险的判断带来明显的影响。在测量雷达回波时,往往将其当成一个点来测量,这样会同时产生方位和距离误差,如果多次观测时在回波上所选择的参照点不同,会导致误差叠加,从而造成错误的判断。最好的办法是使用罗经测方位配合雷达测距。

总之,船舶不应当根据不充分的信息对是否存在碰撞危险做出推断,特别是不应当根据不充分的信息做出不存在碰撞危险的推断。需要指出的是,在用尽一切判断手段仍然难以断定是否存在碰撞危险时,则应当假定存在碰撞危险;或依据第八条的规定降低航速,以留有足够时间继续进行判断;在实际存在碰撞危险的情况下,做出不存在碰撞危险的推断更为危险。

(三)罗经方位判断法的注意事项

所谓“罗经方位判断法”是指在能见度良好时,通过视觉连续观察来船罗经方位变化情况判断碰撞危险的方法。利用雷达电子方位线也可以测得来船的罗经方位,但该罗经方位受到雷达设备的误差和局限性的影响,通常不归纳为罗经方位判断法。罗经方位判断法是船舶驾驶员判断是否存在碰撞危险的一种最有效的方法,其优点是简单、方便、迅速、直观,效果最好,并且不受罗经差和船舶航向改变的影响,其缺点是不能测定来船的距离。

《规则》第七条第 4 款对此方法做出了如下规定:“应包括下列各点:(1)如果来船的罗经方位没有明显的变化,则应认为存在这种危险;(2)即使有明显的方位变化,也可能存在这种危险,特别是在驶近一艘很大的船或拖带船组时,或是在近距离驶近他船时。”因此,在采用该方法判断碰撞危险时,应注意以下各点。

1. 来船罗经方位没有明显变化,则应认为存在碰撞危险

如果通过连续观测发现来船罗经方位不变或变化很小,且两船间距逐步减小,依据相对运动作图可以得出两船间 DCPA 为 0,存在碰撞危险。如果经观测发现来船罗经方位有

所变化,但变化幅度不大,在这种情况下,就需要了解和掌握来船方位变化和距离变化之间的关系。通过连续观测作相对运动图,不仅可以得出两船会遇的 DCPA 值,还可以直观看出来船是过本船船首还是船尾。相对运动作图原理如图 3－2 所示,以本船为坐标原点建立坐标系,本船首向可以是任意方向,连续测量他船方位与距离。在距离减小的同时,如果方位不变就存在碰撞危险,而且 DCPA 为零;如果方位有规律变大或变小就说明 DCPA 不为零;如果方位变化无规律,就说明误差太大或他船采取了行动。

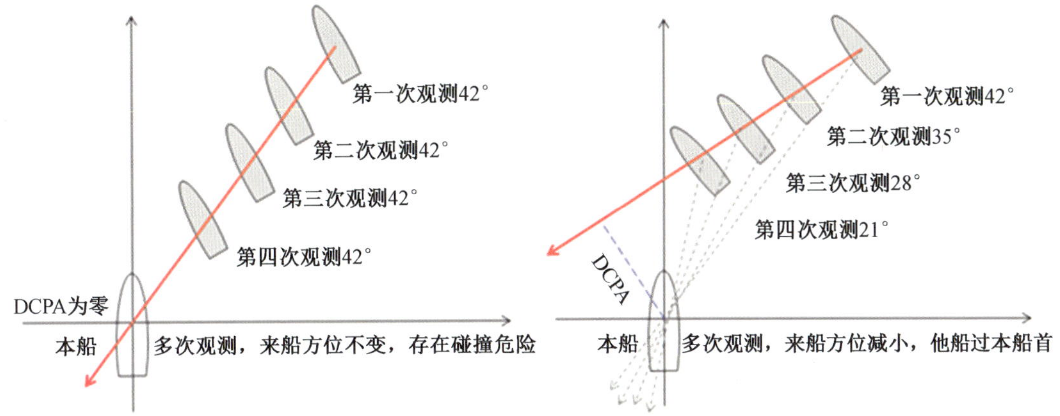

图 3－2 依据方位判断碰撞危险

2. 方位有明显的变化,有时也可能存在碰撞危险

即使来船罗经方位有明显的变化,也可能存在碰撞危险,通常包括以下几种情况:

(1)在较远的距离上,来船可能做了一连串小角度的转向,而未能被发现,特别是在能见度不良的情况下使用雷达观测时,就更难对这种行动做出判断。一连串的小转向是最忌讳的避碰行为,如图 3－3 所示船舶做一连串小转向时,其运动轨迹为曲率较小的平直弧线,在雷达标绘时会当成直线处理,导致误判船舶航向,从而得到碰撞危险的错误判断,为便于理解,图示为一种夸大的一连串小转向行为导致的效果。在海上实际观测时,对此要特别警惕。

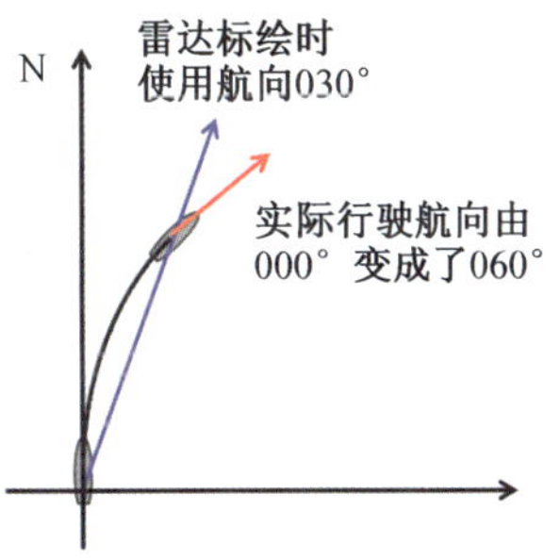

图 3－3 一连串小转向

(2)在驶近一艘很大的船舶或拖带船组时,船舶的驾驶台一般都设置在船尾,利用驾驶台的罗经来观测他船的罗经方位,观测时通常以他船上的一个参照点为基准测得他船方位,属于点对点的测量;但船舶是有一定尺度的,把大的船舶或拖带船组当作点来处理是很危险的,尤其是两船相距较近时。如图 3－4 所示,本船在驾驶台某一点上观测来船船首方位,若其罗经方位由 280°逐步增大到 340°,方位有明显的变化,如果 DCPA 不是很大,虽然本船驾驶台没有和他船船首发生碰撞,但并不能排除本船船首与他船船尾发生碰撞的可能。因此,当船舶驶近一艘超大型船舶或拖带船组时,即使有明显的罗经方位变化,仍然有可能存在碰撞危险。

(3)在近距离驶近他船时,不可盲目认为方位有明显的变化就不存在碰撞的危险。首先,距离近本身就是一种危险;其次,如图 3－5 所示在来船速度一定时,来船距离越近方位变化就越明显,危险程度也越高。同样,此时也存在将来船舶当作点物标处理所带来的风险。

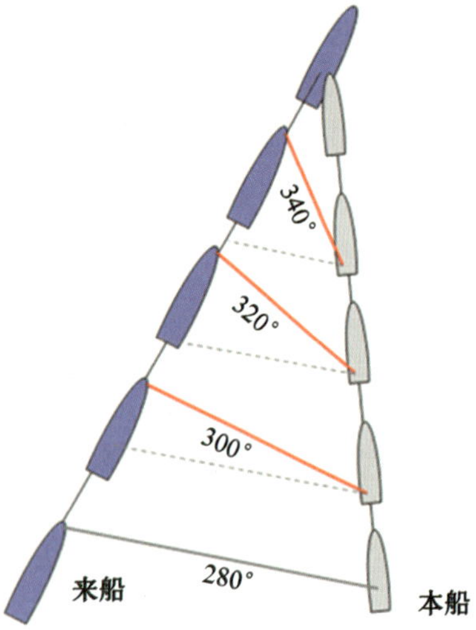

图 3-4　驶近大船或拖带船组

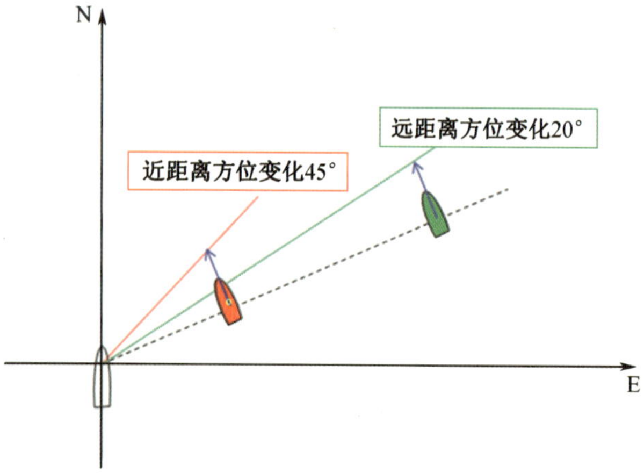

图 3-5　近距离驶近他船

因此，应特别谨慎处理来船方位明显变化的问题，来船在远距离方位变化明显是不存在碰撞危险的一种现象；近距离方位变化明显可能是危险临近的预兆。

（四）舷角判断法的注意事项

舷角判断法是通过观测来船舷角的变化来判断碰撞危险的一种方法，也称之为相对方位判断法，其原理与罗经方位判断法完全一致。在本船的航向不变时，他船的舷角与真方位之间仅相差本船的航向。在实践中，如图 3-6 所示船舶驾驶员经常通过大致测量来船舷角的方法判断碰撞危险，在驾驶台上选定一点作参照，使驾驶员、选定的点和来船三点成一直线，来观测来船舷角的变化，即可对是否存在碰撞危险做出判断。这种方法较罗经方位判断法更为简便、迅速、直观，但是这种方法存在的最大缺点是，当本船的航向由于各种原因发生变化时，会产生很大的误差，甚至造成错误判断。特别是本船航向不稳时，虽然他船的罗经方位没有发生变化，但是其舷角却随航向而变化，从而被误认为不存在碰撞危险。因此，在风浪较大、船舶艏摇严重、舵工操舵不稳、自动舵性能不佳等本船航向不稳定的情况下或者本船改向时，不宜使用舷角判断法，而应当采用罗经方位判断法。这也是选择雷达显示方式时不建议使用船首向上模式的原因之一。

此外，在实践中，船舶驾驶员在夜间有时通过观测来船两盏桅灯的水平张角变化情况来判断是否存在碰撞危险。在两船都保向保速的前提下，如果来船前后桅灯张角发生变化，就意味着来船方位也发生了变化，其原理与方位判断法类似。但这种方法灵敏度很低，经验不足的驾驶员不宜使用该方法，而应当使用罗经方位判断法。驾驶员也可以通过观察来船前后桅灯间的距离变化情况来判断来船方位或航向是否有变，如图 3-7 所示，航海实践中，船舶驾驶员经常通过监控来船前后桅灯相对位置的改变来及时跟踪来船航向的变化情况，这种监控可以用来弥补雷达回波延时所带来的不足。

图 3－6 舷角法判断碰撞危险

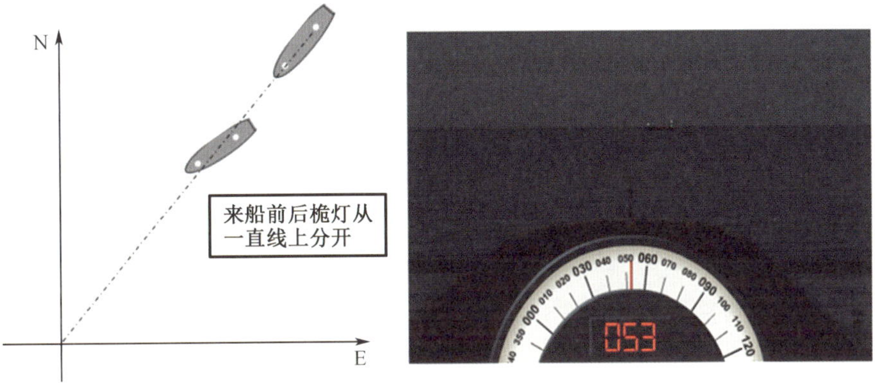

图 3－7 观测来船桅灯水平张角

六、雷达标绘原理简介

雷达标绘的原理是利用舰操图进行相对运动作图。以本船为坐标原点建立坐标系，本船静止不动，他船以相对速度矢量驶近，通过连续观测来船方位距离变化，结合本船运动要素，通过相对运动作图求取来船航向、航速等运动要素，进一步得到 TCPA、DCPA 判断碰撞危险。相对运动三角形作图的口诀为“自始、反向、向终连”。具体作图方法参照“雷达标绘作图动画”。

3－3 雷达标绘作图动画

评价要素参考

(1)熟悉碰撞危险条款的适用范围、适用的船舶、适用的时间。

(2)正确理解碰撞危险的衡量指标。

(3)熟悉利用雷达判断碰撞危险的方法及其优缺点。

(4)熟悉判断碰撞危险的其他方法,能利用方位法、舷角法判断碰撞危险。

(5)正确理解不充分的资料。

(6)熟悉判断碰撞危险的注意事项;能正确理解方位有明显的变化时,也可能存在碰撞危险。

3-4 碰撞危险条款习题、学习资料

任务四　遵守避让行动的原则

《规则》第八条避免碰撞的行动,第十六条让路船的行动,第十七条直航船的行动都对避免碰撞的行动给出了原则性的要求,以下分别介绍。

一、避免碰撞的行动

《规则》第八条"避免碰撞的行动"条款规定:

1. 为避免碰撞,所采取的任何行动必须遵循本章各条规定,如当时环境许可,应是积极的,应及早地进行和充分注意运用良好的船艺。

2. 为避免碰撞而做的航向和(或)航速的任何改变,如当时环境许可,应大得足以使他船用视觉或雷达观测时容易察觉到;应避免对航向和(或)航速做一连串的小改变。

3. 如有足够的水域,则单用转向可能是避免紧迫局面的最有效行动,只要这种行动是及时的、大幅度的并且不致造成另一紧迫局面。

4. 为避免与他船碰撞而采取的行动,应能使船在安全的距离驶过。应细心查核避让行动的有效性,直到最后驶过让清他船为止。

5. 如需为避免碰撞或须留有更多时间来估计局面,船舶应当减速或者停止或倒转推进器把船停住。

6. (1)根据本规则任何规定,要求不得妨碍另一船通行或安全通行的船舶应根据当时环境的需要及早地采取行动以留出足够的水域供他船安全通行。

(2)如果在接近他船致有碰撞危险时,被要求不得妨碍另一船通行或安全通行的船舶并不解除这一责任,且当采取行动时,应充分考虑到本章各条可能要求的行动。

(3)当两船相互接近致有碰撞危险时,其通行不得被妨碍的船舶仍有完全遵守本章各条规定的责任。

(一)避免碰撞的行动条款的适用范围

《规则》第八条规定在“船舶在任何能见度情况下的行动规则”一节中,说明该条款适用于任何能见度,而无论船舶是否处于互见中。与安全航速条款一样,适用本条的船舶必须处于在航状态,属于《规则》所定义的船舶,在《规则》的适用水域中航行就应遵守。本条对避免碰撞的行动提出了总的原则性要求,是对航海人员的实际避碰行动的系统全面的技术指导。该条有关避碰行动的规定适用于任何负有避让责任的船舶,包括让路船、同等避让责任的两船及具备不应妨碍或避免妨碍责任的船舶。而有关核查避碰行动有效性则适用于任何构成碰撞危险的船舶。

(二)避让行动的总原则

纵观《规则》第八条“为避免碰撞所采取的任何行动”是对所有具备避让责任的船舶提出的总体要求,这种行动包含对航向、航速的任何改变,以及备车、备锚、人工操舵等,在紧急情况下还可能包含紧急停船及应急用锚。无论采取怎样的避碰行动,首先应该是遵循《规则》的要求采取,而不是自作主张随意行动,更不能违反规则采取行动。本条所指的避免碰撞的任何行动是广义的,包括为避免妨碍他船通行或者安全通行而采取避免形成碰撞危险的行动、为避免形成紧迫局面而采取的行动等;但在紧迫局面形成后所采取的避免紧迫危险,或其后所采取的紧急避碰行动应作特殊情况来处理。本条的规定都是原则性的,没有涉及具体的转向或变速行为。按章行动的避让原则可以归纳为“早、大、宽、清”四个字。具备第八条规定的避让责任的船舶包括:

(1)当一船根据《规则》其他各条的规定负有不应妨碍或避免妨碍责任时,不应妨碍或避免妨碍的船舶应当及早采取避让行动,避免与他船形成碰撞危险,并留出足够的水域供他船通行或者安全通行。

(2)当一船根据《规则》其他各条的规定,负有让路责任时,让路船应当及早采取行动,避免形成紧迫局面,宽裕地让清他船。

(3)当根据《规则》其他各条的规定两船负有同等避碰责任时,两船均应及早采取避碰行动。在能见度不良时应更早地行动,避免紧迫局面的形成。

(4)当两船正在形成紧迫局面或者已经形成紧迫局面时,具备避让责任的船舶应当立即采取避碰行动,以避免紧迫局面或者紧迫危险的发生、发展;如当时情况需要直航船也配合采取避碰行动时,直航船应果断采取避碰行动。

(5)无论由于何种原因,当两船已经形成紧迫危险或者正在形成紧迫危险时,两船都应当立即采取最有助于避免碰撞的行动;如碰撞已不可避免,则双方都应当立即采取最有助于减小碰撞损失的行动。

1. 遵循《规则》采取避碰行动

《规则》第八条第1款规定:“为避免碰撞所采取的任何行动必须遵循本章各条规定。”船舶在采取避碰的行动时,不仅要求遵守《规则》第八条的规定,而且还需要遵守《规则》第二章“驾驶和航行规则”中第一节、第二节和第三节的所有规定。换言之,船舶在决策为避免碰撞所采取的行动时,必须全面考虑《规则》“驾驶和航行规则”的要求,而不能仅仅局限于《规则》的某一条文,更不能违背《规则》的规定或要求采取行动。例如:在狭水道航行时,不能仅仅遵守狭水道右行的规定,在形成碰撞危险时,还要考虑其他条文的避让要求;又如,《规则》第十四条规定,在对遇局面中,形成对遇局面的两机动船只能右转避让,这样规定不仅统一规范了船舶的避碰行动,而且便于避让双方理解。

2. 如当时环境许可

当船舶按《规则》采取避让行动时,特别是在受限水域,必然受到当时环境和情况的限制。这里所指的环境许可,包括自然条件,如当时的海况、能见度、通航密度、水域宽度、水深、航海危险物以及本船的操纵性能等是否允许及早行动;还有主观条件,如是否保持了正规瞭望,做到及早地发现来船并对当时的局面和碰撞危险做出了充分的估计。"如当时环境许可,应是积极的,应及早地进行和充分注意运用良好的船艺"就意味着,一方面,船舶应避免在对当时的环境和情况做出充分的估计之前盲目地及早采取行动;另一方面,所采取的避碰行动必须适合当时的环境和情况,例如在可航水域宽度十分受限的狭水道中采取大幅度转向显然不适合当时的环境和情况,应采用改向结合减速、停车、倒车等措施。总之,尽早采取避让行动的前提条件不仅包括主观上判断清楚了局面,而且还有自然环境许可那么做。

3. 积极地、及早地采取避碰行动

船舶在根据"驾驶和航行规则"的要求采取适合当时环境和情况的避碰行动时,应当积极地、及早地进行。积极地采取行动是对采取避碰行动主观上的要求,"积极地"是指在局面判断清楚之后,应主动地、果断地、毫不犹豫地采取行动,而绝不能在决策时优柔寡断,更不能消极等待,依赖对方甚至逼迫对方采取行动。"及早地"不同于盲目行动,特别是盲目转向,是指在发现碰撞危险确定局面后,按规则要求采取避碰行动时,在时间和距离两个方面都留有充分的余地,不但应当保证在避碰过程中不会产生紧迫局面,在避碰行动完成之后两船能在安全距离上驶过,而且还应当确保在双方所采取的行动不协调或者有第三船介入时,还有弥补的余地。

为避免对他船的航行构成妨碍,具备不应妨碍责任的船舶应在空间上做到"早",留出足够的水域供他船航行,并避免与他船形成碰撞危险。如,第九、十、十八条关于不应妨碍或避免妨碍的规定,按不应妨碍承担避让责任的船舶,为保障在留出足够的水域供他船安全航行,除了在时间与空间上要尽量做到"早"外,还要考虑是否有构成碰撞危险及互见的前提条件。在互见产生碰撞危险之前,船舶可以采取任意的避让行动来避免妨碍他船,而且该避让行动没有必要遵循《规则》的要求;在互见、形成碰撞危险之后采取的不应妨碍的行动还应考虑《规则》其他条款的要求,特别是交叉相遇局面及船舶之间的责任条款的规定。

在能见度不良时,《规则》要求尽早行动,只要通过雷达标绘或与其相当的系统观察已判断清楚局面和环境,就应果断遵循《规则》采取行动;发现前方来船,但局面不清时,《规则》也要求尽早采取减速甚至停船行动,采取减速行动时,要充分估计减速所需要的时间。局面不清时,对后方的来船应谨慎采取减速行动。

4. 注意运用良好的船艺

在船舶避碰中,由于当时的环境和情况千差万别,《规则》不可能对所有的情况做出详尽无遗的规定,《规则》的规定是针对一般情况所做出的纲领性和原则性的规定。因此,在实际避碰中,不但应当遵守《规则》的规定,还应当注意运用良好的船艺,特别是在遇到复杂环境和局面时。以下列举一些关于良好船艺及海员通常做法供参考:

(1)在交通密集区、狭水道或航道航行时应备车,并考虑备双锚。

(2)夜间与他船会遇时,检查本船所显示号灯是否正常。

(3)用手操舵采取避碰行动,转向应发出舵角舵令而不是航向舵令。

(4)在受限水域或交通密集区追越时,通常应从他船左舷追越,并保持足够的安全距离,防止发生航行及碰撞的危险。

(5)在狭水道或航道追越时,如条件许可,被追越船可减速以缩短两船的并行时间,并适当转向以增大两船会遇间距。

(6)在河道或某些特定水域航行时,遵循逆水让顺水、轻载让重载的习惯做法。

(7)强风急流驶入锚地时,应在锚泊船的下风/流方向通过,锚泊时应与他船保持足够间距,防止因船舶旋回或走锚带来的危险。

(8)遇雾时,如无法保障船舶航行安全,则应选择锚地抛锚或漂航,至少应将航速减到维持其舵效的最小速度。

(9)熟悉本船的操纵性能及各种操作限制。

(10)充分利用雷达、VHF、AIS、ECDIS 信息识别并交叉判断或确认碰撞危险。

5. 大幅度地行动

《规则》第八条 2 款规定:“为避免碰撞而作的航向和(或)航速的任何改变,如当时环境许可,应大得足以使他船用视觉或雷达观测时容易察觉到;应避免对航向和(或)航速做一连串的小改变”

大幅度行动的含义包括两个方面,当船舶采取避碰行动时,为了避免他船误解本船的意图和行动,本船所采取的行动应当使他船能够用视觉或者雷达观测时容易察觉到,同时也能始终与他船保持足够的安全会遇距离。转向应当至少 30°,必要时 60°~90°,互见中交叉相遇局面的让路船可以转向对准来船船尾后方;由于船舶惯性导致减速避让不易被觉察到,而且避让效果不明显,减速时至少将航速降低到原来的一半以下,这就可能要求将主机转速先降低到维持舵效的最小速度甚至停车,待船速下降后再加车维持航速,这也是前面所述良好船艺的具体体现。

采取大幅度避碰行动的先决条件是当时环境许可,周围有足够的水域且不会与第三船形成新的碰撞危险或紧迫局面,才能大幅度转向;有足够的时间克服惯性的影响才可以减速避让。此外,与及早采取行动必须适合当时的环境和情况一样,行动的幅度并不是越大越好,大幅度地行动也必须适合当时的环境和情况。在确定大幅度地行动时要考虑的因素很多,但至少要充分考虑能见度、两船船速比、会遇局面、船舶所处的航行环境等;通过雷达标绘可知,当避让幅度超过一定界限后,船舶间的 DCPA 反而会逐步减小。

6. 应避免对航向和(或)航速做一连串的小变动

无论能见度情况如何,对航向和(或)航速做一连串小变动是采取避碰行动时最忌讳的。对航向和(或)航速做一连串的小变动存在以下缺点:

(1)不利于他船用视觉或雷达观察时察觉到。

(2)不利于他船正确判断该行动的意图。

(3)不利于正确判断是否存在的碰撞危险,甚至判断错误(第七条已阐述)。

(4)易导致两船行动的不协调。

(5)延误避让时机。

此外,这种小幅度的避碰行动无助于两船迅速摆脱碰撞危险,保证两船在安全会遇距离上驶过。在航海实践中,许多碰撞事故均是由于一船采取对航向和(或)航速做一连串小变动而使他船判断错误，导致两船行动不协调造成的。在航海实践中，船舶驾驶人员不愿意采取大幅度转向避让措施的主要原因是不希望过多偏离计划航线，期待他船配合行动，这种错误观念必须彻底更正。事实上，在驶过让清之后及时航向复原就可以避免大幅度偏航，这也是良好船艺的体现。

7. 单用转向避免紧迫局面

具备避让责任的船舶，如果均能按照《规则》的要求尽早采取适当的避让行动，两船势必能够在安全距离上通过，否则，两船就可能会形成紧迫局面。在形成紧迫局面之后，只有两船立即采取协调的行动，才能使两船在安全距离上通过。也就是说，在形成紧迫局面后，两船碰撞的可能性陡然增加。为了防止碰撞事故的发生，首要应避免形成紧迫局面。《规则》第八条第 3 款规定："如有足够的水域，则单用转向可能是避免紧迫局面的最有效行动，只要这种行动是及时的、大幅度的并且不致造成另一紧迫局面。"

通过对大量碰撞事故的分析，形成紧迫局面的原因主要包括：

(1)未保持正规瞭望，以致发现来船太晚而逼近。

(2)虽然很早发现了来船，但未能及时对碰撞危险做出正确的判断，采取避碰行动太迟或者行动的幅度不够大。

(3)盲目高速行驶，特别是在能见度不良时，未依据环境和局面及时调整安全航速。

(4)两船所采取的避碰行动不协调。

在航海实践中，驾驶员习惯于单用转向来避免紧迫局面。海上正常航行时，由于船舶的巨大惯性，船速不可能迅速改变，船舶停车、倒车前通常还需要备车程序；而转向不仅可以迅速而方便地采取行动，而且其避让效果明显，因此，转向通常是避免紧迫局面最有效的行动。同时，变速行动所产生的效果远不如转向行动产生的效果迅速、明显；转向行动更容易被他船用视觉或者雷达观测时察觉到，故在绝大多数情况下，都可以利用转向来避免紧迫局面。

单用转向作为避免紧迫局面的最有效行动，必须同时满足如下条件：

(1)有足够的水域：有足够的水域是采取转向行动的先决条件，否则，船舶转向就会遭遇搁浅、触礁、岸壁效应等航行危险，或与第三船产生新的碰撞危险。

(2)行动应及时：产生了碰撞危险，明确了局面，就应及时果断地遵循《规则》采取行动，只有及时行动才能避免紧迫局面。特别是在对遇局面等相对速度较大时，任何拖延都可能导致发生紧迫局面。

(3)转向的幅度应足够大：如前所述，大幅度地转向不仅便于识别，而且有利于保持安全距离，避免紧迫局面的发生。

(4)不致造成另一紧迫局面：一船大幅度地转向避让时，不致与第三船形成新的紧迫局面，或者迫使他船与第三船构成紧迫局面。

此外，《规则》约束会遇船舶的具体行动方式主要缘于两艘船舶相遇，在通航密度日益增大的当今时代，多船会遇越来越普遍，这给船舶驾驶人员能否正确理解和运用良好船艺，采取符合当时局面及《规则》规定的避碰行动提出了挑战。

(三)避碰行动有效性的核查

《规则》第八条第 4 款规定："为避免与他船碰撞而采取的行动，应能导致在安全的距离驶过，应细心查核避让行动的有效性，直到最后驶过让清他船为止。"

1. 正确理解安全距离

《规则》并未给出“安全距离”的量化指标，安全距离的量化需要根据船舶所处的局面和环境的具体情况来确定。通常认为，在大海上，能见度良好的白天，万吨级船舶会遇时的 DCPA 不应小于 1 n mile；在夜间或风浪天气中应适当增大 DCPA 到 2 n mile；在能见度不良的水域中使用雷达进行避让时，万吨级船舶会遇时的 DCPA 应大于 2 n mile。当船舶在受限水域中时，安全距离可适当减小。这些推荐数字留有较大的余地，其原因是考虑了有意外发生时能否有机会采取补救行动。在航海实践中，驾驶员实际采用的安全距离要小一些。

在决定安全距离的数值时，应当至少考虑如下因素：

(1)能见度情况。

(2)可航水域的宽度、通航密度。

(3)船舶自身的尺度、速度和操纵性能。

(4)来船的相对航速、航向、方位。

(5)来船可能采取的行动。

(6)海况、天气情况。

(7)雷达等助航设施的特性、局限性。

(8)他船的尺度、操纵性能等。

正确理解安全距离，还应注意谁负责采取行动保持安全距离。《规则》要求所有负有避让责任的船舶都应采取行动与他船保持安全距离，即互见中的让路船，互见中以及能见度不良时负有同等避让责任的船舶，但不适用于互见中的直航船。此外，当两船均负有避让责任时，“导致在安全的距离驶过”并不意味着两船所采取的避碰行动的综合效果能够导致在安全的距离驶过，而是任一船单独的避碰行动的效果都应能导致两船在安全距离上驶过，这也符合采取大幅度行动的要求。

2. 避让行动有效性的查核

为保障采取的避让行动能导致两船在安全距离上驶过，每一船舶都应当细心查核避让行动的有效性，直到最后驶过让清为止。《规则》提出这一要求的目的是提醒海员，为避免碰撞所采取的行动可能因他船行动不协调而失效，或者达不到预期的安全距离，在碰撞危险解除之前，切不可认为只要遵循《规则》采取了行动，碰撞便不会发生。避让行动的有效性应从以下几个方面来核查：

(1)行动是否符合《规则》的准许或要求。

(2)行动的幅度是否容易被他船察觉到。

(3)行动的效果是否能导致在安全距离上驶过。

查核避碰行动有效性的责任，不仅适用于负有避让责任的船舶，也同样适用于直航船，并且应贯穿于整个会遇过程中，直到驶过让清为止。“驶过让清”通常是指船舶采取避让行动，两船以安全的 DCPA 相互驶过后，在恢复原航向或航速后，两船仍能保持足够的安全距离，并且不会形成新的碰撞危险。

查核避让行动有效性的方法应根据当时的环境和情况来选择，通常使用雷达测距来判断两船不再相互驶近，还可以采用判断碰撞危险的方法来确定碰撞危险是否彻底消除。应该注意的是，为确保两船的安全通过，在核实两船能在安全的距离驶过之前，每一船舶应当假定仍然存在碰撞危险。

（四）减速、停车或倒车把船停住

《规则》第八条第 5 款规定："如需为避免碰撞或须留有更多时间来估计局面，船舶应当减速或者停止或倒转推进器把船停住。"

1. 减速、停车或倒车把船停住的目的

避免碰撞、留有更多时间来估计局面是船舶减速或者停止或倒转推进器把船停住的两个目的。理解本款应联系《规则》第六条、第十九条第 2 款和第 5 款的规定，这些条款的规定均强调船舶必须以安全航速行驶，以保证船舶在相遇过程中有足够的时间来估计局面和采取避碰行动；同时，减速、停车或者倒车把船停住也是一种避碰行动的方式，特别是针对艏向接近直角交叉驶近的他船，减速避让的效果要好于转向。

（1）留有更多的时间来估计局面

无论由于何种原因而对前方来船的动态不清楚或者不能断定是否存在碰撞危险时，为谨慎和戒备起见，船舶都应减速、停车，必要时把船停住。这样做既有利于留有更多的时间来对他船的动态和碰撞危险做进一步的分析和判断，也有利于有效缓解所面临的潜在碰撞危险，例如，当在近距离看到一船时，由于能见度不良或者其航行灯灯光微弱而无法断定该船往哪一个方向行驶时，其最佳的行动往往是做大幅度减速。在对碰撞危险以及所处的局面做出确切的判断之前，任何盲目的转向不仅是错误的，有时甚至是很危险的。再次提醒，对后方来船应谨慎采取减速行动。

（2）避免碰撞的发生

尽管减速或者把船停住的措施不如转向措施那样易于执行、效果明显，但在某些情况下仍是一种行之有效的避碰措施，特别是处于可航水域宽度受到限制而无法大幅度转向时，或者在能见度不良的情况下与正横前的他船不能避免紧迫局面或听到他船的雾号显似在本船的正横以前时。虽然转向避让是大海上更常用的避碰方法，但船舶驾驶员在需要的情况下，应毫不犹豫地使用主机，采取减速、停车或倒车等措施，必要时把船完全停住。在《STCW 规则》马尼拉修正案中，将"负责值班的高级船员应毫不犹豫地使用舵、主机和音响信号装置"写入了强制性规则中，这也进一步强调值班驾驶员应当毫不犹豫地减速、停车、倒车，必要时把船完全停住。

海上航行，驾驶员疏于使用主机的原因包括以下方面：

①错误地认为只有船长才能使用主机改变航速。

②不熟悉主机，特别是驾控主机的操作规程。

③不知道定速航行时使用主机变速可能带来哪些不良后果，以及如何避免。

2. 减速、停车或者倒车把船停住的时机

当局面不清、不知道应该向哪转向或转向一侧有障碍物时，应果断减速或停船。在下列情况下采取避让行动时，船舶通常应当减速或把船停住：

（1）在能见度不良的水域中航行时，听到他船雾号显似在正横以前，且不能断定是否存在碰撞危险，或者与正横以前的他船不能避免紧迫局面时。

（2）在通航密度较大的水域中航行时。

（3）在接近渔区航行时。

（4）驶近有居间障碍物遮蔽他船的航道弯头或地段时。

（5）有背景亮光等严重妨碍正规瞭望时。

(6)存在雨雪干扰、海浪干扰等因素影响雷达观测时。

(7)当发现他船动态不清、会遇态势不明,难以断定是否存在碰撞危险时。

(8)当发觉两船鸣放的操纵声号不一致或发觉来船采取了不协调行动时。

(9)虽然通过 VHF 无线电话达成避让协议,但他船并未采取显著的避让行动时,或者他船所采取的行动与协议不符时。

(10)与他船会遇,且船舶的操纵性能受到各种限制时。

(11)作为让路船,采取转向行动的措施受到限制时。

(12)多船相遇且构成碰撞危险时。

(13)遇编队航行的军舰、结队从事捕鱼的船舶或其他船队时。

3. 采取减速、停车或倒车把船停住的行动时应注意的问题

如前所述,减速避让的前提是有充足的时间用于减速。在采取减速、停车或倒车把船停住等行动时,应当注意以下各项:

(1)根据当时的环境和情况,及早备车,将机器做好随时可操纵的准备。

(2)减速避让时,为便于他船察觉,应先下令停车,以便迅速达到减速的目的,然后再慢速或者微速前进。

(3)熟悉主机操纵性能,掌握船舶在各种载况和速度情况下的冲程,以便正确把握行动时机。

(4)注意螺旋桨致偏效应及风流压差的不利影响,掌握船舶在各种条件下维持其航向的最低速度和倒车时的偏转规律。

(5)不仅应当注意本船减速行动与本船转向行动结合时的避让效果,也应当注意本船采取减速行动与他船可能采取避让行动是否协调。

4. 减速与转向的配合

比较转向和变速避让的效果,一般而言,对于避让一艘在本船正前方或者接近正前方或者船首小角度方向上驶近的来船,本船采取转向比减速更为有效;但避让一艘从本船正横或正横附近驶近的来船,采取变速将比转向来得更有效。必要时,还可以采用改向结合变速进行避让。

若采用转向结合变速的避让行动,但应当特别注意某些转向与变速行动的效果会相互抵消,缩小 DCPA 甚至导致碰撞。对本船右舷正横前来船,本船减速和向右转向的效果是一致的,但对于本船左舷正横前的来船,本船减速与向右转向的效果会相互抵消。简单地说,当转向过他船船尾时一般辅以减速;转向抢越他船船头时应辅以增速。对于本船左舷正横以前的来船,本船向右转向与减速的效果是相反的,在避碰实践中应当予以充分注意。至于本船在转向或变速后,两船间的 TCPA 的变化,则应视具体情况而定,可以通过绘制舰操图草图来核实。

(五)不得妨碍

1. "不得妨碍"的含义

《规则》第八条第 6 款(1)项规定:"根据本规则任何规定,要求不得妨碍另一船通行或安全通行的船舶应根据当时环境的需要及早地采取行动以留出足够的水域供他船安全通行。"该规定实际上是对"不得妨碍他船的船舶"在航行方法上提出的原则性要求,负有不得妨碍责任的船舶应根据当时的环境和情况及早采取行动以留出足够的水域供"不应被妨碍

的船舶”通行或安全通行，也就是说，航行时“不得妨碍他船的船”不应与“不得被妨碍的船舶”构成碰撞危险。例如：在狭水道或航道航行时，在可能妨碍他船时，如可行，具备不得妨碍责任的船舶应避免进入航道，在航道外等待，等待时还应调直船身避免他船产生穿越的误解。

2.“不得妨碍”条款的适用条件

《规则》第九条第2,3款，第十条第9,10款提到了“不应妨碍”；第十八条第4款提到了“避免妨碍”；用词不同，指明了责任上的区别，但在采取避让行动方面并无实质上的差异，以上各条所提及的船舶均是不得妨碍条款的适用对象。第九、十条的“不得妨碍”的规定被写在“船舶在任何能见度情况下的行动规则”中，因此，该规定既适用于能见度良好的情况，也适用于能见度不良的情况。但是，《规则》第十八条关于“不应妨碍，避免妨碍”的规定仅仅适用于互见中。

3.“不得妨碍船舶”与“不得被妨碍船舶”的责任

《规则》第八条第6款（2）项规定：“如果在接近他船致有碰撞危险时，被要求不得妨碍另一船通行或安全通行的船舶并不解除这一责任，且当采取行动时，应充分考虑到本章各条可能要求的行动。”

“不得妨碍”的责任在两船构成碰撞危险之前就已经产生，要求“不得妨碍”的船舶留出足够的水域供他船通行，避免与他船构成碰撞危险；一旦妨碍他船通行，产生碰撞危险，也不解除其“不得妨碍”的责任。也就是说，“不得妨碍”不仅适用于产生碰撞危险之前，而且也适用于两船构成碰撞危险之后，这也是常说的“一旦不得妨碍，永远不得妨碍”，直到最后“驶过让清”。

该款(3)项规定：“当两船相互接近致有碰撞危险时，其通行不得被妨碍的船舶仍有完全遵守本章各条规定的责任。”在形成碰撞危险产生避让责任时，不得妨碍的双方应遵守《规则》关于航行及避让的规定采取行动。根据《规则》规定，不得被妨碍的船舶应正确显示信号并及时发出警告信号，必要时还应遵循《规则》主动采取避让行动。也就是说，按《规则》其他条文的规定，当不得被妨碍的船舶成为让路船时，应主动履行避让责任。虽然，不得妨碍的船舶的“不得妨碍”责任并没有因两船致有碰撞危险而解除，但在采取行动时应充分考虑《规则》其他条文的规定，避免两船所采取的行动不协调。因此《规则》在第八条第6款的(2)(3)项分别规定了在两船接近有碰撞危险时，不得妨碍的船舶和不得被妨碍的船舶应完全遵守《规则》“驾驶和航行规则”各条的规定。

4.两船致有构成碰撞危险时不得妨碍船舶与不得被妨碍船舶的行动

不论何种原因致使两船接近有碰撞危险时，如果不得妨碍的船舶成为让路船，则其不得妨碍的行动与让路的行动相一致，所采取的避让行动应符合“驾驶和航行规则”“早、大、宽、清”有关条款的规定，以避免紧迫局面的形成；如果不得妨碍的船舶成了《规则》其他条款规定的直航船，其不得妨碍的责任并未解除，不可片面强调直航而继续妨碍他船，但在采取不得妨碍的行动时应注意配合他船按《规则》规定采取的避让行动，使得两船的行动协调一致。

对于不得被妨碍的船舶而言，在两船构成碰撞危险时，其避让责任仍将由《规则》第二章“驾驶和航行规则”其他条款确定。如果不得被妨碍的船舶构成《规则》界定的让路船或应采取避让行动的船舶，则该船应遵循《规则》的有关规定，立即采取避让行动，同时，在采取行动时还应注意到他船可能正在采取的不得妨碍的行动，以避免不协调的行动；如果不得被妨碍的船舶构成《规则》指定的直航船,则应遵守"直航船的行动"的规定。双方在按《规则》采取避让行动时,同时还要遵守《规则》其他条款关于航行的相关要求,如在狭水道航行,还应遵守狭水道右行的原则,避让时应避免发生逆行。

二、让路船的行动

《规则》第十六条"让路船的行动"条款规定:"须给他船让路的船舶,应尽可能及早地采取大幅度的行动,宽裕地让清他船。"

(一)让路船的种类及条款的适用

根据《规则》的规定,让路船主要有以下几类:

(1)《规则》在第十二条帆船条款中的让路船:不同舷受风时的左舷受风的帆船;同舷受风时处于上风的帆船;不能判定上风船为何舷受风时,左舷受风的帆船。

(2)《规则》第十三条中的追越船。

(3)《规则》第十五条中有他船在本船右舷的机动船。

(4)《规则》第十八条第1,2,3款中规定的操纵能力较好而须给他船让路的船舶。

其中前三项属于几何制规定的让路船,最后一项为等级制规定的让路船。同时还可以发现,让路船的行动仅仅适用于处于互见中的在航船舶。

(二)让路船的行动

《规则》第十六条规定:"须给他船让路的船舶,应尽可能及早地采取大幅度的行动,宽裕地让清他船",该规定明确了让路船的行动要求,与第八条避免碰撞的行动条款的要求相同,对让路船的避让行动要求可归纳为"早、大、宽、清"4个字。"早"是对采取避让行动提出的时间和空间要求;"大"是对采取避让行动的幅度的要求;"宽"是对采取避让行动所应达到的安全距离的要求;"清"是对最后"驶过让清"避让结果的要求。具体避让行动要求与《规则》第八条第1~4款几乎一致。制定本条专门强调让路船的主动避让责任和义务,并与"直航船的行动"的规定相对应,使《规则》作为法规文件更加严密、完整。正确理解"早、大、宽、清",结合第十七条的规定可以得出,让路船避免碰撞的责任应该是避免两船形成紧迫局面,只有在整个避让过程中都避免产生紧迫局面才能体现出"宽、清"。

让路船在采取让路行动时,除应遵守"早、大、宽、清"的原则外,采取具体行动时,还应当遵循《规则》其他条款的规定。例如,对于交叉相遇局面中的让路船,在采取行动时,如果当时环境许可,还应避免横越他船前方。

三、直航船的行动原则

《规则》第十七条"直航船的行动"条款规定:

1.(1)两船中的一船应给另一船让路时,另一船应保持航向和航速。

(2)然而,当保持航向和航速的船一经发觉规定的让路船显然没有遵照本规则条款采取适当行动时,该船即可独自采取操纵行动,以避免碰撞。

2.当规定保持航向和航速的船,发觉本船不论由于何种原因逼近到单凭让路船的行动不能避免碰撞时,也应采取最有助于避碰的行动。

3.在交叉相遇局面下,机动船按照本条1款(2)项采取行动以避免与另一艘机动船碰撞时,如当时环境许可,不应对在本船左舷的船采取向左转向。

4. 本条并不解除让路船的让路义务。

(一)直航船种类及条款的适用

与让路船相对应,根据《规则》的规定,直航船主要有以下几类:

(1)《规则》在第十二条中不同舷受风时的右舷受风的帆船,同舷受风时处于下风的帆船。

(2)《规则》第十三条中的被追越船。

(3)《规则》第十五条中有他船在本船左舷的机动船。

(4)《规则》第十八条第1,2,3款中规定的操纵能力较差的船舶。

同样,直航船的行动仅仅适用于处于互见中的在航船舶。

(二)直航船的行动

根据《规则》第十七条的规定,直航船在两船会遇过程中的不同阶段,负有不同的责任和义务,大致可以分为三个阶段,即保持航向和航速、可独自采取操纵行动和应采取最有助于避碰的行动。

1. 保持航向和航速

直航船的行动条款第1款(1)项规定:“两船中的一船应给另一船让路时,另一船应保持航向和航速。”保持航向和航速是《规则》对直航船提出的一项基本要求,目的在于使让路船准确地掌握其运动状态,利于让路船依据局面和环境做出正确判断,及时采取符合《规则》要求的避让行动。直航船保向保速,既是《规则》赋予直航船的权利,也是其应当履行的责任和义务。

(1)保持航向和航速的适用时间

让路船的避让行动要求“早、大、宽、清”,直航船保持航向和航速的开始适用时间应与让路船的“早”相对应,通常以有关条款开始适用作为其生效的依据。例如,《规则》在第十二条(帆船)和第十五条(交叉相遇局面)中的直航船,其保持航向和航速的起始时间为两船互见形成碰撞危险时;《规则》第十三条(追越)中的被追越船的保持航向和航速的起始时间为两船互见构成追越局面时;《规则》第十八条(船舶之间的责任)中的直航船,虽然《规则》条文没有明确以两船构成碰撞危险为前提条件,但通常认为两船互见时开始适用。事实上,在海上航行时,除非必要,船舶是不会随意改变航向和航速的。

(2)保持航向和航速的终止时间

终止保持航向和航速的时间,可以分为三种情况。其一是已经与让路最终驶过让清,直航船的保持航向和航速的义务也随即解除;其二是“一经发觉规定的让路船显然没有遵照本规则条款采取适当行动时”,直航船可以终止保向保速的义务,而独自采取操纵行动;其三是当直航船发觉“不论由于何种原因逼近到单凭让路船的行动不能避免碰撞时”,直航船应当立即终止保向保速的义务,并采取最有助于避碰的行动。

(3)正确履行保持航向和航速

为正确履行保持航向和航速义务,直航船通常应保持初始的罗经航向和主机转速,但并非一定要保持在同一罗经航向和主机转速上,而应当理解为保持航海操作所遵循的并为他船所理解的航向和航速。直航船在应保持航向和航速的阶段,除非必要时不应调整航向航速,否则将被认为是一种违反《规则》的行为。然而,如直航船的改变航向和(或)航速的行为,是航海操纵所必需的,而且是能够被他船所理解的,则其改向变速就不属于违反直航船保向保速的行为,这些情况包括:

①因到达而做出的改向变速,如抵达重要转向点转向,因进港而减速等。

②掉头抛锚时,而采取改向减速措施。

③为引水登离目的所做的航向、航速的调整。

④执行引航任务的船舶由于工作需要而做的航速和航向的改变。

⑤大风浪中,为防止主机超负荷运转而减速、改向。

⑥因风流条件的变化和调整风流压差的需要而做的改向等。

⑦狭水道,被追越船为留出水域和缩短两船的并航时间所做出的改向、减速。

⑧从事捕鱼的船舶、操纵能力受到限制的船舶,因作业所必须做的航向、航速调整。

⑨为避免航行或碰撞的危险而做的航向、航速调整等。

直航船的以上这些变速和改向的行动符合航海习惯,也是航行操纵所必需的行为,易于被他船理解和接受,应当被认为是正当的、合理的行为,所以直航船应被认定为履行了保向保速的义务。相反,在船舶进行操纵性试验或测定罗经差等操作时,若其在保向保速阶段而对航速、航向进行变动,因这些实验性地操作不属于航行、避让所必需的行为,所以,这种变动被认为是违反《规则》的行为。

2. 独自采取操纵行动

"当保持航向和航速的船一经发觉规定的让路船显然没有遵照本规则条款采取适当行动时"这就是直航船可以独自采取操纵行动的时机。具体包括以下三种情况:

(1)让路船没有遵循"早"的原则采取避让行动,两船逐步逼近,正在形成紧迫局面,不能保持安全距离通过。

(2)让路船已经行动,但行动幅度不能满足"大"的原则,其行动的效果不能使两船在安全距离上通过。

(3)让路船违反《规则》行动,例如交叉相遇局面中的让路船企图横越直航船的前方。

在避碰实践中,直航船在保向和保速阶段,应密切关注让路船的行动,当发觉让路船显然没有遵守《规则》行动或两船接近到单凭让路船的行动已不能使两船在安全的距离上驶过,正在形成紧迫局面时,直航船就可以独自采取行动。通常认为,在宽敞水域两船形成紧迫局面的距离为2~3 n mile。

《规则》对直航船独自采取操纵行动的要求是"可以",而不是"应",因此,直航船独自采取操纵行动并不是强制性的,而是授权性的。虽然直航船独自采取了操纵行动,但让路船的让路责任也并不因直航船的避让行动而解除。为了促使让路船立即采取避让行动,在直航船独自采取操纵行动前,应当鸣放至少5声短而急的警告信号,提醒让路船注意;在采取行动时,应当充分注意到其独自采取的避碰行动尽可能与让路船可能采取的行动协调一致,行动时应当特别注意:

(1)行动前,通过VHF呼叫他船,争取与他船建立通信联系,协调行动。

(2)严密注视他船进一步的动态,改用手操舵、主机备车,做好随时操纵的准备,必要时请船长上驾驶台。

(3)直航船独自采取的行动应符合《规则》或海员通常做法的要求,且行动应当是大幅度地并尽可能迅速完成。同时在采取操纵行动的同时,应鸣放相应的操纵声号和/或显示操纵号灯。

此外，直航船的行动条款第3款规定：“在交叉相遇的局面下，机动船按照本条1款(2)项采取行动以避免与另一艘机动船碰撞时，如当时环境许可，不应对在本船左舷的船采取向左转向。”这是对交叉相遇局面中的直航船的独自采取行动做出的特别规定。如图3－8所示，该规定主要是考虑到逼近紧迫局面时，让路船一般都会左转避免横越他船前方，为防止两船行动不协调，故直航船不应向左转向；另一方面，在紧迫局面的环境下，直航船左舷也没有足够的水域供转向避让。如果由于直航船左转导致发生碰撞，直航船将被指控犯有严重过失。

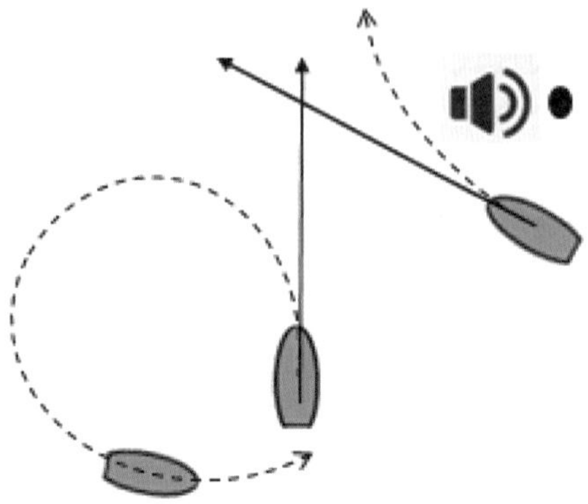

图3－8　直航船避免左转向

通常情况下，直航船独自行动宜背着他船转向，必要时配合减速。在特殊情况下，与他船协调沟通朝他船转向时，应密切关注他船动态，备车、人工操舵保持高度戒备，直到最后驶过让清。

当直航船背着他船独自采取操纵行动时，还应当充分考虑到当时的环境和情况是否许可，条件不许可时，为避免危险，直航船应当毫不犹豫地采取大幅度减速措施，必要时把船完全停住。

3. 采取最有助于避碰的行动

《规则》第十七条第2款规定当直航船发觉“不论由于何种原因逼近到单凭让路船的行动不能避免碰撞时，也应采取最有助于避碰的行动”，同样此款不仅规定了直航船采取最有助于避碰行动的时机，也对应采取的行动提出了原则性的要求，即采取最有助于避碰的行动。

(1)采取最有助于避碰行动的时机

“单凭让路船的行动不能避免碰撞”即所谓的“紧迫危险”，当两船“逼近到”单凭让路船的行动已不能避免碰撞，说明此时紧迫局面已经形成，正在形成紧迫危险。此时，无论是作为让路船还是直航船，均应当立即采取最有助于避碰的行动。究竟两船接近到何种程度才算构成“紧迫危险”，一般由具体船舶的旋回半径及紧急停船距离来确定。以两艘万吨级船舶在开阔的洋面上构成交叉相遇局为例，直航船通常应当在两船逼近到1 n mile前采取最有助于避碰的行动；若为大型或者超大型船舶则为1.5 n mile或更远。

(2)最有助于避碰的行动

根据《规则》的规定和良好船艺的要求，最有助于避碰的行动应当是能够避免碰撞，或者在碰撞不可避免的情况下能够尽量减少碰撞损失的行动，包括改向、变速、紧急停船，甚至抛锚减速等应急措施。在采取最有助于避碰的具体行动时，如当时环境许可，船舶应当遵循《规则》有关条款的要求去采取相应的行动。如果当时环境不许可，直航船可以背离《规则》采取行动，并注意运用良好的船艺。

“当直航船发觉本船不论由于何种原因逼近到单凭让路船的行动不能避免碰撞时，也应采取最有助于避碰的行动。”这是《规则》强制性的要求。与前述直航船“可”独自采取操纵行动不同，直航船采取最有助于避碰的行动，是一项强制性的避碰责任，而且所采取的行动应有助于避碰。如果直航船在发觉单凭让路船的行动不能避免碰撞时，仍然保向保速或采取地行动对避碰没有帮助，则需要承担相应的责任。

（三）不解除让路船的让路义务

《规则》第十七条第4款规定："本条并不解除让路船的让路义务。"在让路船不让路或违反《规则》行动时，《规则》授权直航船独自采取避碰行动；形成了紧迫局面，逼近紧迫危险时，《规则》要求直航船采取最有助于避碰的行动。《规则》对直航船的要求完全是一种协调性和弥补性的行动，其根本目的在于利用最后的机会避免碰撞或减少碰撞损失，而不是解除或减轻让路船的让路义务。作为让路船，要认识到直航船的避让行动是被动采取的，绝不可认为有第十七条要求直航船采取避让行动，就消极等待直航船采取行动来避免碰撞，而不履行让路船"早、大、宽、清"给直航船让路的责任和义务。另一方面也说明，如果让路船在让路行动过程中与直航船产生紧迫局面，导致直航船被动采取最有助于避碰的行动，让路船就违反了"早、大、宽、清"的让路原则，没有有效履行让路的责任。

（四）碰撞局面中的四个阶段

为进一步阐述让路船和直航船在会遇过程中的责任和义务，现以互见中两船保向保速相互接近致有构成碰撞危险为例，介绍碰撞局面中的四个阶段：自由行动阶段、让路船及早行动阶段、直航船可独自采取行动阶段、两船应采取最有助于避碰的行动阶段。

自由行动阶段：两船距离太远，即使已经互见，但《规则》关于避让行动的条款尚不适用，两船均可自由采取行动。此阶段，两船间相距6 n mile以上，两船应保持正规瞭望，对局面和碰撞危险做出充分的估计。

让路船及早行动阶段：两船相互驶近到规则相关条款适用时（帆船、追越、交叉、船舶之间的责任），让路船应遵守"早、大、宽、清"的原则，遵循《规则》采取避让行动，并能导致两船在安全的距离上驶过，此时直航船应保向保速。此阶段，两船间距在3 ~6 n mile。

直航船可独自采取行动阶段：当让路船显然没有遵守《规则》各条采取适当行动时，按照良好船艺的要求，直航船应鸣放警告声号或显示警告灯光信号，及时提醒让路船注意；同时，《规则》也准许或授权直航船独自采取行动以避免碰撞。但在交叉局面中，当直航船独自采取操纵行动时，应避免对其左舷的船舶采取向左转向。直航船独自采取避让行动，并不解除让路船给直航船让路的责任和义务，让路船仍应立即采取大幅度的避让行动。此阶段，两船间距在3 n mile左右。

应采取最有助于避碰的行动阶段：不论何种原因，当两船逼近到单凭一船的行动已经不能避免碰撞时，让路船和直航船均应采取最有助于避碰的行动，利用最后机会使用一切可用的手段，包括应急手段来避免碰撞或减少碰撞损失。此阶段，两船间距在2 n mile及以下。

评价要素参考

（1）正确理解避免碰撞的行动条款所适用的船舶：三类具备避让责任的船舶。
（2）正确理解避让行动的原则"早、大、宽、清"及其各自的判断标准。
（3）能有效区分积极地、及早地行动与盲目行动。
（4）掌握单用转向避免紧迫局面的条件，并能正确予以运用。

(5)掌握核查避让行动的有效性的方法及适用的对象。

(6)熟悉减速停船的目的,并能有效运用该手段。

(7)正确理解不应妨碍的责任及应采取的行动,能有效区别不应妨碍与让路的关系。

(8)能正确识别让路船,参考第八条的规定,正确理解让路船的行动原则。

(9)能正确识别直航船,正确理解直航船的保向保速。

(10)正确理解直航船在不同避让阶段的三种行动及其行动的原则。

(11)掌握直航、让路、不应妨碍三者之间的关系,明确直航船的避让行动并不解除让路船及不应妨碍船舶的责任。

3-5　遵守避让行动的原则(第八、十六、十七条)习题、学习资料

任务五　狭水道的航行与避让

《规则》第九条"狭水道"条款规定:

1. 沿狭水道或航道行驶的船舶,只要安全可行,应尽量靠近其右舷的该水道或航道的外缘行驶。

2. 帆船或者长度小于20 m的船舶,不应妨碍只能在狭水道或航道以内安全航行的船舶通行。

3. 从事捕鱼的船舶,不应妨碍任何其他在狭水道或航道以内航行的船舶通行。

4. 船舶不应穿越狭水道或航道,如果这种穿越会妨碍只能在这种水道或航道以内安全航行的船舶通行。后者若对穿越船的意图有怀疑,可以使用第三十四条4款规定的声号。

5. (1)在狭水道或航道内,如只有在被追越船必须采取行动以允许安全通过才能追越时,则企图追越的船,应鸣放第三十四条3款(1)项所规定的相应声号,以表示其意图。被追越船如果同意,应鸣放第三十四条3款(2)项所规定的相应声号,并采取使之能安全通过的措施。如有怀疑,则可以鸣放第三十四条4款所规定的声号。

(2)本条并不解除追越船根据第十三条所负的责任。

6. 船舶在驶近可能有其他船舶被居间障碍物遮蔽的狭水道或航道的弯头或地段时,应特别机警和谨慎地驾驶,并鸣放第三十四条5款规定的相应声号。

7. 任何船舶,如当时环境许可,都应避免在狭水道内锚泊。

下面就狭水道条款的规定逐一解释如下。

一、狭水道条款的适用范围

《规则》第九条是有关船舶在狭水道或航道中航行时的航行规则,适用于任何能见度,只要属于《规则》一般定义中的船舶,在适用于《规则》的狭水道内航行,无论能见度如何都应当遵守本条的规定。但是,第九条第5款有关追越声号的规定,受到追越条款的约束,只能在互见中鸣放;第6款有关弯头声号的规定,仅适用于能见度良好的情况,而不能在能见度不良时鸣放。由于狭水道的通航密度一般都比较大，地方当局常常在狭水道或航道设有分道通航制或航行的其他特殊规定，船舶在这种水道航行时，不但应当遵守本条的规定，而且还应当优先执行关于分道通航或地方的特殊规则的规定。

二、狭水道的航行原则

《规则》第九条第 1 款规定："沿狭水道或航道行驶的船舶，只要安全可行，应尽量靠近其右舷的该水道或航道的外缘行驶。"该款俗称为狭水道的"右行原则"，它规定了船舶在狭水道或航道中的航行方法，适用于在任何能见度情况下沿狭水道行驶的任何船舶。因此，无论船舶种类如何，操纵能力是否受到限制，甚至是失控，当其沿狭水道或航道行驶时，只要安全可行，均应当尽量靠近本船右舷的该狭水道或航道的外缘行驶，除非《规则》条文另有规定。由于狭水道航道弯曲，除追越外，沿狭水道右行的船舶之间形成碰撞危险时，应严格执行"右行"的原则，而不执行《规则》第十四、十五、十八条的相关规定；但当狭水道"右行"的船舶与非"右行"的船舶之间形成碰撞危险时，应依据局面执行其他条文的相关规定。如"右行"船与其他船舶形成碰撞危险，就应执行《规则》第十三、十五或十八条的规定。

"只要安全可行"是尽量"右行"的前提条件。所谓"只要安全可行"，通常是指在狭水道或航道航行的船舶，在遵守尽量"右行"的规定时，不致发生任何航行或碰撞的危险，如搁浅、触岸、岸吸、岸推现象或与航标、从事捕鱼的船舶等发生碰撞。在判断是否安全可行时，应充分考虑船舶当时所处的环境和情况，如狭水道或航道的地貌、风流情况、航行危险物、通航密度以及船舶的操纵性能等。

"应尽量靠近其右舷的该水道或航道的外缘行驶"应依据船舶吃水与可用水深的关系来决定靠右的程度，并非指一定保持船舶在狭水道或航道中央线的右侧行驶。不同吃水的船舶应根据其吃水的大小与狭水道或航道的水深的关系，决定其在狭水道或航道中航行的区域。如图 3 -9 所示，深吃水的船可能在航道中央就已经履行了"右行原则"，而浅吃水的船舶应更靠右接近水道的右侧外缘才属于履行了"右行原则"，甚至要求一些小型浅吃水船在航道侧面标志以外航行，不应进入深水区。

图 3 -9　尽量靠右的右行原则

"应尽量靠近其右舷的该水道或航道的外缘行驶"要求船舶始终将船位保持在靠近本船右舷的该水道或航道的外缘行驶，而不仅仅是在有船舶从相反方向驶来时，船舶才转移到航道的右侧行驶。因此，在狭水道或者航道中行驶时，应保持 VHF 守听，借助岸线、浮标使用视觉跟踪船位，充分利用各种导航、助航设施，勤测船位，纠正偏航。在能见度不良的情况下，更应当充分利用雷达、ECDIS 和其他航行设备监控船位，保证船舶始终靠近狭水道或航道的右侧外缘行驶。此外，船舶在狭水道或者航道中行驶时，应当充分考虑浅水效应、岸壁效应的影响，正确设置 ECDIS 安全等深线/安全水深、测深仪警报，充分利用车、舵克服这些不良影响，以保证船舶始终靠近本船右舷的狭水道或航道的外缘行驶，必要时减速通过危险区域。

三、不应妨碍的规定

（一）帆船或长度小于 20 m 的船舶

《规则》第九条第 2 款规定："帆船或长度小于 20 m 的船舶，不应妨碍只能在狭水道或航道以内安全航行的船舶通行"。在本款中，具备不应妨碍责任的主体为"帆船或长度小于 20 m 的船舶"；不应被妨碍的对象为"只能在狭水道或航道以内安全航行的船舶"。按照本款的规定，帆船或长度小于 20 m 的船舶，除遵守本条第 1 款规定的"右行原则"外，还应当不妨碍"只能在狭水道或航道以内安全航行的船舶"的通行，即应及早地采取行动以留出足够的水域供他船通过，以避免造成妨碍。如图 3－10 所示，如可行，帆船或长度小于 20 m 的小船可能需要让出全部水域，在水道外缘以外航行。

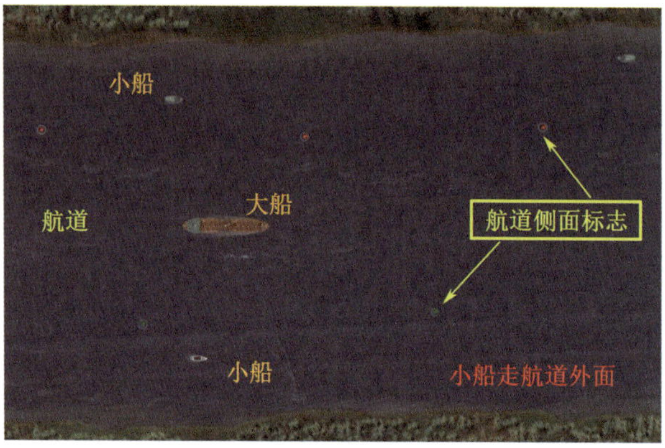

图 3－10　狭水道不应妨碍的要求

本款不应妨碍的规定主要指沿狭水道和航道航行的帆船和长度小于 20 m 的船舶，因为穿越狭水道的船舶另有规定。逆风行驶的帆船由于需要频繁掉樯，可能长时间占用狭水道，造成其他船舶的通行不便，故规定其不应妨碍"只能在狭水道或航道以内安全航行的船舶"的通行。长度小于 20 m 的船舶由于尺度和吃水小的原因不必进入狭水道和航道的中部水域，避免导致航道拥挤，因而产生了不应妨碍的规定。

"只能在狭水道或航道以内安全航行的船舶"通常是指靠近航道边界航行就会遭遇航行危险的船舶，显然，这类船舶包括但不限于限于吃水的船舶。从某种意义上说，限于吃水船只能航行在狭水道的中央，而只能在水道安全航行的船舶可以靠右行驶，但不能过分靠右，特别是那些吃水不是很深的船舶，在岸壁陡峭的狭水道航行时，一旦靠近航道边界就很容易遭受岸壁效应，还有吃水深的非机动船，这些船均属于"只能在狭水道或航道以内安全航行的船舶"，但不属于限于吃水船。事实上限于吃水的船舶考虑水深和宽度两个要求，只能在狭水道或航道以内安全航行的船舶只考虑航道宽度的限制，对这些船来说，船道的水深是足够的。根据限于吃水船的定义可知，在水深很大的狭水道内是不存在限于吃水船的。

此外，虽然《规则》仅仅要求帆船或长度小于 20 m 的船舶履行其不应妨碍的责任，但从海员通常做法的角度出发，对于那些船长超过 20 m 但又不属于只能在狭水道或航道以内安全航行的船舶，也应当做到避免妨碍只能在狭水道或航道以内安全航行的船舶的通行。

(二)从事捕鱼的船舶

《规则》第九条第 3 款规定："从事捕鱼的船舶，不应妨碍任何其他在狭水道或航道以内航行的船舶通行。"履行不应妨碍责任的主体为从事捕鱼的船舶；不应被妨碍的对象为任何其他在狭水道或航道内航行的船舶。《规则》虽然并不禁止在狭水道或航道内从事捕鱼作业，但船舶在从事捕鱼作业时，无论是作业的方式、所使用的渔具，还是行驶的方法等，都应以不妨碍"任何其他在狭水道或航道以内航行的船舶"为前提条件，包括不应妨碍帆船以及长度小于 20 m 的船舶的通行。

"任何其他在狭水道或航道以内航行的船舶"作为不应被妨碍的主体，在狭水道或航道内航行时，应该按照第一款的规定遵守"右行原则"。不遵守"右行原则"的船舶通常不属于不应被妨碍的对象，此外，在狭水道内进行捕鱼作业的其他船舶也不属于本款指明的"其他……船舶"，也就是说从事捕鱼船对穿越船及其他从事捕鱼船没有不应妨碍的责任，当从事捕鱼的船舶与这些船舶形成碰撞危险时，应按《规则》第十八条及良好船艺的要求进行避让。

四、穿越狭水道或航道

《规则》第九条第 4 款规定："船舶不应穿越狭水道或航道，如果这种穿越会妨碍只能在这种水道或航道以内安全航行的船舶通行。后者若对穿越船的意图有怀疑，可以使用三十四条 4 款规定的声号。"如图 3－11 所示，船舶穿越狭水道或航道通常包括轮渡式穿越、左转穿越和左转掉头三种方式。《规则》第九条第 4 款并没有完全禁止穿越，只是对穿越狭水道或航道的船舶提出了不应妨碍的要求，不应妨碍的主体与帆船和长度小于 20 m 的船舶不应妨碍的主体相同，即"只能在这种水道或航道内安全航行的船舶"。船舶在穿越狭水道或航道前，应事先掌握航道中船舶的交通情况，确认穿越行动不会妨碍只能在狭水道或者航道内安全通行的船舶的通行后，才可实施穿越。虽然《规则》没有对如何实施穿越做出规定，但根据良好船艺和海员的通常做法，船舶应当以船首向直角穿越狭水道，特别是在有流水域，如图 3－12 所示，船首向直角穿越时，一方面可以明显表达穿越的意图，另一方面还可以减少穿越时间。

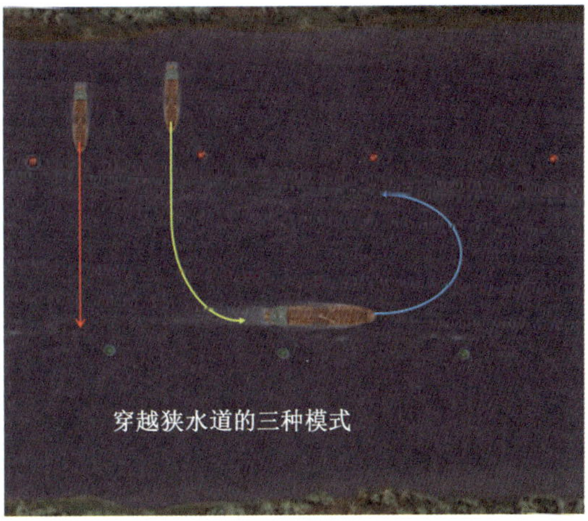

图 3－11　穿越狭水道的三种模式

只能在狭水道或航道以内通行的船舶，如果对穿越船的行动持有怀疑，无论是对其穿越意图怀疑，还是对能否安全穿越怀疑，都可以使用第三十四条规定的警告声号，但该声号仅能在互见中使用。

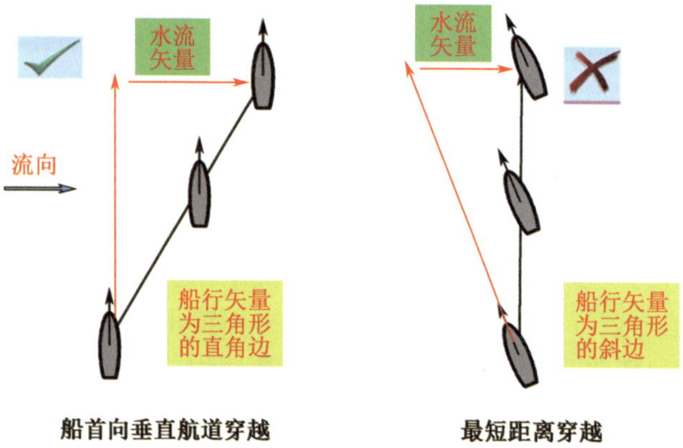

图 3 – 12　直角穿越

《规则》第九条没有对穿越船妨碍了“只能在这种水道或航道内安全航行的船舶”给出任何规定，但根据第八条第 6 款的规定，一旦形成碰撞危险产生妨碍，双方应当遵守《规则》其他条文的规定实施避让，应特别注意履行《规则》第 15 条交叉相遇局面和第 18 条船舶之间的责任两条的相关规定，当然穿越船不应妨碍的责任也不会因产生碰撞危险成了直航船而解除。

五、狭水道或航道内追越

《规则》第九条第 5 款规定：“(1)在狭水道或航道内，如只有在被追越船必须采取行动以允许安全通过才能追越时，则企图追越的船，应鸣放第三十四条 3 款(1)项所规定的相应声号，以表示其意图。被追越船如果同意，应鸣放第三十四条 3 款(2)项所规定的相应声号，并采取使之能安全通过的措施。如有怀疑，则可以鸣放第三十四条 4 款所规定的声号。(2)本条并不解除追越船根据第十三条所负的责任。”

(一)本款的适用范围

《规则》第九条第 5 款规定虽然被写在了“船舶在任何能见度情况下的行动”中，但追越条款、追越声号仅适用于互见中，因此，本条款有关追越的规定仅仅适用于互见中的船舶。此外，根据本款的规定，在狭水道或航道内追越时，如无须被追越船采取任何行动就可以安全追越，则不必鸣放声号即可实施追越。但是，根据良好船艺的要求，由于水域宽度受限，在狭水道或航道追越时还是鸣放声号为好，避免因误判而导致危险。

(二)追越声号

《规则》第三十四条规定了狭水道或航道内互见时的追越声号，声号如下：

(1)企图从他船左舷追越：二长声继以二短声。

(2)企图从他船右舷追越：二长声继以一短声。

(3)被追越船如果同意追越:一长、一短、一长、一短声。

(4)被追越船不同意追越:至少五声短而急的声号。

追越声号表明一种企图,在狭水道或航道内,企图追越的船舶应按需要鸣放相应的追越声号,以表明其追越的企图。被追越船如果同意追越,除应当鸣放"一长、一短、一长、一短声"的声号表示同意追越外,从良好船艺的角度出发,还应当采取让出部分航道以增加安全会遇距离,降低船速以减少两船并行时间等措施,防止追越时发生船间效应、岸壁效应等危险;如被追越船对是否能够安全追越有怀疑,可鸣放"至少五声短而急"的警告声号表明不同意追越。

对于追越船而言,在被追越船鸣放了同意追越的声号后,还要等待被追越船配合让出部分水域,追越船在评估局面,确认能安全追越后,才可以实施追越;如果被追越船不同意,企图追越的船应减速尾随,等待较宽敞水域再寻求实施追越;如被追越船没有鸣放任何的信号,追越船应当假定被追越船不同意追越,减速尾随,切忌强行追越。

(三)狭水道追越责任划分

按《规则》第十三条追越条款的规定,任何船舶在追越任何他船时,均应给被追越船让路。在狭水道追越时,虽然被追越船鸣放了同意追越的声号,且采取行动让出部分水域供安全追越,甚至为减少并行时间采取了减速措施,但这仅仅是良好船艺的表现,并不表明被追越船成了让路船,也不能因为被追越船采取了行动而解除追越船按第十三条让路的责任。

(四)在狭水道或航道内追越的一般注意事项

在狭水道或者航道中,由于水域狭窄、水深受限,如果追越过程中两船的相对速度小、两船并行所持续的时间较长,极易发生激烈的岸壁效应、浅水效应、船间效应等。因此,无论是否需要被追越船采取行动,在狭水道或者航道中追越应当注意以下几点:

(1)不宜在能见度不良、通航密度较大、航道弯曲地段等通航环境复杂时实施追越。

(2)由于狭水道的"右行原则",船舶在追越他船时,通常应在被追越船的左舷追越,并注意保持安全距离,以防发生船间效应。

(3)追越过程中应密切注意被追越船动态,始终对被追越船可能采取的行动保持高度戒备,与其保持安全距离,避免发生紧迫局面,切实履行让路的责任。

(4)密切注意本船首向变化,一旦出现较强的船间效应而致有发生碰撞的危险时,追越船应当减速、停车,用相应的舵角抑制偏转并放弃追越,特别是在两船吨位相差较大时,小船所受的影响更加剧烈,极易导致碰撞。

六、狭水道或航道弯头航行

《规则》第九条第6款规定:"船舶在驶近可能有其他船舶被居间障碍物遮蔽的狭水道或航道的弯头或地段时,应特别机警和谨慎地驾驶,并鸣放第三十四条5款规定的相应声号。"本款是有关船舶接近狭水道或航道的弯头或地段时的航法和鸣放相应声号的规定,要求船舶在接近可能有其他船舶被居间障碍物遮蔽的狭水道或航道的弯头或地段航行时,应特别机警和谨慎地驾驶,并鸣放一长声。

(一)弯头声号的使用

由于能见度不良也有鸣放一长声雾号的规定，为避免与能见度不良的声号相互干扰和混淆，本款的“一长声”声号仅适用于能见度良好由于居间障碍物遮蔽导致相互看不见的情况。船舶应该在接近弯头水域，进入弯道前鸣放，在弯头另一侧的船舶如果听到“一长声”的声号，应回答“一长声”。鸣放该声号的意图是询问弯道后面是否存在来船，听到声号的船舶用声号回答表明其存在。

(二)弯道的航行方法

由于居间障碍物的阻挡，船舶无法用视觉直接看到居间障碍物后方是否存在他船，同时雷达探测也可能受到限制，但船舶可以借助雷达或 ECDIS 显示的 AIS 信号推断来船的存在。因此，在该水域航行时，船舶应当充分利用各种瞭望手段，使用 VHF 无线电话发布船舶动态，并保持高度的戒备，充分考虑有其他来船驶近该弯头或地段的可能性，保持 VHF 无线电话守听，适时鸣放“一长声”声号；严格控制船速，根据过弯操纵的要求正确操纵船舶；勤测船位，按狭水道的“右行原则”始终使船舶保持尽量靠近其本船右舷的狭水道或航道外缘行驶；除人工操舵外，还应将主机、锚做好随时操纵的准备；及时从 VTS 中心或者 VHF 无线电话获得他船的信息，尽量避免在该水域会船。当会船不可避免时，应按良好船艺及海员的通常做法，顶流船选择较宽敞处所等待顺流船先行通过狭窄弯曲处所。

另外，由于航道弯曲，过弯时船舶间航向会形成“交叉相遇”态势，但船舶在弯曲航道行驶时航向变化较快，顺航道行驶的船舶间不应执行交叉相遇局面条款要求，应执行狭水道“右行原则”各自靠右行驶。

七、避免在狭水道内锚泊

《规则》第九条第 7 款规定：“任何船舶，如当时环境许可，都应避免在狭水道内锚泊”。本款适用于所有在狭水道内的船舶，狭水道是船舶的航行通道，不仅水域有限，且经常伴有流，如船舶在狭水道内锚泊，就会不同程度妨碍他船安全航行，锚泊船在转流时还可能横越在水道中央，严重影响狭水道内船舶正常航行的秩序。因此，本款规定，任何船舶，如当时环境许可，都应避免在狭水道内锚泊。

如遇特殊情况，危及船舶安全，不得不在狭水道锚泊时，应尽量选择远离主航道或不妨碍他船的水域锚泊或在主管机关指定的地点锚泊。由于雷达的广泛使用，这里的特殊情况应不包括能见度不良，除非由于大雾影响地方主管机关指示封航，即便封航，也应避开主航道，尽量在航道的边界之外择地锚泊。

评价要素参考

(1)熟悉狭水道不同条款的适用条件，正确理解何为使用狭水道的船舶；

(2)掌握如何履行狭水道条款规定的“右行”原则，正确理解尽量“右行”的条件“安全可行”；

(3)正确理解“只能在狭水道或航道以内安全航行的船舶”；

(4)熟悉狭水道不应妨碍的规定；

(5)熟悉穿越狭水道的规定及穿越的方法；

(6)熟悉狭水道追越的规定,认识到被追越船的行动并不免除追越船的让路责任的要求,正确处理狭水道条款与追越条款之间的关系;

(7)熟悉狭水道内使用声号的要求;

(8)熟悉狭水道内谨慎驾驶及避免锚泊的要求。

3－6 狭水道条款习题、学习资料

任务六 分道通航制区的航行避让

《规则》第十条分道通航制条款规定:

1. 本条适用于本组织所采纳的分道通航制,但并不解除任何船舶遵守任何其他各条规定的责任。

2. 使用分道通航制的船舶应:

(1)在相应的通航分道内顺着该分道的交通总流向行驶;

(2)尽可能让开通航分隔线或分隔带;

(3)通常在通航分道的端部驶进或驶出,但从分道的任何一侧驶进或驶出时,应与分道的交通总流向形成尽可能小的角度。

3. 船舶应尽可能避免穿越通航分道,但如不得不穿越时,应尽可能以与分道的交通总流向成直角的船首向穿越。

4. (1)当船舶可安全使用临近分道通航制区域中相应通航分道时,不应使用沿岸通航带。但长度小于 20 m 的船舶、帆船和从事捕鱼的船舶可使用沿岸通航带。

(2)尽管有本条 4(1)规定,当船舶抵离位于沿岸通航带中的港口、近岸设施或建筑物、引航站或任何其他地方或为避免紧迫危险时,可使用沿岸通航带。

5. 除穿越船或者驶进或驶出通航分道的船舶外,船舶通常不应进入分隔带或穿越分隔线,除非:

(1)在紧急情况下避免紧迫危险;

(2)在分隔带内从事捕鱼。

6. 船舶在分道通航制端部附近区域行驶时,应特别谨慎。

7. 船舶应尽可能避免在分道通航制内或其端部附近区域锚泊。

8. 不使用分道通航制的船舶,应尽可能远离该区域。

9. 从事捕鱼的船舶,不应妨碍按通航分道行驶的任何船舶的通行。

10. 帆船或长度小于 20 m 的船舶,不应妨碍按通航分道行驶的机动船的安全通行。

11. 操纵能力受到限制的船舶,当在分道通航制区域内从事维护航行安全的作业时,在执行该作业所必需的限度内,可免受本条规定的约束。

12. 操纵能力受到限制的船舶,当在分道通航制区域内从事敷设、维修或起捞海底电缆时,在执行该作业所必需的限度内,可免受本条规定的约束。

下面就分道通航制条款的规定逐一解释如下。

一、分道通航制条款的适用范围

《规则》第十条(分道通航制)第1款规定:“本条适用于本组织采纳的分道通航制,但并不解除任何船舶遵守任何其他各条规定的责任。”因此,《规则》第十条“分道通航制”的规定仅仅适用于被IMO所采纳的分道通航制水域。

凡是被IMO所采纳的分道通航制,均刊登在IMO出版的《船舶定线制》一书中。该书为一本活页资料,附有简明示意图,并根据修订情况出版活页以更新资料。此外,在英国水道测量局出版的《英版航海通告年度摘要》(*Annual Summary of Admiralty Notice to Mariners*)的第十七部分刊列了全球各分道通航制的名称和大概地理坐标,凡是在名称左上角标注有“☆”者,说明其是被IMO采纳的分道通航制。

在未被IMO采纳的分道通航制区域内,《规则》第十条不适用,应遵守地方规则的相关规定。因此,无论主管机关为该分道通航制水域制定的特殊规定是否被IMO采纳,船舶行驶在该区域时,均应严格遵守这些规定。

二、第十条与《规则》其他条款的关系

本条第1款规定“本条并不解除任何船舶遵守任何其他各条规定的责任”,当船舶在IMO采纳的分道通航制区域内航行时,不能仅遵守分道通航制条款的规定,还要遵守《规则》其他条款关于船舶的航行或避让责任的规定。《规则》第十条对分道通航制区航行方法做出了规定,有不应妨碍的要求,但没有提及碰撞危险。顺通航分道行驶的船舶之间一般不会产生碰撞危险,除追越外,沿分道行驶的船舶之间即使在弯曲水域产生碰撞危险也应遵守第十条继续履行按分道行驶的责任;但当沿分道行驶的船舶与横越或进出分道的船舶之间构成碰撞危险时,就应按当时的局面确定避让责任,避让时应遵守《规则》第二章第二节、第三节的规定,此时就不能仍然按第十条规定的原则航行,而忽视存在的碰撞危险。如在互见中与穿越船构成交叉相遇局面成为让路船时,按通航分道行驶的船舶就应按《规则》第十五条的规定履行避让责任,顺分道行驶的船舶不能因遵守分道通航制而享有被让路的权利。

三、在分道通航制水域航行的准则

“分道通航制”第2款规定了分道通航制区的航行准则:“使用分道通航制的船舶应:(1)在相应的通航分道内顺着该分道的交通总流向行驶;(2)尽可能让开通航分隔线或分隔带;(3)通常在通航分道的端部驶进或驶出,但从分道的任何一侧驶进或驶出时,应与分道的交通总流向形成尽可能小的角度。”

“使用分道通航制的船舶”是指在通航分道内顺着交通总流向行驶的任何船舶,否则就不属于使用分道通航制的船舶,如在分道通航制区域之外行驶、穿越分道通航制区域、在分隔带内捕鱼、在沿岸通航带内行驶的船舶等,都不属于“使用分道通航制的船舶”。使用分道通航制的船舶,应当遵守下列航行规则。

1. 在相应的通航分道内沿船舶的总流向行驶

如前所述,沿总流向行驶并非与总流向标识的方向完全保持一致,分道通航的主要目的是分隔航向相反的船舶。因此,任何使用分道通航制的船舶,无论其大小和种类,包括帆

船和在通航分道内从事捕鱼的船舶，其航向都应与通航分道内标识的交通总流向大致相同。如果船舶需要从分道的一侧转移到另一侧，如图 3－13 所示，应与分道的交通总流向形成尽可能小的角度，可以理解为，尽可能与分道的交通总流向保持一致，以避免与他船形成碰撞危险的可能。

2. 尽可能让开分隔线或分隔带

尽可能让开分隔线或分隔带，意味着船舶应与分隔带或分隔线保持足够的安全距离，将船位保持在通航分道的中心线或其附近航行。在分道中行驶的船舶应充分考虑到水域的自然情况、定位条件、海况和天气、通航密度、船舶的操纵性能等情况，注意不利因素的影响，始终监控船位，使船舶让开分隔线或分隔带。居中附近航行可以有效保证交通流的秩序，一方面避免因船舶定位的误差或避让行动造成交通局面的混乱，另一方面如图 3－14 所示，可以有效防止分道内的船舶与分道附近或沿另一分道行驶的船舶产生碰撞危险。

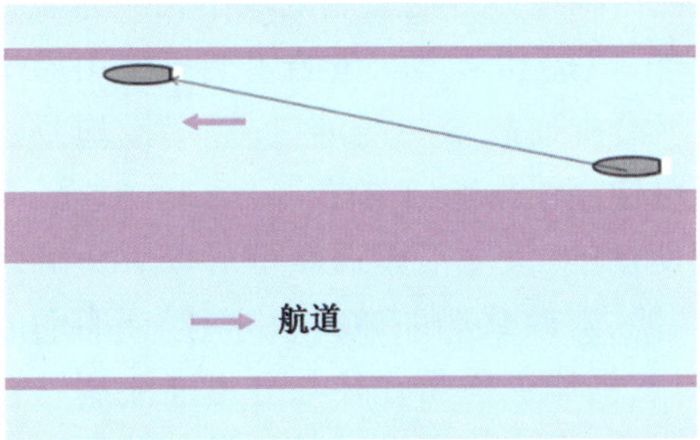

图 3－13　从一侧转移到另一侧

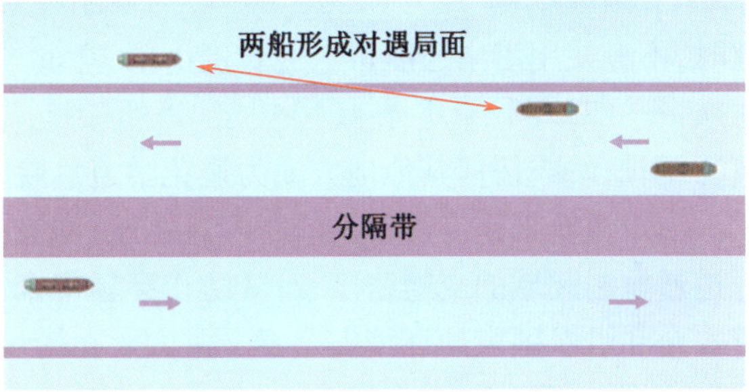

图 3－14　让开分隔线或分隔带

3. 在通航分道的端部驶进或驶出

船舶通常应在通航分道的端部驶进或驶出，如果分道通航制的区域较大，船舶从端部进出需绕行较远时，《规则》允许船舶从分道的任何一侧驶入或驶出。如图 3－15 所示，船舶从分道的一侧驶进或驶出时，应以与分道的交通总流向成尽可能小的角度航行，避免被他船误解为穿越船。

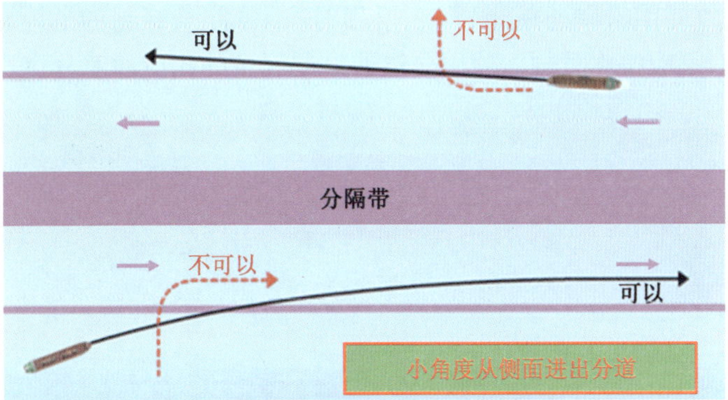

图 3－15　从侧面进出通航分道

4. 穿越通航分道

“分道通航制”第 3 款规定：“船舶应尽可能避免穿越通航分道，但如不得不穿越时，应尽可能以与分道的交通总流向成直角的船首向穿越。”

与狭水道穿越条款相比，本条对穿越没有不应妨碍的规定，取而代之的是"尽可能避免穿越通航分道"，设定通航分道的目的是让船舶顺交通流的总流向行驶。当分道很长时，犹如进出分道一样，船舶有时也不得不在分道通航制区域实施穿越，与狭水道穿越一样，这种穿越可能包含轮渡式穿越、掉头式穿越和左拐式穿越三种模式。由于船舶穿越通航分道有可能与分道内行驶的船舶构成碰撞危险，故应"尽可能避免穿越通航分道"。特别是对在江、河、港口等交通密集处所，或岬角附近水域等航行环境复杂地段，船舶更应尽可能避免穿越。

与狭水道条款不同的是，本条对穿越船的航法提出了具体要求，即"应尽可能以与分道的交通总流向形成直角的船首向穿越"。如第九条所述，这样穿越，一方面可以明确表明穿越的意图，另一方面可以相对缩短穿越所需的时间。

四、使用沿岸通航带

"分道通航制"第 4 款规定："(1)当船舶可安全使用临近分道通航制区域中相应通航分道时，不应使用沿岸通航带。但长度小于 20 m 的船舶、帆船和从事捕鱼的船舶可使用沿岸通航带。(2)尽管有本条 4(1)规定，当船舶抵离位于沿岸通航带中的港口、近岸设施或建筑物、引航站或任何其他地方或为避免紧迫危险时，可使用沿岸通航带。"

沿岸通航带是专供沿海航行和过境航行的船舶使用的，设立沿岸通航带可以大大减轻分道通航制区域的交通密度，有效防止穿越带来的风险，对改善船舶航行秩序、保证船舶航行安全和沿岸国家的环境安全意义重大。在沿岸水域，沿岸通航带往往与分道通航制结合起来使用，《规则》要求凡可安全使用分道通航制的船舶，不应使用沿岸通航带。但下列船舶可使用沿岸通航带："长度小于 20 m 的船舶；帆船；从事捕鱼的船舶；抵离位于沿岸通航带中的港口、近岸设施或建筑物、引航站或任何其他地方的船舶；为避免紧迫危险的船舶。"为减轻通航分道的交通压力，《规则》不建议小船使用通航分道；由于沿岸通航带没有对交通流设定有效的分隔，加上小船及捕鱼船聚集，因此《规则》也不建议大船使用沿岸通航带；为抵离的目的，所有船舶都可以使用沿岸通航带；为避免紧迫危险的船舶可以按《规则》第二条的要求采取背离行动进入沿岸通航带。

此外，短途过境运输船可以使用沿岸通航带，如图 3－16 所示，为避免穿越通航分道带来的危险，船舶可以使用沿岸通航带；但在返程时，不再涉及穿越的危险，如果不属于长度小于 20 m 的船舶，就应按本款规定使用分道通航制区域的相应通航分道。

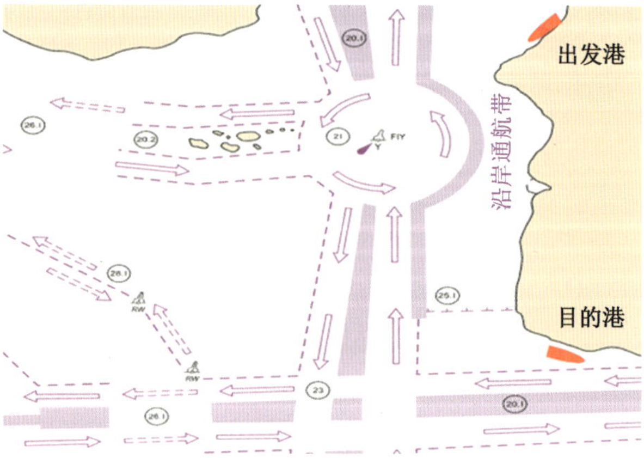

图 3－16　可以使用沿岸通航带的船舶

五、进入分隔带或穿越分隔线

"分道通航制"第 5 款规定:"除穿越船或者驶进或驶出通航分道的船舶外,船舶通常不应进入分隔带或穿越分隔线,除非:(1)在紧急情况下避免紧迫危险;(2)在分隔带内从事捕鱼。"

分隔带或分隔线的作用是分隔相反方向行驶的船舶,类似公路的隔离带或双黄线,船舶不能随意进入或穿越。一旦船舶进入分隔带或穿越分隔线,势必破坏分隔带或分隔线分隔交通流的作用,在船舶间会产生碰撞危险,导致通航分道内船舶交通流的混乱。因此,本条第 5 款规定,正常航行的船舶不应进入分隔带或穿越分隔线,但捕鱼船、穿越船和到离的船舶除外。此外,和进入沿岸通航带的规定相同,为避免紧迫危险的船舶可以背离《规则》进入分隔带或穿越分隔线。

在分隔带内捕鱼时,捕鱼船可以根据需要朝任意方向行驶,但在靠近通航分道捕鱼时,应顺着该邻近通航分道的交通总流向行驶,以避免与分道内正常航行的船舶产生碰撞危险,同时还应注意所用的渔具不致影响通航分道内船舶的航行。为避免紧迫危险而进入分隔带或穿越分隔线时,在紧迫危险消除之后,船舶应迅速返回相应的通航分道,顺相应通航分道的交通总流向行驶。

六、在分道通航制的端部行驶

"分道通航制"第 6 款规定:"船舶在分道通航制端部附近区域行驶时,应特别谨慎。"分道通航制的端部是船舶进出相应通航分道的门户,船舶将在此处汇聚或分散。在分道通航制的端部,不仅船舶密度大,而且航向多变,会遇态势复杂。为避免航行及碰撞的危险,《规则》要求船舶在分道通航制端部附近行驶时应特别谨慎地驾驶。所谓特别谨慎地驾驶,不仅要提高驾驶台的值班等级,依据海员通常做法备车、备锚、增加瞭望人员、手操舵航行,对当时的环境和情况保持高度的戒备,而且要充分发挥 AIS、VHF、雷达等通信导航设备的功能,及时掌握周围船舶的动态,调整安全航速,对多船会遇、他船突然转向等特殊情况保持高度的戒备,防止碰撞事故的发生。

七、避免锚泊

"分道通航制"第 7 款规定:"船舶应尽可能避免在分道通航制内或其端部附近区域锚泊。"与狭水道要求相同,避免在这些水域锚泊的目的是防止妨碍船舶的正常通行。在船舶遇到诸如主机、舵机故障等特殊情况不得不锚泊时,应尽量将对他船的影响降低到最小,选择在分隔带内或者其他不影响他船正常航行的地点锚泊。锚泊时悬挂相应信号,保持正规瞭望,遇他船航行靠近时,及时发布船舶动态,提请他船注意。

八、不使用分道通航制的船舶

使用分道通航制区域可以降低船舶碰撞的危险,提高航行的安全性,因此,应广泛推荐船舶使用分道通航制,但《规则》允许船舶不使用分道通航制。分道通航制第 8 款对不使用分道通航制区的船舶提出了一定要求,该款规定:"不使用分道通航制的船舶,应尽可能远离该区域。"为尽量确保分道通航制区域的航行安全,避免分道通航制区域外的船舶与分道内正常航行的船舶形成碰撞危险,导致分道通航制区内的船舶不得不采取包括转向在内的避让措施,而被迫违反"在相应的通航分道内顺着该分道的交通总流向行驶"的规定,《规则》要求不使用分道通航制区的船舶尽可能远离该区域,避免干扰分道内船舶的正常通行,以便在分道通航制区域中建立良好的水上交通秩序。

九、不应妨碍的要求

"分道通航制"第9款规定:"从事捕鱼的船舶,不应妨碍按通航分道行驶的任何船舶的通行。"第10款规定:"帆船或长度小于20 m的船舶,不应妨碍按通航分道行驶的机动船的安全通行。"这里的不应妨碍的航行方法与第八条要求相同,应留出足够的水域供他船航行,并避免与他船形成碰撞危险。

《规则》并不禁止船舶在通航分道内从事捕鱼活动,在通航分道内捕鱼时,应按第十条第1款的要求"在相应的通航分道内顺着该分道的交通总流向行驶"。因此,从事捕鱼的船舶在通航分道捕鱼时,不仅其船舶本身不应妨碍按通航分道行驶的任何船舶的通行,而且其捕鱼的方式及使用的渔具也不应妨碍按通航分道行驶的任何船舶的通行。第9款的要求与第九条对从事捕鱼船不应妨碍的要求基本相同,其不应妨碍的对象是按分道行驶的所有船舶,包括按分道行驶的从事捕鱼船,但不包括没有按分道行驶的穿越船等。

帆船或长度小于20 m的船舶不应妨碍的对象是"按通航分道行驶的机动船"。帆船和长度小于20 m的船舶只要安全可行,既可以使用分道通航制,也可以使用沿岸通航带。在使用分道通航制时,除应遵守有关分道通航制的航行规定之外,还不应妨碍按通航分道行驶的机动船的安全通行,此处的机动船指任何用机器推进的船舶,属于广义的机动船。

十、免受本条规定约束的操纵能力受到限制的船舶

"分道通航制"第11款规定:"操纵能力受到限制的船舶,当在分道通航制区域内从事维护航行安全的作业时,在执行该作业所必需的限度内,可免受本条规定的约束。"第12款规定:"操纵能力受到限制的船舶,当在分道通航制区域内从事敷设、维修或起捞海底电缆时,在执行该作业所必需的限度内,免受本条规定的约束。"此两款对特定的操纵能力受到限制的船舶,在从事特定作业所必需的限度内免收本条规定的约束。其中从事维护航行安全作业包括装设、维修或起捞助航标志,从事疏浚、测量,以及清除碍航物(包括除雷)等水下作业;但不包括维护、监督航行秩序的工作船,此类执法工作船也不属于操纵能力受到限制的船舶。这些操限船从事的工作都属于水下作业,所免除的限制也仅限于作业所必需的相关规定,并不是免除所有约束。这些船舶在作业必需时,可能需要进入分隔带;其航向可能与通航分道内的交通总流向不一致,甚至相反;也可能需要锚泊在分道通航制水域内进行作业。如果不是作业必需,即使正在进行作业,也并不能随意进入分隔带、逆行或锚泊。

正如第十条第1款所述,上述两种操纵能力受到限制的船舶,虽然可以在执行其作业的限度内免受分道通航制条款的约束,但并不解除遵守《规则》其他各条的责任。这两类可以免受第十条约束的操纵能力受到限制的船舶,在执行作业时还应注意,提前报请主管机关批准;可能时,应及早发出航行通报,避免在能见度不良时作业。

十一、船舶在分道通航制区域中航行的注意事项

如前所述,在IMO所采纳的分道通航制区域内或其附近航行的船舶,除应遵守《规则》第十条的规定之外,还应遵守《规则》其他条款的规定,特别是《规则》第二章第二节和第三

节的规定。针对分道通航制的特殊要求，船舶在分道通航制区域航行，应当注意如下各条：

（1）在同时实施地方规则的分道通航制区航行时，船舶还应当优先执行地方主管机关为该分道通航制区域制定的航行规则及其他非航行规则，例如，在有船舶报告制度的水域，应按海图标识要求进行呼叫与报告；在新加坡海峡遵守横越、检疫的要求，按规定显示相应的旗帜信号等。

（2）保持 VHF 无线电话守听，除了应保持 VHF16 频道的守听外，还要保持分道通航制区域专门频道的守听，以便获得该分道通航制区域内相关的通航情况、航海警告等各类信息。

（3）注意接收到的“YG”信号，“YG”信号的含义是“你船似未遵守分道通航制”。当收到“YG”信号时，应立即检查本船航向与船位，确认船舶是否偏航。发现他船没有遵守分道通航制航行规则时，也可使用“YG”信号。

（4）当分道通航制区设有深水航路，并作为通航分道的一个组成部分时，使用深水航路的船舶也应遵守分道通航制的规定；当船舶在狭水道中的分道通航制中航行时，应遵守分道通航制的规定，狭水道条款尽可能靠右行驶的规定在这种情况下不再适用。

（5）无论他船是否遵守分道通航制的规定，船舶在产生碰撞危险采取避让行动时均应遵守《规则》其他条款的规定，特别是《规则》第二章第二节和第三节的规定。

（6）在狭窄区域追越他船或遇到其他特殊情况需要靠近或进入分隔带时，应提前报 VTS 批准，确认不会与周围船舶形成碰撞危险。

评价要素参考

（1）熟悉分道通航制条款的适用条件，正确理解分道通航制条款与其他条款的相互关系。

（2）正确履行分道通航制条款规定的按交通流总流向行驶的要求。

（3）正确理解让开分隔带或分隔线的要求。

（4）熟悉进出分道通航制区的规定。

（5）熟悉穿越通航分道的规定、穿越的方法；结合第九条的规定，正确确定穿越形成碰撞危险时的避让责任。

（6）结合第九条正确理解分道通航制区不应妨碍的规定，从事捕鱼船、帆船及长度小于 20 m 的船舶在分道通航制区的航行及作业方法。

（7）熟悉进入沿岸通航带、分隔带的航行规定。

（8）熟悉端部附近谨慎驾驶的要求及避免锚泊的相关规定。

（9）熟悉能免除遵守分道通航制要求的操限船的相关规定。

（10）熟悉分道通航制区航行的其他注意事项。

3－7　分道通航制条款习题、学习资料

项目四 《国际海上避碰规则》的避让行动

《规则》的避让行动涉及第十二至十五条和第十八、十九条，除第十九条为《规则》第三章“能见度不良的行动规则”外，其他几条都是《规则》第二章“驾驶和航行规则”的第二节“船舶在互见中的行动”的内容。船舶应遵循的航行及避让行动，都应根据具体的局面，按航行避让的原则来采取；少数避让行动是《规则》强行规定的，如对遇局面中的相互右转避让，而更多局面中的避让行动应根据海员通常做法及良好船艺的要求来采取。

在帆船、追越、对遇局面、交叉相遇局面条款中，《规则》主要依据两船所构成的几何格局来确定船舶之间的避让责任，这就是常说的“几何制”原则；在船舶之间的责任条款中，《规则》主要依据船舶操纵避让能力的优劣规定了两船相遇时的船舶之间的避让关系，这就是常说的“等级制”原则；在能见度不良的行动规则中，无论船舶的种类如何，只要两船不互见就具备同等的避让责任，相遇的两船都应尽早采取避让行动。下面依据《规则》条文分别介绍。

任务一 互见中的航行与避让

《规则》第十一条适用范围条款规定：“本节条款适用于互见中的船舶。”即《规则》第十二条至十八条仅适用的前提条件为互见中的船舶。互见包括能见度良好时的互见和能见度不良时的互见两种情况，但能见度不良时，即使两船互见，也不一定适用互见中的行动规则。如果能见度不良时的能见距离能保持在 3 n mile 及以上，两船互见时，尚未形成紧迫局面，则适用于互见中的行动规则；如果在能见距离仅有 2 n mile，甚至更小，互见的两船已经形成紧迫局面，就应按特殊情况处理，形成碰撞危险的双方都应按规定采取最有助于避碰的行动避免紧迫危险，必要时还需背离《规则》采取行动。此外，如果在能见度不良情况下会遇两船在互见前已经按《规则》第十九条采取了避让行动，互见后，应继续按第十九条的要求行动，互见中行动规则的条款就不再适用。例如，能见度不良时两船已经按同等避让责任采取行动，互见后即使形成追越局面，也不适用于追越条款，两船应继续按能见度不良时的行动规则进行避让，直到最后驶过让清。

一、帆船条款

《规则》第十二条帆船条款规定：

1. 两艘帆船相互驶近致有构成碰撞危险时，其中一船应按下列规定给他船让路：

(1)两船在不同舷受风时，左舷受风的船应给他船让路。

(2)两船在同舷受风时，上风船应给下风船让路。

(3)如左舷受风的船看到在上风的船而不能断定究竟该船是左舷受风还是右舷受风，则应给该船让路。

2. 就本条规定而言，船舶的受风舷侧应认为是主帆被吹向的一舷的对面舷侧；对于方帆船，则应认为是最大纵帆被吹向的一舷的对面舷侧。

下面就如何理解条文的规定解析如下。

(一)帆船条款的适用范围

同样,本条也隶属于《规则》第二章“驾驶和航行规则”,因此第十二条所指的帆船必须在航,该条款的适用应当同时满足下列条件:

(1)两在航帆船在《规则》适用的水域互见。

(2)构成碰撞危险。

(3)两艘帆船不在追越中。

帆船条款适用的例外:悬挂我国国旗的帆船在我国管辖水域航行时,不受本条的约束,应当适用于《中华人民共和国非机动船舶海上安全航行暂行规则》的相关规定。

(二)两艘帆船之间的避让

帆船条款第1款规定:“(1)两船在不同舷受风时,左舷受风的船应给他船让路;(2)两船在同舷受风时,上风船应给下风船让路;(3)如左舷受风的船看到在上风的船而不能断定究竟该船是左舷受风还是右舷受风,则应给该船让路。”

该款规定了互见中两艘帆船相互驶近构成碰撞危险时的避让关系,结合《规则》第十三条追越条款的规定,两艘帆船之间的避让关系可以归纳如下:

(1)当一帆船追越另一帆船时,追越的帆船应给被追越的帆船让路。

(2)两船在不同舷受风时,左舷受风的船应给他船让路。

(3)两船在同舷受风时,上风船应给下风船让路。

(4)如左舷受风的船看到在其上风的船而不能断定究竟该船是左舷受风还是右舷受风,则应给该船让路。

不在追越中的帆船,依据几何位置确定的避让关系如图4-1所示。

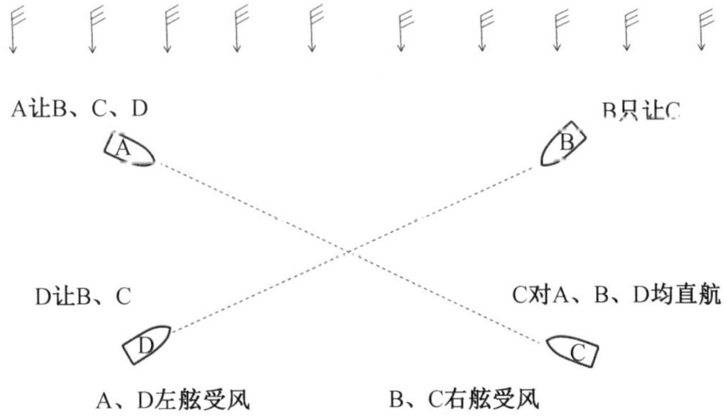

图4-1 帆船间的避让关系

应当注意的是,帆船条款仅适用于两艘帆船相遇并致有碰撞危险的情况,当图中的D不能确定A到底是哪舷受风时,应给A让路,特别是在晚上看不到帆时,尤应如此。这也可以归类为良好船艺的表现。

（三）帆船受风舷的判断

帆船条款第 2 款规定：“船舶的受风舷侧应认为是主帆被吹向的一舷的对面舷侧；对于方帆船，则应认为是最大纵帆被吹向的一舷的对面舷侧。”白天一般可以根据风向通过观察帆船主帆的位置做出判断；在夜间，很难根据帆船的舷灯做出准确的判断，只能根据本船的受风舷以及与他船的相对位置做出推断，参照本条第 1 款的规定，采取行动，图 4－1 中的各帆船在避让时可参照以下进行：

（1）左舷受风的帆船 D，处于下风，当看到上风（左舷）的另一艘帆船 A 显示绿色舷灯，而无法断定该船何舷受风时，则应当假定本船为让路船。

（2）左舷受风的帆船 A，处于上风，无论发现下风船的红舷灯或绿舷灯，也无论能否断定另一艘帆船何舷受风，均应认为本船为让路船。

（3）右舷受风的帆船 C，处于下风，遇到他船时，不论他船何舷受风，他船均负有让路的责任。

（4）右舷受风的帆船 B，处于上风，看到下风的另一艘帆船 D 显示绿色舷灯，而无法断定该船何舷受风时，《规则》没有做出规定，也不允许做出推断，则应按海员通常做法及良好船艺要求保持戒备，谨慎操作避让。

此外，应该注意的是顺风或逆风行驶的帆船，其受风舷是由驶帆人根据打樯的需要而调整的，如图 4－2 所示的 A、B 两船，根据受风舷的概念，A 船为右舷受风，而 B 船则为左舷受风，所以说受风舷不能完全根据风向来推断；夜间 C 船看到上风的 A、B 两船就属于无法确定其受风舷的情况。在顺风中张蝴蝶帆或球形帆的帆船判断受风舷侧也比较困难。因此，帆船条款规定：“如左舷受风的船看到在其上风的船而不能断定究竟该船是左舷受风还是右舷受风，则应给该船让路。”

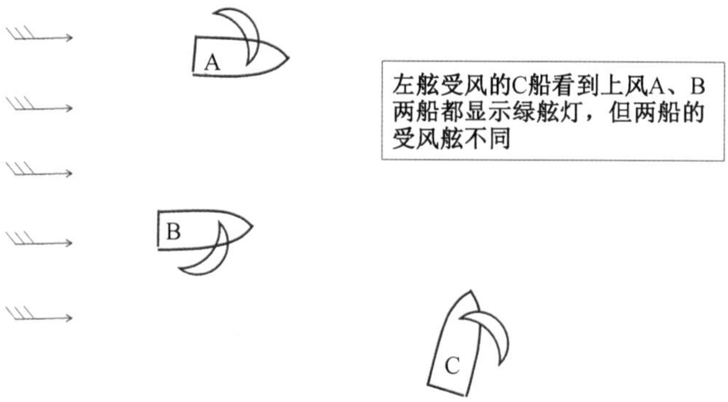

图 4－2　难以判断受风舷的情况

（四）机动船避让帆船的方法

根据《规则》第十八条的规定，构成碰撞危险时，在航的机动船应给帆船让路。机动船在采取避让行动时，应按《规则》第八条和第十六条的规定做到“早、大、宽、清”，考虑帆船航行和操纵的特点，依据当时的风向采取适当的避让行动。机动船避让帆船时，如图 4－3 所示，通常应选择帆船行驶轨迹的后方或上风通过，归纳如下。

（1）帆船顺风行驶时，应从帆船船尾通过。

（2）帆船横风行驶时，应从帆船上风侧通过。

（3）帆船逆风行驶时，应从帆船船尾通过。

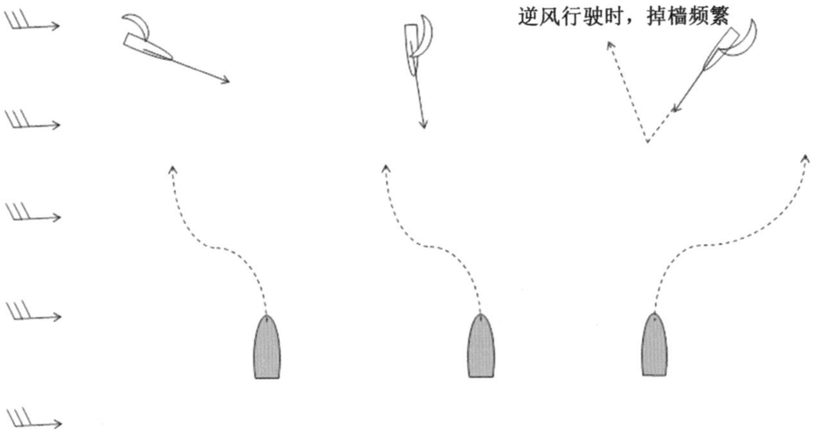

图 4－3　机动船避让帆船

机动船遇准备掉樯的帆船时，如图 4－4 所示一般不宜从其掉樯后的下风舷通过，以防帆船因掉樯失去动力而被压向大船；航道较宽时，一般可从帆船船尾的上风侧驶过；航道较窄时，宜减速避让；当几艘帆船同时抢越船头时，应警惕有的帆船认为抢不过去而突然掉樯，应鸣放操纵和警告声号。此外，还应当注意到被避让的帆船可能由于风向、风速的变化而无法履行直航船保向保速的规定，进而出现临时掉樯的情况。

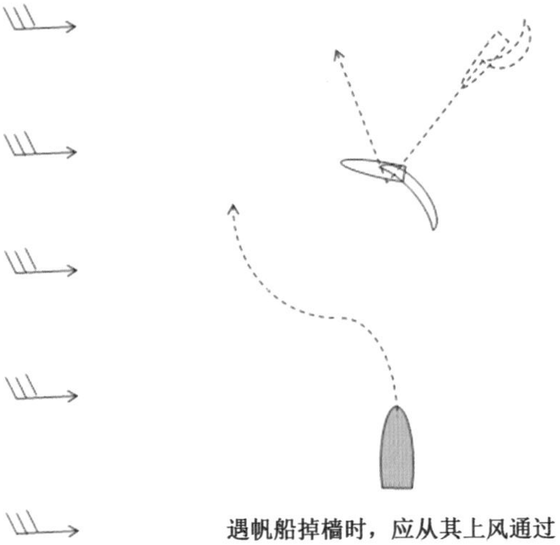

图 4－4　机动船避让掉樯的帆船

评价要素参考

（1）熟悉帆船条款的适用条件，明确帆船条款与追越条款的相互关系。

（2）正确理解下风舷的概念。

（3）掌握帆船间的避让责任划分。

（4）熟悉机动船避让帆船的航行方法。

4－1　帆船条款习题、学习资料

二、追越条款

《规则》第十三条追越条款规定：

1. 不论第二章第一节和第二节的各条规定如何，任何船舶在追越任何他船时，均应给被追越船让路。

2. 一船正从他船正横后大于22.5°的某一方向赶上他船时，即该船对其所追越的船所处位置，在夜间只能看见被追越船的艉灯而不能看见它的任一舷灯时，应认为是在追越中。

3. 当一船对其是否在追越他船有任何怀疑时，该船应假定是在追越，并应采取相应行动。

4. 随后两船间方位的任何改变，都不应把追越船作为本规则条款含义中所指的交叉相遇船，或者免除其让开被追越船的责任，直到最后驶过让清为止。

下面就如何理解条文的规定解析如下。

（一）追越条款的适用范围

《规则》第十三条追越条款的适用范围，可以用一句话概括，即任意在航两船在《规则》适用的水域互见形成追越局面。与互见中的帆船、对遇局面、交叉相遇局面等适用于“几何制”条款的明显不同之处在于以下两方面：

（1）不以构成碰撞危险为前提条件。只要形成追越态势，无论是否存在碰撞危险，都适用于追越条款。

（2）只适用两船，但两船不仅可以是不同的种类，而且还可以是不同的等级。只要形成追越态势，即使是失控船也应尽一切可能给被追越船让路。

（二）追越局面的判断

追越条款第2款规定：“一船正从他船正横后大于22.5°的某一方向赶上他船时，即该船对其所追越的船所处位置，在夜间只能看见被追越船的艉灯而不能看见它的任一舷灯时，应认为是在追越中。”应从以下三个方面理解追越局面的形成条件，只有同时满足这三个条件才能构成追越。

1. 两船方位

后船应位于前船正横后大于22.5°的区间，即后船位于前船的艉灯光弧范围内，在夜间，根据号灯判断方位较容易，但在白天，判断本船是否处于该区间就比较困难。另外，无论是白天还是黑夜，后船位于前船舷灯与艉灯光弧的交界处时，也很难通过号灯来确定局面，特别是在前船航向不稳时，会出现时而见到舷灯，时而见到艉灯的现象，此时应根据追越条款第3款“当一船对其是否在追越他船有任何怀疑时，该船应假定是在追越”的规定，适用追越条款，满足追越的方位要件。

2. 两船速度

后船“赶上”前船，不仅仅是后船速度大于前船，确切地说，应该是后船在前船航向方向的速度的分矢量应大于前船速度。如图4-5所示，虽然甲乙两船速度都是固定的，乙船速度明显高于甲船，且都不存在碰撞危险，左图能构成追越局面，乙船追越甲船；但右图的乙船不能赶上甲船，形成追越局面，甚至可能是甲船已经追越了乙船。所以说即使后船位于前船正横后22.5°的方位区间，且后船速度大于前船，也不一定能形成追越局面，还须考虑是否正在“赶上”。

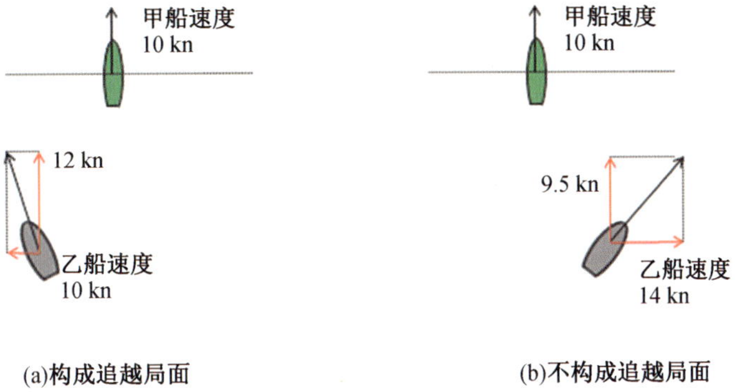

图 4－5 对赶上的理解示意图

3. 两船距离

追越条款第 2 款规定：“在夜间只能看见被追越船的艉灯而不能看见它的任一舷灯时，应认为是在追越中。”由此可以推论出形成追越局面的两船距离应该是后船位于前船艉灯的能见距离内。由于艉灯的“最小能见距离”最远也只有 3 n mile，因此，通常认为，当两船之间的距离接近 3 n mile 时，才满足构成追越局面的距离要件。

不论构成追越局面的两船所处的水域是宽敞的水域、狭水道还是分道通航制水域，只要在《规则》适用的水域，并且同时满足以上方位、速度、距离三个条件，就应适用追越条款，如果再加上互见，追越的形成条件就变成了四个。当对是否在追越他船有怀疑时，应假定正在追越他船。

(三)追越条款与《规则》其他条款之间的关系

追越条款第 1 款规定：“不论第二章第一节和第二节的各条规定如何，任何船舶在追越任何他船时，均应给被追越船让路。”该款明确规定了追越条款应优先实施，优先于“任何能见度的行动规则”和“互见中的行动规则”两节中关于航行、避让行动的规定实施。《规则》第二章第一、二节规定了船舶之间的避让责任关系包括不应妨碍与不应被妨碍关系、让路与直航的关系等；还规定了狭水道、分道通航制区的航行方法及任何能见度情况下的避让原则。无论这些规定如何，一旦构成追越，就应立即执行追越条款的规定——追越船给被追越船让路，同时解除其他条文规定的让路与直航责任；其他条文在避让方面关于“妨碍”的规定虽然不被解除，但应立即执行追越条款规定的让路与直航的责任。当然，在优先执行追越条款时，也要考虑其他条文关于航行及避让原则的限制，特别是任何能见度的行动规则中的相关要求。追越条款优先适用具体表现为如下几个方面。

1. 追越条款优先于狭水道条款和分道通航制条款

无论狭水道条款、分道通航制条款规定了怎样的不应妨碍要求，只要构成追越局面，追越船就应当给被追越船让路，直到驶过让清为止；不论被追越船是否应该履行不应妨碍的责任，也不管被追越船是否遵守了狭水道或者分道通航制条款规定的航行方法，只要构成追越，追越船均应当给被追越船让路。当然，优先执行追越条款，并不解除船舶按规定履行其不应妨碍义务，也不解除船舶遵守狭水道或者分道通航制所要求的航行方法。例如，在分道通航制区追越时，追越船是不能进入分隔带的。

2. 追越条款优先于帆船条款和船舶之间的责任条款

帆船条款(第十二条)和船舶之间的责任条款(第十八条)都规定了相应的让路船与直航船,第十八条还提出了"避免妨碍"的要求;但只要两艘帆船构成追越,追越船应当给被追越船让路,而不执行"帆船"和"船舶之间的责任"条款所规定的让路、直航的责任,也就是说当"帆船"和"船舶之间的责任"条款所规定的让路、直航责任与追越条款的规定产生矛盾时,应执行追越条款。当然,执行追越条款也不免除船舶按第十八条履行"避免妨碍"的责任。

此外,依据几何制确定的追越与对遇局面是不相邻的,两者没有交叉或重叠的区间。因此,追越条款与对遇局面条款不存在优先执行的问题。但追越与交叉相遇局面在方位上相邻,存在重叠区域,在对局面有怀疑时,《规则》允许假定该局面为追越。

(四)追越中的避让责任与行动

追越条款第1款规定"任何船舶在追越任何他船时,均应给被追越船让路",明确规定了追越船为让路船,被追越船为直航船。追越船履行让路责任时,应遵循《规则》第八条、十六条的规定采取避让行动,在避让操纵时做到"早、大、宽、清",同时考虑狭水道条款及操纵警告信号条款的要求,需要被追越船协调行动才能追越时,应按章鸣放声号,征得被追越船同意,追越仅仅是一种企图,只有确信能安全追越时,才能实施追越。被追越船应按第十七条直航船的行动要求保向保速,核实追越船避让行动的有效性,必要时按章鸣放相应声号,及时终止保向保速,并采取相应的行动避免航行、碰撞的危险。

在追越过程中,两船间的方位、距离将发生变化。如图4-6(a)所示,当后船在追越中穿越前船艉灯光弧进入其舷灯光弧范围时,或者由于其他原因,前船临时改向避让导致后船进入前船舷灯光弧范围时,如果产生碰撞危险两船就会形成"交叉相遇"格局;或者当后船超越前船,后船船尾超过前船船首后,前船转向恢复航向,由于产生新的碰撞危险而形成"交叉相遇"格局(图4-6(b))。无论是上述哪种情形,一旦前一阶段已经构成追越,追越船均不应将此时的"交叉相遇"态势作为交叉相遇局面处理而免除其让清被追越船的责任,直到最后驶过让清为止。所谓"驶过让清",是指追越船已经离开被追越船足够的距离以致不再妨碍被追越船的航行,并与之产生碰撞危险;即使追越船采取不适当的突发行动,被追越船也有足够的时间来判断和应对。在追越船驶过让清被追越船之前,追越船始终负有让路的责任和义务,否则就属于违反《规则》的行为,应当承担相应的责任。

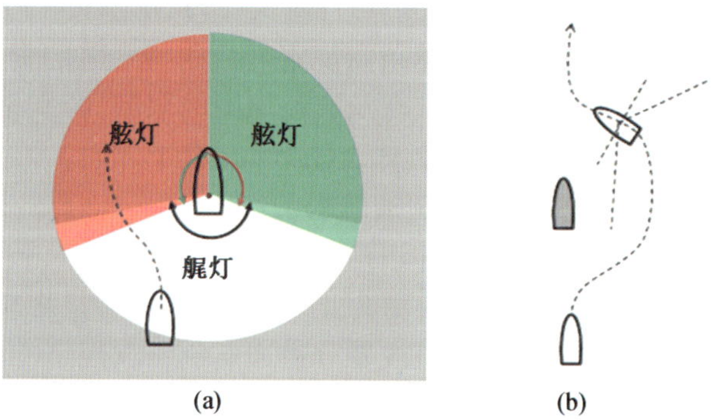

图4-6　追越过程中两船相对位置的变化

(五)追越船责任的解除

追越条款第4款规定:“随后两船间方位的任何改变,都不应把追越船作为本规则条款含义中所指的交叉相遇船,或者免除其让开被追越船的责任,直到最后驶过让清为止。”这就是所谓一旦追越,永远追越,直到最后驶过让清。该规定说明两船一旦构成追越,追越条款就应一直适用,追越船就应当给被追越船让路,直到最后驶过让清为止。即使出现意外导致追越船的主机、舵机等发生故障而处于失控状态,也不免除追越船按本条规定让路并确保驶过让清的责任和义务,因此,追越船不仅要与被追越船始终保持足够的安全距离,还要依据环境及局面的实际情况留有充分的安全余地。

(六)对追越的怀疑

追越条款第3款规定:“当一船对其是否在追越他船有任何怀疑时,该船应假定是在追越,并应采取相应行动。”根据这一规定,当后船利用各种方法仍然难以判断是否构成追越,对两船之间构成追越局面的方位、距离及速度存在怀疑时,后船应假定构成追越,主动承担让路责任,采取避让行动,直到最后驶过让清为止。这仅仅是对后船的要求,前船是不能假定为被追越的。具体表现如下:

(1)对是否处于前船正横后22.5°方位的怀疑:如图4-7所示,夜间有时看到前船艉灯而有时又看到舷灯/桅灯或者同时看到前船的舷灯/桅灯与艉灯,白天不确定是否处于追越方位。

(2)对速度是否正在赶上前船的怀疑:由于航向不稳或受风浪影响不同,前船速度有时与后船相同,有时还比后船大,但两船间的距离存在逐步减小的趋势。

(3)白天对是否处于前船艉灯的能见距离之内存在怀疑。

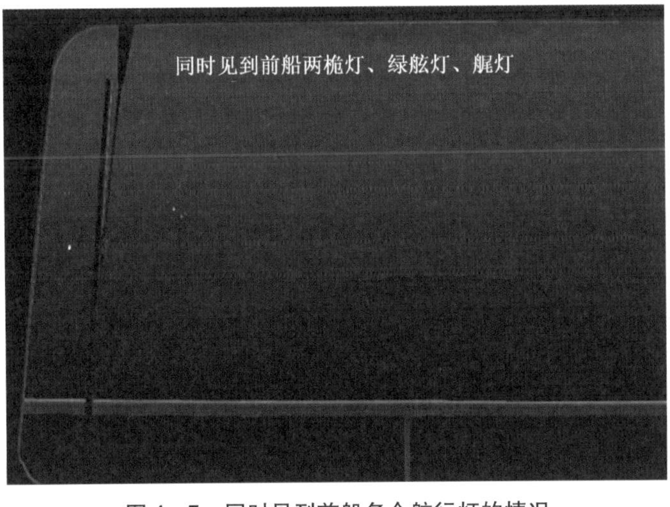

图4-7　同时见到前船多个航行灯的情况

(七)追越局面的特点

1. 相对速度小,并行或相持时间长

追越时,两船接近于同向行驶,相对速度小,相持时间长。虽然相持时间长使得可供判断、采取行动的时间增加，但两船横距不足时，可能产生激烈的船间效应，尤其是在狭水道或者航道中追越时，应高度重视。因此，在狭水道或者航道中追越应当征得被追越船的同意，确保两船能够保持足够的安全横距，存在一定的速度差以缩短两船并行的时间，被追越船应按良好船艺的要求采取适当的行动以减轻船间效应的影响。

2. 易与大角度交叉相遇局面相混淆而产生不协调的行动

当后船从前船正横后约22.5°的某一方向上驶近并赶上前船时，后船可能对本船究竟是在追越前船，还是与前船构成大角度交叉产生怀疑。如图4－8所示，A、B两船无论是构成追越还是交叉相遇局面，B船均属于让路船，两船之间不容易发生行动的不协调；而A、C两船所处的格局，如果A船判断为被追越，就成了直航船，如果C船认为是交叉相遇局面，A船就应是让路船，C船直航，最终A、C两船可能均保向保速不采取行动而造成紧迫局面，甚至发生碰撞。鉴于以上情况，航海界将从前船的右舷后方追越归类为危险追越。

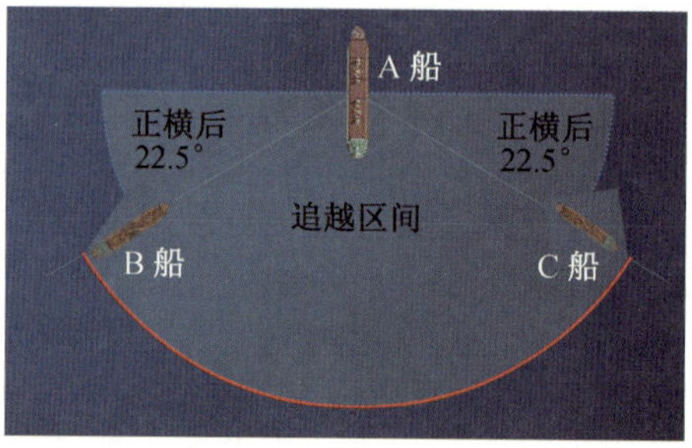

图4－8　危险追越

追越条款第3款规定："当一船对其是否在追越他船有任何怀疑时，该船应假定是在追越，并应采取相应行动。"需要强调的是，《规则》仅仅要求后船假定是在"追越"并采取让路行动；并不允许前船假定为"被追越"，如果前船据此假定是"被追越"，那就是对《规则》的错误理解。前船应当充分注意到这种容易与交叉相遇局面相混淆的实际情况，保持高度的戒备，运用良好的船艺，在必要时鸣放声号独自采取操纵行动，在采取行动时，还应特别注意其行动不会与后船可能采取的行动相冲突。

（八）追越中的注意事项

追越过程中操纵不当很容易导致航行或碰撞的危险，特别是在受限水域或两船航速相差不大时；在分道通航制区域端部实施追越，还会因被追越船改向而发生危险。在依据环境和局面实施具体追越时，应注意以下各项。

（1）在追越过程中，应当始终保持足够的横距，避免两船航向收敛式的追越，如图4－9所示，发现两船航向收敛时，可以适当转向，改从他船的另一舷追越。

（2）当追越船追过前船后，不应当立即横越他船船首恢复原航向，而应当确实驶过让清他船后再恢复原航向行驶，避免产生新的碰撞危险。

（3）在追越过程中密切注视被追越船的动态，对被追越船可能采取的不利行动予以高度戒备，尤其是当临近被追越船的转向点附近或者发现被追越船可能与另一艘船舶致有碰撞危险时。实施追越前应先行与被追越船用VHF沟通，了解被追越船的动态，选择适当的追越舷，避免陷入不利局面。

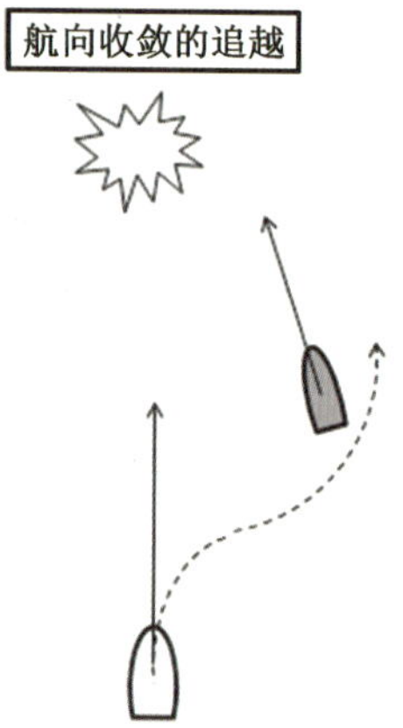

图4－9　航向收敛的追越

（4）在狭水道、航道内应当严格遵守狭水道条款的规定，应避免在狭水道的弯头地段、通航密集区、习惯转向点或禁止追越的水域追越。当需要被追越船配合采取行动时,应当鸣放相应的声号,禁止强行追越。在狭水道、航道内实施追越时,应当尽量避免航向交叉,尽可能平行追越,在追越过程中应保证足够的横距,避免产生激烈的船间效应。

(5)在追越中或者在采取避让行动时,应当特别警惕在近距离有第三船逼近而造成新的紧迫局面的可能性。

(6)在夜间实施追越时,双方都要注意检查号灯的显示情况。

评价要素参考

(1)熟悉追越条款的适用条件,正确理解追越条款与其他条款的相互关系。

(2)熟悉追越局面的构成条件,能准确判断追越局面,掌握对局面存在怀疑的情况。

(3)正确理解追越船的避让行动,追越责任的解除及追越避让的注意事项。

4-2 追越条款习题、学习资料

三、对遇局面条款

《规则》第十四条对遇局面条款规定:

1. 当两艘机动船在相反的或接近相反的航向上相遇致有构成碰撞危险时,应各向右转向,从而各从他船的左舷驶过。

2. 当一船看见他船在正前方或接近正前方,在夜间能看见他船的前后桅灯成一直线或接近一直线和(或)两盏舷灯;在白天能看到他船的上述相应形态时,则应认为存在这样的局面。

3. 当一船对是否存在这样的局面有任何怀疑时,该船应假定确实存在这种局面,并应采取相应的行动。

下面就如何理解条文的规定解析如下。

(一)对遇局面条款的适用范围

《规则》第十四条对遇局面条款的适用,可以概括为:两在航机动船船在《规则》适用的水域互见,形成对遇局面,存在碰撞危险。

1. 两机动船

这里的机动船是指按第十八条等级制规定,除"高等级"的捕鱼船、操纵能力受到限制的船舶和失控船之外,其他任何用机器推进的船舶,俗称普通机动船,包括限于吃水船、普通拖带和用机器推进的机帆船等在内的用机器推进的任何船舶,属于狭义机动船的范畴。当然,对遇局面中的在航普通机动船也被限定为两艘,不适用于三艘及以上的机动船所形成的局面,也不适用于任意两艘"高等级"机动船之间所形成的局面。

2. 对遇局面的理解

对遇局面第1款提到"当两艘机动船在相反的或接近相反的航向上相遇致有构成碰撞危

险时”——这就是对遇局面。除要求是两艘机动船外,正确理解对遇局面还应注意以下各点。

(1)航向相反或接近相反:“航向相反”指两船航向相差180°,这里的航向应理解为罗经航向,即罗经所指示的船首向。“航向接近相反”通常是指两船首向的交叉角在6°或半个罗经点的范围内。

(2)致有构成碰撞危险:致有构成碰撞危险是构成对遇局面的一个重要条件。对碰撞危险的含义在《规则》第七条中已做了解释。对对遇局面的理解应注意两方面,一是两船间的距离,除了要互见外,还要在形成碰撞危险的距离之内;二是DCPA不能满足在安全距离上驶过。

夜间一般通过视觉观察他船的号灯来判断是否存在碰撞危险,在号灯中最远的“最小能见距离”只有6 n mile,由此推断两船间适用碰撞危险条款的距离被限定在6 n mile左右。关于两船间的安全会遇距离可以用DCPA来衡量,应根据环境和局面的具体情况来确定适用的安全会遇距离,大海上一般控制在1~2 n mile。

3. 对驶与对遇

在海上还常常会出现对驶的格局,所谓对驶是指两船航向相反或接近相反,不存在碰撞危险,但安全会遇距离不是很大的局面。对驶也包括介于“对遇”与“小角度交叉”之间的一种格局。如图4-10所示,本船与1号船为对遇,与2号船为对驶,与3号船为小角度交叉。纵观《规则》各条关于“假定”的规定,遇到对驶格局及小角度交叉格局时,如果对局面有怀疑,应假定为对遇并遵循对遇条款的要求采取相应的避让行动。

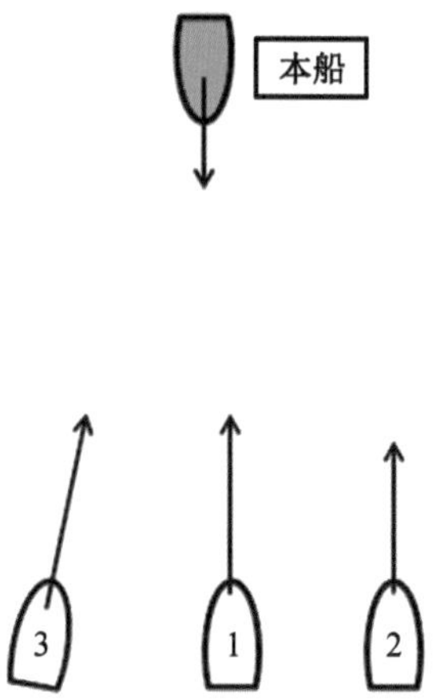

图4-10 对遇局面的怀疑

(二)形成对遇局面的具体条件

对遇局面第2款规定:“当一船看见他船在正前方或接近正前方,在夜间能看见他船的前后桅灯成一直线或接近一直线和(或)两盏舷灯;在白天能看到他船的上述相应形态时,则应认为存在这样的局面。”这里的前后桅灯成一直线是指两桅灯位于同一垂直线上;白天相应的形态是指能看到他船驾驶台的正面而看不到其侧面。根据本款及第1款的规定,可以将对遇局面的构成条件汇总如下。

(1)两在航普通机动船。

(2)在互见中。

(3)构成碰撞危险。

(4)各自处于对方的正前方或接近正前方。

(5)航向相反或接近相反。

由于受海上波浪、风流压差及航向不稳等因素的影响,对遇局面没有要求两船航向完全相反和处于正前方,加入了接近相反和接近正前方,在几何格局上加大了对遇局面的来船所处的方位及所驶的航向的范围区间。在理解时很容易遗漏“正前方或接近正前方”的条件。事实上只要来船首向是正对本船驾驶台,在任何一个方位都可以观察到来船的“前后桅灯成一直线或接近一直线和(或)两盏舷灯;在白天能看到他船的上述相应形态”,如图4-11所示,本船可以同时观测到来船甲、乙、丙、丁四船的前后桅灯成一直线和两盏舷灯,但仅来船甲与本船构成对遇局面;而来船乙、丙则可能与本船构成交叉相遇局面;来船丁则可能构成追越局面。

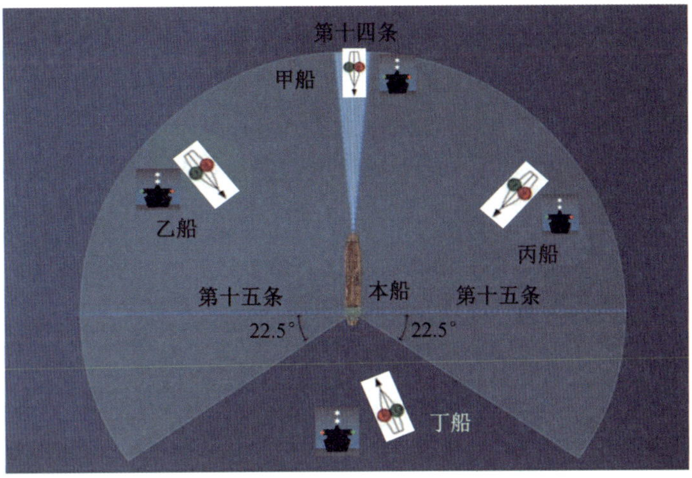

图 4－11 同时观测到他船前后桅灯及左右舷灯的情况

(三)对遇局面中的避让责任与行动

对遇局面中的两船航向相反或接近相反,两船的相对速度快,可供判断和采取避让行动的时间短。对遇局面中的船舶必须对局面做出迅速、准确的判断,并及时转向避让。

对遇局面第 1 款要求,“对遇局面中的两船,应当各自向右转向”明确了两船应采取的避让行动,同时也暗示对遇局面的双方负有同等的避碰责任,不存在让路船和直航船的关系,也不是所谓的“互为让路船”。两船在采取转向避让行动时,应按第八条的要求做到“早、大、宽、清”,同时遵守使用操纵警告信号的规定,按章鸣放或显示相应的信号。

在海上,特别是在使用推荐航线时,经常发生对遇局面。虽然对遇局面危险性高,需要迅速行动,但只要两船能遵循《规则》及时大幅度右转向,碰撞危险就能迅速消除,可以说是行动简单,效果明显。

对遇局面第 1 款还要求,对遇局面的两船应“各从他船的左舷驶过”,这也是海上常说的“过红灯”或“左对左”。“右转避让,过红灯”已成为海上避让的一种习惯,既易于被他船理解与接受,也是符合《规则》的海员通常做法。

对遇局面中,两船各自右转后的避让效果表现为:在 DCPA 增大的同时,TCPA 提前。如图 4－12 所示,两船在采取避让行动前计算 DCPA、TCPA 所使用的距离为三角形的斜边,转向后变成了三角形的直角边,两船行驶距离变短导致 TCPA 提前。

(四)对遇局面的怀疑

对遇局面第 3 款规定,“当一船对是否存在对遇局面有任何怀疑时,该船应假定确实存在对遇局面,并按《规则》要求采取相应的行动。”纵观《规则》共有三种重要的假定,对是否存在碰撞危险有怀疑时,应假定存在碰撞危险;对是否处于追越局面有怀疑时,应假定

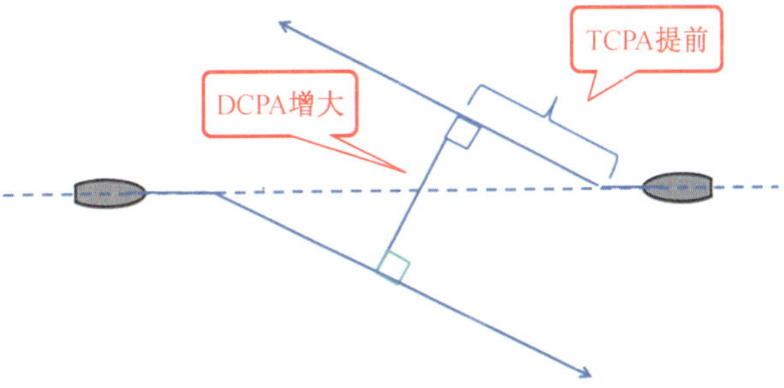

图 4－12 对遇局面避让效果图

是在追越;对是否属于对遇局面有怀疑时,应假定是对遇局面。在"几何制"避让原则中,对遇与追越可以假定,但交叉相遇是不能假定的。在对遇局面中,容易产生怀疑的情况主要来自以下的几个方面。

1. 对他船是否位于本船的正前方或接近正前方有怀疑

对正前方小角度方向上的他船,是构成对遇局面还是交叉相遇局面难以断定时,应假定为对遇,并各自右转避让。特别是当他船位于本船左舷小角度方向上时,切忌将本船作为小角度交叉相遇局面中的直航船。

2. 对两船是否为航向相反或者接近相反有怀疑

(1)在正前方或接近正前方,发现他船的两盏桅灯,但对两盏桅灯是否属于接近一直线难以断定。

(2)在正前方或接近正前方,只发现他船的一盏白灯,难以断定是桅灯还是艉灯。

(3)在正前方或接近正前方,时而看到他船的红舷灯,时而看到他船的绿舷灯。

(4)在白天,对看到的他船的前后桅杆是否接近一直线,或者看到他船的驾驶台是否正面对着或者接近正面对着本船有怀疑。

3. 对两船是否致有构成碰撞危险难以断定

对两船是否致有构成碰撞危险难以断定时,特别是当两船以较小的 DCPA 右舷对右舷对驶时,切忌假定不存在碰撞危险。应按第七条的规定,假定存在碰撞危险。

4. 对他船是否属于机动船有怀疑

对位于本船正前方或接近正前方且航向相反或接近相反的他船是否属于本条所指的机动船难以断定,特别是在遇到机帆船或对工程船是否在施工感到怀疑时。

出现以上怀疑时,应按本条规定假定为对遇局面,并采取相应的行动右转避让;采取避让行动应遵循第八条的规定做到"早、大、宽、清";机动船还应按章鸣放相应声号。

(五)对遇局面中采取避让行动的注意事项

《规则》要求两船各自向右转向从而从他船左舷通过,并不意味着两船所采取的行动的综合效果能导致两船在安全距离上通过,而是每一船舶均必须及早地采取大幅度地右转行动,且每一船的行动均能使两船在安全的距离上驶过。在对遇局面中,考虑良好的船艺,采取避让行动应当充分注意到以下各点。

(1)当一船能够用视觉看到他船的两盏舷灯时,就应及早采取避碰行动。在右转避让行动的同时,应当鸣放"一短声"操纵信号,在夜间还可以显示"一短闪"予以补充。

(2)当发生对是否处于对遇局面持有怀疑的情况时,应假定确实存在这种局面,并应在更早的时刻采取大幅度的行动,以避免产生紧迫局面。

(3)当环境和情况不允许一船采取大幅度右转时,应尽早地与他船建立 VHF 通信,协调两船行动,另一船行动的时机应当更早、幅度应当更大。同时对他船可能采取的其他行动要保持高度的戒备,以防止两船行动的不协调,必要时按《规则》要求将船完全停住。

(4)与限于吃水的船舶或拖带中的船舶构成对遇局面时,应当充分注意到这些船舶转向避让能力的局限性,及早采取大幅度的避碰行动;限于吃水船与拖带中的船舶应充分考虑自己的局限性谨慎驾驶,必要时使用警告信号提请他船注意本船的实际情况。

(5)充分注意到大幅度转向避让的前提条件是有足够的水域,虽然减速不能避免对遇局面中的碰撞危险,但减速停船不仅可以留出时间估计局面,同时也是符合第八条避免碰撞的有效行动。

(6)当两艘从事捕鱼的船舶,或两艘操纵能力受到限制的船舶,或一艘操纵能力受到限制的船舶与一艘失去控制的船舶,形成对遇态势时,虽然本条规定不适用,但各自向右转向也被认为是有效的避让行动。如前所述,在这种会遇态势下,右转不仅行动简单易于被理解,而且避让效果明显,能迅速消除碰撞危险。

(7)在危险对遇中,避让的时机应当更早,避让的幅度应当更大,以便他船及早了解本船的意图和行动,以避免两船发生不协调的行动。

(六)危险对遇

当两船处于右舷对右舷通过且 DCPA 不是太大的对驶态势下,两船最容易采取不协调的行动而发生碰撞,因而常常被称为“危险对遇”。分析“危险对遇”容易发生碰撞的原因可知,主要是两船对当时的局面存在不同的理解。如图 4－13 所示,一船认为是两船存在碰撞危险构成“对遇局面”,因而按照《规则》的要求采取向右转向的行动;而另一船认为两船是对驶,为加大 DCPA 保障会遇的安全距离而左转,由于两船相对速度大,极易导致紧迫局面,稍不注意就可能由于两船的行动不协调而导致碰撞。这也是将这种态势称为“危险对遇”的原因。

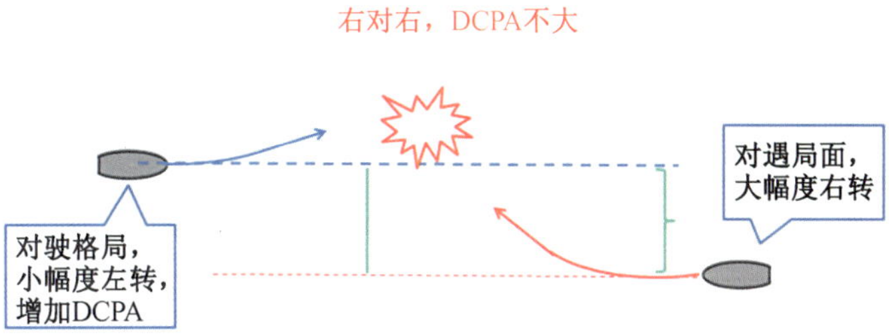

图 4－13　危险对遇

为了避免在危险对遇中由于两船避碰行动的不协调而发生碰撞,一方面两船应当尽早用 VHF 进行沟通,协调两船的行动;另一方面,应增强法律意识,对是否为对遇局面有怀疑时,应按《规则》要求假定为对遇,并采取右转避让,在采取避碰行动时,应当按第八条的要求做到“早、大、宽、清”,按章鸣放声号,并使用灯光信号补充;以便他船能够及早地察觉到本船的行动,避免采取不协调的行动。

评价要素参考

(1)熟悉对遇局面条款的适用条件。

(2)熟悉对遇局面的构成条件,正确理解“机动船”“正前方或接近正前方”。

(3)能正确处理对局面存在怀疑的情况,当对“对遇与小角度交叉”“对遇与对驶”存在怀疑时,应假定为对遇。

(4)熟悉对遇局面的避让行动、行动的效果及避让的注意事项。

4－3　对遇局面条款习题、学习资料

四、交叉相遇局面条款

《规则》第十五条交叉相遇局面条款规定："当两艘机动船交叉相遇致有构成碰撞危险时，有他船在本船右舷的船舶应给他船让路，如当时环境许可，还应避免横越他船的前方。"

下面就如何理解条文的规定及如何实施避让解析如下。

（一）交叉相遇局面条款的适用范围

"当两艘机动船交叉相遇致有构成碰撞危险时"是《规则》第十五条交叉相遇局面条款的适用条件，可以概括为：两在航机动船船在《规则》适用的水域互见，形成交叉相遇局面，存在碰撞危险。其中两机动船的内涵与第十四条对遇局面的要求完全相同，是指不包括捕鱼船、操限船和失控船的普通机动船；按第七条的规定判断碰撞危险的要求也与对遇局面相同。具体适用条件归纳如下。

（1）两在航普通机动船。

（2）在互见中。

（3）构成碰撞危险。

（4）航向交叉。

所谓"交叉相遇"是指两艘机动船航向交叉，致有构成碰撞危险的局面。这里的航向也是指罗经指示的船首向。根据"几何制"格局的分类，除对遇区间外的舷灯光弧范围都属于交叉相遇局面的区间，也就是船首向交叉在左右 6°～112.5°的舷角区间（可参考图 1－10 或图 4－11），与从该区间驶来的普通机动船形成碰撞危险就应适用于"交叉相遇"条款。

（二）交叉的分类

在交叉相遇局面中，海员依据来船的方位和船舶避让的特点，根据交叉相遇中两船船首向交角的大小将"交叉相遇"分成小角度交叉、垂直交叉和大角度交叉三种情况，如图 4－14 所示。

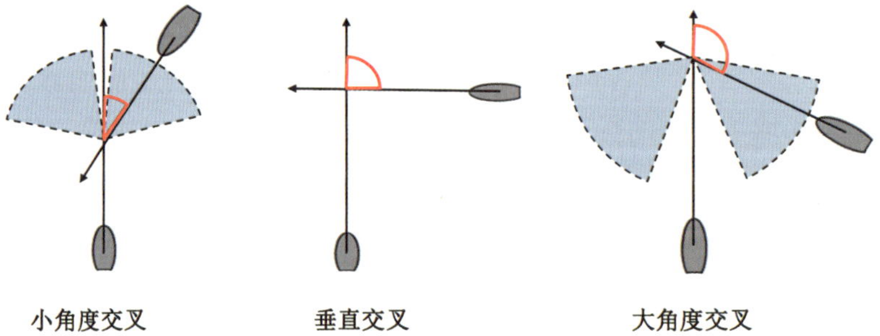

图 4－14　交叉局面的分类

1. 小角度交叉

本船船首向与来船首向反向的交角成锐角，来船首向多位于本船船首向左右 6°～70°范围，为小角度交叉。

2. 垂直交叉

垂直交叉也叫横交或正交，指本船船首向与来船首向反向的交角垂直或接近垂直。

3. 大角度交叉

本船船首向与来船首向反向的交角成钝角，直到形成追越局面，来船首向多位于本船首向左右 100°往后的范围，为大角度交叉。

综合以上分类可以看出，来船基本位于本船正横附近及正横以前才可能存在碰撞危险，构成交叉相遇局面，正横后一定角度的来船一般都属于追越局面。

（三）交叉局面中的避让责任划分

交叉相遇局面条款规定的“有他船在本船右舷的船舶应给他船让路”俗称“居左让居右”，“有他船在本船右舷”即本船居左，他船居右。本船是让路船，他船是直航船，本船应给他船让路。根据航海经验，位于本船左舷的船即为“居左”，位于本船右舷的船即为“居右”。如图 4 – 15 所示，本船一般与左舷显示红色舷灯船无碰撞危险，而与左舷显示绿色舷灯的船存在碰撞危险的可能较高；同理本船与右舷的绿灯船产生碰撞危险的可能性较小，而与右舷的红灯船存在碰撞危险的可能性较高。夜间根据舷灯判断交叉相遇局面碰撞危险的经验可以总结为“红对红”“绿对绿”较安全；而两船红绿舷灯相对时，则存在碰撞危险的可能性较大。依据“居左让居右”的原则，海员又总结出 “让红不让绿”经验，看到他船红舷灯在本船右舷时，本船为让路船；看到他船绿舷灯在本船左舷时，本船为直航船。

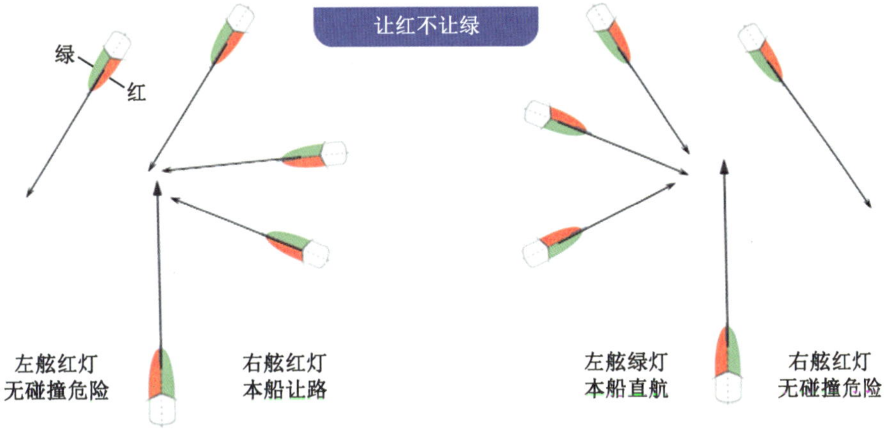

图 4 – 15　对让红不让绿的理解

（四）交叉相遇局面中的避让行动

交叉相遇局面条款除了要求让路船履行让路责任外，还要求让路船“如当时环境许可，还应避免横越他船的前方”，虽然没有像对遇局面条款那样给出具体的避让行动，但也提出了采取让路行动时避免横越直航船前方的要求。横越他船前方很容易被他船误解为抢越船头而不是让路，导致直航船采取不协调的行动而发生危险；另一方面，这么规定也是要求让路船在采取转向避让行动时，不要局限于向右转向，应根据具体局面选择左转或右转，或转向结合变速进行避让。采取具体避让时应遵守第八条、十六条规定的避让原则，做到“早、大、宽、清”，根据两船所构成的不同交叉会遇态势，运用良好船艺来采取具体的避碰行动（图 4 – 16）。通常的避让方法总结如下。（相关内容可以参考避免横越他船前方链接）

4－4　避免横越他船前方学习资料

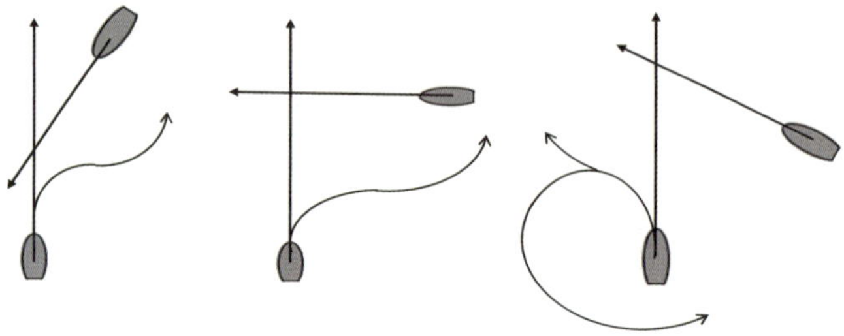

(a)小角度交叉　(b)垂直交叉　(c)大角度交叉

图 4－16　交叉局面避让行动

(1)小角度交叉与对遇相仿，相对速度高，两船接近快，避让时应及时采取向右转向的行动，并使得他船能够见到本船的红舷灯，与他船“左对左”驶过让清后，再从他船船尾后方恢复原航向。采用向右转向并从他船船尾驶过，通常被认为是避让小角度交叉相遇局面船舶的最好方法；若让路船右舷存在碍航物或其他船舶不允许让路船采取大幅度向右转向的行动，则让路船可以采取减速、停车等措施，待直航船驶过之后恢复原航速。如图 4－17 所示，在小角度交叉相遇局面中，让路船应当尽量避免左转，一方面在小角度交叉时左转极易导致横越他船前方；另一方面左转易被直航船误判为抢越船首，导致与直航船可能采取的行动不协调。

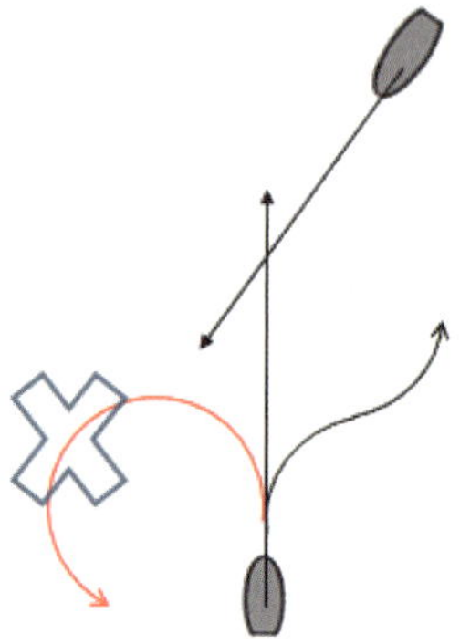

图 4－17　小角度交叉避免左转

(2)避让垂直交叉船既可采用上述避让小角度交叉船的方法大幅度右转从他船的船尾驶过；如果没有足够的水域右转，也可以减速、停车让他船先行通过，或者减速配合右转进行避让。在垂直交叉的局面中，让路船左转避让可以有效增大 DCPA，但易引起直航船误解，因此应特别谨慎使用左转避让，实施左转避让前应与他船沟通，协调行动。

(3)远距离避让大角度交叉船时，如图 4－18 所示雷达平行线避让效果图，只要有足够的水域，右转避让也是行之有效的避让行动。但不宜在较近距离内朝他船右转，为与他船保持安全距离有效增大 DCPA，近距离通常可适当左转配合减速与他船并行，让他船先行通过，必要时本船可以左转一圈。左转避让一定要做到一次性地尽快完成避让，避免一连串的小转向。

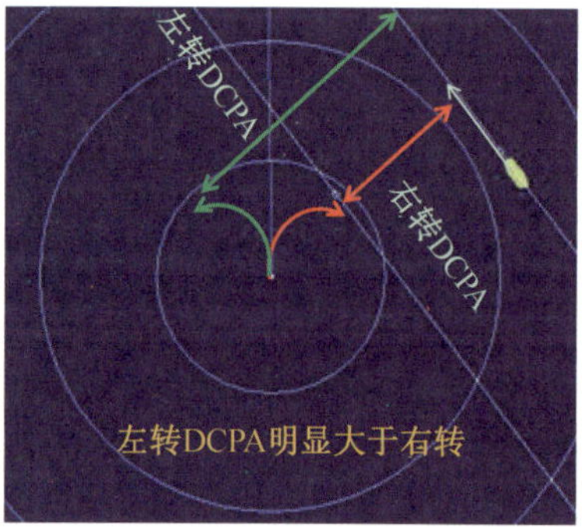

图 4－18　雷达平行线避让图

直航船在会遇的过程中，应遵守第十七条的规定保向保速，必要时也可以主动采取行动避免产生紧迫局面或发生碰撞，直航船的具体行动详见“遵守避让行动的原则”所述直航船的行动。

（五）交叉相遇局面的注意事项

对是否属于交叉相遇局面，应依据前述交叉相遇局面的构成要件做出判断。在判断局面和采取避让行动时应注意以下几点：

（1）只适用于两机动船，三艘及以上机动船相遇即使构成交叉态势，也不适用于本条，其中任意两船之间也不能使用交叉局面条款的要求进行避让，应当按第二条的规定，做特殊情况对待，各船谨慎驾驶，考虑海员通常做法进行避让。

（2）在交叉相遇局面中，让路船在采取行动时，应正确理解直航船的保向保速，充分考虑直航船可能因到达转向点或临时避让而采取的转向行动。

（3）当两艘顺航道行驶机动船在航道内形成交叉态势时，应适用狭水道、分道通航制或地方的特殊规定不执行交叉相遇局面条款；但与穿越船或其他非顺航道行驶的船舶形成交叉态势时，应根据来船的种类执行交叉相遇局面条款或按第十八条等级制的要求进行避让（参考狭水道、分道通航制条款的解析）。

（4）当机动船对构成小角度交叉相遇局面还是对遇局面有怀疑时，应当假定存在对遇局面，并按《规则》第十四条的要求采取相应的行动。

（5）当一船对本船右舷正横后的来船是追越还是大角度交叉相遇局面有怀疑时，不应做任何假定，应当对他船的行动保持高度的戒备，切忌盲目地将本船作为追越中的被追越船而始终保向保速。在采取行动时，应当充分注意良好船艺的要求，与他船用 VHF 沟通，避免本船所采取的行动与他船可能采取的行动不协调。

（6）当机动船对采取的行动是否会横越他船船首有怀疑时，应及时减速停车，估计局面并与他船保持安全距离。

（7）当一艘机动船向后运动以致与另一艘机动船交叉相遇，致有构成碰撞危险时，因不符合船首向交叉的要求，而不适用于交叉相遇局面条款，应当作为特殊情况处理。

（8）限于吃水的船舶、执行引航任务的机动船、从事普通拖带作业的机动船，当与另一艘机动船交叉相遇致有构成碰撞危险时，仍然应当执行交叉相遇局面条款。除从事拖带作业的船舶构成“操纵能力受到限制的船舶”外，该拖船和被拖船应当视为一个整体，作为一艘机动船执行交叉相遇局面条款。

4－5　交叉相遇局面习题、学习资料

评价要素参考

（1）熟悉交叉相遇局面条款的适用条件，注重对机动船、航向交叉的理解。

（2）正确理解“居左让居右”的避让原则。

（3）熟悉交叉相遇局面的让路行动，正确理解避免横越他船前方及避让的注意事项。

五、船舶之间的责任条款

《规则》第十八条船舶之间的责任条款规定：

除第九、十和十三条另有规定外：

1. 机动船在航时应给下述船舶让路：

(1)失去控制的船舶。

(2)操纵能力受到限制的船舶。

(3)从事捕鱼的船舶。

(4)帆船。

2. 帆船在航时应给下述船舶让路：

(1)失去控制的船舶。

(2)操纵能力受到限制的船舶。

(3)从事捕鱼的船舶。

3. 从事捕鱼的船舶在航时，应尽可能给下述船舶让路：

(1)失去控制的船舶。

(2)操纵能力受到限制的船舶。

4. (1)除失去控制的船舶或操纵能力受到限制的船舶外，任何船舶，如当时环境许可，应避免妨碍显示第二十八条规定信号的限于吃水的船舶的安全通行。

(2)限于吃水的船舶应充分注意到其特殊条件，特别谨慎地驾驶。

5. 在水面的水上飞机，通常应宽裕地让清所有船舶并避免妨碍其航行。然而在有碰撞危险的情况下，则应遵守本章条款的规定。

6. (1)地效船在起飞、降落和贴近水面飞行时应宽裕地让清所有其他船舶并避免妨碍他们的航行；

(2)在水面上操作的地效船应作为机动船遵守本章条款的规定。

下面就如何理解条文的规定解析如下。

(一)船舶之间的责任条款的适用范围

1. 适用的船舶

"船舶之间的责任"俗称等级制条款，是不同类别的两船之间的避让责任，即不同等级的两船相遇，其中的一船对另一船应当承担的避让责任，不适用于同等级的船舶之间相遇的情况。

2. 适用能见度

该条规定在"船舶在互见中的行动规则"这一节中，因此，该条以两船处于互见中为前提条件，与互见中的行动规则的其他条款的要求相同。

3. 适用条件

在适用于该条时，应当满足下列两个条件：

(1)当事船舶满足《规则》第三条的"一般定义"，在航于《规则》适用的水域；

(2)有关船舶，已经按照《规则》的规定显示了相应的号灯或号型。

另外，应特别注意，第十八条的适用并不以两船构成碰撞危险为前提条件，由于帆船、捕鱼船的操纵性能不是很好，如果在构成碰撞危险之后再采取避让行动，难以保障在安全距离上驶过,因此,本条的让路责任应依据局面及船舶的具体操纵性能来决定,一旦互见,判断清楚了局面,操纵性能较差的船舶,可能要立即履行让路责任。因此,让路责任可能在形成碰撞危险之前已经产生,也可能在形成碰撞危险之后才产生。

(二)船舶之间的责任条款与《规则》其他条款之间的关系

"除第九、十和十三条另有规定外"阐明了第十八条与其他条款的关系,即第九、十、十三条优先于第十八条执行。第十八条俗称"等级制",将不同类型的船舶分成不同的等级,再依据等级确定避让关系。当不同等级船舶相遇应先考虑是否适用于《规则》第九、十、十三条,如果不适用,则适用第十八条的规定。例如,帆船与普通机动船相遇,首先应确认是否属于追越局面;其次应考虑是否在狭水道或分道通航制区,帆船应承担不应妨碍的责任;然后考虑第十八条确定让路船。当然在狭水道或分道通航制区时,帆船不应妨碍责任不会因其成为直航船而解除。另外,在狭水道或分道通航制区航行时,所有船舶都应优先遵守这些水域中的航行规定,如避免穿越、顺航道行驶等。

根据《规则》的有关规定,涉及船舶之间避让责任的条款的适用顺序如下:

(1)追越:第十三条。

(2)不应(避免)妨碍:第九条第2,3款,第十条第9,10款,第十八条第4款。

(3)依据船舶类别确定的避让责任:第十八条(不同类两船);第十二条、第十四条、第十五条(同类两船)。

(三)船舶之间避让责任的种类

依据《规则》"驾驶和航行规则"各条的规定,船舶之间的避让责任可以分为如下三类:

(1)不应妨碍(避免妨碍):根据第九条第2,3款,第十条第9,10款以及第十八条第4款规定,具备不应妨碍(避免妨碍)责任的船舶应留出足够的水域供他船通行,避免与他船构成碰撞危险。

(2)让路与直航:第十二、十三、十五和十八条中提出两船相遇时,让路船应遵守《规则》采取避让行动,行动时应满足"早、大、宽、清"的要求。

(3)同等避让责任:第十四、十九条中的两船相遇时,具备同等的避让责任,双方都要按第八条"早、大、宽、清"的要求采取避免碰撞行动。

(四)各类船舶之间的责任及避让关系

1. 船舶之间的责任确定的原则

《规则》第十八条"船舶之间的责任"基本是依据船舶的避让操纵能力的优劣来划分船舶之间的避让责任。要求操纵能力相对较好的船舶应当尽可能给避让操纵能力相对较差的船舶让路。根据一般定义条款的规定,捕鱼船的渔具使其操纵性能受限,因此等级较高;而失去控制的船舶和操纵能力受到限制的船舶都属于"不能按《规则》给他船让路"的船舶,因此,在第十八条的"等级制"中这两类船舶同处于最高等级。

2. 各类船舶之间的避让关系

根据第十八条第1,2,3款的规定,可以将船舶之间的"等级"依次从低到高排序为:机动船、帆船、从事捕鱼的船舶、失去控制的船舶和操纵能力受到限制的船舶。低"等级"的船舶给高"等级"的船舶让路。这里的机动船是指除从事捕鱼的船舶、失去控制的船舶和操纵能力受到限制的船舶之外的其他用机器推进的船舶，包括限于吃水船和从事拖带作业的非操纵能力受到限制的船舶，我们也常将这里所述的机动船称为“普通机动船”，普通机动船在等级制条款中的等级最低。所有按第十八条规定给他船让路的船舶，采取避让行动时都应遵守第八条“早、大、宽、清”的原则，而且要充分考虑自身特性，做到谨慎驾驶，特别是帆船、从事捕鱼的船舶、从事拖带的船舶和限于吃水的船舶，当这些船处于让路船的地位采取行动时，应更早，不能等待产生碰撞危险后才行动，这也是第十八条不以碰撞危险为适用条件的主要原因。

第十八条第 3 款要求“从事捕鱼的船舶在航时，应尽可能给下述船舶让路”，与第 1，2 款相比，从事捕鱼的船舶依据《规则》履行让路责任时，加入了“尽可能”三个字。由于从事捕鱼的船舶避让能力被其使用渔具限制，某些从事捕鱼的船舶在特定的捕鱼阶段可能很难操纵船舶给失去控制的船舶和操纵能力受到限制的船舶让路，特别是在收网和起网阶段，几乎不可能给他船让路。因此，本款规定使用了“尽可能”一词，对此，失去控制的船舶和操纵能力受到限制的船舶应予以充分注意。

3. 未明确规定船舶之间责任的情况

第十八条并未明确规定以下船舶相遇时的避让责任关系：

(1)三艘或者三艘以上船舶相遇。

(2)两艘从事捕鱼的船舶相遇。

(3)两艘失去控制的船舶相遇。

(4)两艘操纵能力受到限制的船舶相遇。

(5)一艘失去控制的船舶与一艘操纵能力受到限制的船舶相遇。

以上船舶之间相遇，每一船舶均负有同等的避碰责任和义务，都应按《规则》第二条规定的精神并运用良好的船艺采取避让行动，采取避让时应遵守第八条“早、大、宽、清”的原则；由于局面特殊或船舶操纵性能受限，在碰撞危险形成之后再行动就可能很难相互摆脱，因此，应特别注意在时间和距离上都应更早采取行动。

在具体局面中，操纵能力稍好的船舶应尽可能主动避让操纵能力更差的船舶。例如，操纵能力受到限制的船舶应尽可能避让失去控制的船舶；从事拖带作业的操纵能力受到限制的船舶应避让正在发射或收回航空器的船舶等。在采取具体行动时，应根据具体的环境和情况遵循《规则》所确定的行动原则。双方均应当运用良好的船艺，尽早使用 VHF 协调避让行动，以保证船舶之间能够在安全距离上通过。

4. 不应妨碍及避免妨碍的要求

第十八条第 4 款规定：“(1)除失去控制的船舶或操纵能力受到限制的船舶外，任何船舶，如当时环境许可，应避免妨碍显示第二十八条规定信号的限于吃水的船舶的安全通行。(2)限于吃水的船舶应充分注意到其特殊条件，特别谨慎地驾驶。”限于吃水船一般都出现在水深受限的航道中而不是大海上，考虑到限于吃水船偏离其所驶航向的能力严重地受到限制，可采取避让操纵的水域有限；相对于其他船舶而言，其吨位也更大，变速性能更差。第十八条规定除失去控制的船舶或操纵能力受到限制的船舶外，任何船舶，如当时环境许可，应留出足够的水域供限于吃水船通行，避免妨碍限于吃水船的安全通行。另一方面，对于限于吃水的船舶，应充分考虑到其操纵特点，充分注意到其普通机动船的等级，在与他船相遇时可能要承担的让路责任，充分考虑其特殊条件，除了特别谨慎驾驶外，还要经常检查其显示的号灯、号型，注意适时使用操纵警告信号。

第十八条第5款规定:“在水面的水上飞机,通常应宽裕地让清所有船舶并避免妨碍其航行。然而在有碰撞危险的情况下,则应遵守本章条款的规定。”显然,在形成碰撞危险之前,水上飞机应承担宽裕地让清所有船舶并避免妨碍其航行的责任。可以理解为水上飞机应远离船舶常规使用的航线进行起飞降落操纵;或者发现有船舶在附近航行时,水上飞机就应避免在水面进行起飞降落操纵。但是,在水面操纵的水上飞机与他船构成碰撞危险时,《规则》要求将水上飞机当成普通机动船来确定避让责任。也就是说水上飞机让清所有船舶并避免妨碍其航行的责任仅仅局限于产生碰撞危险之前,产生碰撞危险之后的水上飞机按普通机动船承担避碰责任与义务。当然,这里的“在水面的水上飞机”应理解为即将起飞、降落或处于滑行阶段的水上飞机,如果仅仅是低速在水面操纵的水上飞机,其本身就是普通机动船。

第十八条第6款规定:“(1)地效船在起飞、降落和贴近水面飞行时应宽裕地让清所有其他船舶并避免妨碍他们的航行;(2)在水面上操作的地效船应作为机动船遵守本章条款的规定。”第十八条对地效船的避让责任的规定与水上飞机类似,但略有不同。首先,地效船宽裕地让清的对象是“所有其他船舶”而不是“所有船舶”,由于水上飞机仅仅在水面操纵才属于船舶,通常不归类为船舶,而地效船自身也不能归类为其他船舶,所以,这里的“所有其他船舶”应理解为除水上飞机和地效船之外的船舶;另一方面,地效船宽裕地让清他船的责任不仅适用于产生碰撞危险之前,也适用于产生碰撞危险之后。同样,《规则》仅要求处于起飞、降落和贴近水面飞行阶段的地效船远离他船,避免妨碍其航行,仅在水面操纵的地效船应作为普通机动船承担避碰责任与义务。

此外,地效船有特征号灯“高亮度的红色闪光灯”,而水上飞机是没有特征号灯的。在夜间可以通过号灯识别地效船,但水上飞机夜间只显示普通机动船的号灯是无法通过号灯来识别的。从特征号灯的规定可以协助理解:地效船无论是否形成碰撞危险均承担让路责任,而水上飞机在形成碰撞危险之后应作为普通机动船处理。

5. 气垫船、水翼船与其他船舶之间的责任

《规则》本身并未对气垫船、水翼船与其他船舶之间的避让责任做出特别的规定。因此,气垫船、水翼船即使是处于非排水状态下航行时,也应按普通机动船承担避让的责任和义务。考虑到这些船舶操纵性能良好,高速行驶时船行波较大,按照良好船艺,这些船舶在高速行驶时,通常应参照地效船及早采取避让行动,宽裕地让清他船;而在低速行驶时,则应当作为普通的机动船执行《规则》的各项规定。

气垫船受风的影响比较大,在非排水状态下航行时,受风压差影响,其偏航角度可以高达40°~50°,因此,在海上发现显示一盏黄色闪光灯的气垫船时,应注意观测其实际运动方向,切实掌握其运动状态,类似避让帆船,避免由于其显示的舷灯和实际运动方向的差别造成误解。机动船按船首向与气垫船形成对遇局面时,尤应特别谨慎,采取避让行动之前应充分考虑气垫船的特殊情况,使用VHF协调行动,从其下风驶过时应保持足够的安全距离。

各类船舶之间的避让责任总结见表4-1。

表 4-1　各类船舶之间的避让责任

避让责任的种类或适用对象	应采取的行动	适用条款	注意事项
同等避让责任	双方都应“早、大、宽、清”采取避让行动	对遇；能见度不良的行动	有怀疑时，应假定为对遇或假定存在碰撞危险
让路与直航	让路行动：“早、大、宽、清” 直航行动：初期保向保速；如让路船不遵守规则，可独自采取行动；逼近紧迫危险时，双方都应采取最有助于避碰的行动	追越；帆船；交叉相遇；船舶之间的责任	直航船采取行动并不免除让路船的让路责任
不应妨碍	留出足够水域供他船航行，避免形成碰撞危险	狭水道；分道通航制；船舶之间的责任	形成碰撞危险后应遵守其他条款的规定进行避让，但不免除不应妨碍的责任
水上飞机	宽裕地让清所有船舶，并避免妨碍其航行。在有碰撞危险时，作为普通机动船遵守规则的规定	船舶之间的责任	让路的对象：所有船舶
地效船（高速行驶或飞行时）	起飞、降落、飞行时，宽裕的让清所有其他船舶，并避免妨碍其航行。无论是否存在碰撞危险都要履行让路及避免妨碍的责任	船舶之间的责任	让路的对象：所有其他船舶
限于吃水船	谨慎驾驶，及时使用信号提醒他船注意本船特性	船舶之间的责任	形成碰撞危险时，应履行普通机动船的避让责任

评价要素参考

(1)熟悉船舶之间的责任条款的适用条件，注意到没有碰撞危险的要求。
(2)掌握各类船舶等级的划分。
(3)正确理解对限于吃水船的特别规定。
(4)正确理解对地效船、水上飞机的特别规定，并能找到其区别。

4-6　船舶之间的责任条款习题、学习资料

任务二 能见度不良时的航行与避让

船舶在能见度不良时的行动规则是《规则》第十九条，隶属于《规则》第二章第三节。能见度不良对视觉瞭望影响极大，不易通过视觉发现来船，获取其种类、尺度、动态等重要信息。判断碰撞危险方法受限，从而大大增加操纵与避碰的难度；同时，船舶所采取的避碰行动也不能被他船用视觉及时发现，而需要通过雷达标绘等手段才能判别，由于雷达标绘的滞后效应，极易导致双方行动不协调。能见度不良获取他船信息的有效途径是通过 AIS、VHF 等通信设备，开启 ECDIS 上的 AIS 功能能迅速获取他船的相关信息，但要注意他船是否及时更新了 AIS 的相关信息，应及时核对 AIS 收到他船的航向航速是否与雷达自动跟踪的结果一致，避免使用不充分的资料做出不正确的判断。《规则》将其单列为一节，可见其重要性。第十九条船舶在能见度不良时的行动规则规定：

1. 本条适用于在能见度不良的水域中或在其附近航行时不在互见中的船舶。

2. 每一船应以适合当时能见度不良的环境和情况的安全航速行驶，机动船应将机器做好随时操纵的准备。

3. 在遵守本章第一节各条时，每一船应充分考虑到当时能见度不良的环境和情况。

4. 一船仅凭雷达测到他船时，应判定是否正在形成紧迫局面和（或）存在着碰撞危险。若是如此，应及早地采取避让行动，如果这种行动包括转向，则应尽可能避免如下各点：

（1）除对被追越船外，对正横前的船舶采取向左转向。

（2）对正横或正横后的船舶采取朝着它转向。

5. 除已断定不存在碰撞危险外，每一船当听到他船的雾号显似在本船正横以前，或者与正横以前的他船不能避免紧迫局面时，应将航速减到能维持其航向的最小速度。必要时，应把船完全停住，而且无论如何，应极其谨慎地驾驶，直到碰撞危险过去为止。

下面就如何理解条文的规定及如何实施避让解析如下。

一、能见度不良的行动条款的适用范围

《规则》第十九条第 1 款规定："本条适用于在能见度不良的水域中或在其附近航行时不在互见中的船舶。"该款规定了第十九条的适用范围。

（一）对能见度不良及其戒备的理解

《规则》第三条的规定，"能见度不良"是指由于雾、霾、下雪、暴风雨、沙暴或任何其他类似原因而使能见度受到限制的情况。能见度不良是由于天气原因导致空气透明度下降，致使视觉能见距离减小的一种现象。在实践中，当能见度下降到 5 n mile 时，船舶应做好能见度不良的戒备，即报告船长、通知机舱备车、开启雷达、加强瞭望等；当能见度下降到 2 ~ 3 n mile 时，船舶应执行雾航戒备，按章鸣放雾号，请船长上驾驶台操纵船舶，加派了头，指定专人进行雷达观测，改自动舵为手操舵等。实践中，能见度不良的戒备应依据能见度的等级而动态调整。

（二）适用水域

能见度不良时的行动规则"适用于在任何能见度不良的水域中或在其附近航行时"。

所谓“能见度不良的水域中”是指船舶业已进入能见度不良的水域；“其附近”是指船舶处于能见度良好的水域中，在船舶的四周，只要有一个方向存在能见度不良，船舶就处于能见度不良水域的附近，显然《规则》对其适用水域规定了地理位置的要求。从时间上讲，在船舶进入能见度不良的水域前一定距离开始，到船舶驶出整个能见度不良的水域一定距离后的整个过程，都应该执行《规则》第十九条的相关规定。

（三）适用的船舶

能见度不良时的行动规则适用的船舶是在上述适用水域中航行的任何船舶。只要属于《规则》一般定义中的船舶，航行在上述适用水域，无论其种类及从事的作业如何，都应遵守第十九条的规定。这里的“航行”可以理解为在航，既包括在航对水移动，也包括在航不对水移动；虽然《规则》没有要求不在航的船舶遵守本条的规定，但根据良好船艺及海员通常做法，锚泊中的船舶也应参考本条保持适当的戒备，犹如第三十五条第 7 款的规定，锚泊中的船舶可以使用规定的声号警告驶近的船舶碰撞的可能性。

（四）适用的限制

从《规则》第十九条第 1 款的规定本身看，本条适用的条件之一是两船不在互见中，这是基于《规则》适用的一般情况“两条船”做出的规定，但实践中，船舶周围可能不止一条船，因此本条第 2，3 款规定的航行戒备不应因一船互见而终止，在整个能见度不良水域及其附近航行时应始终保持能见度不良的戒备；第 4，5 款所规定的避碰行动是针对不在互见中的两船做出的规定，仅适用于能见度不良时不在互见中的船舶。可以理解为一船的航行戒备是针对能见度不良水域中及其周围可能存在的所有其他船舶，而非某一特定的船舶；而避碰行动是针对特定的不在互见中的他船。

此外，当两船接近到互见时，应当适用于船舶在互见中的行动规则，除非两船在接近到互见之前，船舶已经按能见度不良时的行动规则（第十九条第 4 款和第 5 款）采取避让行动；如果互见时两船已经形成紧迫局面，则应按特殊情况处理，形成碰撞危险的双方都应遵循良好船艺的要求，采取最有助于避碰的行动。

二、船舶在能见度不良水域航行的戒备

（一）能见度不良的安全航速及备车

《规则》第十九条第 2 款规定：“每一船应以适合当时能见度不良的环境和情况的安全航速行驶，机动船应将机器做好随时操纵的准备。” 正如第六条安全航速所要求，决定安全航速考虑的首要因素是能见度的情况。机动船在能见度不良的水域航行时，应备车航行，依据能见度情况，综合考虑其他各类航行危险来决定安全航速的大小。

安全航速是能在适合当时环境和情况的距离内将船舶停住的速度，通常，在能见度不良的水域或其附近航行时，应适当减速。降低船速可以留有更多时间来获得必要的信息以便对局面和碰撞危险做出充分的估计，并可在必要时迅速把船停住。当然，在充分评估决定安全航速的各影响因素后，如果确信安全，在能见度不良时，在备车的前提下也可以全速行驶。

将机器做好随时操纵的准备即备车，备车一方面可以随时减速、停车或倒车，充分利用

变速进行避让，另一方面也是通知机舱加强机器设备的值班巡视，提高机舱值班等级；在海上实践中，备车时除了主机做好随时操纵的准备外，还要确保发电机、锚机、锅炉、空压机、相关泵浦等各类辅助机械随时可用。

（二）能见度不良的航行戒备

《规则》第十九条第3款规定："在遵守本章第一节各条时，每一船应充分考虑到当时能见度不良的环境和情况。"船舶在能见度不良水域或其附近航行时，应当遵循任何能见度的行动规则保持正规瞭望、以安全航速行驶、及时判断碰撞危险；采取避免碰撞的行动，做到"早、大、宽、清"；在狭水道或分道通航制区航行时，遵守第9，10条及地方规则的规定。同时，还要充分考虑能见度不良的环境和情况保持高度戒备。除了按《规则》要求备车保持安全航速，开启和使用雷达，正确显示号灯、号型，按章鸣放雾号外，负责航行值班的高级船员还应考虑海员通常做法和良好船艺的要求做好以下工作：

（1）通知船长。

（2）布置额外瞭望人员，改用手动操舵。

（3）指定专人进行雷达标绘或系统观测。

（4）如可能，在能见度变坏前测定船位。

（5）打开驾驶台门窗，守听雾号。

（6）使用 VHF、AIS 等助航设备，并注意守听和观测等。

1. 保持正规瞭望及时判断碰撞危险

在能见度不良时，雷达观测是最重要的瞭望手段，但根据第五条的要求仍然要保持视觉瞭望，而且在船舶瞭望人员的数量、位置以及瞭望手段等方面需要根据能见度不良的情况加以妥善的安排；在能见度降低到1 n mile左右时，应安排人员携带对讲机到船首了头，以获取最佳的视觉效果。应派专人保持雷达跟踪与标绘，在配备两台及以上雷达的船上，至少保持一台为远距离扫描，以获取碰撞危险的早期警报。同时，辅以听觉及航海仪器设备如 ECDIS、VHF、A1S 等助航设备，对雷达观测的结果进行交叉比对，以减少雷达观测及标绘的误差。

不在互见中，无法用视觉观测他船方位判断碰撞危险时，只能依靠雷达标绘或雷达电子方位线，雷达观测不仅存在时间上的滞后，还可能因误识别而造成错误判断。因此，当雷达测得他船时，应当严格遵守《规则》第七条的规定，认真进行雷达标绘或与其相当的系统观察，判定是否正在形成紧迫局面和/或存在碰撞危险，并注意不得使用不充分的信息尤其是不充分的雷达信息做出推断。为确保雷达观测的有效性，可以使用不同雷达相互比对，也可以通过 AIS 提供的 DCPA 与雷达标绘结果相互核实，还可以通过 ECDIS 的雷达叠加功能核实雷达回波的可靠性。使用雷达一定要进行连续观测，及时发现并核实他船可能采取的行动，有效避免行动不协调所带来的危险。

在能见度不良的水域中航行，鸣放与守听雾号是判断周围是否存在他船的有效手段，但声号在雾中传播会产生折射与反射，而且受风的影响较大，因此，声号方位有明显的变化不能作为判断不存在碰撞危险的依据，仅凭雾号判断碰撞危险属于利用不充分的资料。由于声号的可听距离较小，当一船听到他船的雾号显似在本船的正横以前时，两船往往已不能避免紧迫局面。在能见度不良的水域航行时，应使用雷达及早发现来船，并对是否存在碰撞危险做出判断。在海上实践中，一般使用12 n mile雷达距离标尺尽早发现来船，在

6～8 n mile之前完成雷达标绘,以便船舶能够及早采取行动。

2. 及时采取避碰行动

在能见度不良的水域中或其附近航行时,由于不在互见中,雷达回波存在延时的原因,船舶采取的避碰行动不能被他船及时觉察到,应保持 VHF 守听,充分发挥 VHF 的沟通功能显得尤为重要。在能见度不良的水域中或其附近采取避让行动时,要求行动更早,采取的幅度更大,及时发布船舶动态,以确保避让行动能及时被他船观测到,并能导致在更大的安全距离上通过。一般认为,在采取避让行动时,除满足《规则》第八条的要求外,还应当导致两船能够在适合当时能见度不良的环境和情况的安全距离上通过,该安全距离在宽敞水域的两艘万吨级船之间,通常被认为是 2 n mile 以上。此外,及早采取避让行动的先决条件是判明当时的情况,能见度不良时尤其应避免盲目行动。转向避让必须有足够的水域,在情况不明时,应按第八条的要求将航速减到能维持舵效的最小速度,必要时把船停住,切忌盲目转向。

三、能见度不良时的避碰行动

在能见度不良的水域中或其附近不互见时,互见中的行动规则不再适用,在互见之前没有让路船与直航船之分,构成碰撞危险的双方具备同等的避让责任,双方都应按第八条的要求尽早采取避让行动;但狭水道或分道通航制条款规定的不应妨碍的船舶仍然要履行不应妨碍的责任与义务,留出足够的水域供不应被妨碍的船舶通行。

(一)仅凭雷达测到他船时的避碰行动

《规则》第十九条第 4 款规定:“一船仅凭雷达测到他船时,应判定是否正在形成紧迫局面和(或)存在碰撞危险。”若是如此,应及早地采取避让行动,如果这种行动包括转向,则应尽可能避免如下几点:

(1)除对被追越船外,对正横前的船舶采取向左转向。

(2)对正横或正横后的船舶采取朝着它转向。

1. 本款的适用条件

(1)凭雷达探测到他船且尚未互见

“一船仅凭雷达测到他船”实际上排除了通过视觉或听觉等其他手段发现来船,为尽早弄清局面,应及时进行雷达标绘或进行系统观察,正确判定是否正在形成紧迫局面和(或)存在碰撞危险。凭雷达探测到他船且尚未互见是本款的适用条件之一。如果用视觉看到来船,则两船可以被视为在互见中,通常应当适用船舶在互见中的行动规则;如果仅凭雾号发现来船,或者虽然使用雷达发现来船但紧迫局面已经形成,则应遵守第十九条第 5 款的规定采取避碰行动,本款不再适用。

应当注意的是,在能见度不良的情况下,当两船接近至互见时,如果本款的规定尚未适用,则应当适用于互见中的行动规则;相反,如果船舶已经按照本款采取行动,则不能片面强调适用于互见中的行动规则。

(2)两船正在形成紧迫局面和(或)存在碰撞危险

如果雷达探测到他船与本船无碰撞危险,两船处于自由行动阶段,无须采取避碰行动,但船舶仍然要保持能见度不良的航行戒备。如果在近距离首次发现来船,在存在碰撞危险的同时可能两船正在形成紧迫局面;如果在远距离首次探测到他船,就可能只是存在碰撞危险。因此,当一船仅凭雷达发现他船时,应及时通过雷达标绘或者与其相当的系统观察来断定本船是否与他船正在形成紧迫局面和(或)存在碰撞危险。一旦局面被判断清楚,就应当及早地采取避碰行动。

2. 对转向避让的要求

在有足够水域且不致造成另一紧迫局面的情况下,单凭转向通常是最有效的避碰行动,其优点是避让行动迅速、效果明显、操作简单、不依赖于备车。因此,转向避碰是最常用的避让方法,英国航海学会的一个工作组,根据《规则》第十九条第 4 款的规定和良好船艺的要求,考虑到了船舶之间的协调,绘制了雷达避让转向示意图,该雷达避让转向示意图长期以来在国际航海界颇有影响,可以认为是对第十九条第 4 款关于转向避让要求的一个补充,如图 4-19 所示的雷达避让转向示意图,向航海人员推荐使用,在具体实施转向时,一定要认真估计局面,核实他船可能采取的行动。应注意此处的方位划分,如图 4-20 所示,正确理解正横及正后方的区域划分示意图。

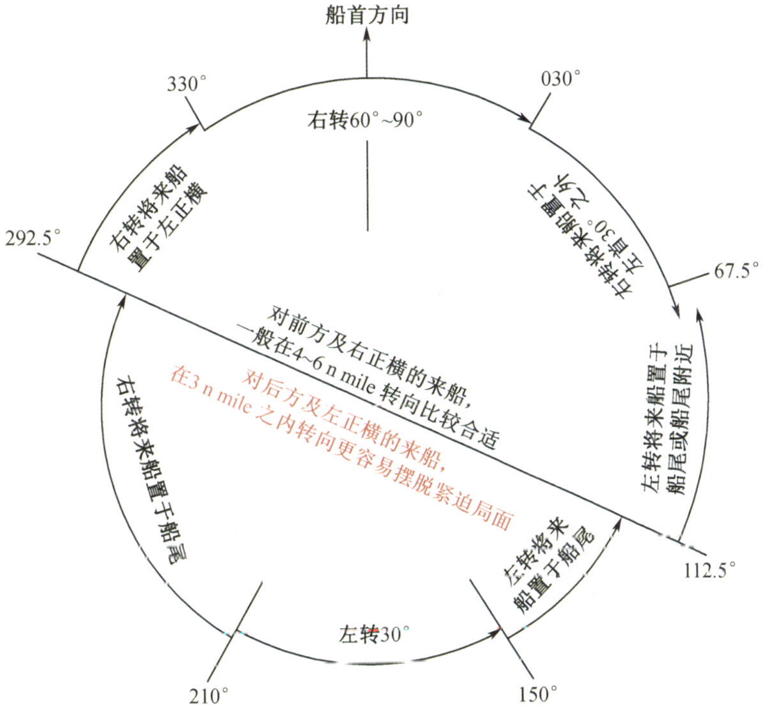

图 4-19 雷达避让转向示意图

(1)避让正横前来船

《规则》第十九条第 4 款(1)项规定:"除对被追越的船外,应避免对正横前的船舶采取向左转向。"由于"追越条款"是隶属于互见中的行动规则,在执行第十九条时,并不履行"追越条款"规定的避让责任,也就不存在让路船与直航船。因此,这里所指的"被追越船"仅局限于前船与后船的几何制格局。同样,本款所述的其他正横以前的来船也就仅仅局限于"对遇、小角度交叉"两种几何制格局,对"对遇、小角度交叉"这两种几何制格局中的来船,本船均应向右转向避让,避免左转。这样统一的规定,有助于协调船舶之间的避让行动。

对于正横以前的"被追越船",《规则》并没有明确规定必须左转或者右转,船舶可以根据当时本船处于他船的方位(位于他船的右后还是左后),如图 4 - 21 所示,在考虑他船可能采取的“背着本船转向”行动的基础上,“追越船”应与他船协调行动,分别选择向左或向右转向避让。

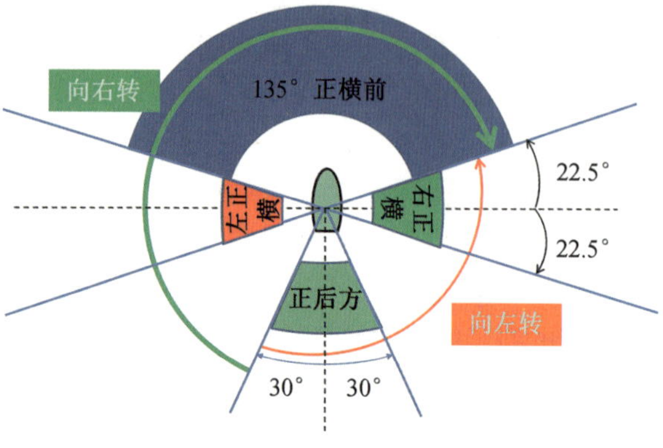

图 4 - 20　雷达转向避让方位划分示意图

(2)避让正横和正横后来船

对于从本船正横和正横后驶近的来船,其几何位置相当于“大角度交叉和追越船”,《规则》要求避免朝着它转向,统一要求背着他船转向,居左的船左转,居右的船右转,有助于使两船逐渐摆脱降低碰撞的可能。

(3)保持谨慎,核实转向避让的有效性

如果转向避让幅度不够大或者对两船处于几何制的“追越”与“交叉”格局存在怀疑,容易导致两船行动不协调。如图 4 - 22 所示,两船在①的初始位置时如果均右转,可能不能保持安全距离会遇;当两船到达②的位置时分别按推荐再次转向避让,前船对正后方的船左转,后船继续对正横以前的他船右转就可以完全做到相互摆脱并保持安全距离驶过让清。因此,发生这种情况时,应按第八条的要求细心查核避让行动的有效性,一次转向不能消除碰撞危险时,应及时采取进一步的行动,直到最后驶过让清。另一方面也说明,在能见度不良时采取避让行动应该更早,以便留出补救的时间处理两船可能采取的行动不协调或行动幅度不是足够大的问题。

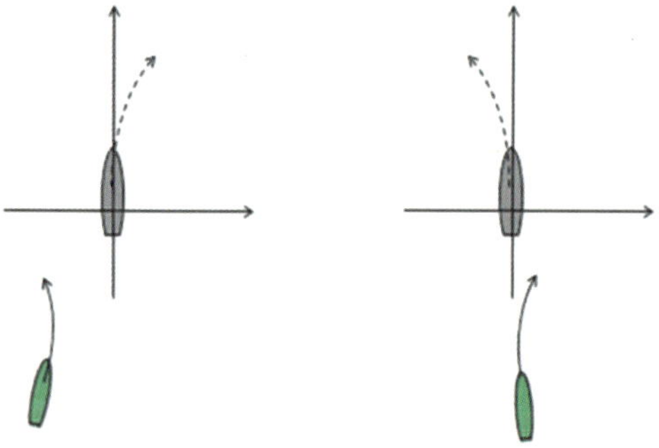
图 4 - 21　避让被追越船

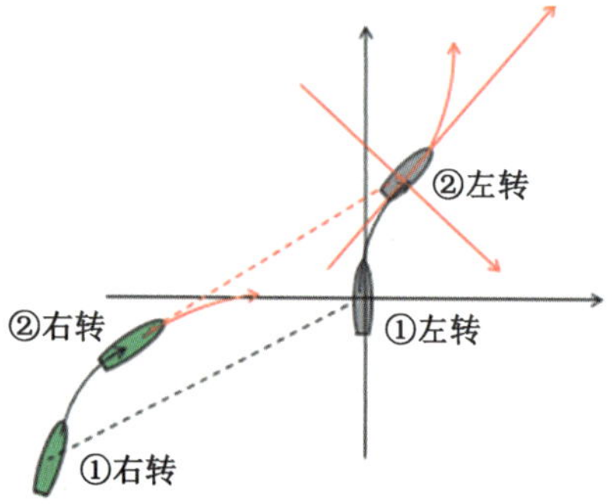

图 4 - 22　二次转向避让

4 - 7　能见度不良转向避让学习资料

(4)变速或变速转向结合避让

在没有足够水域或其他原因致使无法大幅度转向避让的情况下,船舶应考虑采用变速、变速与转向相结合的避让措施。如第八条所述，由于变速的避让效果不明显，持续时间长，船舶必须提前采取大幅度地变速行动。船舶在能见度不良时使用的安全航速本来就不大，很可能没有条件进行大幅度地变速，只能将速度降低到维持舵效的最小速度或将船停住。因此，在能见度不良，不满足大幅度转向避让时，船舶经常采用变速与转向相结合的避让措施，在具体实施时应注意如下事项。

①转向与变速结合时，如果本船转向抢越他船船首，应辅以增速；反之，本船转向过他船船尾时，应辅以减速；防止本船的变速措施与改向的效果相互抵消。

②对于正横附近来船，变速行动可以有效改变两船"齐头并进"的局面，让来船超前或滞后，避让效果比较明显。由于变速措施短时间内效果不明显，不易被来船察觉，因此变速幅度应尽量大些，并辅以 VHF 沟通，及时发布船舶动态，向周围船舶告知本船的操纵意图。

③由于受到能见度不良安全航速的限制，船舶在能见度不良的水域所采用的变速措施，通常要减速到维持舵效的最小速度或将船停住；如采取增速措施，必须要考虑增速的余地和安全航速的要求。

④考虑他船可能采取的避让行动，避免变速效果与他船的行动不协调而相互抵消，特别是在判断属于追越格局还是交叉格局存在怀疑时。如图 4－23(a)所示，当来船左转试图抢越本船船首，本船可以辅以减速、右转；反之，如图 4－23(b)所示，如果来船右转试图过本船船尾，本船只能配合适当增速；图 4－23(b)中本船既不能违反规则朝他船实施左转向，也不能右转，因右转又会产生与他船不协调的行动。

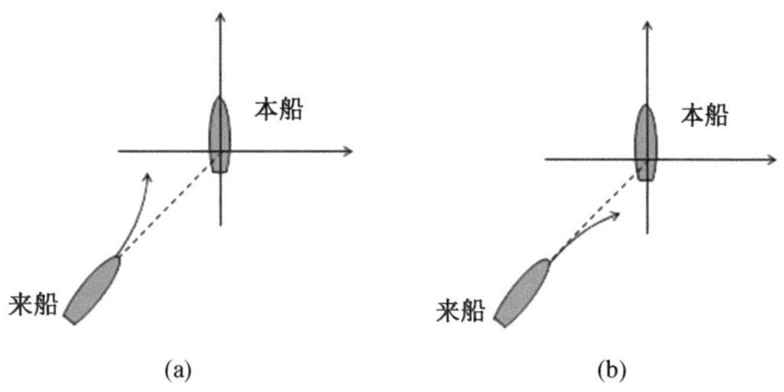

图 4－23 与他船行动相协调的变速

(二)听到雾号显似在本船正横以前或与正横以前的来船不能避免紧迫局面时的行动

《规则》第十九条第 5 款规定："除已断定不存在碰撞危险外，每一船当听到他船的雾号显似在本船正横以前，或者与正横以前的他船不能避免紧迫局面时，应将航速减到能维持其航向的最小速度。必要时，应把船完全停住，而且，无论如何，应极其谨慎地驾驶，直到碰撞危险过去为止。"本款要求船舶谨慎驾驶，其规定与第八条为避免碰撞或留出足够的时间估计局面而减速/停船的原则相同。

1. 确认碰撞危险

所谓"已断定不存在碰撞危险"，是指虽然听到来船的雾号显似在本船正横以前，但已通过雷达跟踪标绘或与其相当的系统观察确认该船的位置，且正在驶离或者能够与本船保持足够的安全距离通过，此时，《规则》第十九条第 5 款的规定不适用，该船无须采取避让行动，但仍应保持能见度不良的戒备，做到谨慎驾驶。若一船虽然经过系统观测，但仍然无法确定是否存在碰撞危险时，应当根据《规则》第七条第 1 款的规定，假定存在碰撞危险，并按《规则》第十九条第 5 款的规定采取减速或停船的行动。

2. 听到雾号的避碰行动

“除已断定不存在碰撞危险”意指存在碰撞危险、局面不清或不能判断是否存在碰撞危险三种情况，在这三种情况下听到他船“雾号显似在本船正横以前”就应将航速减到能维持其航向的最小速度，必要时将船停住。其中存在碰撞危险还包括了是否正在形成紧迫局面，由于雾号的听距较小，除非是追越格局，否则，在听到前方的雾号时，只要存在碰撞危险就很可能正在形成紧迫局面。此外，由于安全航速受到能见度不良的限制，要想对正横以前的他船大幅度减速，就只能停船或减速配合转向来保持安全会遇距离或避免碰撞。由于雾号在雾中的传播将可能发生折射与反射现象，仅凭雾号很难正确判断该船的方位和距离，因而，不应当仅仅根据雾号来判断是否存在碰撞危险。

实践证明，在局面不清时，再早的转向也可能是盲目的。在与正横以前的来船不能避免紧迫局面时，盲目转向往往会使局面更加恶化。当在雾中听到他船雾号，但对该船行驶的方向或动向还不了解时，应按第八条的要求减速停船，以便留出更多时间判断局面并采取应急的避碰行动，而不是盲目转向。

“必要时，应把船完全停住”，如果将航速降低到能够维持其航向的最低速度，仍然不足以应对当时的紧迫局面或者紧迫危险，船舶应立即停车、倒车把船完全停住。

3. 谨慎驾驶

“无论如何，应极其谨慎地驾驶，直到碰撞危险过去为止。”只要听到雾号显似在本船正横以前，就应极其谨慎地驾驶，直到最终确认不存在碰撞危险或驶过让清为止。

所谓谨慎驾驶，其含义是十分广泛的，不仅包括按《规则》保持常规戒备，如保持正规瞭望、及时备车并以安全航速行驶、以适合当时环境和情况的一切有效手段判断碰撞危险等方面；而且还应包括对当时可能发生的特殊情况保持应有的戒备，如多船会遇同时构成碰撞危险的情况、他船背离《规则》或者违背《规则》采取行动的情况等；也包括避免盲目转向、及时将航速减小到能维持其航向的速度、必要时把船完全停住的行动等。此外，还应考虑良好船艺的要求，正确并充分使用驾驶台航行仪器与设备，及时发布船舶动态，与周围船舶加强联系，准确把握周围船舶的通航密度及航行前方能见度的情况，尽早叫船长，遇到难以保障航行安全时，应择地锚泊等待能见度好转。

（三）能见度不良情况下碰撞原因分析

结合《规则》第二章各条的要求，分析船舶在能见度不良时的碰撞案例，总结出能见度不良时发生碰撞事故的一些原因，但不限于如下各条（供学习参考）。

（1）疏忽瞭望：大多数发生碰撞事故的船舶都存在疏忽瞭望的行为，包括没有及时安排额外的瞭望人员、瞭望人员的位置不合适，如未派了头；未使用适合当时环境和情况的一切可用手段保持正规瞭望，如过分依赖雷达和电子海图忽视视觉瞭望，设置自动模式不能正确调节和使用雷达的各项功能等；未正确使用 VHF 保持信息的有效沟通，甚至未保持有效的 VHF 守听；未对船舶周围的环境和局面做出充分的估计等。

（2）使用安全航速不当：未能依据当时环境和情况适时调整安全航速，在能见度不良水域保持高速或同一速度行驶，没有及时备车、减速，以致不能对碰撞危险做出及时的判断，不能在适合当时环境和情况的距离以内把船停住等。

（3）判断碰撞危险不正确：未对碰撞危险做出充分的估计和判断，过分依赖雷达、电子海图等电子产品，而且操作也不熟练，使用不充分的资料做出碰撞危险的错误判断。在很多碰撞事故中,由于瞭望的疏忽以致发现来船太晚,或者没有对发现的来船进行雷达标绘或与其相当的系统观察从而正确判断碰撞危险,导致在采取避碰行动前两船已经构成紧迫局面甚至紧迫危险。

(4)采取避让行动没有做到“早、大、宽、清”:违反《规则》第八条的规定,使用自动舵避让,对来船进行一连串的小转向;或者避碰行动迟缓,错过最佳的避让时机,以致所采取的行动不能被他船用视觉或雷达观察及时发现,从而导致两船的避碰行动不协调。

(5)两船的避碰行动不协调:两船的避让行动不协调是导致碰撞事故的重要原因之一,主要表现为船舶在没有准确判断当时环境和局面的情况下盲目转向,特别是违反《规则》第十九条第4款的规定,对右正横前的来船采取左转向;或者,没有及时与他船沟通,没有考虑到他船可能采取的避让行动,从而与来船的避碰行动不协调而导致碰撞。

(6)未能及时减速、停船:主要表现为在两船形成紧迫局面且局面不清时,继续冒进,未能按照《规则》第十九条第5款的规定及时将航速降低到能够维持其舵效的速度并在必要时将船完全停住。

(7)未按照《规则》的要求显示号灯、鸣放雾号或间断鸣放雾号,以致不能及时发现来船。

(8)未能对周围环境和情况的突然变化保持应有的戒备,对能见度突然变差缺乏戒备,对他船违背或者背离《规则》采取行动缺乏戒备,以致在关键时刻惊慌失措,盲目采取行动,最终导致碰撞的发生。

总之,遇到能见度不良时,必须保持高度戒备,严格遵守《规则》采取避让行动。遵循公司体系文件提高驾驶台的值班等级,认真完成能见度不良时的检查表,充分协调利用各类资源,切实落实、执行能见度不良的程序。

评价要素参考

(1)熟悉能见度不良的行动规则的适用条件,注意到适用水域、不互见以及能见度不良的行动与互见中的行动的相互关系。

(2)掌握能见度不良的戒备对瞭望、备车及安全航速的要求,能正确使用雷达、雾号及其他航海仪器设备判断局面及碰撞危险。

(3)正确理解能见度不良“更早、更大、更宽”的行动原则,能有效避免盲目行动,特别是盲目转向。

(4)熟悉仅凭雷达探测到他船的行动及其注意事项。

(5)正确理解能见度不良的转向避让行动的原则及要求,转向避让图及其方位的划分方法,能有效核实避让行动的有效性,二次转向或加大行动幅度的要求。

(6)正确理解能见度不良的变速或变速结合转向的避让方法。

4-8 能见度不良的行动习题、学习资料

任务三　各种特殊情况下的航行与避让

除了能见度不良及产生紧迫局面、紧迫危险外，船舶在海上航行还会经常遭遇一些其他的复杂环境与特殊情况，其中很多都属于《规则》明文规定之外的环境与情况，因此，要求我们充分考虑海员通常做法，按良好船艺的要求来应对复杂多变的局面。我们将选择海上航行出现频率较高的渔区、分道通航制区、狭水道及岛礁区航行避让，多船会遇以及我国航海人员的一些典型做法和地方规则的特殊要求逐一介绍。

一、渔区的航行与避让

机动船在海上航行遇到从事捕鱼船时，应按《规则》第十八条的规定给从事捕鱼船让路，让路操作时应按第八条的规定做到“早、大、宽、清”，注意到避让渔船时没有碰撞危险的前提条件，避让渔船的同时还要让清其渔具。渔船号灯、号型显示不规范，动态会依据捕鱼行动而变化多端。尽管在航线设计时有尽量避开渔区的要求，但在沿岸航行时难免还是会遭遇到捕鱼作业的船舶，特别是在渔汛期。要想避免“商渔碰撞”就必须全面了解渔船的作业方式及其航行作业特点，不仅要避免妨碍其捕鱼作业，还要让清其使用的渔具。

（一）鱼的习性介绍

1. 趋氧性

鱼对氧气具有依赖性，水域中哪里氧气充足，鱼就会游到哪里。耐氧能力好的鱼多在水底活动，这就是常说的深水鱼；耐氧能力差的鱼多在水的中上层生活，这就是水面鱼。若在春天，由于近岸的浅水区氧气相对比较充足，鱼就会在浅水区觅食；刮风起浪时，水中的氧气较充足，这也是鱼喜欢在有浪和流的水域活动的一个原因。

2. 趋动性

动，指的是水动，也就是有浪、有流的水域，运动中的水不仅可以增加水中的含氧量，还可以在夏天降低水温，鱼群更容易聚集。

3. 逆水性

鱼有逆水而上的习性。当水流动时，鱼总是将头对着迎面而来的流水，滤食水中的物质，头对着流水，可以使鱼不费体力而得到食物。

4. 趋温性

除了氧气，影响鱼类生活的另一个因素就是水温。鱼为了求得适合自己生活的水温，会灵活机动地寻找适宜的水域。如夏天的水温过高，鱼就潜入深水区；冬天又会寻找向阳的暖水区。秋天，鱼常在背风的阴凉水域栖息。

5. 趋光性

鱼的视力很弱，且对水中的光亮比较敏感。光线呈弱光时，鱼会向弱光区游去，以借助光亮寻找食物。光线若是强光，鱼就会避开。

6. 洄游性

许多鱼有洄游的习性。这是因为由于气象、季节的变化导致水温的变化，使得一部分鱼由一个生活环境游到另一个生活环境，而后又洄游到原来的生活环境中去，这种现象叫洄游现象。海中的鱼，有时会洄游到江河中来，鱼类洄游有一定的水上途径，是有规律的洄游,就像候鸟的迁徙一样。有的鱼类的洄游只是为了生殖;有的洄游只是为了觅食,在某一段时间,他们游到食物相对比较丰富的水域生活,某一段时间,他们又游到原来生活的水域。由于鱼的洄游习性,使得在某一段时间中某片水域的鱼较多。

7. 隐蔽性

在动物中,绝大部分鱼类是弱势群体,处于食物链的底端。对捕食者,绝大部分鱼类除了逃窜是毫无攻击力的,对付外来侵犯的唯一方法就是躲藏,或藏于乱石堆中,水中的树根系间、乱树枝间,或钻入水底淤泥中。

(二)渔船活动的普遍规律

渔船的活动基本上都是随鱼而动,渔民充分利用鱼的以上习性开展捕捞,特别是趋氧性、趋光性、趋动性和洄游性,可以说是鱼的这些习性决定了捕鱼活动的季节性、聚集性和动态的不确定性,渔船不会无理聚集,他们看似毫无规律的运动,显示着杂乱无章的灯光,其实都是有一定缘由的,可能是为了利用螺旋桨的运动制造水流吸引鱼群,也可能是为了利用灯光诱捕或为作业安全而照亮甲板。图 4 – 24 所示渔船行动图片供参考。

图 4 – 24 渔船海上活动

(三)各类渔船的作业方式及作业的特点

《规则》的号灯、号型条款将渔船分成了拖网和非拖网两个大类。根据拖网作业渔船的数目,拖网又分为单拖网与对拖;根据网具在水下的深度,拖网分为中层拖网和水底拖网。非拖网包括了流网、张网、围网、延绳钓、捕鲸作业等。

1. 拖网渔船的作业特点

拖网是利用渔船的动力在水中拖曳过滤性渔具,迫使鱼类进入网具,以达到捕捞目的的一种捕鱼方式。拖网的方式通常有双船拖网和单船拖网两种,在收、放网时,拖网渔船的船员会集中在甲板作业,夜间会点亮全部甲板灯,很难分辨特征号灯及航行灯。

(1)对拖捕鱼

对拖也就是双船拖网的捕鱼方式,如图 4 – 25(a)所示,拖网时两渔船保持一定距离,共同拖曳一个渔具进行捕捞作业。这种捕捞方式,主要是捕捞底层和中层的鱼群,作业水深在 100 m 之内,拖网时的船速为 3 kn 左右。天气较好、风浪较小时,渔船多顺流拖网。风浪较大时,则采取顺风拖网的方法。对拖的两艘渔船中,一艘为主船或称为头船,主船上的船长负责指挥与联络。对拖作业时,两渔船之间的间距一般保持 300 ~ 500 m。

(2)单拖捕鱼

如图 4 – 25(b)所示,单拖网捕鱼是由一艘渔船单独拖曳网具捕捞鱼类的作业方法,这种方式不受流的限制,拖网时的船速约为 4 ~ 6 kn,适用的捕捞水域较广。

(a)　　　　　　　　(b)

图 4 - 25　拖网捕鱼

2. 流网渔船作业特点

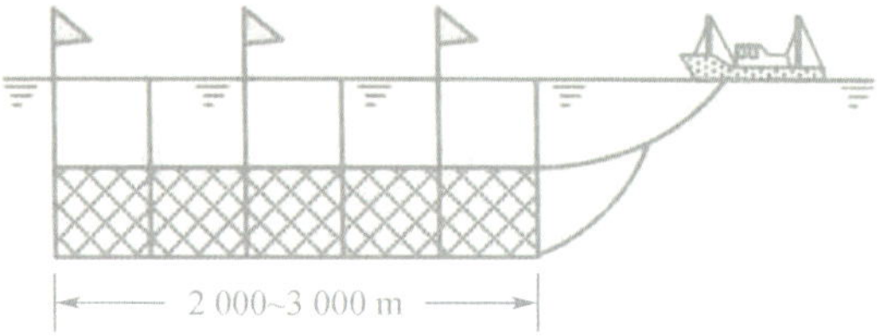

图 4 - 26　拖网捕鱼

流网又称流刺网，利用鱼不会后退的原理捕鱼。如图 4 - 26 所示，渔具由若干长方形网片连接而成，网片长 10 ~ 15 m，高 1 ~ 6 m，依靠浮、沉子的作用将网具直立于水中。当鱼群游过时，缠上网具而被捕获。流网捕鱼多为捕获中上层鱼群。流网船收、放网操作通常在早晨或傍晚进行，放网多数是采用偏顺风或偏顺流时进行，防止网片通过船底，放网结束后，网列方向与主流成 75° ~ 90°角，横越在水上。大型流网可伸出 2 n mile 以上，在白天可以看到泡沫塑料的浮子和许多小浮标，并在一定间隔插有小旗，夜间在网端部的杆子上挂有闪光电池灯。

流网船放网结束后，网绳固定在船首端，船和网随风、流漂移，网在船首方向。我国很多渔船在网具上安装了“网位仪”，“网位仪”能发出类似 AIS 的信号，容易识别，但也容易导致误判。

3. 张网渔船的作业特点

张网捕鱼属于定置渔具的捕鱼方式，用桩或借用渔船拖锚来固定网架，利用潮汐时的急流使网张开，鱼虾随急流冲入网兜内，水流速度转缓时收网，一般在近岸浅水急流区域作业，由于近岸水深浅，这种方式对商船航行影响较小。如果利用定置刺网进行张网捕鱼，就会对航行产生一定的影响，定置刺网张网捕鱼方式与流网大致相同，只不过网是固定在海底的，用于捕捞底层鱼类，如图 4 - 27(b) 所示。

(a)　　　　　　　　(b)

图 4 - 27　张网捕鱼

4. 围网捕鱼船的作业特点

围网捕鱼是利用巨大的长带形网具围捕中上层鱼群的捕鱼方式，通常用灯光诱集鱼群后进行围网捕鱼作业。白天视线良好时，可在水面上看到其网具的浮子。围网捕鱼方式通常有大型围网、风网和围缯网捕鱼等方式，如图 4－28 所示，先放网、包围鱼群后再收网是其作业的共同特点。

图 4－28 围网捕鱼

大型围网由 2～3 艘渔船一起进行作业。开始时，三船成三角形分散，一船利用灯光诱捕，两船围网。灯光诱捕船开启水上、水下的全部灯光诱鱼，当鱼群被诱集后，由两网船放网把鱼群和灯光船全部围起来，待灯船熄灭灯光驶出包围圈后实施收网。围网船放、收网时，渔船及小艇分别在围网处所的附近，围网长 800～1 000 m，有的长达 1 200 m。这种捕鱼方式适合于 60～80 m 水深的渔场。

风网捕鱼多用于简易的小型渔船，网呈带状，长约 300 m，纲绳长 150 m，由单船或双船作业，一般顺风逆流放网，放网后渔船和网皆随风漂流一段时间，然后再围网、收网。

围缯网多用于中小型渔船，用于围捕小黄鱼和带鱼，网长约 400 m，纲绳长约 150 m。由双船作业，分张口、包围和拖曳三个步骤完成捕捞作业。

5. 延绳钓渔船的作业特点

延绳钓具由干线、支线和钩组成，每一干线上结附一定数量等距离的支线，每一支线末端系有带饵的钓钩，利用浮子和沉子将其悬浮于一定水层，如图 4－29 所示。干线的长度一般为 100～500 m，支线的长度和间距为 0.5～4 m，多条绳钓连接在一起时可以延绵几海里。延绳钓分浮延绳钓和定置延绳钓两种方式，浮延绳钓的钓具是随着潮流漂移的，定置延绳钓的钓具是用锚或沉石固定在海底的。

(a) (b)

图 4－29 延绳钓捕鱼

6. 捕鲸船的作业特点

捕鲸船的船首特别高，捕鲸时从船首向鲸发炮，被击中的鲸被曳绳挂住，拖着捕鲸船在海上随意行驶直至鲸无力游动而被捕获。捕鲸船速度较快，在其桅杆上设有瞭望台以便搜寻鲸。有时为了避免机器噪声惊跑鲸，会停车靠近并伺机发炮射击。

（四）各类渔船避让方法

（1）避让双船拖网渔船应在其船尾或两船外舷不少于 0.5 n mile 之外通过，禁止从两船之间穿过。当发现两船背向行驶准备放网时，应从两船上风流一侧驶过；避让单船拖网渔船时，应从其船尾 1 n mile 之外通过，应注意如发现单拖网渔船航向不定，则是在放网或收网。

(2)因流网渔船带网漂流，网在其船首方向，避让时应从其船尾一定距离通过，绝不应在其船首和网上通过。当流网船正在放网时，不要在其船首或船尾处通过，最好与他船保持一定距离，从其侧面平行驶过。

(3)发现张网渔船时，应与其保持一定距离驶过；被张网捕鱼的定置刺网拦住去路时，可以从浮子或浮标之间穿过。

(4)避让灯诱围网渔船时，应从其上风流侧不少于 0.5 n mile 外驶过，避让围缯网渔船时距离渔船也应不小于 0.5 n mile。

(5)避让延绳钓渔船时，因其钓具从船尾放出，故应从其船尾 1 n mile 外通过。

(6)避让捕鲸船时，应密切注视其动态，尽可能保持较大的安全距离，必要时采取减速的行动。

(五)中国沿海主要渔区分布及渔船特点

我国具有漫长的海岸线，渔区分布极为广泛，我国沿海基本上都是渔区。随着近年来我国沿海实行伏季休渔制度，我国沿海渔区从时间上可以分为三大渔区，即东、黄海渔区，南海渔区和闽粤交界海域渔区。这三个渔区都实施伏季休渔，最早的从每年的 5 月开始，最晚到 9 月底结束休渔，各渔区具体的休渔期限稍有不同。在休渔期并不是完全没有渔船捕捞，因为休渔期主要是禁止拖网、张网及围网等对鱼类繁衍影响较大的作业，而笼捕之类一般不属于休渔范围。

中国沿海渔船数量多，随着经济发展，渔船的通导设备配备也逐渐现代化，雷达、AIS、VHF 配备齐全，甚至能够使用翻译软件通过 VHF 用英语发送捕鱼区域信息，提示过往船舶注意避让；很多渔浮也设置使用 AIS 技术的网位仪，发送 AIS 信号，在雷达上很容易识别捕捞作业区。但中国沿海渔船大多数是个体经营，船员文化程度普遍偏低，缺乏系统的航海理论知识学习及培训，对船舶的操纵性能缺乏全面的了解，对船舶助航仪器的功能和工作原理缺乏全面认识，对《规则》的理解不甚全面。在休渔期结束后，渔船会成群结队驶往渔场，容易忽略海上风险；甚至还有夜间不点灯的渔船，附近的商船很难发现和识别这些渔船，极易造成触碰或绞缠渔网事故。

在鱼汛季节，商船应当尽可能了解鱼汛的潮汐和潮流情况，掌握渔船捕鱼的方式，弄清渔船捕鱼的交通流总流向(出海还是回港)，并提前制定相应的避让方案。从渔船渔具伸出方向通过时，应注意避开渔船渔具，且与其保持足够的安全距离，避免渔船为保护渔具采取一些过激措施而引发碰撞。在渔船密集区域，应当通过雷达远距离扫描、观察等手段，找出渔船相对稀少的水域，谨慎操纵船舶从该水域通过，避免船舶进入渔船高度密集区而发生危险。

(六)避让从事捕鱼船的注意事项

避让从事捕鱼船时，在让清渔船的同时，还应让清渔船所使用的渔具。在避让中，应当注意如下事项。

(1)如可行，设计航线应尽可能避开渔区，使用商船常用的航线，适当远离岸边航行，以避开或减少与渔船相遇，尽量避免驶入渔船密集的海域。

(2)在渔区行驶时应特别注意渔船的动向和其网具的伸展方向，避让渔船的同时让清其渔具，以免渔船为保护渔具突然朝大船冲来，大船躲避不及造成危险。有时，渔船船员会使用手旗及灯光信号指示商船避开渔具，应特别注意。

(3)在雾中应综合使用各种手段加强瞭望，即使通过雷达没有发现渔船，也应按章鸣放雾号。应特别注意夜间不点灯的渔船，显示的号灯与规定不符的渔船。当发现渔船点亮甲板灯正在进行放网、起网作业时，应尽量远离渔船行驶。

(4)有些渔船受其风俗习惯的影响，常欲抢越大船的船头，在避让中应予以充分注意；在港口航道，经常会遇到渔船似乎要抢越大船船头，但实际仅仅是在航道外侧边缘投下渔浮，然后掉头向航道外下网，这种情形下应及时使用警告声号，减速避让切忌大幅度转向。

(5)遇到商船时，正在拖网作业的渔船一般都不会减速，要特别注意。

(6)一旦误入渔网或穿过渔网，应立即停车淌航，以免渔网绞缠螺旋桨。

(7)尽管未从事捕鱼作业的渔船不属于《规则》的“从事捕鱼作业的船舶”，也不享有直航的权利，但渔船上的驾驶员并不一定有这种意识，必要时商船应主动避让。

(8)行驶在渔区时，应注意《国际信号规则》所规定的单字母信号可能被渔船使用，其意义如下(详见项目二任务四中的“单字母信号及其意义”)：

G——我正在收网。

Z——我正在放网。

P——我的网已紧紧地挂在障碍物上。

T——我正在从事对拖捕鱼作业，请避开我；或者用一长声表示。

(七)商渔碰撞案例分析

2021年中国海事网指出：浙江沿海渔业资源发达，除浙江省几万艘渔船外，鲁、苏、闽、粤等沿海省份渔船大量存在，遍布近岸、远海集中开展捕捞作业。随着我国国际贸易地位的持续提升，航运业的迅猛发展，北上南下的商船运行更加频繁，大量商渔在长期在同一片水域航行作业，长期存在的商渔矛盾更加突出明显。特别是在近期，涉及渔船的碰撞事故频繁发生，商渔船碰撞容易导致群死群伤，已成为浙江沿海最大的水上风险源之一。

4-9 商渔碰撞案例分析　　**4-10 渔船避让习题、学习资料**

二、分道通航制水域中的避碰

分道通航制一般设置在交通密度大的沿岸水域、岛礁区、狭水道及进出港口航道等航行条件复杂水域，用以分隔相反的交通流避免碰撞。分道通航制水域的主要交通流都应顺着通航分道总流向行驶，但不排除有进、出、穿越通航分道的船舶；此外，有些船舶特别是小船和渔船也常常发生违反分道通航制规定的行为。

无论是否被IMO采纳，分道通航制水域往往制定有特殊规定，一般都设立了船舶报告制，要求船舶使用专门VHF频道按海图标识位置向交管中心(VTS)报告船舶的相关信息。交管中心也会适时在该频道发布进出分道或须特别关注的船舶的航行信息，指导船舶的航行和避碰。所有船舶都应时刻注意专用频道的守听，关注有关方发布的航行警告、船舶动态和指示信息。

以下分道通航制水域中的航行避让注意事项供参考。

(1)在抵达分道通航制水域前，查阅有关的航海图书资料如《船舶定线制》《英版航海通告年度摘要》等，确定该分道通航制是否业已被IMO采纳，以便确定《规则》第十条是否适用；查阅《航路指南》《进港指南》《无线电信号书》等熟悉和掌握该分道通航制的特殊规定、习惯航法和通航情况。

(2)严格遵守船舶报告制度。虽然AIS已被广泛使用，但仍然有些分道通航制水域须使用VHF报告相关船舶信息；在进入免除VHF报告的分道通航制区之前，应认真核实AIS的目的港、吃水、货物的载运情况等航次数据是否更新；检查GPS、电罗经等自动输入的动态信息是否正常，以便他船识别及主管部门对船舶实施动态安全管理。并注意VHF专门频道的守听。

(3)在驶进、驶出相应通航分道或者穿越通航分道时，应当严格遵守地方规则或《规则》第十条的规定，并特别注意是否有显示号灯、号型或旗帜信号的特殊要求；在相应通航分道行驶时，应注意风流压差的影响，特别注意使用视觉及雷达连续核实船位，始终控制船位与相应分道内的分隔线或分隔带保持适当的安全距离。

(4)在分道通航制的端部及其附近的警戒区，船舶交会杂乱、频繁，多船会遇的局面往往不可避免，因此，须特别谨慎。在此水域追越他船时，要根据他船AIS信息预先判断他船驶出分道后的可能转向情况，通过VHF联系确认后决定从哪一舷追越，如果他船驶出分道后将右转向，则应避免从其右舷追越。虽然《规则》第十条规定应避免在端部附近锚泊，但在航运市场不景气时，在离开端部一定距离后，可能存在锚泊船大量聚集的现象，行驶在该区域时，应密切注意抛起锚的船舶动态及穿行其间的工作船舶。

(5)尽管《规则》要求从事捕鱼的船舶、帆船和长度小于20 m的船舶负有不应妨碍的义务，但不能依赖这些船舶会及早地采取不妨碍行动，尤其是当存在碰撞危险时，每一船舶仍须积极地履行本船的避碰义务。

(6)遇特殊情况须进入分隔带或沿岸通航带时，如可能，应提前报告交管中心(VTS)并及时发布船舶动态。

三、狭水道和岛礁区水域中的避碰

狭水道不仅航道狭窄弯曲、水浅滩多，而且都分布有暗礁、沉船或渔栅等障碍物，通航条件复杂。由于水文气象条件多变，船舶面临的航行危险较大；船舶交通密集，受弯道或其他船舶等遮挡，往往难以在较远距离发现来船，加上风流压差大、控制船位困难，船舶碰撞的风险较高。岛礁区虽然不具备狭水道那样弯曲狭窄的通航条件，但同样存在各类碍航物，而且由于海图资料不完备增加了船舶的航行危险。

在进入狭水道、岛礁区之前，应查阅航海图书资料，了解相关的航行资料，特别注意大比例尺海图、航路指南、进港指南提供的相关信息，掌握地方规则的特殊规定。掌握重要水域附近的地形地貌，包括两岸山形、岛屿岬角、浅滩、弯头角度、居间障碍以及水下碍航物的分布情况等；掌握航道内可航水域的水文情况，包括流速、流向、水深、可航宽度、最大允许偏航距离，以及潮汐、潮流等，并配以适当风流压差；掌握设立的助航标志系统类别；掌握航道内的船舶交通状况，特别注意渔船及地方船舶的通行习惯等。

以下狭水道及岛礁区的航行避让注意事项供参考。

(1)由于存在碍航物，可航水域不宽敞，转向避让往往受到限制，在进入狭水道、岛礁区之前，应当加强戒备，保持正规瞭望，适当控制安全航速，开启测深仪，必要时备车、备锚航行。

(2)船舶驾驶人员在值班过程中，既要监控船位保持船舶行驶在计划航线上，又要避让附近的船舶，定位和避让存在一定的矛盾。应提高驾驶台值班等级，设置专门瞭望人员，值班驾驶员不仅要充分发挥雷达的导航功能，而且还要使用视觉导航的方法连续监控船位，尽量使船舶保持在计划航线上，根据情况及时调整风流压差，摆正船位避免走“S”轨迹。

(3)在狭水道、岛礁区水域往往存在推荐航线、推荐航路或双向航路等定线制措施时，应当充分利用并注意遵守相应的航法。

(4)在狭窄水道航行时，要靠右行驶并注意当地的特殊规定。遇来船违章等紧急情况时，若有必要应当果断背离《规则》采取避让行动。

(5)在采取避碰行动时，要充分考虑水域受限的环境和情况，必要时及时停车、倒车。在避让过程中，既要注意避让其他船舶防止碰撞，又要了解周围航行环境避免航行的危险。

四、多船同时会遇时的避碰

《规则》对具体会遇局面的规定是基于两船的会遇的态势，多船会遇时，多艘船舶彼此之间形成了多重复杂的会遇关系，不能针对性地适用于一船同时与多船会遇的情况。因此，在一船同时与多船会遇时，《规则》将其确定为特殊情况，无法完全适用《规则》有关会遇局面的具体规定；在此情况下，每一船都应当审时度势，运用良好的船艺，谨慎采取避让行动，化解复杂会遇局面，驶过远离。避让时应当特别注意下列各项。

(1)多船会遇构成碰撞危险时，属于《规则》规定的特殊情况，各船具备同等的避让责任，每一船舶均应运用良好的船艺，及早采取行动，避免与他船形成紧迫局面。

(2)ARPA 雷达试操船提供的信息值得参考，但不可过分依赖雷达，应注重视觉瞭望及时跟踪他船动态，适时发布船舶动态，使用声号、信号灯表明动态，在正确识别他船的基础上充分发挥 VHF 的沟通功能。

(3)在采取避让行动时应当遵循第八条“早、大、宽、清”的原则，按良好船艺协调避让。不仅要考虑本船与其他船舶的协调，还要考虑其他船舶之间相互协调可能采取的避让行动。只有留出足够的水域供他船航行与避让，才能避免本船陷入紧迫局面。

(4)如果其他多船相对于本船具备整体一致性，可以将其他多艘船舶看成一艘船舶，进而简化局面并参照《规则》对相应局面的规定做出避碰决策，一次性让清。如果其他多船相对于本船不具备整体一致性，应当根据各艘来船的碰撞危险程度，确定一艘重点船，如图 4－30 所示的甲、乙、丙三船构成碰撞危险，乙、丙两船对甲船具备整体一致性，甲船可以右转一次性避让乙、丙两船；甲、丙两船对乙船不具备整体一致性，考虑甲船不会从乙丙两船之间穿过及甲船可能采取的避让行动，且甲、乙两船相对速度较高，因此乙船可以将甲

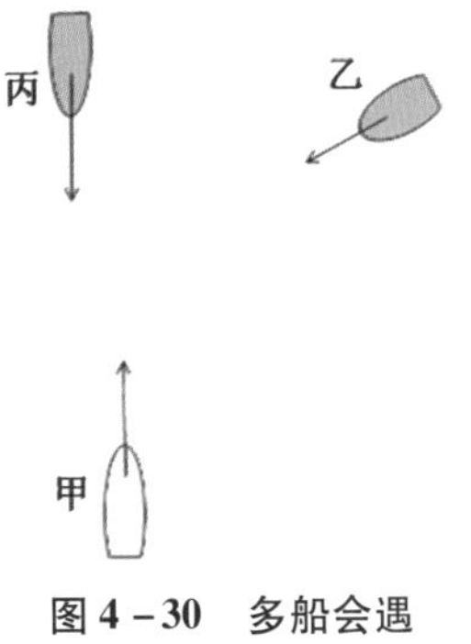

图 4－30 多船会遇

船当作重点船舶,主动联系甲船协调避让行动;同样,丙船也应将甲船当作重点船。

五、我国典型地方规则及海员习惯做法介绍

(一)《中华人民共和国非机动船舶海上安全航行暂行规则》简介

我国1958年公布并实施《中华人民共和国非机动船海上安全航行暂行规则》(以下简称《暂行规则》),该暂行规则就是适用于我国非机动船的海上避碰规则。暂行规则共10条,具体内容可以参考书后的附录。其与《规则》对非机动船规定的主要不同表现在帆船间的避让,号灯、号型,声响灯光信号及非机动船与机动船之间的避让规定方面。

1. 帆船条款

《暂行规则》规定帆船的避让原则依次为:船尾受风船避让其他船;顺风船避让逆风船;左舷受风船避让右舷受风船;上风船避让下风船。与《规则》的不同之处在于充分考虑了顺风船操纵的灵活性,突出强调顺风船的让路责任。

2. 号灯、号型及声响灯光信号

《暂行规则》规定,从事捕鱼的非机动船的特征号灯是一环照白灯,特征号型是一个竹篮;发现他船驶近时被动显示渔具伸出方向的信号,夜间一环照白灯,日间显示适当信号。

《暂行规则》规定,能见度不良,非机动在航时,鸣放有效声响信号五秒钟,间隔为一分钟;锚泊时不是主动鸣放雾号,而是在听到来船雾号时,有间隔地被动鸣放有效声响。另外增加了"将衣服张开,挂上桅顶"的遇险信号。

3. 非机动船应履行的避让责任

《暂行规则》规定:"航行的非机动船,应当避让用网、曳绳钓或者拖网进行捕鱼作业的非机动渔船。"非机动船应当避让下列的机动船:

(1)从事起捞、安放海底电线或者航行标志的机动船。

(2)从事测量或者水下工作的机动船。

(3)操纵失灵的机动船。

(4)用拖网捕鱼的机动船。

(5)被追越的机动船。

(二)我国海员的一些典型做法

(1)习惯使用"一长声"代替"五短声"。我国的部分海上船员来自内河,他们习惯使用"一长声"声号,并逐步在海上流行。能见度良好"一长声"属于过弯声号,当然这"一长声"也可以理解为招引注意的拖长音。

(2)狭水道追越时习惯使用VHF,无论是否需要让路船协助都忽视使用声号,这是典型的对遵守规则的疏忽,也不符合狭水道航行应有的戒备,应予以更正。

(3)海上定速航行时不使用主机成了惯例,虽然《规则》及《STCW规则》都强调使用主机避让,但值班人员都嫌麻烦。这种行为也应更正,虽然减速避让效果不明显,但不减速会直接导致避碰事故中的疏忽与失职。

(4)无论白天黑夜,都不使用声号。虽然很多船长在常规命令及夜航命令中都强调使用主机和声号,但驾驶员总因各种担忧而不使用声号。一则使用声号会影响他人休息;二则使用声号会引起船长注意,担心船长发现自己操纵避让水平有限,这是一种明显不自信

的担忧。事实上,只有及时使用主机和声号才能正确引起船长注意,船长才能及时上驾驶台;相反,长期不使用声号,一名有责任心的船长会总是担心驾驶台。因此,在走上值班驾驶员岗位之前,大家应努力培养及时使用车钟、声号的习惯。

(5)过分相信引航员。在引水引航期间,值班驾驶员将自己的职责限定到了操纵车钟和船舶定位上,忽视了瞭望及继续承担航行值班的职责,对引航员的各种指令从不澄清,也不跟踪水手的操舵情况,这是一种典型的玩忽职守行为,将值班期间的安全托付于他人。

以上行为在船上表现比较普遍,都是不利于航行安全的行为,在学习中应高度重视,为日后保持安全航行应有的戒备打好基础。

六、典型碰撞案例分析

和其他海上事故一样,绝大多数船舶碰撞事故都是人为因素所导致的。常见的船舶碰撞有商船之间的碰撞、商渔碰撞及能见度不良时船舶间的碰撞,分析碰撞案例应逐一考虑《规则》各条,核实航行值班是否遵守《规则》及海员通常做法保持了应有的戒备,严格遵循《规则》要求,采取避让行动。如是否保持了正规瞭望,使用了安全航速,运用适合当时环境和局面的手段和方法判断碰撞危险,采取避让行动是否做到了“早、大、宽、清”,是否违反了狭水道及分道通航制的航行规定等。如果涉及能见度不良,还要考虑是否采取了能见度不良的戒备,特别注意是否正确使用雷达及鸣放声号等。

4-11 案例分析方法、典型案例分析

评价要素参考

(1)掌握渔船的航行及作业特点,能按《规则》要求正确识别渔船的动态。

(2)掌握渔船的各类作业方式及其特点,能有效实施对渔船的避让。

(3)了解我国沿海渔船的特点,正确理解伏季休渔。

(4)熟悉渔区航行的各类注意事项。

(5)熟悉分道通航制区的航行特点及航行注意事项。

(6)熟悉狭水道、岛礁区的航行特点及航行注意事项。

(7)正确理解多船会遇的特点及格局,准确找出重点船并能正确采取相应的避让措施。

(8)熟悉我国非机动船暂行规则对帆船间的避让方法及非机动船与其他船舶之间的避让责任,能正确理解我国对非机动船号灯、号型及声响灯光信号的规定。

(9)熟悉我国海员的一些通常做法,扬长避短,努力培养良好的航行习惯。

(10)学会案例分析的方法,能从案例中吸取教训,确保海上航行安全。

4-12 特殊情况下的避碰习题

项目五　船舶值班的要求

2010 年 6 月在菲律宾马尼拉召开的 STCW 公约缔约国外交大会上讨论并通过了《STCW 公约马尼拉修正案》,该修正案于 2012 年 1 月 1 日生效。马尼拉修正案是对 STCW 公约及规则的一次全面修订,公约和规则的每个章节中都出现了许多重要的修改,新增了保安意识与职责的相关培训与发证内容;将 BRM 和 ECDIS 培训纳入规则 A 部分;修改涉及了海员培训、发证、值班各个环节。在船舶值班方面也做出了相关的修订,如加强海船船员值班管理、防止船员疲劳操作、防止船员酗酒和滥用药物、加强船舶保安、增加驾驶台和机舱资源管理原则、增加货物作业值班要求等。

《STCW 公约》第 1 条规定:"(1)各缔约国承担义务实施本公约及其附则的各项规定,该附则为本公约的组成部分。凡引用本公约时,同时也就是引用该附则。(2)各缔约国承担义务颁布一切必要的法律、法令、命令和规则,并采取一切必要的其他措施,使公约充分和完全生效,以便从海上人命与财产的安全和保护海洋环境的观点出发,保证船上的海员胜任其职责。"《STCW 规则》适用于有权悬挂缔约国国旗的海船上工作的船员,但不包括在军用船舶、渔业船舶、非营业的游艇和构造简单的木质船舶上工作的船员。

为全面履约马尼拉修正案,我国于 2012 年 11 月 27 日修订并通过了《中华人民共和国海船船员值班规则》(交通运输部令 2012 年第 10 号)。2020 年 7 月 6 日,交通运输部令 2020 年第 14 号公布,决定对《中华人民共和国海船船员值班规则》(交通运输部令 2012 年第 10 号)做如下修改:"一、将第三条、第七十八条、第八十七条中的'国家海事管理机构'修改为'交通运输部海事局'。二、删去第一百二十八条中的'船员服务簿'。本决定自公布之日起施行。"(以下简称《20 值班规则》)。《20 值班规则》未对 2012 年发布的值班规则做大的修订,只是配合 2020 年修订的《船员条例》修改了主管机关的名称,取消了"船员服务簿签发"许可事项,删除了法律责任条款中涉及暂扣、吊销"船员服务簿"的内容。《中华人民共和国海船船员值班规则》适用于 100 总吨及以上中国籍海船上工作的船员,但不包括在军用船舶、渔业船舶、非营业的游艇和构造简单的木质船舶上工作的船员。

《20 值班规则》第一条规定了其制定的依据与目的:"为了规范海船船员值班,保障海上人命与财产安全,保护海洋环境,加强船舶保安管理,根据《中华人民共和国海上交通安全法》《中华人民共和国海洋环境保护法》和《中华人民共和国船员条例》,以及我国缔结或加入的有关国际公约要求,制定本规则。"《20 值班规则》第三条明确了其实施的主管机关:"交通运输部海事局是实施本规则的主管机关。各级海事管理机构按照职责具体负责海船船员值班的监督管理工作。"关于船员培训、考试、发证的法规还有 2019 年公布的《中华人民共和国船员培训管理规则》及实施办法、《中华人民共和国海船船员适任考试和发证规则》《中华人民共和国海船船员培训合格证书签发管理办法》及 2021 年修订的《海船船员培训大纲(2021 版)》等。

《STCW 规则》A 部分对负责船舶航行值班的高级船员的最低适任标准提出了要求,要求负责航行值班的驾驶员掌握值班中应遵守的原则的全面知识,遵循航行值班的基本原则,有效履行航行、货物装卸和积载、船舶作业管理和人员管理等职能。从而确保船舶、人员及货物安全;保护海洋环境,为实施在清洁海洋上安全、高效的航运尽责尽力。我们将围绕《STCW 公约》对驾驶员值班的以下主要适任要求展开讨论。

(1)航行值班中应遵循的基本原则。

(2)驾驶台值班时,驾驶员承担的责任及要求。

(3)驾驶台瞭望的要求。

(4)驾驶台交接班的有关要求。

(5)船舶在锚泊时驾驶台人员的职责。

(6)船舶在港内以及装卸危险品时驾驶员的职责。

任务一 遵循驾驶台的值班原则

《STCW 公约》附则Ⅷ/2 条第 1 款规定:“主管机关应当使公司、船长、轮机长和全体值班人员注意到《STCW 规则》中规定的要求、原则和指导,以确保在所有海船上始终保持安全、连续并适合当时环境和条件的值班。”驾驶人员在船上的工作,不论是在航行还是在停泊期间,也不论是在海上还是在港内,主要体现为驾驶台值班或者甲板值班。为了做好值班工作、履行好值班职责,驾驶人员不仅应当熟练运用相关的专业知识和专业技能,还应当准确掌握《STCW 规则》《2006 年海事劳工公约》和《20 值班规则》中与船舶值班有关的原则、规定和指导。

《20 值班规则》要求各级海事管理机构按照职责具体负责海船船员值班的监督管理工作;各航运公司应当根据本规则以及有关国际公约的要求编制“驾驶台规则”“机舱值班规则”等船舶值班规则,张贴在船舶各部门的易见之处,要求全体船员遵守执行,以保证船舶航行安全。航运公司还应当确保指派到船上任职的值班船员熟悉船上相关设备、船舶特性、本人职责和值班要求,能有效履行安全、防污染和保安等职责。船长及全体船员在值班时,应确保配备足够适于值班的人员值班,保证船舶随时处于适航状态,妥善保管货物,避免船舶受到保安威胁,遵守法律、行政法规、相关国际公约以及当地有关防止船舶造成海洋污染的要求,采取一切可能的预防措施,防止因操作不当或者发生事故等原因造成船舶对海洋环境的污染。

一、对航次计划的要求

(一)制订航次计划

当船长收到新的航次指令时,应及时组织驾驶员研究有关资料,制订并落实航次计划,通知各部门做好相应准备工作,确保储备充足、船舶适航、船员适任。船长制订航次计划应当考虑但不限于以下要求。

(1)与大副、轮机长协商后,预先确定并落实本航次所需各种燃料、物料、淡水以及备品的数量。

(2)保证各种船舶证书和船员证件齐全、有效。

(3)保证本航次涉及的航海图书资料和其他航海出版物准确、完整、及时更新。

(4)保证运输单证及港口文件齐全。

航次计划应参考公司体系的相关规定,对预定的航次进行风险评估后制订,制订后应及时报送公司相关部门审核,根据公司的指导和建议实施,完整的航次计划应当至少包括以下内容。

(1)航线的总里程和预计航行的总时间。

(2)计划航线上的气象情况和海况。

(3)各转向点的经纬度。

(4)各段航线的航程和预计到达各转向点的时间。

(5)复杂航段的航法以及对航线附近的危险物的避险手段。

(6)航经各相应海图时的值班等级,可使用的定位方法,最小富裕水深(UKC)。

(7)特殊航区的注意事项。

制订航次计划时,可参考的资料和信息有:航海图书总目录、航用海图、世界大洋航路、航路设计图或引航图、航路指南和引航书籍、灯标表、潮汐表、潮流图集、航海通告、船舶定线资料、无线电信号资料、气象资料、载重线图、里程表、电子导航系统信息、无线电和区域性警告、船舶公司内部资料、船舶吃水和航海员手册等。

(二)计划航线的标绘与核实

开航前,船长应当恰当地使用航海图书资料和其他航海出版物,计划好从出发港泊位到下一停靠港泊位的预定航线,连同相关重要的航行信息及指令一起清楚地标绘在海图上,并对预定航线进行检查核实。驾驶员在航行期间应当认真核实预定航线上每一个拟采取的航向,落实每张海图上标注的安全信息提示及特别注意事项。

船舶航行中,计划航线的下一停靠港发生改变或者船舶需要大幅度偏离计划航线的,船长应当及早计划好修正航线,并在海图上重新标绘,以适当的方式通知到每一个负责航行值班的驾驶员。

使用 ECDIS 航行的船舶,应及时查找核实计划航线所需的海图,补充缺失海图,获取最新的改正信息。和纸海图一样设计航线,正确设置安全等深线及安全水深并实施航线检查,逐一确认 ECDIS 出现的警告提示信息;正确标绘相关航行提示信息及注意事项。

二、对值班的一般要求

《20 值班规则》对海上值班提出了总体要求。航运公司和船长应当为船舶配备足够的适任船员,以保持安全值班。船员配备不仅要考虑最低配员证书的要求,还须考虑船舶航行区域、靠港频次及所载运货物等因素对值班的影响,以及航行期间值班船员是否需要履行航行值班之外的额外职责等。

船长应当安排合格的船员值班,明确值班船员职责。值班安排应当符合保证船舶、货物安全及保护海洋环境的要求,并保证值班船员得到充分休息,防止疲劳值班。在船长统一指挥下,值班的驾驶员对船舶安全负责;轮机长应当经船长同意,合理安排机舱值班,保证机舱运行安全。船长还应当根据保安等级的要求,安排并保持适当和有效的保安值班。值班安排应当遵守下列驾驶台和机舱资源管理要求。

(1)根据情况合理地安排值班船员。

(2)考虑值班船员资格和适任的局限性。

(3)值班船员应当熟悉其岗位职责和部门职责。

(4)值班船员对值班时所接收到的与航行有关的信息应当能够正确领会、正确处置,并与其他部门适当共享。

(5)值班船员应当保持各部门之间的适当沟通。

(6)对为保证安全所采取的行动,值班船员如果产生任何怀疑,应当立即告知船长、轮机长、负责值班的高级船员。

船舶不得安排船员在值班期间承担影响值班的工作。值班船员应当将值班期间发生的重要事件按照要求做好记录。《20值班规则》中关于值班的要求不仅船长和船上有关人员应当遵守,船舶所有人或者经营人也应当认真遵守。为确保履行安全有效的值班,很多航运企业都规定了驾驶台禁止使用私人手机的规定;使用船舶配备的业务专用手机时,在沿岸及港口值班期间仅允许接听业务电话,不允许使用手机的其他业务功能。

三、适于值班

除了要求船舶配备足够的适任船员外,航运公司和船长还应加强对船员的监督管理,依据船员的持证情况,考虑船员的特长,合理安排值班人员的组成,确保每班次的船员都适于值班。《STCW公约马尼拉修正案》在附则中规定,为防止疲劳,各主管机关应当依据《STCW规则》第A-Ⅷ/1的规定,制定和实施值班人员以及被指定安全、防污染和保安职责的人员的休息时间制度;要求值班制度的安排能使所有值班人员的效率不致因疲劳而受到影响,并且班次的组织能使航次开始的第一个班次及其后各班次人员均已充分休息,并在其他方面适于值班。为防止滥用药物和酗酒,各主管机关应确保依据第A-Ⅷ/1的规定制定适当的措施,并考虑B-Ⅷ/1的指导。在马尼拉修正案之前,疲劳管理制度的适用人员仅限于“值班人员”,修正后,增加了被指定负有安全、防污染和保安等三项职责的人员,无论其是否值班。此外,马尼拉修正案将防止滥用药物和酗酒从指导性建议变为强制性规定,与疲劳管理的修正和健康标准的强制性规定相呼应,以全面提高海员履行多项职责的适任性。

(一)驾驶台值班安排

《20值班规则》规定:确定驾驶台值班人员组成时,应当考虑下列因素,保证安全航行及保安的需要。

(1)保证驾驶台24小时值守:驾驶台的范围包括与驾驶台相通两翼平台和海图室,正常情况下驾驶台值班人数应最少为两人。船舶航行过程中,值班人员可能需要暂时离开驾驶台,如仅有一人值班,当值班人员离开驾驶台时,会在驾驶台造成临时无人值守的局面,无论离开时间长短,都会影响航行安全。随着无人智能船舶的发展,驾驶台配备值班人员的要求应该会发生一些改变。

(2)天气及能见度情况、白天及夜间的驾驶要求差异:在安排驾驶台值班时,应考虑所承担的避碰职责和面临的航行危险,遭遇或可能遭遇恶劣天气或者能见度不良时,值班安排必须依据实际情况做出调整,且不得因白天或者黑夜而有所疏忽。天气与能见度的突变是航行中经常遇到的自然现象,未能对这种变化加以预见是对遵守《国际海上避碰规则》的疏忽,在决定值班安排时必须慎重考虑。

(3)临近航行危险时需要值班驾驶员额外执行的航行职责:在临近陆地、暗礁或者航行于通航密度较大的水域,或者预料将遭遇任何航行危险时,按照海员通常做法,船舶应该备车航行,使用手操舵,必要时增加瞭望人员。没有足够人员随时协助,必将导致危险局面的发生。

(4)电子海图显示与信息系统(ECDIS)、雷达或者电子定位仪等助航仪器及任何其他影响船舶安全航行的设备的使用和工作状态:助航仪器的使用和工作状态直接影响到能否对当时航行环境和局面做出准确判断与估计,在确定值班人员组成时,应当对值班人员的仪器使用熟练程度及仪器的可使用状况加以考虑。ECDIS、ARPA 雷达已经在船上广泛配置与使用,正确操作使用 ECDIS 和雷达是值班驾驶员必须掌握的技能,也是持证的必要条件。导航设备的工作状态及值班人员的操作熟练程度将直接影响值班人员的组成。

(5)船上是否装有自动操舵装置:海上航行时,船上是否有可以正常使用的自动操舵装置决定了是否需要配备专门的操舵人员,直接影响到航行值班人数的增减。

(6)是否需要履行无线电职责:确定驾驶台的值班组成时,应考虑到是否需要履行额外的 GMDSS 通信职责,如发送到离港报、中午报等。

(7)驾驶台上的无人机舱控制装置、警报和指示器及其使用程序和局限性:无人机舱警报响起时,特别是在夜间,值班驾驶员必须跟踪警报的处理进程,而且,处理机舱警报可能需要使用主机、操舵仪等航行设备。

(8)特殊的操作环境对航行值班的特别要求:若航行操纵环境对航行值班有特别的要求,将会增加值班人员的工作量,应安排额外的人员协助以策安全。在海盗出没区及进出港航行时,就应提高值班等级,适当增加值班人员。

(二)值班时间的强制性标准

《STCW 规则》A-Ⅷ/1 节要求主管机关应当考虑船员,特别是涉及船舶安全和保安工作职责的海员,由于疲劳所引发的危险。我国的《20 值班规则》要求航运公司及船长应当采取有效措施防止船员疲劳操作。除紧急或者超常工作情况外,负责值班的船员以及被指定承担安全、防污染和保安职责的船员休息时间应当满足以下要求。

(1)任何 24 小时内不少于 10 小时。除非紧急,不得违反。

(2)任何 7 天内不少于 77 小时。接受有条件的例外,应符合第 4,5 项的规定。

(3)任何 24 小时内的休息时间可以分为不超过 2 个时间段,其中一个时间段至少要有 6 小时,连续休息时间段之间的间隔不应当超过 14 小时。接受有条件的例外,应符合第 4,6 项的规定。

(4)船长按照第 2,3 项中规定安排休息时间时可以有例外,但是任何 7 天内的休息时间不得少于 70 小时。

(5)对第 2 项规定的每周休息时间的例外,不应当超过连续两周。在船上连续两次例外时间的间隔不应当少于该例外持续时间的两倍。

(6)对第 3 项规定的例外,可以分成为不超过 3 个时间段,其中一个时间段至少要有 6 个小时,另外两个时间段不应当少于 1 个小时。连续休息时间的间隔不得超过 14 个小时。例外在任何 7 天时间内不得超过两个 24 小时时间段。

船长应考虑《STCW 规则》B-Ⅷ/1 节里关于有关防止疲劳的指导,合理安排工作休息时间,执行以上规定还应注意以下几方面。

(1)在紧急集合演习、消防和救生演习,以及国内法律、法规、国际公约规定的其他演习时,应当以对休息时间的干扰最小且不导致船员疲劳的形式进行。各类演习应尽量避开早上值班人员的休息时间及午后的午睡时间。

(2)船员处于待命情况下,因被派去工作而中断了正常休息时间的,应当给予补休。应特别考虑在无人机舱待命的夜班人员。

(3)因船舶、船上人员或者货物出现紧急安全需要,或者为了帮助海上遇险的其他船舶或人员,船长可以暂停执行休息时间制度,直至情况恢复正常。情况恢复正常后,船长应当根据实际情况尽快安排船员获得充足的补休时间。

(4)船上工作安排表和休息时间记录表应当参照国际劳工组织(ILO)和国际海事组织(IMO)编制船员船上工作安排表和船员工作时间或休息时间记录格式指南,并使用船上工作语言和英语制定。船舶应当将船上工作安排表张贴在易见之处,对船员每天休息时间进行记录,并制作由船长或者船长授权的人员和船员本人签注的休息时间记录表发放给船员本人。

此外,船长在安排船员值班时,应当充分考虑女性船员的生理特点和国家的有关规定。航运公司应当制定相应的措施防止船员酗酒和滥用药物。船员不得酗酒,值班人员在值班前四小时内禁止饮酒,且值班期间血液酒精浓度(BAC)应不高于 0.05% 或呼吸中酒精浓度不高于 0.25 mg/L。船员不得服用可能导致不能安全值班的药物。航运公司应当制定相应的措施防止船员酗酒和滥用药物。船员履行值班职责或者有关安全、防污染和保安值班职责的能力受到药物或酒精的影响时,不得安排其值班。事实上,很多航运公司的体系文件都规定了“零酒精”的禁酒政策。

关于海员工作和休息的时间限制,《2006 年海事劳工公约》规定:最长工作时间在任何 24 小时时段内不得超过 14 小时;且在任何 7 天时间内不得超过 72 小时;或者最短休息时间在任何 24 小时时段内不得少于 10 小时,且在任何 7 天时间内不得少于 77 小时。24 小时休息时间最多可分为两段,其中一段至少要有 6 小时,且相连的两段休息时间的间隔不得超过 14 小时。

(三)《STCW 规则》对防止疲劳的指导

《STCW 规则》B 部分对防止疲劳和防止滥用药物、酗酒做出了如下指导性建议。

(1)在遵守休息时间的要求时,“超常工作情况”应当解释为仅指由于安全或者防止污染原因而不能延误的或者在航次开始时不能合理预料的至关重要的船上工作。

(2)虽然疲劳尚没有普遍接受的技术性定义,但每一个参与船舶工作的人应当警惕能导致疲劳的因素,其中包括但不仅限于那些本组织已明确的因素,并应当在决定船舶工作时加以考虑。

(3)在运用规则第 A－Ⅷ/1 节时,应当考虑以下各项:

①所制定的防止疲劳的规定应当确保不采取过多的和不合理的整段工作时间,特别是第 A－Ⅷ/1 节规定的最少休息时间不应解释为暗示所有其他时间可用于值班或者履行其他职责。

②休息时段的次数和长短以及准予的补休是一段时间内防止疲劳的关键因素。

③对短航次的船舶,只要做出特殊的安全方面的安排,可以有不同的规定。

(4)第 A－Ⅷ/1 节第 9 段所列的例外规定应当解释为系指国际劳工组织 1996 年(第 180 号)《海员工作时间和船舶配员公约》或者生效后的《2006 年海事劳工公约》所列的例外规定,适用于该例外规定的情况应当由缔约国确定。

(5)主管机关应以从海上事故调查结果所获得的信息为基础,对其防止疲劳的规定进行审核。

(6)滥用药物和酗酒直接影响到船员履行值班职责或者有关安全、防污染和保安值班职责的健康和能力。当船员被发现受到药物或者酒精的影响时,应当不允许其履行值班职责或者有关安全、防污染和保安值班职责,直至他们履行这些职责的能力不再受到影响为止。

(7)主管机关应当确保采取适当措施以防止药物或者酒精影响值班人员或者履行安全、防污染和保安值班职责人员的能力,并应当根据需要制订甄别计划。

①鉴别滥用药物和酗酒。

②尊重有关个人的尊严、隐私、秘密和基本的法定权利。

③考虑相关的国际指南。

(8)公司应当考虑通过纳入公司质量管理体系或者向船员提供足够的信息和教育的方法,实施明文规定的防止滥用药物和酗酒的政策,包括禁止值班人员在值班前 4 小时内饮酒。

(9)参与制订防止滥用药物和酗酒方案的人员应当考虑 ILO 出版的可能会被修正的《海运业防止滥用药物和酗酒方案(设计人员手册)》中的指南。

四、疲劳

疲劳是一种主观不适感觉,在同等条件下,客观上表现为失去其完成原来所从事的正常活动或工作的能力。按疲劳的轻重程度,疲劳分为一般疲劳(即轻微疲劳)、明显疲劳、严重疲劳、过度和极度疲劳;按疲劳的诱发因素,疲劳主要分为生理性和病理性两大类。生理性疲劳是人们连续学习或工作以后全身机能效率下降的一种现象,包括体力疲劳、脑力疲劳、心理(精神)疲劳和混合性疲劳等四种。产生疲劳后,除身体有劳累的感觉外,还将在不同程度上表现出工作能力降低,注意力和记忆力减退,听觉和视觉以及思维变得迟钝,动作不灵活,对外界事态的变化和发展判断不准确等现象。发生疲劳,不仅工作效率下降,而且容易导致事故发生。

(一)产生疲劳的原因

体力疲劳是在繁重或长时间的体力活动时产生;脑力疲劳则在持续较久或强度过大的脑力劳动过程中产生;心理(精神)性疲劳多于精神负担过重或有心理障碍时出现;混合性疲劳则上述因素兼而有之。病理性疲劳就不同了,仅仅是由于身体暗藏的疾病所导致,一般情况下,没有明确的诱发因素,所以也有人称之为“原因不明的疲劳”。引起疲劳的原因很多,主要有以下几个方面。

(1)过分的体力消耗引起体力疲劳。

(2)睡眠不足或过分的脑力消耗引起脑力疲劳。

(3)情绪不佳、精神抑郁、忧虑等心理因素引起的心理性疲劳。

(4)人体内潜伏着某种疾病而引起病理性疲劳。

生理性疲劳,一般经过合理的休息都会逐渐消除;心理性疲劳,消除稍慢些,如果精神愉快,则可加快消除的速度。而疾病引起的病理性疲劳,仅靠一般的休息往往不能奏效,必须经过药物或其他治疗,当疾病治愈之后疲劳才会完全消除。

（二）影响疲劳的因素及解决办法

依据产生疲劳的原因，归纳疲劳的影响因素如下。

(1)脑力和体力劳动的速度、强度和持续时间直接影响生理性疲劳的严重程度。这种疲劳一般通过合理的休息，保障足够的睡眠来解决。

(2)由于身体较弱、技术不熟练等各种原因导致的心理紧张程度，以及情绪不良、精神抑郁的严重程度，直接影响心理疲劳的严重程度。对于这种疲劳，可以通过消除工作上的压力来解决。除了保障足够的睡眠外，还应按个人特长对其工作内容进行适当调整；其本人也要努力学习专业知识，始终保持良好的心态。

(3)工作环境对引起疲劳有直接影响，例如噪声高、振动大、温度高、湿度大、船舶摇摆剧烈等会对工作及生活造成一定的影响进而产生混合性疲劳。改善工作生活环境，合理配备和使用劳保用品是一种有效的改善办法。

(4)身体及心理状况对病理性疲劳会产生直接影响，除了充分休息合理用药，增强体育锻炼，消除不良嗜好，保持良好的生活习惯外，保持心情愉悦也是加快消除病理性疲劳的有效办法。

（三）疲劳对值班的危害

无论何种原因导致睡眠不足或睡眠质量差都容易导致疲劳，对值班产生不利影响，危及船舶航行安全，主要表现如下。

(1)注意力不集中，记忆力下降，工作效率下降，工作时间稍长就会出现头晕、头痛、头胀的症状，甚至不能正常工作。

(2)情绪低落、抑郁焦虑、过度紧张、心烦易怒，容易产生投机心理，增加船舶航行值班的风险。

(3)降低免疫力，长期疲劳容易损害机体的健康，导致疾病。

(4)反应迟钝，对个体的识别和反应能力产生负面影响。

（四）为防止疲劳应采取的措施

为确保船员适于值班，航运公司及船长应当采取有效措施防止船员疲劳操作，使值班人员和被指定负有安全、防污染和保安职责的人员不致因身体疲劳、心理倦怠以及其他外来因素的影响而降低工作效率。船长应当参考《STCW 规则》B 部分对防止疲劳和防止滥用药物和酗酒做出的指导，合理安排值班，为了防止疲劳、保证船员安全值班，采取以下措施。

(1)船长和大副应当合理组织与安排值班人员的工作和休息，保证值班人员在值班时具有充足的体力和精力。避免值班人员在未得到足够休息的情况下继续值下一个班，造成连续疲劳。

(2)船长在安排船员值班时，应当充分考虑女性船员的生理特点和国家的有关规定。

(3)当值班与正常工作规律由于某些原因被破坏时，船长应当对值班人员的疲劳程度进行观察和判定，以确定是否影响安全值班。

(4)当发现负责值班的高级船员有疲劳的症状，但仍能担任其职责时，在值班的组成上应当考虑配备精力充沛的其他人员配合其值班。

(5)当发现负责值班的高级船员因疲劳的影响难以保证安全值班时，应当毫不犹豫地进行调整,使其得到适当的休息,以利于其在下一个班次时能够胜任职责的要求。

(6)如负责值班的高级船员在航行值班时,由于工作强度过大,感到疲劳以至于难以保证安全值班,应当毫不犹豫地通知船长。

(7)为保证安全值班,必要时船长应当亲自到驾驶台值班。

(8)严禁船员服用可能导致不能安全值班的药物。

(9)航运公司应当采取相应的措施防止船员酗酒和滥用药物。当船员被发现其履行值班职责或者有关安全、防污染和保安值班职责的能力受到药物或者酒精的影响时,将不允许其履行值班职责,直至他们履行这些职责的能力不再受到影响为止。

此外,还应考虑《2006 年海事劳工公约》的要求,禁止雇佣或者聘用 18 岁以下的海员从事可能损害其健康或者安全的工作;禁止 18 岁以下的海员在夜间工作。但遇到两种情况时,可以对夜间工作的限制做出例外:根据已确定的培训项目和日程安排,有关海员的有效培训被扰乱;职责的具体性质或者认可的培训项目要求所涉及的海员例外履行夜间职责,且该工作不会对海员的健康或者福利产生有害影响。夜间系指包括从不晚于午夜开始至不早于上午 5 点钟结束的一段至少 9 h 的时段。

除了以上内容,养成良好的作息习惯,保障充足的睡眠时间;努力适应海上工作及生活的特殊环境,提高睡眠质量;保持良好的心态及学习习惯,避免过分依赖电子产品的不良影响对避免疲劳也是非常重要的。

驾驶台航行值班警报系统(BNWAS)已在驾驶台广泛安装使用,BNWAS 通过提醒驾驶台值班人员保持正规瞭望,从而监控船舶是否一直处于驾驶台值班人员的控制中,当驾驶员失去履行职责的能力时即发出报警。特别是海上使用自动舵时,如果驾驶台在一定时间无人活动,该系统将自动启动报警以提醒船长或相关人员立即采取措施,以减少因疏忽瞭望等人为因素带来的航行安全隐患所导致的事故。如图 5 - 1 所示为驾驶台值班报警系统,该系统通常通过红外探测或人工按键来监控驾驶台值班人员的值班情况,采用三级警报方式报警,如果一定时间内红外探测不能探测到人为活动或无人操作人工按键,系统休眠倒计时结束后,一级复位报警单元的指示灯闪烁,产生视觉提示,如果 15 s 后系统没有复位,一级复位报警单元将在驾驶室产生声光报警,提醒值班人员保持正规瞭望;如果再超过 15 s 系统还没有从驾驶位置复位,二级报警单元将产生声光报警,声光报警将延伸至船长或后备驾驶员房间,警示驾驶室内人员值班不正常,提醒船长或备用人员上驾驶台核实情况;如果再超过 90 ~ 180 s(根据实际情况设置)系统没有复位,三级报警单元将产生声光报警,报

图 5 - 1　驾驶台值班报警系统

警将延伸发送至船上其他公共场所,要求相关人员上驾驶台核实情况。系统开启钥匙由船长直接控制,没有钥匙其他人员无法更改系统设置,休眠时间设定范围一般限定为 3 ~ 12 min 。该系统是船舶驾驶台防止值班人员出现疲劳的主要设备。

评价要素参考

(1)了解与值班相关的公约、法规及《STCW 公约》对值班驾驶员的主要适任要求。

(2)熟悉制定航次计划应考虑的因素和所包括的内容。

(3)掌握《值班规则》对值班的总体要求。

(4)掌握驾驶台值班安排应遵循的原则和考虑的因素。

(5)熟悉《STCW 公约》关于休息时间的强制标准,劳工公约对工作时间的要求;熟悉执行该强制标准的注意事项。

(6)熟悉禁止滥用酒精和药物的规定。

(7)熟悉疲劳的分类、产生疲劳的原因。

(8)熟悉影响疲劳的因素及解决办法;熟悉公约对防止疲劳的指导。

任务二　履行驾驶台的值班责任

负责航行值班的驾驶员是船长的代表,在值班期间对船舶的安全航行负责,其首要的职责是按照经过修正的《1972 年国际海上避碰规则》和其他安全航行规定避免航行和碰撞的危险。

一、驾驶台航行值班的职责

负责航行值班的驾驶员应该始终身处驾驶台,不应当被分派或者担负任何妨碍船舶安全航行的职责。值班期间应当保持与航行有关的动态和工作的正规记录。遵守船长常规命令及夜航命令,按公司体系要求有效履行以下职责。

(1)值班驾驶员应当做到在驾驶台保持值班,不得离开驾驶台;船长在驾驶台时,值班驾驶员仍然应当对船舶安全航行负责,除非被明确告知船长已承担责任;值班驾驶员应给予全体值班人员一切适当的指示和信息,以保持安全值班。

(2)值班驾驶员应当使用安全航速。需要时,应当立即采取转舵、主机变速和使用声响信号等措施。在情况允许时,应当及时通知机舱拟进行主机变速,或者按照适用的程序有效地使用驾驶台的无人机舱主机控制装置。

(3)值班驾驶员必须充分掌握在任何吃水情况下本船的冲程、旋回圈的大小等操纵特性,并应当考虑船舶可能具有的其他不同操纵特性。

(4)值班驾驶员应当充分了解本船所有安全和航行设备的放置地点和操作方法,熟练掌握电子助航仪器的使用方法,了解这些设备性能及操作上的局限性。

(5)值班驾驶员在值班期间,应当有效使用船上的助航仪器,以恰当的时间间隔对所驶的航向、船位和航速进行核对,确保本船沿着计划航线行驶,并注意在适当的时候使用测深仪。

(6)值班驾驶员应当经常和精确地测定驶近船舶的罗经方位和距离,及早判断有无碰撞危险。必要时使用甚高频无线电话,与他船协调避让措施。

(7)在到离港前及可预见的影响航行安全的危险情况发生之前,值班驾驶员应当对航行设备进行操作性测试;情况允许时,在海上航行期间值班驾驶员应当尽可能地对航行设备进行操作性测试,并做好所有测试记录。

(8)值班驾驶员应当定期检查下列内容。

①确保手动操舵或者自动舵使船舶保持在正确的航向上。

②每班应当至少测定一次标准罗经的误差,如可能,在大幅度改变航向后也应当测定;应当经常进行标准罗经和陀螺罗经核对;复示仪与主罗经应当同步;如发现误差变化较大,应当及时报告船长。

③使用自动舵时,每班至少测试一次自动舵的手动操作。

④确保航行灯和信号灯及其他航行设备正常工作。

⑤确保无线电设备正常工作并且按照要求值守。

⑥确保在驾驶台的无人机舱控制装置、警报和指示器工作正常。

(9)在使用自动舵时,值班驾驶员应当考虑:为了应对随时可能出现的潜在危险局面,及时使舵工就位并改为手动操舵的可能性;在无人协助的情况下因采取紧急措施而中断瞭望的危险性。手动操舵和自动操舵的转换应当由值班驾驶员决定。

(10)值班驾驶员应当能熟练地使用雷达,并应当做到以下几点。

①遇到或者预料到能见度不良或者在通航密集水域航行时,应当使用雷达,并注意其局限性。使用雷达时应当遵守经过修正的《1972 年国际海上避碰规则》中使用雷达的规定。

②应当确保所使用的雷达量程以足够频繁的时间间隔进行转换,以便能及早地发现物标。应当考虑微弱或者反射力差的物标可能被漏掉。

③使用雷达时,应当选择合适的量程,仔细观察显示器,并确保及早进行雷达标绘或者系统的分析。

④天气良好时,如可能,值班驾驶员应当进行雷达使用方面的操练。

(11)发生下列情况时,值班驾驶员应当立即报告船长,船长接到报告后应当尽快上驾驶台,必要时由船长直接指挥。

①遇到或者预料到能见度不良;

②对通航条件或者他船的动态产生疑虑;

③对保持航向感到困难;

④在预计的时间未能看到陆地、航行标志或测量不到水深;

⑤意外地看到陆地、航行标志或者水深突然发生变化;

⑥主机、推进装置遥控系统、舵机等主要的航行设备、警报或者指示仪发生故障;

⑦无线电设备发生故障;

⑧恶劣天气怀疑可能有气象危害;

⑨发现遇险人员或船舶以及他船求救;

⑩遇到其他紧急情况或者感到疑虑的情况。

当情况紧急时,为了船舶的安全,值班驾驶员除立即报告船长外,还应当在船长抵达驾驶台之前果断采取行动。

二、瞭望职责

瞭望既是《国际海上避碰规则》的要求,也是值班的基本任务。如何履行瞭望的职责,详见模块三的任务一“有效实施瞭望”。

三、驾驶台值班交接

根据航海习惯,交接班必须在现场进行,交班的驾驶员应提前调整船位使船舶保持在预定的航线上航行,并做好天气海况等各方面的记录。接班的驾驶员应提前上驾驶台按公司体系文件要求核实船位及相关设备的运行情况,做好接班准备。

(一)对交班人员的要求

(1)负责值班的驾驶员认为接班驾驶员明显不能有效地履行值班职责时,不得交班,并立即向船长报告。

(2)值班驾驶员正在进行重要避让或转向操作时,应当在确认操作完成后再交班,船长另有指令的除外。

(3)正式交班前继续对航行安全负责,不得离开驾驶台。

(4)比对标准罗经和陀螺罗经,将比对结果记录在航海日志中签名;在航行交接记录本上签名,并注明下列事项。

①简要说明改向原因。

②风力及海况。

③如用自动舵,说明依据天气对舵角所做调整情况。

④航速。

⑤更换手操舵或者自动舵的时间。

⑥其他重要资料,如经过岬角或者灯塔的时间;等等。

(二)对接班人员的要求

(1)接班驾驶员在确认本班人员到齐,并完全能有效地履行各自职责后,方可接班;

(2)接班驾驶员在视力未完全调节到适应当时环境条件以前,不应当接班;

(3)接班驾驶员在接班前,应当对本船的推算船位或者实际船位进行核实,确认计划航线、航向和航速以及无人机舱控制装置的工作状况,并应当考虑值班期间可能遇到的任何航行危险。

(4)接班驾驶员在接班前,应依据公司驾驶台值班文件的要求,逐项核实通信导航设备的运行情况,确认无误后方可接班。

(三)交接事项

交、接班驾驶员应当清楚地交接下列情况。

(1)船长对船舶航行有关的常规命令和其他特别指示。

(2)船位、航向、航速和吃水。

(3)当时和预报的潮汐、海流、气象、能见度等因素及其对航向和航速的影响。

(4)在驾驶台控制主机时的主机操作程序和方法。

(5)航行环境,包括但不限于以下内容。

①正在使用或者在值班期间可能使用的所有航行设备和安全设备的工作状况。

②陀螺罗经和磁罗经的误差。

③附近船舶的位置及动态。

④在值班期间可能遇到的情况和危险。

⑤船舶的横倾、纵倾、水的密度变化及船体下沉对富裕水深可能造成的影响。

接班驾驶员一般要提前 15 min 到达驾驶台,一方面按公司体系要求核实接班时应检查航行仪器设备,做好现场航行交接,另一方面在夜间也有利于在接班时将其视力完全调节到适应当时的光线条件。

四、特殊情况下的值班职责

(一)能见度不良时的值班

遇到或者预料能见度不良时,值班驾驶员应及时通知船长,按公司要求执行能见度不良的戒备,按相关检查表的要求核实通信导航设备的运行情况。遵照经修订的《1972 年国际海上避碰规则》的相应条款,采取鸣放雾号、以安全航速行驶并使主机处于立即可操纵的准备状态等戒备措施。值班驾驶员的职责包括但不限于以下内容。

(1)通知船长。

(2)开启航行灯,按要求鸣放雾号。

(3)通知机舱备车,以安全航速行驶。

(4)依据能见度的情况,安排合适的瞭望人员。

(5)操作和使用雷达。

(6)按规定记录航海日志及其他要求的文件。

(二)夜间值班

在夜航期间航行值班时,船长安排值班时应当特别考虑驾驶台设备和助航仪器的特性及其局限性、当时航区的环境和情况以及所需要实施的程序和安全措施。航行或锚泊时,船长应在每日就寝前将航行指示、值班注意事项及其他重要安排明确记入船长夜航命令簿,指示值班驾驶员遵照执行。值班驾驶员应认真阅读船长的夜航命令,充分了解各项内容和要求,完全理解后再签字确认,并严格执行。如对夜航命令有不明之处,应当立即请示船长。船长临时修改夜航命令内容时,应当通知当班驾驶员,并在更改处签字。

虽然夜航不属于什么特殊情况,是驾驶员在海上航行时必须每天应对的常规值班。但对新上任的三副来说,夜航是安全值班的巨大挑战,面对万家渔火,除了恐惧和请求船长协助之外,别无其他选择。另外,夜航时必须保持驾驶台无灯光,如何在不间断驾驶台的瞭望,不借助手电筒的情况下迅速准确找到各类电气设备的操作开关或按键是很重要的,平时应多积累经验,留心熟悉驾驶台的布置及各类工具的存放位置对夜航来说也是非常重要的一环。除了正确熟练地操作雷达外,保持正规的视觉瞭望对积累夜航经验也是非常重要的,天气良好的夜晚,在通航密度不是很大的宽阔海洋上,我们可以完全脱离雷达进行航行与避让。在 20 世纪 90 年代初期以前,ARPA 及彩色雷达尚未普及,维修保养困难,为保障 ARPA 雷达在进出港及通航条件复杂时能正常使用,有船长不允许驾驶员在通航条件良好的夜晚使用 ARPA 雷达。这种规定虽然有些极端,但对驾驶台保持正规的视觉瞭望及提高驾驶员的夜航能力非常有效。

（三）沿岸和通航密集水域值班

船舶进入沿岸或通航密集水域前，应按公司规定的值班等级安排值班人员，遵循相关检查表的要求测试并核对航行设备的运行情况。使用船上适合于该水域并依照最新资料改正过的最大比例尺的海图，开启测深仪、雷达，保持 VHF 值守。在确认没有碰撞危险的情况下，应当勤测船位，环境许可时还应当使用多种方法定位，交叉核实船位。使用电子海图显示信息系统（ECDIS）时，应当选择适当显示比例的电子海图，注意碍航物及助航标志的显示模式，确切地辨认沿岸陆标及所有有关的航行标志，与雷达配合以适当的时间间隔对船位进行核查，在 ECDIS 中做好自动及手动航行记录。值班驾驶员还应使用罗经方位仪准确测量已辨认的各类显著标志物，交叉核对雷达及 ECDIS 显示的准确性。

（四）海盗出没区的值班

海盗，除了武装抢劫外，还应包括海上的各类小偷小摸的行为。无论是海上航行，还是港口停泊值班，只要在海盗出没区，就应做好防范海盗登船的预防措施。防海盗值班的首要任务是及时准确地识别海盗，并对可疑人员或船只发出警告信号加以驱离，与之保持有效的安全距离。正确识别海盗，首先应关注各类通告，正确识别海盗区；其次是关注相关船舶及个人的行为是否怪异，与正常航行或登船行为是否不符。发现任何可疑现象时，应及时使用汽笛或强光照射进行警告，向可疑对象表明“我已经注意你了，请不要过来”。航行、锚泊在海盗出没区时，应监督甲板值班人员经常使用灯具扫视船舶四周，特别是船舶后方。在有些锚地，海盗小船为避免被发现，可能关闭发动机，用划桨的方式接近，使用速战速决的战略，盗窃船舶缆绳后迅速驶离，应引起值班人员的注意。在这些锚地值班时，应特别注意使用雷达显示过往船舶的航行轨迹来跟踪周围船舶的动态。

（五）引航员在船时的值班

1. 值班的基本要求

引航员作为船舶的雇佣人员，仅仅为船舶航行提供技术服务与建议，并不享有独立的船舶指挥权。船舶由引航员引航时并不解除船长管理和驾驶船舶的责任。引航员上船后，船长和引航员应当首先交换有关航行方法、当地情况和船舶性能等信息。船长、值班驾驶员应当与引航员紧密合作，保持对船位和船舶动态进行核对。船长对引航员的错误操作应当及时指出，必要时即行纠正。

船长在非危险航段暂离驾驶台时应当告知引航员，并指定驾驶员负责。值班驾驶员对引航员的行动或者意图有所怀疑时，应当要求引航员予以澄清，如仍有怀疑，应当立即报告船长，并可在船长到达之前采取必要的行动。

以上要求表明，在由引航员引航船舶时，对船舶安全承担义务的人员应当包括船长、引航员和值班驾驶员。

2. 引航过程中驾驶员的具体职责

（1）检查引航员登离设置的安全情况，包括软梯及扶手柱系固情况以及照明、救生圈和行李绳准备情况，亲自接送引航员安全登离船。

（2）履行驾驶台值班职责，引航员引航并不解除值班驾驶员的值班职责，仍应当认真瞭望、勤测船位、监督车舵的运行情况，核实水手操舵的正确性，正确记录船舶动态。

(3)按引航员要求操纵车钟、鸣放声号,安排水手悬挂信号。

(4)船长不在驾驶台时,按船长的指定对航行安全负责,听从引航员的指令,监督引航员的操纵。

五、进出港航行时的值班职责

各航运企业都规定了海上航行与港口航行之间的转换程序,到达船长划定的区域前,值班驾驶员应提前通知机舱做好准备,到达指定区域后更改值班等级,从海上航行模式转换到港内航行,除了履行海上正常值班的职责外,进出港航行时,值班驾驶员通常还应做好以下事项。

(1)关注大气污染物排放控制区(ECA)的设定情况,至少提前两小时通知机舱,并做好相关记录。

(2)关注其他污染物排放区域的设定情况,通知相关部门提前处理垃圾,及时关闭相关排污口。

(3)核实海图或 ECDIS 标注,提前联系引航站核实引水登船时间,按时结束海上行程(EOSP);如遇计划更改或有其他疑问时,及时报告船长。

(4)按船长指示通知机舱何时备车,进港前,进行正倒车试验。离港试车应先核实螺旋桨周边无障碍,货物装卸设备及舷梯已无碍,缆绳已均匀受力。

(5)按公司体系要求完成驾驶台设备的检查与测试,并做好相应记录;预计抵达美国港口时,还须按当地要求实施专门检查记录。以下检查测试事项供参考。

①与机舱值班人员核对车钟、船时。

②测试舵机及操舵控制系统。

③开启测深仪,根据当时水深进行功能设置与测试。

④检查测试包括汽笛、航行灯、手持信号灯等各类信号设备及旗帜。

⑤保持雷达、ECDIS 正常运行。

⑥核实电罗经、磁罗经误差,检查复示器,方位仪是否正常。

⑦测试包括全船广播、首尾对讲、船内电话、手提式对讲机等内部通信系统。

⑧检查测试 VHF 设备。

⑨核实 GPS、NAVTEX 运行是否正常。

⑩驾驶台已更新显示到港船舶吃水、货物种类、油水存量等数据。

⑪检查 AIS 设置是否依据到港数据更新。

⑫主机转速表、舵角指示器运行正常,且已将照明调整到适当亮度。

⑬引水卡已准备且填写完整,确保引水登离设置检查正常。

⑭如果装有侧推器,通知机舱检查并测试。

评价要素参考

(1)掌握驾驶台航行值班的主要职责。

(2)熟悉驾驶台交接班的要求。

(3)熟悉特殊情况下的值班要求,包括能见度不良、夜间、沿岸航行、海盗出没区等。

(4)熟悉引航员在船时的值班要求。

(5)熟悉进出港时的值班要求。

任务三　履行港内值班的责任

船舶在港内停泊时，船长应当安排适当而有效的值班。根据停泊情况、船舶类型和值班特点，配备足够具有熟练操作能力的值班船员，并安排好必要的设备。对于具有特种形式的推进系统或者辅助设备，以及装载有危害、危险、有毒、易燃物品或者其他特殊货物的船舶，还应当按照有关规定的特殊要求值班。船舶在港内停泊期间的值班安排应当满足下列要求。

(1)确保人命、船舶、货物、港口和环境的安全。

(2)确保与货物作业相关机械的安全操作。

(3)遵守有关国际公约、国家法规和当地规定。

(4)保持船舶工作正常。

一、锚泊值班

在非遮蔽锚地、开敞的港外锚地或者任何其他实际“在海上”锚泊的情况下，依据《STCW 规则》第Ⅷ章第 A－Ⅷ/2 节第 4－1 部分第 51 段的规定，每一船舶的船长应当确保足以保持所有锚泊时间内安全的值班安排。

(一)锚泊值班的原则

锚泊时，甲板值班人员应当至少包括一名值班驾驶员和一名值班水手，值班驾驶员始终负有锚泊安全值班的责任。在确定锚泊值班安排时，为统筹维持船舶安全、保安和海洋环境保护，船长应当考虑所有相关的环境和条件，如以下内容。

①通过视觉、听觉以及其他一切可用手段保持连续的警戒状态。

②船与船、船与岸的通信要求。

③当时的天气、海浪、冰和海流的状况。

④连续监测船位的需要。

⑤锚地的性质、大小和特征。

⑥锚地及周围的交通状况。

⑦可能影响船舶保安的情况。

⑧装卸作业。

⑨待命船员的指定。

⑩向船长报警和保持主机备用状态的程序。

(二)锚泊值班时驾驶员的职责

船舶在锚泊时，值班驾驶员应当按公司体系要求保持锚泊值班，勤测锚位，防止走锚或遭遇其他航行或碰撞危险，切实履行以下各项职责。

(1)锚抛下时应当立即测定船位，并在海图上标出锚位和回旋范围，将锚地的潮汐、流向、水深、底质、周围情况及当地气象记入航海日志。

(2)情况许可时，应当经常利用固定航标或者岸上容易辨认的物标，校核船舶是否保持在锚位上。

(3)保持正规的瞭望,注意周围锚泊船的情况,尤其是位于上风或者上流方向锚泊船的动态,以防他船走锚危及本船安全;注意来泊船的锚位是否与本船有足够的安全距离,如过近,应当设法通知对方,并报告船长;若过往船舶或者邻近锚泊船起锚离泊时距本船过近,应当密切关注其动态,若判断对本船有威胁时,应当以各种信号警告对方。

(4)保持有效的安全及保安值班,以适当的时间的间隔巡视全船,注意吃水、龙骨下富余水深以及船舶的状态。

(5)注意观测气象、潮汐和海况变化,锚位、锚链受力和船首偏荡;在转流时,还应当注意船身回转及周围船舶动向,必要时采取紧急措施,防止因本船或者他船走锚造成紧迫局面或者发生事故。

(6)本船或者他船走锚,或者过往船舶距离过近造成危险局面时,应当果断地采取一切有效措施,以避免或者减少损失,并立即通知船长。

(7)在急流区锚泊或者遇大风浪天气时,除执行船长指示外,还应当勤测锚位。条件允许时应定时巡视甲板,检查锚链和制链器是否正常,并且应当认真督促值班水手每小时至少检查锚链、制链器和锚设备一次。

(8)督促值班水手按时升降旗及锚球、开关锚灯、甲板照明,按照规定显示或者悬挂相应的号灯、号型,鸣放相应的声号。

(9)能见度不良时,应当认真执行经过修正的《1972 年国际海上避碰规则》的有关规定,加强瞭望,鸣放雾号,开启锚灯和各层甲板的照明灯,并通知船长。

(10)锚泊中进行装卸作业,除应执行停泊值班中有关装卸业务方面的职责外,还应当注意傍靠船、驳的系缆、碰垫和绳梯以及其他各种安全措施。

(11)根据锚地情况及相关规定,用甚高频无线电话在规定的频道上保持守听。

(12)严格遵守防污染规定,采取有效措施,防止船舶对水域环境造成污染。

船长认为必要时,船舶在锚泊情况下可保持连续的航行值班。事实上,很多航运企业都要求船舶锚泊时与航行保持相同的驾驶台值班,特别是在夜间值锚泊班时。和航行值班相比,虽然锚泊值班须履行的职责较少,但在沿岸或港口锚泊时海上环境相对复杂,这也是要保持航行值班安排的一个重要原因。

二、靠泊值班

靠泊时,值班驾驶员除按锚泊值班的要求保持安全值班外,还应特别注意船舶系泊安全,按计划监管货物、物料及其他物资的补给操作,履行船舶作业及保安值班职责。做好以下各项。

(1)掌握全船人员动态,经常巡查船的四周、装卸现场及工作场所,关注从事高空、舷外及封闭舱室内工作的人员安全,督促值班人员坚守岗位,保持部门间联系畅通。

(2)经常检查舷梯、锚链、跳板及安全网,及时调整系泊缆绳,在有较大潮差的泊位上,应当加强巡查,必要时应当采取措施以确保系泊设备处于安全工作状态。

(3)根据船舶种类特点,按照积载计划的要求,负责船港联系和协作,监督装卸操作安全和质量,掌握装卸进度,解决装卸中发生的问题,制止违章作业,注意天气变化及海况,及时开关舱;装卸一级危险品、重大件、贵重货时到现场监督指导。

(4)注意及时收听天气预报,当收到恶劣气象警报时,采取必要的措施以保护人员、船舶和货物的安全。

(5)按照船长、大副的指示或者根据情况需要,通知机舱注入、排出或者调整压舱水,并注意船体平衡;注意检查污水井、压载舱及淡水舱的测量记录;监收加装淡水和物料,加油船来时通知机舱并且注意防火安全。

(6)发生危及船舶安全的紧急情况时,鸣放警报,通知船长,采取措施以防止对船上人员、船舶和货物造成损害;必要时,请求附近船舶或者岸上给予援助。

(7)掌握船舶稳性情况,能够在失火时向消防部门提供可喷洒在船上且不致危及本船的水的大致数量。

(8)在船上进行明火作业及修理工作时,采取必要的预防措施。

(9)不得在系泊区域内排放污油水、垃圾及杂物,并采取措施,防止本船对周围环境造成其他形式的污染。

(10)注意过往船舶,有他船系靠本船或者前后泊位时应当在现场守望,并采取相应安全措施;发生事故时,应当立即记下该船船名、国籍、船籍港及事故经过,并向船长报告。

(11)对遇难船舶和人员提供援助。

(12)主机试车应当在确认推进器附近无障碍物,不致碍及他船,不损坏舷梯、跳板、缆绳、装卸属具及港口设施等情况后方可进行,并采取必要的预防措施。

三、港内值班交接

交接班的驾驶员应当在交接前共同巡视检查全船和周围,认真做好交接工作。各项交接工作都必须在现场完成,交接班人员对交接事项有怀疑时,应当及时向大副或者船长报告。

交班驾驶员应当告知接班驾驶员下列事项。

(1)航海日志和停泊值班记录簿所记载的有关内容、航运公司指示和船长命令,有关人员来船联系及对外联系事项。

(2)气象、潮汐、泊位水深、船舶吃水、系缆情况、锚位和所出锚链的情况,转流时船舶回转、主机状态和其应急使用的可能性,以及与船舶安全停泊有关的其他情况。

(3)船上拟进行的所有工作,包括积载计划、大副的要求、装卸进度、开工舱口及工班数、货物的分隔衬垫、装卸质量、装卸属具情况、危险品和重大件及应采取的预防及应急措施、贵重货情况、水手值班情况及与港方联系事项等。

(4)舱底水、压舱水、淡水的水位情况及加装燃油、淡水情况。

(5)消防设备的情况。

(6)港口及本船悬挂的信号,显示的号灯、号型和鸣放的声号,港口特殊规定,发生紧急情况或需要援助时船方与港方的联系方式。

(7)在船船员的人数和全船人员的动态情况。

(8)检修工作的项目、质量、进度和采取的安全措施。

(9)傍靠船、驳情况,周围锚泊船的动态。

(10)港口的特殊要求。

(11)有关船员、船舶、货物的安全和防治水域污染的其他重要情况,以及由于船舶行为造成环境污染时向相关机关报告的程序。

接班驾驶员在负责甲板值班之前应当核实下列内容。

(1)系泊缆绳或者锚链是否恰当。

(2)正在装卸的有害或者危险货物的性质，以及发生溢漏或者失火后应当采取的相应措施。

(3)本船悬挂的信号，显示的号灯、号型以及鸣放的声号是否正确。

(4)各项安全措施和防火规定是否有效遵守。

(5)是否存在危及本船的情况以及本船是否危及其他船舶。

四、货物作业值班

航运公司应当制定保证货物作业安全的规定，负责计划和实施货物作业的高级船员应当通过对特定风险的控制，确保作业的安全实施。船舶载运危险货物、污染危害性货物时，船长应当做出保持货物安全的值班安排。

载运散装危险货物的船舶，安全值班应当由甲板部和轮机部至少各一名高级船员和普通船员组成，载运非散装危险货物的船舶，船长在做出值班安排时应当考虑危险品的性质、数量、包装和积载以及船上、水上和岸上的所有特殊情况。

通常情况下，到港后大副会与码头负责人协商做好货物作业计划，并对货物作业总体负责。值班驾驶员应按大副指示履行监装、监卸、打排压载及其他日常工作职责，指示码头工人按程序装卸，做好看舱理货工作，防止发生货损货差。值班前驾驶员应充分理解大副的装卸计划，了解货物特性，密切关注货物作业过程中的关键操作及特殊时期，例如平舱、换舱操作。必要时报告大副请求协助。

装卸危险品货物前，值班驾驶员应依据大副的配积载图，明确危险货物的积载位置及装卸计划，核对港口提供的危险货物特性资料(MSDS)，了解货物操作注意事项及应急措施。装卸危险品货物时，应及时显示危险品载运操作信号，亲自到现场核实包装、标志是否完好，发现问题及时做好现场记录并报告大副处理。载运散装危险品货物值班时，值班驾驶员还要额外注意各项安全注意事项的显示是否正常，禁止任何类型的火种，防止无关人员登船。按大副计划控制装卸速率，加强甲板巡视，确保各种应急器材随时可用，严防跑冒滴漏。发现危险货物包装损坏或其他装卸事故时，应迅速联系港口负责部门通知船长、大副，按 MSDS 指导采取适当的应急措施。此外，还须注意与货物关联的保安值班，装卸集装箱时，应检查海关封条是否完好。

评价要素参考

1. 掌握港内值班的总体要求。
2. 熟悉锚泊值班的原则及职责。
3. 熟悉靠泊值班的主要职责。
4. 熟悉港内值班交接的主要内容。
5. 熟悉货物值班的主要内容、危险品货物值班的额外职责。

任务四　有效履行驾驶轮机联系制度

为协调应对海上航行风险，保障船舶作业安全，《20 值班规则》规定了以下驾驶轮机联系制度。

一、开航前

船长应当提前 24 小时将预计开航时间通知轮机长，如停港不足 24 小时，应当在抵港后立即将预计离港时间通知轮机长；轮机长应当向船长报告主要机电设备情况、燃油、润滑油和炉水存量；如开航时间变更，应当及时更正。

开航前 1 小时，值班驾驶员应当会同值班轮机员核对船钟、车钟、试舵等，并分别将情况记入航海日志、轮机日志及车钟记录簿内。有些公司也提出了开航前 2 小时通知机舱人员准备的要求。

主机试车前，值班轮机员应当征得值班驾驶员的同意，待主机备妥后，机舱应当通知驾驶台。

二、航行中

每班交班前，值班轮机员应当将主机平均转数和海水温度等参数告知值班驾驶员，值班驾驶员应当回告本班平均航速和风向风力，双方分别记入航海日志和轮机日志；每天中午，驾驶台和机舱校对时钟并互换正午报告。

船舶进出港口，通过狭水道、浅滩、危险水域或抛锚等情况下须备车航行时，驾驶台应当提前通知机舱准备。如遇雾或暴雨等突发情况，值班轮机员接到通知后应当尽快备妥主机。判断将有恶劣天气来临时，船长应当及时通知轮机长做好各种准备。

因等引航员、候潮、等泊等原因须短时间抛锚时，值班驾驶员应当将情况及时通知值班轮机员。

因机械故障不能执行航行命令时，轮机长应当组织抢修，通知驾驶台报告船长，并将故障发生和排除时间及情况记入航海日志和轮机日志。停车应当先征得船长同意。但情况危急，不立即停车会威胁人身安全或者主机安全时，轮机长可以立即停车并及时通知驾驶台。因调换发电机、并车等需要暂时停电时，值班轮机员应当事先通知驾驶台。

在应变情况下，值班轮机员应当立即执行驾驶台发出的信号，及时提供所要求的水、气、汽、电等。

值班驾驶员和值班轮机员应当执行船长和轮机长共同商定的主机各种车速要求，另有指示的除外。

船舶在到港前，应当对主机进行停、倒车试验，当无人值守的机舱因情况需要改为有人值守时，驾驶台应当及时通知轮机员。

抵港前，轮机长应当将本船存油情况告知船长。

三、停泊中

抵港后，船长应当告知轮机长本船的预计动态，以便安排工作，动态如有变化应当及时更正；机舱若须检修影响动车的设备，轮机长应当事先将工作内容和所需时间报告船长，取得同意后方可进行。很多港口不允许船舶在靠港期间检修影响航行的设备，确须检修的应报港口批准，港口当局安排相应的应急拖轮值守。

值班驾驶员应当将装卸货情况随时通知值班轮机员，以保证安全供电：在装卸重大件、特种危险品或者使用重吊之前，大副应当通知轮机长派人检查起货机，必要时应当派人值守。

因装卸作业造成船舶过度倾斜，影响机舱正常工作的，轮机长应当通知大副或者值班驾驶员采取有效措施予以纠正。

驾驶和轮机部门应当对船舶压载的调整，以及可能涉及海洋污染的各种操作，建立起有效的联系制度，包括书面通知和相应的记录。

添装燃油前，轮机长应当将本船的存油情况和计划添装的油舱以及各舱添装数量告知大副，以便计算稳性、水尺和调整吃水差。

评价要素参考

熟悉开航前、航行中及停泊中的驾驶轮机联系的主要事项。

任务五　承担值班的法律责任

一、所有船员应履行的责任

《20 值班规则》第一百二十八条规定：船员有下列情形之一的，由海事管理机构处1 000元以上1万元以下罚款；情节严重的，并给予暂扣船员适任证书6个月以上2年以下直至吊销船员适任证书的处罚：

(1)未按照要求保持正规瞭望。

(2)未按照要求履行值班职责。

(3)未按照要求值班交接。

(4)不采用安全航速航行。

(5)不按照规定守听航行通信。

(6)不按照规定测试、检修船舶设备。

(7)发现或者发生险情、事故、保安事件或者影响航行安全的情况未及时报告。

(8)未按照要求填写或者记载有关船舶法定文书。

(9)在船上值班期间，体内酒精含量超过规定标准。

(10)在船上履行船员职务，服食影响安全值班的违禁药物。

(11)不遵守本规则规定的其他情形。

二、船长的责任

《20 值班规则》第一百二十九条规定：船长有下列情形之一的，由海事管理机构处2000元以上2万元以下罚款；情节严重的，并给予暂扣船员适任证书6个月以上2年以下直至吊销船员适任证书的处罚：

(1)未确保按照规定为船舶配备足额的适任船员。

(2)未按照要求安排值班。

(3)未保证船舶和船员携带符合法定要求的证书、文书以及有关航行资料。

(4)未保证船舶和船员在开航时处于适航、适任状态。

(5)未保证船舶安全值班。

(6)未按照规定在驾驶台值班。

(7)不遵守本规则规定的其他情形。

评价要素参考

了解违反值班规则的主要表现。

5-1　船舶值班习题、叫船长学习资料

项目六　驾驶台资源管理的运用

海上货物运输是国际贸易中最主要的运输方式，同时也是充满风险的商业活动。业界人士通过对导致以往事故和事件发生的原因进行统计和分析发现：超过80%的海上事故是人为失误造成的，其中的绝大部分是管理失误。一些欧洲航运国家的交通与海事安全主管部门、航运公司、船东协会、船东保赔协会和引航员协会等借鉴北欧航空公司（SAS）“驾驶舱资源管理（cockpit resource management，CRM）”课程的经验，以避免人为失误为关注点，开发出“驾驶台资源管理（bridge resource management，BRM）”培训课程。

这门课程一经推出，就受到了业界的广泛认同。为此，IMO在《1978年海员培训、发证和值班标准国际公约》（简称《STCW公约》）1995年修正案的第B－Ⅷ/2节中特别提出了“驾驶台资源管理”的概念，强调航运公司须向船长和负责航行值班的高级船员发布以驾驶台资源管理为基础的，关于驾驶台值班人员如何配置和使用驾驶台资源的14条指导性建议，其目的就是要求驾驶台管理人员能随时对环境和局面的变化做出及时反应和采取有效的措施。虽然当时“驾驶台资源管理”课程并非履约培训的强制内容，但许多欧洲的港口国在实施PSC检查时将其列入强制要求，石油公司国际海事论坛组织（OCIMF）在以往的船舶检查问卷（VIQ）中也包括了对甲板部高级船员是否接受了“驾驶台资源管理”课程培训的验证。

《STCW公约》的2010年修正案，即马尼拉修正案，于2012年1月1日生效。该修正案强调团队精神、领导力和团队工作技能，包括驾驶台资源管理的要求，并将其作为强制性培训项目，这是马尼拉修正案的主要内容之一。本项目将围绕如下方面分别介绍。

（1）驾驶台资源管理概念、作用与目的。

（2）驾驶台资源的组成、分配与排序。

（3）驾驶台组织结构及职责。

（4）通信与沟通的定义、方式及特点，有效沟通的原则，与引航员沟通要点，通信与沟通障碍及改进方法。

（5）决策的概念、特点、主要类型，决策的过程与要点。

（6）领导力的含义与作用，领导的类型与风格，船舶领导力。

（7）情境意识含义、组成，情境意识丧失的征兆，提高情境意识水平的途径，如何保持良好的情境意识。

任务一　认识驾驶台资源管理

一、驾驶台资源管理简介

（一）驾驶台资源管理的概念

1. 驾驶台资源的概念

资源是一切可被人类开发和利用的客观存在。驾驶台的资源不但包括在船工作的船员以及诸如设备、仪器、物品、备件等硬件和命令簿、手册、指导书、海图、计划等软件，还包括时间、空间、技能与经验等其他资源，总体来讲可归结为：人力资源、物质资源、信息资源和其他资源。

人力资源是最为重要的资源，驾驶台人力资源包括船长、引航员、驾驶员、舵工和瞭望人员；机舱人员和船舶首尾甲板操作人员承担驾驶台团队的支持功能。驾驶台资源管理中的人力资源是指以上人员的技能、能力、知识以及其他的潜力和协作力。

物质资源是确保船舶正常航行与操作的基本资源，驾驶台资源管理中的物质资源是指船舶航行中所需要的物质条件，涉及确保船舶正常航行和操作所需要的仪器、设备、物品、工具以及备件等。

信息资源是确保船舶正常航行与操作的必要资源，包括电子海图、AIS、各种命令簿、操作手册、使用指导书、海图、航次计划、航海出版物、港口信息等在内的确保船舶正常航行与操作所需要的信息与资料。需要说明的是，在使用各类出版物及资料时，其有效部分是其所提供的信息，而不是出版物本身，因此出版物是不能当作物资资源的。

驾驶台资源管理中的其他资源涉及确保船舶本身正常航行与操作所需要的时间、空间、技能、经验和与有关部门（如主管当局与机关、公司、团体、人员等方面）的合作及支持的程度与广度。这类资源将有助于实现安全航行的目标。

2. 对驾驶台资源管理的理解

管理是通过对人力和物质等资源进行协调，进而实现预定的目标的过程。

驾驶台资源管理强调团队协作、联系与沟通、领导艺术、决策和资源管理方面的技能，并将这些技能运用到具体的管理活动中。驾驶台资源管理是对疲劳、压力、态度和风险等影响安全操作因素的管理，为安全而高效地完成船舶运营而涉及了个人因素、组织因素、监管因素等。在航次任务的评估、航次计划的制定、航行规定的执行以及航行活动的监控等各个环节中，运用适当的管理工具，正确感知和评估驾驶台的状态，根据驾驶台团队成员承受的工作负荷和压力的具体程度，合理分配可用的人力、物资、信息等可以获取的所有资源，将其调整在合理的水平，最终安全、高效地完成航次任务。

（二）驾驶台资源管理的构成

根据经马尼拉修正案修正的《STCW 公约》和我国海事局有关海员培训、发证和值班标准相关规定的内容与要求，结合船舶航行安全的实际情况与需要，“驾驶台资源管理”主要应注意如下几个方面。

（1）分析人为失误和船舶事故的发生与预防之间的关系。

（2）注意多元文化意识对船舶安全工作的影响。

（3）阐述情境意识对船舶航行安全的作用。

（4）强调船舶通信和人员沟通在船舶航行安全中的重要作用。

（5）明确团队及团队工作在船舶航行中的必要性。

（6）探讨船舶航行中的决策与领导工作的改进。

（7）掌握正确处理船舶航行中的工作压力与消除疲劳的方法。

（8）规范化执行规章制度和操作规程。

（9）提高船舶应急处理技能。

(三)驾驶台资源管理的特点

驾驶台资源管理不同于一般的人员、物资管理,是为了安全高效完成航次任务,着眼于操作性任务、工作压力、工作态度以及实际风险。驾驶台资源管理基于一种认识,即工作有效性和安全性,涉及个人的、组织的和管理的诸多因素,因此各方面都必须做好计划。驾驶台资源管理贯穿于航次计划的开始、执行和结束。驾驶台资源管理涉及多种资源的管理和应用,包括人力资源、物质资源、信息资源和其他资源等。

二、驾驶台资源管理的目的与作用

(一)目的

如前所述,导致海上事故发生的原因绝大多数都是人为因素,事实证明并不是船舶驾驶人员具有良好的知识与技能,船舶制定了完备地操作程序与规定,就能保证船舶的安全和提高营运效益。要想实现这些目标,除了具备上述这些重要的因素外,船舶驾驶员的工作态度和日常管理技能在船舶安全和营运效益上也有着重要的作用。因此,为了确保船舶的安全和提高营运效益,在为船员提供业务知识与设备操作管理技能的同时,还必须融入驾驶台资源管理的内容,改进船员的工作态度和提高船员的管理水平,进而提高驾驶员的风险识别与防范能力。

驾驶台资源管理的目的在于通过进一步加强安全工作理念的学习与教育,使船舶驾驶人员能在正确认识的基础上,通过转变思想与理念,端正自己的工作态度,熟悉与掌握一些实用的船舶资源管理的相关知识与方法,进而提高自己在船舶安全管理方面的水平,确保船舶的安全运营。

(二)作用

通过学习驾驶台资源管理相关知识并应用于船舶,在保证船舶安全方面可以取得非常明显的效果,主要体现在以下方面。

(1)培养良好的情境意识,使驾驶台团队成员对船舶所处状态时刻都能保持清醒认识。

(2)具备端正的工作态度,航行中能做到连续不断地监控船位、航向等,并适时进行调整,以保证航行安全。

(3)提高资源的综合利用能力,能够及早获取与安全航行相关的信息。

(4)通过领导力的培养,能够合理地使用权力,并适当地分配工作。

(5)提高风险评估及应急演练能力,对船舶所处的危险局面能够及早地预判,并采取应对措施。

(6)掌握决策程序与方法,在遇到问题时,能够顾全大局。

三、船舶驾驶台资源管理的主要内容

现行“STCW 规则”在第Ⅱ章,第 A－Ⅱ/1 节:“对 500 总吨及以上船舶的负责航行值班的高级海员发证的强制性最低要求”中对驾驶台资源管理相关知识、理解和熟练的要求主要在驾驶台资源管理的原则方面,包括以下内容。

(1)资源的分配、分派和优先排序。

(2)船上和岸上的有效沟通。
(3)决策反映出团队的经验。
(4)决断力和领导力,包括激励。
(5)具有并保持情境意识。

这个要求仅适用于500总吨或以上船舶的操作级值班驾驶员,可以理解为狭义的驾驶台资源管理范畴,而有关人的因素、领导力和管理技能(human element, leadership and management,HELM)的要求则可以归咎为广义的驾驶台资源管理范畴,瑞典船东保赔协会开发的类似课程称其为"海事资源管理"(maritime resource management,MRM),适用于所有高级船员,只是对不同等级的高级船员要求的程度不尽相同。

评价要素参考

(1)了解驾驶台资源管理的由来。
(2)掌握驾驶台资源的概念及其分类,熟悉驾驶台资源管理的概念。
(3)熟悉驾驶台资源管理的关注点。
(4)了解驾驶台资源管理的管理特色。
(5)掌握驾驶台资源管理的目的与作用
(6)掌握驾驶台资源管理的主要内容。

任务二　驾驶台组织与团队工作

一、船舶与驾驶台组织结构

组织是指人们为实现一定的目标,互相协作结合而形成的集体或团体,如国际海事组织、航运企业等。组织一般可以分为正式组织和非正式组织,按照组织的管理模式及成员之间的相互关系和职能,可将组织分为直线式、职能式、直线职能式和矩阵式。

(一)船舶组织结构

船舶组织结构属于直线职能式组织,其特点为:一切管理工作均由管理者直接指挥和管理,而且设置了相应的职能部门;只有各级行政负责人才具有指挥和命令的权力;职能部门只有获得授权才有一定的权力。

随着船舶科技的进步,船舶配员不断发生变化,但船舶组织结构基本都由三个部门组成,即甲板部、轮机部和事务部。船舶实际配员是依据船舶大小、种类、自动化程度及航区而变化的,大致包含以下岗位。

(1)甲板部成员包括大副、二副、三副、驾助、水手长、木匠、一水、二水、甲板实习生等,负责人是大副。

(2)轮机部成员包括轮机长、大管轮、二管轮、三管轮、轮助、电子电气员、机匠长、铜匠、机匠、电子技工、冷藏员、机舱实习生等,负责人是轮机长。

(3)事务部成员包括管事、大厨、厨工、服务生、医生等,负责人是管事。

(4)船长是船东的代表,全船的最高负责人,直接对航运公司负责,对船舶的安全航行和管理负责。船舶各个部门都在船长的领导下开展工作。

根据《STCW公约》，按照船员的岗位和职责，船员被分为管理级、操作级和支持级三个等级。管理级是确保正确履行指定职责范围内的所有职能的责任级别，俗称"四大头"，包括船长、大副、轮机长和大管轮；操作级是指在相同责任范围的管理级人员的指导下，按照正规的程序，对指定责任范围内的所有职能的履行保持直接控制的责任级别，包括二副、三副、二管轮、三管轮、电子电气员、驾助、轮助等；支持级是指在操作级或管理级人员的指导下，在船上参与履行指定的任务、职责或责任有关的责任级别，包括水手长、机工长、水手、机工、电子技工、实习生等普通船员。

（二）驾驶台团队结构

相对于船舶直线职能型组织结构，驾驶台的组织结构是由领导和成员组成的驾驶台团队。正常情况下，船舶驾驶台团队由负责航行的值班驾驶员和值班水手组成，必要时，船长、引航员及专职瞭望人员会加入，共同组成驾驶台团队。担任航行值班任务的人员均是驾驶台团队的一部分，机舱人员和船舶首尾甲板操作人员承担驾驶台团队的支持功能。驾驶台组织结构和职能分工如图6－1所示。

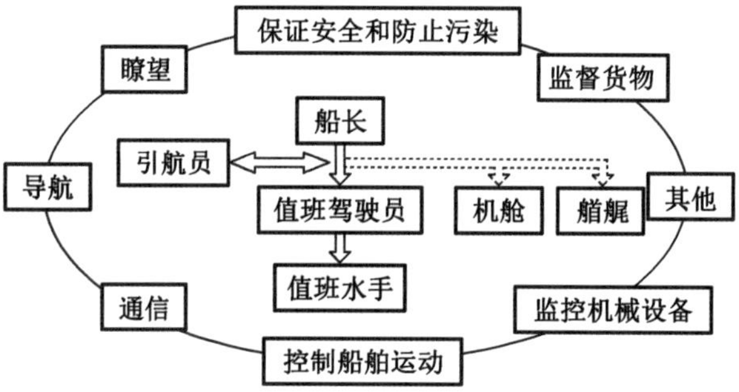

图6－1　驾驶台组织结构和职能分工

（三）驾驶台团队的运作目标

一个运作有效的驾驶台团队应能实现以下目标。

（1）识别和评估航段的风险，制订详细的航次计划。

（2）针对已识别和评估的风险设定适当的戒备等级，备好相应应急预案。

（3）所有驾驶台团队成员均在决策时提供各自的建议。

（4）所有驾驶台团队成员共享航次计划信息。

（5）驾驶台团队成员对各自的角色和职责清晰明确。

（6）驾驶台团队成员保持良好的情境意识，完整准确地收集和处理信息。

（7）驾驶台团队成员清楚知道各自的责任和权限，对领导制定和发布的命令能够理解、执行，并在有疑问时提出质询。

（8）营造融洽的驾驶台氛围，接受引航员作为驾驶台团队的重要成员。

一个运作良好的驾驶台团队应能消除由于一个成员的失误而导致灾难性后果的风险。

（四）驾驶台团队目标的实现

一个运作良好的团队须具备以下一些显著的特征，而正是由于有了这些特征，一个群体组织才能称之为优秀团队或高绩效团队。

1. 明确的目标

团队对于要达到的目标要有清楚的认识，并坚信这一目标包含着重大的意义和价值。这种目标的重要性还激励着团队成员把个人目标升华到团队目标中去。在优秀的团队中，成员愿意为团队目标做出承诺，清楚地知道希望他们做些什么工作以及他们之间怎么共同工作。

2. 相关的技能

团队是由一群有特定能力的成员组成的，他们具备实现理想目标所必需的技能和能力，而且相互之间有能够良好合作的个性品质，从而能够出色完成任务。而后者尤为重要，但却常常被人们忽视。有精湛技术能力的人并不一定就有处理团队内关系的高超技巧，也不一定就能对团队目标的实现做出贡献，但良好团队的成员往往兼而有之。

3. 良好的沟通

这是团队必不可少的一个特点。团队成员通过通畅的渠道交换信息，包括各种语言和非语言信息。此外，管理层与团队成员之间良好的信息反馈也是正常沟通的重要特征，有助于管理者知道团队成员的行动，消除误解。

4. 一致的承诺

团队成员具备高度的忠诚和奉献精神，为了能使团队获得成功，他们愿意去做任何事情。我们把这种忠诚和奉献称为一致的承诺。对成功团队的研究发现，团队成员对他们的群体有认同感，他们把自己属于该群体的身份看作自我的一个重要方面。因此，一致的承诺特征表现为对团队目标的奉献精神，愿意为实现这个目标而调动和发挥自己的最大潜能。

5. 有效的领导

有效的领导能够让团队跟随自己共同度过最艰难的时期，因为他能为团队指明前途所在。他们向成员阐明变革的可能性，鼓舞团队成员的自信心，帮助他们更充分地了解自己的潜力。优秀的领导者不一定非得指示或控制，优秀团队的领导者往往担任教练和后盾的角色，他们对团队提供指导和支持，但并不试图去控制它。当很多管理者已开始发现这种新型的权利共享方式的好处，或通过领导培训逐渐意识到它的益处时，仍然有些思想僵化、习惯于专制方式的管理者无法接受这种新观念，这些人应该尽快转换自己的老观念，否则就将被淘汰。

6. 相互的信任

成功的团队都有这样一个共识：团队合作至关重要，而信任又是合作的基础和前提。成员间相互信任是优秀团队的显著特征，这就是说，团队成员们彼此认同各自的行为和能力。信任是合作的基础和前提，互信能够提高团队合作的能力和品质，更容易使大家把注意力集中在工作上而不“分心”。

“信任心态”会在团队成员中传递和“复制”，也就是说，人与人之间的信任会带来再扩大的信任。同样的道理，人与人之间的不信任也会带来进一步的不信任，这就要求团队领导者努力维持相互信任的关系。

（五）与引航员的协作

引航员是依照相关规定取得引航员适任证书并受聘于引航机构的专业技术人员。引航员在驾驶台团队中扮演一个极其重要的角色,他与驾驶台团队其他成员的关系也比较微妙。一方面,引航员是为船舶提供引航服务的雇佣人员;如果引航是强制的,引航员的引航行为又是代表国家行使主权,船长和其他船员不能无端对其进行过多干涉。

但引航员也是普通人,具有人的基本优点和缺点,比如引航员也会犯错误。在这种情况下,船长和其他船员对他的监督和质询就变得非常重要。为此,《STCW 规则》在“值班”部分明确规定:“尽管引航员有其职责和义务,但他们在船上引航时并不解除船长或负责航行值班的高级海员对船舶安全所负的职责和义务。”

绝大部分国家的法律均有类似规定:引航员引领船舶时,不解除船长指挥和管理船舶的责任,即使由于引航员操作过失导致事故也是如此。这让船长和船员心中隐约感到“不平等”,但这是一个客观存在,船长和船员无法改变这个事实,其所能做的事是努力与引航员良好协作,安全驾驶船舶,避免事故发生,而不是纠结发生事故时,如何把责任推到引航员身上。

对于船舶驾驶台团队“内部”来说,引航员是个“外来人”,引航员与船长、船员之间可能存在文化差异,这种差异如果没有很好地认知和处理,可能引起冲突,由此所导致的船舶事故不在少数。

这表明前述驾驶台团队管理的各种理念在处理与引航员的协作上有着更重要的意义,包括对航行任务的一致承诺、对航行计划实施的充分沟通以及彼此之间的相互信任。

为此,国际引航员协会(IMPA)对所有海员和引航员发出如下倡议。

在引航水域保障船舶的航行安全是船长和引航员及整个驾驶台团队的共同任务,为完成这个任务,需要大家:

(1)共享彼此的信息。

(2)彼此之间相互尊重。

(3)始终保持顺畅的沟通。

(4)团结协作。

(5)高度警觉。

二、驾驶台团队的作用

驾驶台团队的作用表现为利用团队成员的集体智慧和力量,及时识别失误链;充分发挥每个成员的特长,提高安全意识,减少或避免人为失误,保障船舶航行和作业安全。驾驶台团队的作用表现为以下方面。

(1)消除由于个人失误而导致灾难性后果的危险性。

(2)强调保持良好的视觉瞭望和执行避碰规则的必要性。

(3)鼓励利用多种方法确定船位,消除由于一种定位方法失效或偶然失误对船位的影响。

(4)监督驾驶台团队成员充分发挥自己的能力,竭尽全力履行其职责。

(5)保持驾驶台团队具备良好的情景意识。

三、驾驶台团队的职责

优秀的团队一般由 9 种角色构成,包括实干者、协调者、推进者、创新者、信息者、监督者、凝聚者、完美者及技术专家。驾驶台团队通常由船长、值班驾驶员、引航员及其他人员组成,其各自扮演的角色及职责如下。

船长:作为驾驶台团队的核心、领导者、决策者,在驾驶台团队中需要担任协调者、创新者、监督者、凝聚者、完美者及技术专家的角色,其主要职责包括:开航前准备,航行中监督进出港操作、应急管理等。

值班驾驶员:作为驾驶台团队的核心成员,是船长航行值班的代表,在团队中需要承担实干者、推进者、创新者、信息者、监督者、完美者及技术专家等角色,其主要职责包括:航行值班、驾驶台管理、人机管理、值班中的通信联络等。

引航员:应接纳其为一名主要成员参与驾驶台团队工作,与值班驾驶员类似,在团队中担任实干者、协调者、创新者、信息者、完美者及技术专家等角色。在引航员引航期间,船长仍然应对船舶的安全负责。

其他人员包括机舱值班人员、值班水手及其他辅助人员,在团队中承担实干者、推荐者、创新者、完美者等角色,并按照分工履行其各自的职责。

评价要素参考

(1)熟悉船舶的组织结构形式及驾驶台团队的结构形式。

(2)熟悉驾驶台团队的目标。

(3)熟悉优秀团队的特征。

(4)正确理解如何与引航员协作;

(5)掌握驾驶台团队的作用及职责。

任务三 情境意识的培养与提升

如前所述,超过80%的海上事故是由人为失误造成的,其中的绝大部分是管理失误。因此,避免人为失误是安全管理的关键性问题。要解决这个问题,首先要搞清楚人为什么会犯错误。人犯错误可以分为两大类,故意的和无意的。前者需要通过营造公正文化的氛围去解决,而后者则是情境意识理论关注的问题。犯错误的人在做事之前往往并没有意识到其自主行为会导致一个不良的后果;反过来说,如果人总能事先准确地预判其行为的后果,选择安全的行为方式,就能够最大程度地避免犯错误,进而避免事故的发生,这就是情境意识。

一、情境意识的概念

情境意识是指在一个特定的时间对影响船舶的因素和条件的准确感知,是人们对于事故发生的一种预知和警惕。

良好的情境意识包括三方面内容:感知(perception)、认知(comprehension)和预知(projection),英文简称P-C-P。举例来说,一艘在海上航行的船舶,其横摇周期从15 s逐渐增加到25 s,不同的人对此可能有产生不同的感知,有些人觉得横摇周期增大,减缓了摇摆的剧烈程度,体感更舒适。而有些人则会对这种变化的出现予以关注,去思考这种变化产生的原因,及因此导致事故发生的潜在危险。

学过船舶原理的人都知道,船舶的横摇周期是与船舶初稳性高度GM成反比的,船舶横摇周期变大,GM相应变小。导致船舶在常规航行状态下GM变小的原因可能不止一个,但人们首先想到的应该是船体内大量进水。如果的确如此,又没有被及时处理,其最终结果就是船舶的倾覆/沉没。

二、情境意识的组成

情景意识可以分为个人情景意识和团队情景意识,个人的情境意识包括以下五个方面。

1. 个人的经验与训练

情境意识最基本的影响因素是经验与训练,经验和训练是获取知识的重要途径。知识越丰富,理解力、判断力和适应性越强,情境意识自然越高。尽管不同的船舶不同级别要求船员知识的深度广度会有差别,但为使船舶安全营运所必需的知识是不可缺少的。而且船舶越复杂,自动化程度越高,所要求的知识水平就越高。船舶驾驶员、引航员日常工作中的传统习惯和通常做法,即运用船舶作业人员所对应职责应具有的知识、经验、技能和在各种情况下所要求的戒备以避免危险的习惯做法,都可以作为成功应付不同条件和局面的经验,而这些经验可以认为是情境意识的基本内容之一。

2. 操纵与操作技能

操纵与操作技能是构成情境意识的重要因素。技能与知识虽然有密切关系,但在本质上却各有其特殊的内容与要求。即使读书破万卷,但没有从事船舶航行的实际经验,也是不能安全地驾驶船舶的。当然,只有些实际技能而无足够的理论知识,也具有极大的局限性。技能是通过实际技术训练才能获得的能力,特别是船舶实际操纵技术,必须能够适应不断变化的外界条件的要求,又必须能够及时跟上不断更新的技术与设备的发展。因此,除了经由一定数量的切身体验来掌握实际技能之外,难有其他捷径。

3. 个人的身体情况与精神状态

情境意识非常重要的构成因素是健康状态,它是充分运用自己知识和技能的基本条件。很难想象一位健康状况不良的船员会有足够的精力和体力去学习和灵活应用自己的知识和技能,会适应海上多变的自然条件以及紧张工作的要求,保持良好的情境意识。健康状况不良,会降低人体各种感官的功能,容易出现疲劳,甚至无精打采。航海中许多误操作引发海事的严重教训,重要原因之一正在于此。要注意这里的健康既包括身体方面,也包括精神方面,即精力充沛(well-being)。

4. 对情况的适应与熟悉程度

对情况的熟悉程度越高,对局面和条件的感知和认知越容易,在思考、分析和判断上容易达成与实际情况一致的结论,情境意识自然也越高。从某种意义上来讲,船员不断地改变服务船舶种类,不断地改变服务船舶航线,对团队情境意识是一个负面的影响。所以,船长对本船的团队情境意识和综合能力时刻要有一个清醒的认识。

5. 领导与管理技能

船舶作业是一个多部门多人员协同的工作。就驾驶台来讲,船长、引航员、驾驶员、舵工是常见的一种工作组合。单凭个人的力量是不能保持高水平的情境意识的。要想得到良好的情境意识,不仅要充分发挥每一个成员的作用与功能,而且各成员之间的相互支持和监督也是十分必要的。

团队情景意识也是由以上五个方面组成,但不是个人情景意识的简单叠加,驾驶台团队的情景意识主要取决于船长所能获得的情景意识水平。因此船长的情景意识对驾驶台团队的情景意识起着决定性的作用。

三、良好情景意识的获得

为确保船舶航行和作业安全，驾驶台团队必须保持良好的情景意识，应从以下几个方面来培养良好的情景意识。

(1)敏捷地觉察船舶周围实际情况和变化趋势的注意力。

(2)正确的感知自己船舶的实际条件、状态及其变化的理解力。

(3)全面了解周围情况和船舶条件、状况的变化对船舶运动影响的判断力。

(4)合理地采取有效措施和方法确保船舶安全的执行力。

四、情境意识的丧失

海运事件或海难很少是单一事件的结果，它们几乎总是一系列不严重事件叠加的结果，最终达到一个失误链的顶点。失误链的形成和发展主要有以下表现。

1. 歧义

歧义指对相同事物的不同理解。例如：船舶相同时刻的雷达船位与 GPS 船位不一致，究竟哪个是正确的？歧义本身可能并不一定就是危险，但是这种差异出现的原因未被理解，或者被忽视，人可能正在失去或已经失去了情境意识。对于前述问题而言，应该运用其他手段搞清楚究竟哪个是准确的，例如，利用罗经测量物标的方位来核实；如果实在无法搞清楚，最好选择离危险水域更近的一个船位作为主要参考。

2. 精神涣散

人员的全部注意力集中在一件事中而抛开了其他事情，或者精神集中到不相关的事情时，情境意识就会中止。比如值班人员和瞭望人员在驾驶台聊天，或会遇两船值班驾驶员通过甚高频无线电话聊天，疏于瞭望，最终导致船舶碰撞事故的发生。目前，许多业界人士对智能手机的普及以及驾驶员在值班期间使用智能手机的现象表示了极大的担忧。

3. 不知所措

绝大部分人认为，只有缺乏经验的年轻驾驶员在遇到复杂危险的局面时才会出现不知所措的现象，具实即使经验丰富的资深驾驶员在巨大灾难突然降临时，也可能出现这种情况，他们的大脑会呈现空白状况，他们的肢体会在小脑的支配下做出反常的举动，比如双腿发抖、语无伦次、无法发布命令等。这种现象要予以高度重视，平时注意观察驾驶员抵抗外界压力的心理素质，必要时及时介入。

4. 通信中断

通信中断可能是由于设备原因造成的，也可能是由语言障碍或沟通技能缺乏造成的。信息的缺失会导致对事物感知出现偏差，进而直接影响对事物的认知和预知，下面介绍的是由于通信中断导致情境意识丧失，进而导致事故发生的案例。A、B 和 C 三船在开阔水域相遇，能见度较差。A 船通过甚高频无线电话联系 B 船，通报其将向右转向的意图，并要求 B 船保向保速。这个要求得到了回复，但实际回复方是 C 船。A 船误以为碰撞的危险已经解除，孰料 B 船此后采取了向左转向的措施，由于两船距离已经很近，无法再采取有效避碰措施，最后 A、B 两船相撞，如图 6－2 所示。

5. 指挥或瞭望不当

这种问题通常发生在如下两种背景条件下：一种是船长在驾驶台，但并没有明确说明是否已接手船舶的指挥;另一种是船长和引航员同时在驾驶台,都在发布操控船舶的指令。对于前者而言,在航海日志上明确对此予以说明是防止问题发生的有效手段;对于后者而言,船长在发布的常规命令中应该对执行命令的优先顺序予以明确。

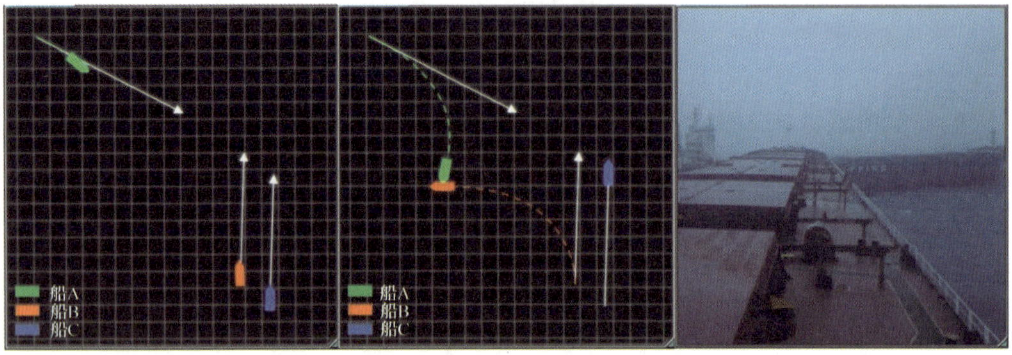

图 6－2　由于通信中断导致的碰撞事故

6. 不遵从航行计划

无端背离已经明确且翔实的航行计划极易导致情境意识的混乱,震惊世界的"Torrey Canyon"轮搁浅并溢油的事例就是在这种背景下发生的。事故发生之前,值 4 ~8 班的大副为修正流压的影响,在船长的授意下改变了船舶的航行计划,值 8 ~12 班的三副对这个改变一无所知,他在此前曾仔细地阅读了此航区的原航行计划,接班后却发现实际情况与其完全不同,他甚至无法用陆标进行定位。就在他忙于核对船位和陆标的过程中,船舶发生了搁浅。

7. 自满

自满是人对自信认知的误区,自认为一切均处于良好状态。自满的表现是人在操作中只关注自己认为重要的内容,却忽视了其他问题的存在。自满的后果是:有丰富经验的人也可能犯低级错误。为防止自满导致不良后果的发生,可以对操作人员适当地增加压力以及工作的难度。当然,加强培训,使人们对自信心有清晰的认知也是防止自满发生的有效手段。

情景意识的丧失就代表失误链的形成,要避免失误链的产生与发展,及时破断失误链,应该从培养良好的情景意识着手。

五、驾驶台的状态

对驾驶台状态的正确感知是体现驾驶台团队情境意识的重要体现。驾驶台资源管理理论把驾驶台的状态按照团队成员承受工作负荷和压力的高低,分为六个等级,如图 6－3 所示。

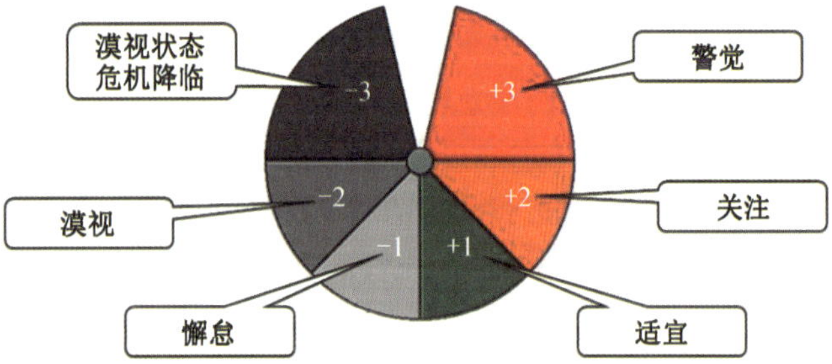

图 6－3　驾驶台的状态

如果驾驶台的状态从 +1 向 +3 方向发展,船舶的航行风险增大,驾驶台团队领导应考虑及时补充资源,使每个驾驶台团队具体成员承受的工作负荷和压力降低到适合其自身承受能力的程度。此时虽然船舶处于高风险操作状态,但由于人们对此做了充分准备和积极响应,这种风险是可控的。

相反,如果驾驶台的状态从 -1 向 -2 方向发展,有些人可能错误地认为外界环境宽松,人们无事可做也是一种安全的状态。其实,这种现象危险更加明显,因为一旦意外危机降临,会使驾驶台的状态迅速地从 -3 跳跃到 +3,而人们在精神上对这种危机是没有准备的,因此,处于应急反应的每个人看上去都竭尽全力,但对能否规避危机所带来的不良后果却无法掌控,这也是紧急情况下决策中重点讨论的问题。参见驾驶台的状态学习资料链接。

6-1　驾驶台的状态学习资料

如果从人的因素角度来探讨这个问题,每个人的技术水平、身体条件和精神状态各不相同,其所能承受的工作负荷和压力也各不相同。在运河中操控船舶航行的引航员可能把这种状态感觉成是 +1 或 +2,而船长可能感觉成是 +3。虽然每个人的感知可能不尽客观和准确,但其差异无疑是存在的。因此,如何客观和准确感知特定情况和环境下驾驶台的状态是对驾驶台团队领导的一个严峻考验,它是驾驶台团队领导决定是否采取后续调整措施的前提。

六、驾驶台资源的分配与排序

对于船上人员而言,由于不同航次阶段外部环境及具体工作的动态变化,每人承受的工作负荷与压力也相应变化。绝大部分航运公司将航次阶段按照可航水域的范围划分为三个戒备等级:等级一——开阔水域;等级二——沿岸水域;等级三——受限水域。不同戒备等级的资源配置包括人力、物力及信息等。比如白天大洋航行时,如果天气和海况良好,驾驶台可能只安排一名驾驶员值班,主机可以设定在驾驶台遥控状态,操舵装置设定在自动舵模式,电子海图和 GPS 可以作为主要的航行保障手段。而船舶在进出港时,驾驶台的成员至少包括船长、值班驾驶员和一名舵工,必要时还要增加引航员和额外的瞭望人员,机舱也需要安排相应的值班人员,可以及时接管主机的操控。为保障船位的可靠性,雷达和视觉定位取代 GPS 成为主要定位手段。

在此一定要注意,不要把驾驶台状态的等级和驾驶台戒备的等级互相混淆,前者是以驾驶台团队成员工作负荷与压力的大小界定的,后者是以可航水域的大小界定的,虽然二者相互关联,但他们并不完全是一回事。比如大洋航行时,如果天气恶劣,驾驶台也可能是 +3 状态。沿海航行时,如果遭遇大量渔船或能见度严重不良,驾驶台也可能是 +3 状态。

虽然船舶的航次任务并不仅仅是海上航行,也包括装卸作业和锚泊等,但是对资源的分配和排序的理念是相同的,其前提是对航次任务进行了充分和有效的评估,识别具体环节对资源的需求,根据具体任务的轻重缓急,将船舶可支配资源合理进行调整,必要时申请岸基支持,以便使船舶始终处于安全合理的工作状态。

评价要素参考

(1)正确理解情景意识的概念。
(2)熟悉情景意识的组成,船长情景意识对团队情景意识的影响。
(3)掌握获得良好情景意识的途径。
(4)正确理解情景意识丧失的征兆。
(5)正确感知驾驶台的状态,并能理解调整工作人员的压力到适当水平的途径。
(6)熟悉驾驶台资源的分配与排序的原则与方法。

任务四　有效实施通信与沟通

一、通信与沟通的含义

在船舶驾驶和航行过程中,通信与沟通是保证船舶作业安全的重要环节之一,因为有许多的事故是与缺乏良好的通信与沟通相关的,因此保证有效的通信和沟通不仅是做好船舶营运管理工作的需要,也是预防航行事故和终止失误链的有效措施。

通信是指通过各种介质将信息从一个地点、一个人或一台设备传送到另一个地点、另一个人或设备的过程。沟通是指有效地使用语言表达自己观点的技巧和艺术。

在团队工作中,通信与沟通可以实现的功能包括:信息传递功能、激励功能、控制功能和情绪表达功能。船上的通信和沟通与日常的通信和沟通有着很大的区别。由于船上的操作许多是专业性操作,甚至是关键性操作,操作不当或是操作失误就可能造成重大的损害,这就要求驾驶台团队成员非常清楚地认识在各个操作阶段他们各自的职责。通信和沟通也是驾驶台团队成员之间充分分享驾驶台资源的重要手段,因此必须准确、有效和严肃。相反,驾驶台团队成员间通信和沟通中出现任何障碍,都可能导致难以想象的后果。事实证明,在导致紧迫局面发生和紧迫局面处理的过程中,成员之间的沟通能力始终是决定这些事件结局的关键性因素。

二、有效沟通的原则

(一)确定沟通的目的

为保证沟通的充分和有效,在沟通前应确定沟通的目的。为使沟通能够顺畅进行,发信人应提前准备好相关的内容和信息,避免对时间和精力的浪费。即使是经验丰富的船长或驾驶员,在通过甚高频无线电话与交管中心沟通前,也应查阅《无线电信号表》等相关资料,准备好拟交换信息的内容,并准备好纸和笔,必要时进行记录,以保证整个通信过程的顺畅和有效。

(二)选择有效的沟通方式

使用语言进行沟通是最简单的方式,信息量大,使用方便。但是在存在语言障碍以及背景噪声影响的情况下,沟通效果就会变差,如果再加上文化差异的影响,甚至可能会出现沟通内容被曲解的情况。

肢体语言在某些情况下也能成为有效的沟通手段，比如对于在高噪声环境中工作的绞车手（winch－man）来说，他更依赖于负责指挥的人员手势而不是他的声音，此时，对不同手势的意义进行统一和规范就变得极其重要。有经验的船长或引航员在发出车/舵令时，通常辅以相应的手势，使值班驾驶员或舵工更易于明确他们的意图，而不至于产生失误，这也是肢体语言在实际工作中的良好运用。

船上的操作很多都是专业操作甚至是关键性操作，每一项操作都需要划分成若干操作步骤，每个步骤都需要各自的操作程序，而文字更适于描述这种工作。因此，驾驶台团队成员间应经常使用文字沟通。从符合“ISM 规则”相关规定的安全管理体系而言，这些文字信息也是重要的安全管理活动记录。

针对不同的沟通目的和内容，要注意选择合适的沟通方式，比如航前会，宜选择语言沟通的方式，而夜航命令则多用文字沟通的方式。有时甚至要在一个沟通活动中把多种方式灵活运用，从而达到理想的效果，比如船长和引航员之间的信息交换，既包括文字沟通，也包括语言沟通，甚至要使用必要的肢体语言。

事实上，选择正确的沟通方式并不是件容易的事情，即使在相同沟通的不同阶段，也可能需要选择不同的沟通方式，因此，需要根据当时的场合、时机，选择合适的沟通方式。

（三）选择正确的沟通态度

Tanenbaum 和 Schmidt 按照发信人对沟通内容的控制程度和收信人的参与程度把沟通的类型分为告知、说服、协商和参与四种，如图 6－4 所示。

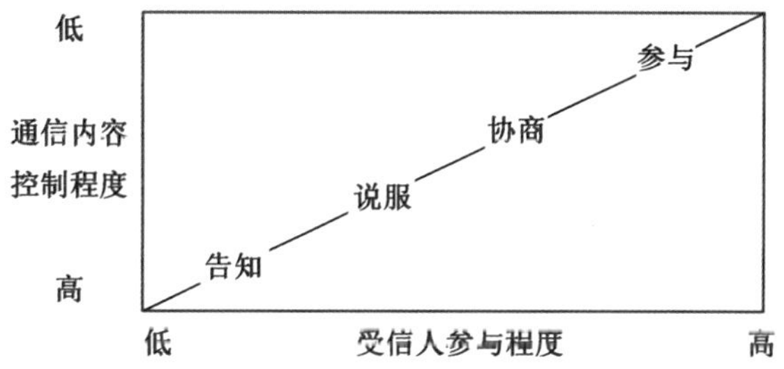

图 6－4　通信内容控制程度收信人参与程度

告知：指发信人指示或指挥收信人做某项事情。他只需要收信人去学习和理解，而不需要他的意见。这种类型的沟通通常适用于职位和业务水平较高，且已经获得较高可信度的人，比如船长正式发布的命令。

说服：指发信人试图说服或提议收信人做某些工作，他需要收信人与他一起完成这些工作。这种类型的沟通通常适合于通过友善和个人魅力获得较高可信度的人，比如大副每天向甲板部船员布置工作。

协商：指发信人通过协商的方式与收信人交换某些信息。发信人希望从对方获取需要的信息，但是他仍在一定程度上控制着沟通的过程。比如甲板部向轮机部就电气焊修理工作寻求帮助。

参与：指发信人与收信人合作完成某项工作，比如驾驶员在航前会上发表自己的意见。

使用后两种方式进行沟通的人在很大程度上以双方的共识为沟通的基础。

（四）打破沟通障碍

1. 通信与沟通的障碍

任何干扰、阻碍沟通或是降低通信有效性的现象等都属于沟通障碍，包括通信中断。障碍可能是人为的或物理的。

人为障碍指信息的传递者和接收者个人的障碍，主要表现为工作语言的使用、知识经验的局限以及情绪的影响等方面。

（1）沟通语言的使用

通常情况下，双方应选择共同熟悉的语言，即在《SOLAS 公约》中规定使用的工作语言进行沟通。不同国籍的船员有各自的母语，即使在同一个国家也可能存在各个地区的方言。因此，在通信和沟通过程中，可能会出现表达能力不佳、信息传递不全、信息理解不确切等问题。

（2）知识经验的局限

信息发送者与接收者如果在知识和经验方面水平方面相差悬殊，发送者认为沟通的内容很简单，不考虑对方的接受能力，只按自己的知识和经验范围发送信息，而接收者却难以理解，从而影响沟通效果。犹如老师讲课一样，总存在不理解或不能完全理解的学生。

（3）情绪的影响

在发送和接收信息时，人的情绪往往会影响发送和接收的效果。不同的情绪感受会使个体对同一信息的理解截然不同，狂喜或悲伤等极端情绪都可能阻碍信息的沟通，因为此种情况下人们会出现“意识狭窄”现象而不能进行客观、理性的思维活动，而代之以情绪性的判断。在桌子上发酒疯，甚至相互间大打出手就是典型的情绪影响了沟通，受情绪的影响，一言不合就可能拳脚相加。

（4）精神涣散

超负荷工作、压力、疲劳、紧急情况、注意力不集中、经验不足等都可能会导致精神涣散。而某些情况下，尽管不是紧急事件，但由于出现较为突然，也可能会影响到正在进行的工作，如甚高频无线电话呼叫，可能吸引船长的全部注意力，从而忽略了处理其他更紧迫的事件。

物理障碍在船舶通信和沟通中通常表现是有噪声，比如在甚高频无线电话通信中，来自其他船舶的非正常业务交流干扰；在船舶内部通信中，电话机和对讲机的交流声等；另外，设备的物理场所带来的物理障碍，比如船舶设备工作的干扰、船舶振动、风浪声响、驾驶台设备同频干扰等，都会对通信和沟通带来影响。因此，要保障船舶通信正常进行，应尽力减少或排除物理干扰。

2. 改进措施

必须努力克服通信和沟通的障碍，否则团队工作和相互理解就会出现问题。为避免该情况发生，应注意以下因素。

（1）通信一定要有明确的目标。通信时说的第一句话要说出所要表达的目的，这是非常重要的，也是沟通技巧在行为上的一个表现。

（2）通过设计改善设备的性能和物理处所，减少干扰。

（3）增强文化意识，运用资源管理手段避免注意力分散。

（4）通过技能培训，提高沟通能力。

(5)合理安排时间,减少压力和疲劳。

(6)使用共同语言,海上通信过程中应尽量使用IMO《标准海事通信用语》(SMCP)。

(7)通信和沟通时信息的传递要符合4C原则,即完整性(completeness),连贯性(coherence),简洁性(conciseness)和准确性(correctness)。

(8)就沟通内容达成共识。沟通结束时一定要形成一个双方或者多方都共同认可的结果,只有这样才叫完成了一次有效沟通。

最后一点尤其重要。依据海员通常做法,沟通时,对发信方所传递的重要信息,收信方一定要重复;对不理解或有疑问的信息,一定要澄清或质询。沟通过程中,发信方要跟踪收信方是否正确理解了沟通的内容;收信方要及时反馈沟通的结果。沟通过程应包括:发送者收集和发送信息;接收者接收和确认反馈信息的闭环沟通程序。

评价要素参考

(1)掌握通信与沟通的概念及其作用。

(2)正确理解如何实施有效的沟通。

(3)熟悉沟通的种类。

(4)熟悉沟通的障碍及其改进措施。

任务五 领导力的培养与提升

一、领导力的概念与作用

领导力是指影响他人和团队一起达成目标的能力。(Leadership is a process whereby an individual influences a group of individuals to achieve a common goal.)领导力也是影响力,是让人们对领导产生敬佩、信赖、认同和服从等心态的能力。

近期业界专家通过对管理绩效进行的研究发现,组织建立完整的管理体系并予以运行固然重要,但没有强有力的领导,组织的绩效仍然无法得到明显提高。因此ISO 9001—2015增加了"领导作用"(其英文为leadership,即本文所讲的领导力)的相关规定,它被界定为管理体系的核心要素。"STCW公约"马尼拉修正案中也据此做出了相应的规定。

二、领导的类型与管理的风格

(一)领导的类型

阐述领导类型的管理理论文献很多,专业性也比较强,鉴于篇幅的关系,只将领导的基本类型罗列出来,其各自的特点可以检索并参阅相关的专业文献(这部分内容源于IMO示范课程,里面有具体解释,在此不再赘述)。现实中的领导一般都同时具备以下多种特点,同一领导在处理不同事件时还可能表现出不同的特色。

(1)刻薄独裁型(autocratic leadership)。

(2)官僚型(bureaucratic leadership)。

(3)魅力型(charismatic leadership)。

(4)民主协商型(democratic or participative leadership)。

(5)放任自流型(laissez-faire leadership)。
(6)任务型(task-oriented leadership)。
(7)人际关系型(relations-oriented leadership)。
(8)交易型(transactional leadership)。
(9)变革型(transformational leadership)。
(10)服务型(servant leadership)。

(二)管理的风格

管理学家用不同的方式对领导的管理风格进行了分析。布莱克和穆登用管理方格从关心人和关心工作两个角度对领导者的管理行为进行了阐述,管理方格在两个坐标轴上分别用9个量级表示它们从低到高的变化,如图6-5所示,其中典型的代表有:(1,9)为任务型管理、(9,1)为俱乐部型管理、(1,1)为虚弱型管理、(5,5)为中庸型管理、(9,9)为团队型管理,如图6-5所示。

6-2 管理风格学习资料

BRM管理理论把上述五种管理风格用五种典型的动物进行了形象的比喻:老虎、企鹅、蜗牛、绵羊和海豚,分别对应于任务型管理、俱乐部型管理、虚弱型管理、中庸型管理和团队型管理,如图6-6所示。

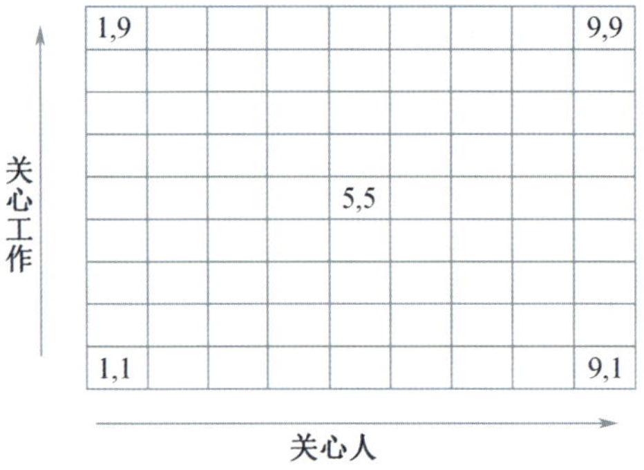

图6-5 管理方格

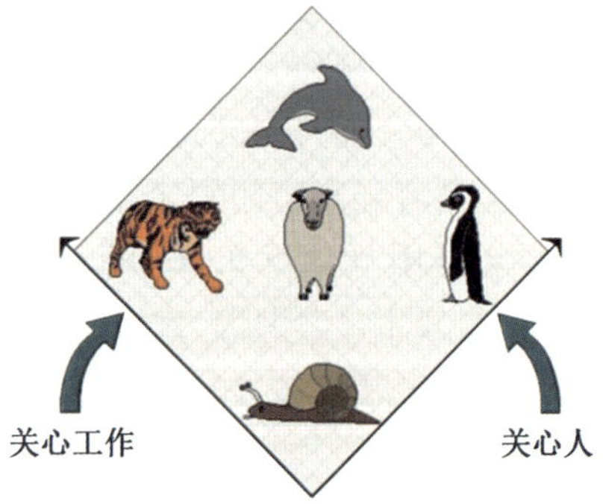

图6-6 管理风格

1. 任务型管理风格——老虎

这类领导者非常关心工作,但不关心人,拥有这种管理风格的领导者集中全部精力完成生产任务,很少注重关心人,不讲究提高员工的士气。

2. 俱乐部型管理风格——企鹅

这类领导注意对员工给予支持和体谅,在工作上主张宽松管理,以造成融洽友善的气氛,从而达到一定的工作效率。

3. 虚弱型管理风格——蜗牛

这类领导者既不关心工作，也不关心人，表现为做出最低限度的努力，用以完成生产任务。

4. 中庸型管理风格——绵羊

这类领导对工作和对人的关心程度虽然都不算高，但能保持两者之间的平衡，使员工感到基本满意，以达到正常的工作水平。他们并非满足于现状，只不过他们的关注点在于如何保持这种平衡，而没有进一步思考如何改变自己，努力把自己变成一个优秀的领导。

5. 团队型管理风格——海豚

什么样的领导才是海豚型的领导？海豚型的领导能够随着外界条件的变化准确、灵活地调整自己的管理风格，在面临重大灾难的紧急时刻，能以强有力的手段控制住由于人们出现巨大震惊可能导致的混乱局面，使既定的应变部署得以执行。

海豚型的领导关心下属的成长，为其职业发展及能力提高创造机遇，并在下属因为疲劳、压力或者疾病蒙受痛苦时，能对其表达关怀，为其解决面临的问题。

海豚型的领导善于利用授权（delegation）的方式把部分权力适当下放到基层员工，既减轻了自己的工作负荷和压力，又激励（motivation）了基层员工由于能够充分运用资源以及获得实践机会所产生的积极性。这是海豚型领导向蜗牛型领导风格靠近的体现，但这种授权并不是放任自流，而是始终对基层员工的行为行使密切监督，确保不会偏离既定的目标。

从理论上讲，团队型管理最有效，一个精明的领导者应该结合管理目标、外部环境和下属人员的不同特点调整自己的管理风格，只有这样才能获得理想的管理效果。以上五种管理风格仅仅是典型的代表，现实生活中的领导大多表现为同时具备其中多种特色。

三、船舶领导力

（一）船舶领导力的分类

与领导力相关的概念有权力（authority）、权威（power）和管理能力（management skill）。所谓权力是指领导能在职责范围内支配资源的资格，是外部授予的。权威是指领导行使权力能力的大小，是领导自身拥有的，它与领导力比较接近，二者区别是：权威是领导主要靠权力约束下属，而领导力是领导更多靠自身魅力影响下属使其自愿接受约束。管理能力是领导在组织框架下针对管理目标，领导员工按照既定标准操作规程，完成产品实现的能力。与领导力更多体现为情商相比，管理能力更多体现的是智商。领导力与权力、权威和管理能力之间相互关联，又各有侧重。

权力是领导能影响下属的基本前提，领导可以运用以下不同类型的权力来有效规范下属的行为，进而达到良好的工作绩效，船长的权力可以分为以下几种。

（1）法定权力：指领导者由于在组织中担任某种职务而获得的权力。“ISM 规则”要求航运公司必须明确船长的绝对权力，因此，在船长就重大安全和防止污染事务决策时，可以不受航运公司的任何约束。

（2）强制权力：指领导者对下属有惩罚或控制的权力。我国海商法第三章第二节规定：为保障在船人员和船舶的安全，船长有权对在船上进行违法或犯罪活动的人采取禁闭或者采取其他必要的措施。

（3）奖赏权力：赋予下属其所期待的利益或效益的权力，包括奖金、表彰、升职或其他福利待遇。"ISM 规则"第五条:船长的责任和权力要求船长激励船员遵守执行公司的安全和环境保护方针,这是船长运用奖赏权力的体现。

(4)专家权力:指基于专业知识、技术或特殊技能的影响力。轮机长拥有关于机舱设备的各种知识、技术和技能,能够正确指导轮机员或机工完成各种维护保养工作,也因此受到他们的尊重和服从,其所出具的机舱设备维护、检查和试验记录也能得到船级社的认可。

(二)团队领导的四个角色

由于越来越多的组织用团队方式工作,置身于团队环境中的领导活动也越来越多,其所起的作用也越来越重要。然而团队领导角色与传统领导并不完全相同,与前者运用权力相比,后者更侧重于通过授权于团队成员来完成各项管理活动,他的工作重点可分为团队内部事务管理和外部事务管理两部分,并进一步分解为四种具体的领导角色。

1. 团队领导者是对外联络官

团队领导者代表整个工作团队,他需要保护必要的资源,澄清其他人对团队的期望,从外界收集信息,并与团队成员分享这些信息。

2. 团队领导者是困难处理专家

当团队遇到困难并寻求帮助时,团队领导者会出现并帮助他们解决问题。团队领导者处理的难题很少针对技术层面,因为团队成员一般比领导者更了解如何完成具体任务。问题越尖锐,领导者的作用可能越大。他能帮助团队成员针对困难进行交流,找到解决困难的途径,并获得解决困难所必需的资源。

3. 团队领导者是冲突管理者

当出现不一致的意见时,团队领导者通过分析问题帮助团队成员解决冲突,例如:冲突的来源是什么?谁卷入了冲突?冲突的本质是什么?可能的解决方案有哪些?每种方案的优点和缺点是什么?通过这些方式使团队成员针对问题本身进行处理,从而把团队内部冲突的破坏降到最低。

4. 团队领导者是教练员

团队领导者应明确团队的目标和职责,对团队提供培训与支持,为成功的团队成员喝彩,尽一切努力帮助团队成员保持高水平的工作业绩。

(三)权威与自信

如前所述,权威是指领导行使权力能力的大小,它用来表征领导的特点。而自信是指人总是坚持自己的观点正确,它既可以是领导的特点,也可以是员工的特点。人的自信来源于职位、知识、技能和经验,但也有些人的自信仅仅是源于自身的性格。

如果驾驶台团队的领导权威过高,可能有以下表现。

(1)说一不二,不容他人向自己提出反对意见。

(2)沟通能力差,沟通的流程往往是单向的。

(3)不会把权力下放给其他人。

(4)主要关注管理目标的实现。

(5)通过高压手段建立威信,特别是一些能力不足的领导。

如果驾驶台团队成员的自信过低,可能有以下表现。

(1)在领导的高压下不敢发表自己的见解。

(2)不明白领导的意图,也不敢询问。

(3)缺乏管理知识和技能。

(4)内心纠结。

一个高高在上的船长和自信心不足的船员组成的驾驶台团队可能存在较大风险,船长的决策不会受到船员的质询,一旦出现个人的失误,几乎没有机会得到纠正。如果这个决策与船舶重大安全事项密切相关,后果将是巨大灾难,比如“泰坦尼克”海难。

与其相反,如果一个权威较低的船长和充满自信的船员组成驾驶台团队,这个团队的风险不会像前者那么大,因为团队成员有适当的知识、技能和经验,基本能够应对常规的驾驶台操作。但这并不意味此种驾驶台团队没有风险,因为团队缺乏至关重要的领导因素,尤其是当团队成员的自信仅仅是源于自身的性格时,风险等级可能更高。

过度强调权威的船长和高度自信的船员共事可能是非常危险的,他们会就一些问题各执己见,进而导致冲突,此时他们的关注点已经不再是航行的安全,而是争执的胜负。若干船长和引航员在引航过程中发生激烈冲突的事例,就是这种状态的表现。

没有权威的船长和没有自信的船员组成的团队是最危险的,因为驾驶台团队没有建立应有的情境意识,不能预知可能发生的危险,等到危险真正发生了,也没有强有力的领导组织船员采取有效的应急反应措施,此时,可能会出现船员弃船出逃的现象。

这四种极端情况都不应该在船上出现。驾驶台团队成员权威和自信应该保持在平衡的状态,船长应该有适度的权威,船员应该有足够的自信,这样,各项操作才能紧张有序地进行,沟通顺畅,信息共享,即使偶尔有人出现了失误,其他人也能够及时发现并指出,避免因此导致不良的后果。这是一个状态良好的驾驶台团队应有的表现。

(四)提升领导力的方法

成为优秀的领导,是管理人员始终追求的职业目标,但实现这一目标并不容易。管理理论界对优秀的领导是先天造就还是后天养成这个话题进行了近百年的争辩,至今也没有一个明确的结论。对如何使一个普通人成长为优秀的领导,也没有放之四海而皆准的真理。以下十点摘自英国的“商船海员安全工作守则(COSWP)”,对船上的管理人员来说,可以将其作为提升自身领导力的考量。

1. 逐步获得下属的敬重

领导通过以下行为获得下属的尊重并树立威信。

(1)积极行使自身被赋予的权力。

(2)具备必要的知识和能力。

(3)理解下属的处境并关心他们的福利。

(4)能与下属顺畅沟通。

(5)随时能自信并果断地行事。

2. 以身作则

通过下述两个事例的有机结合体现对团队的领导作用:

(1)说到做到;

(2)在船员之中说了算。

3. 利用好自身的知识和经验

适当的知识和经验是有效领导力的前提条件,对于安全领域的领导力来说,这尤其意味着以下两方面。

(1)对与安全有关的公约、规则和标准的足够了解。

(2)不仅具备技术和操作方面的经验和技能,也具备人员管理的知识和技能。

4. 紧急情况下保持镇定

在紧急情况下需要强有力且明确的领导力,与其他情况下相比,人们此时对领导更加依赖。在紧急情况下保持镇定是领导的核心素质,养成这种素质还取决于领导力的其他因素,包括以下几点。

(1)指挥权。

(2)汲取知识和经验。

(3)自信心。

(4)对船员的信任。

5. 敦促下属

作为领导要有同情心,理解下属所做的工作,但这并不意味着对下属的诉求妥协,甚至和下属一起发牢骚。要给下属提供他们需要的东西,而不是他们想要的东西。

6. 关注文化差异

一个好的领导对社会和种族的文化差异非常敏感,同时对不同种族船员的价值观平等对待。还需要知道如何诠释不同行为方式的真实意义,以及如何对船员植入深刻的影响。

7. 了解下属的弱点

一个好的领导应该清楚知道下属的工作能力,究竟能完成什么工作,并能判断其疲劳程度,以决定是否采取必要缓解措施。

8. 营造积极进取和和睦相处的氛围

研究表明,一个人在圆满完成一项工作后得到认可和表扬,并认同其团队成员的身份,会使成员受到鼓舞,这不是单用金钱就能实现的。领导的重要职能之一是建立激励机制,并使良性的激励机制得以维持,包括以下两点。

(1)对下属予以足够的尊重;

(2)满足下属的基本需求。

9. 把人身安全放在头等位置

毋庸置疑,领导对安全的承诺至关重要。领导要用自身的行为向下属展示对此的遵守,而不是仅仅通过声明和方针等表面形式。具体来说就是让船员和旅客感受到他们的安全至高无上,不能受到威胁。

10. 用简明方式进行沟通

沟通能力对组织中任何层级的员工都是重要的。对领导来说,关键是鼓励双向沟通,而不是单向沟通,要权衡高高在上和平易近人之间的关系,能坦诚面对批评。

四、如何有效地激励船员

1. 满足船员的合理需求

与其他群体不同,海员的需求有许多特殊性。首先,海员没有在基本需要方面得到完全满足,他们经常受到缺乏淡水、新鲜蔬菜和水果的困扰,他们生活在狭小的空间,需要长时间远离自己的亲人,更不用说他们常常遭遇恶劣天气、危险作业,甚至海盗攻击的威胁。其次,他们的高级需求也常常无法得到满足,一个出色的水手可以晋升为水手长,但无论如何，他不能再一次晋升，因为对于支持级船员而言，水手长和机工长是最高职位。因此，结合船舶实际情况，尽量满足船员的合理需求，是营造团结高效团队氛围，激励船员努力工作的重要前提，包括强化安全操作规程、合理安排饮食、提高福利待遇、明确考核和晋升制度等。

2. 结合船员特点分配工作

分析表明，不同的态度和人格的船员在从事不同性质的工作时能够有不同的工作绩效。一个责任意识强的船员如果在团队协作中被指派负责某部分工作，他将会以更高的工作满意度去完成工作。一个性格内向但领悟能力强的人更适合从事复杂的故障分析和烦琐的设备拆解工作，可能对他们而言，及时找出故障或将设备恢复正常工作就是最大的满足。

3. 合理运用目标激励

目标激励是用提高目标吸引力的方法调动船员的积极性。目标是人们期望达到的成就和结果，它的吸引力越大，就越能产生强烈的情感，进而转化为积极的动机。与此同时，目标应该是具体的和可行的，并且符合海员的需要。比如许多船公司都制订了持续的“百日无事故”的目标，并承诺每次实现目标后都给相关人员一定的奖励。这种活动对保证船舶安全和提高营运效益起到积极的促进作用。

4. 检查体制是否公平

体制是否公平不仅体现在工资上，也体现在其他福利待遇上。一个水手通常不会抱怨船长的工资比他高好几倍，因为他承认船长工作的难度远远不是他努力几倍就能够胜任的，但如果船长在分配扫舱费时也按照职务工资的比例分发，恐怕普通船员就无法接受了，因为即使船长也参与了扫舱劳动，他的贡献也不会超过水手几倍。他们也可能不会直接对这种分配提出异议，但他们在其他工作上积极性受到的打击完全是可以想象的。

5. 奖励与绩效挂钩

对于表现良好的船员应该给予相应的奖励。奖励的方法不仅仅局限于金钱奖励、及时地晋升职务、提供上船和离船时的方便，甚至包括口头的表扬。适当的奖励不仅满足了表现良好的船员的需求，同时也为其他船员树立了目标，使所有的人都朝着有利于团队高效运作的方向努力。

评价要素参考

(1)正确理解领导力及其作用。

(2)熟悉领导的基本类型及其对应的管理风格。

(3)掌握领导力、权力、权威、管理能力四者的区别与联系。

(4)熟悉船长的权力分类。

(5)熟悉团队领导的分类及其四种角色。

(6)熟悉权威与自信的表现及平衡方法，能有效平衡权威与自信，避免失误的发生。

(7)熟悉提升船舶领导力的主要途径。

(8)熟悉有效激励船员的途径。

任务六　有效实施决策

一、决策的概念与特点

(一)决策的概念

决策是为了实现某一特定目标,在对搜集到的相关信息进行分析、评价和比较的基础上,从两个或多个可行方案中选择一个最优方案的过程。

(二)决策类型及其各自的特点

按决策的方式可分为个体决策和群体决策两类。按照决策的背景条件不同,驾驶台团队运作过程中常见的决策可以分为常规情况下决策(routine)、复杂情况下决策(considered)和紧急情况下决策(instant)三种。

1. 常规情况下决策

常规情况下决策指常规操作过程中需要做出的比较简单的决定。比如,在狭水道航行使用多大航速,定位的时间的间隔是多少,驾驶台需要安排多少值班人员等,航运公司在安全管理体系中通常对此有清晰的规定可供参考,有些决定也可以依照惯例和经验做出。

2. 复杂情况下决策

复杂情况下决策指的是在决策过程中需要考虑很多因素。比如,能见度不良时,如何安排进出港操作、是否需要改变航行计划以及是否取消进出港计划等。这种决策通常需要收集大量的相关信息,对这些信息进行分析,征求驾驶台团队成员的意见,对诸多可能发生的问题制订若干种解决方案,选择其中最优方案作为最终决定。

3. 紧急情况下决策

紧急情况下决策在危险即将发生或已经发生的情况下需要立即做出的决定,没有足够时间供决策者对相关信息进行分析、评价和比较。比如,会遇两船面临紧迫危险,值班驾驶员把船长叫到驾驶台,寻求船长的帮助,这对船长来说是一个巨大的挑战。以往碰撞事故的统计结果表明,船长应对这种局面时,超过90%的最后舵令是右满舵,车钟令是全速后退。对于千差万别的会遇态势而言,这显然不是“最优方案”,只是船长尽了自己最大的努力而已。

二、决策的过程与要点

(一)决策的过程

1. 明确决策的必要性

决策是为了解决特定的问题而制定的,决策的目的是为了实现和达到一定的目标。所以制定对策首先要做好分析和确定决策的必要性。

2. 明确决策的目的

在分析了决策的必要性后,还要有针对性地研究将要采取的措施应符合哪些要求,期望达到哪些效果,也就是说要明确决策的目标。

3. 搜集决策的资料

在明确了决策的目的以后,就要根据决策的要求,详尽地收集相关的资料与信息,以便于能在全面了解和掌握真实情况的基础上，有针对性进行分析研究，以做好制定对策的准备工作。

4. 拟订决策的方案

在全面了解和掌握真实情况的基础上，就可以为实现目标来研究和制定可采取的各种对策及其相应的具体措施和主要步骤。

5. 选择最终的对策

决策的本质和最终的工作是选择对策。而要进行正确的选择，就必须对所拟订的多种备选方案进行分析、比较和排列。因此，在这个过程中，决策者必须最终从多种备选方案中选择出最佳的应对方案。

6. 决策的实施

决策者最终选择出最佳的应对方案后，就必须根据需要加以实施。选择的对策在具体使用的过程中，还要不断地跟踪和查核它们的实际效果，做好评估工作。如果它在实际实施过程中进展顺利，并能达到预定的目标，则可以继续实施。反之，则应再次分析研究，进行适当地调整和完善，或在必要时采取另外可行的替代方案。

（二）决策的要点

决策过程的程式化表象是：确定问题，收集信息，分析/处理信息，做出决定，这看起来并没有什么深奥之处。但决策的本质实际上是对三种矛盾进行权衡后做出的选择：确保安全与承担风险（提高绩效），提高效率与保证质量，维护团队成员个人利益与保障团队整体利益。从这个角度来说，决策者实际上是按照个人的意愿做出最后决定的，更多地体现了其自身性格的人性化特点。因此，决策需要重点关注的事项是，通过营造安全的组织文化，树立端正的工作态度以及组建高效的驾驶台团队，尽量避免人的因素在决策过程中对其客观性产生不良影响。

三、决策的注意事项

对于常规情况下决策而言，要注意两点，首先是建立完整的安全管理体系，其中包括对各种关键操作的翔实的信息，以便船员在操作之前能够获得具体的指导；其次是在外界情况和环境发生变化，无法直接获得这些指导的情况下，能够运用短期策略（short time strategy，STS），制订合理的方案并予以实施，如图 6－7 所示。短期策略的过程与普通决策基本相同，区别在于更注重时间的管理。

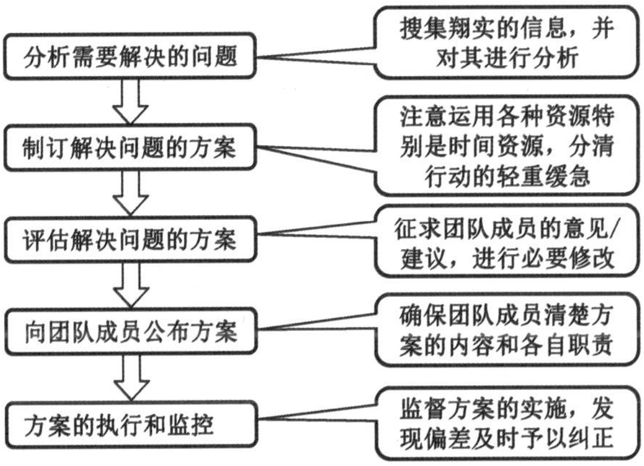

图 6－7　短期策略流程图

在复杂情况下进行决策要注意以下三点。

(1)清楚船舶在安全、质量和效益方面的底线,不能对其予以突破。这个底线就是安全第一。如果没有安全,就既没有质量,也没有效益。

(2)良好的情境意识是制定正确决策的基础,它为信息的收集,分析、处理的正确性和有效性提供保障。

(3)充分意识到在决策过程中某些内在或外在的压力对最终决策客观性会产生不良影响,并予以剔除。有时这种影响比较隐蔽,量级也不大,但它可能就是压垮骆驼的最后一根稻草。

为在紧急情况下做出正确决策,需要在以下三个方面做出努力:风险评估、应急准备以及时间管理。

(1)从未知到已知:开展高质量的风险评估活动,对拟进行的操作可能面临的风险事先预知,这样可以最大程度地规避事物不确定性带来的负面影响。

(2)从无准备到有准备:应急准备包括制订应急预案以及对其进行训练。应急预案可以源于公司的安全管理体系(它是安全管理体系不可或缺的内容),也可以是前述风险评估活动的输出。通过充分的训练和演习可以使驾驶台团队成员更加熟悉各自在应变中的职责,在意外情况发生时能迅速有效地做出正确反应。

(3)从立即行动到延迟行动:紧急情况下,决策面临的最大问题是没有时间用于局面和环境的判断,人是否能运用良好的管理理念"挤出"一些宝贵的时间?答案是肯定的!比如前面提到的值班驾驶员叫船长事例,如果驾驶员能提前几分钟通知船长,对于船长而言,就可能利用这几分钟做出更准确的分析和判断,进而采取更合理的避让措施。还有另外一个做法是减速,"避碰规则"在第八条明确地规定:如需留有时间估计局面,船舶应当减速。这也表明,船员不仅要从技术角度,还要从管理角度理解各种管理规定的真谛。

驾驶台资源管理是一门专业知识/技能和管理理论相结合的课程,对于缺乏海上实际工作经历的航海院校学生而言,这是很难弄懂的一门课程。事实上,对任何人来说,管理都是一个充满挑战的课题。随着船舶大型化、现代化特点日趋彰显,海运业对船员适任的要求也越来越高。认真学好这门课程会给航海院校的学生完整理解船舶安全管理打下坚实的基础,在走上工作岗位后能够尽快胜任自己的工作。图 6-8 值班驾驶员成长之路供参考,适任=知识+技能+BRM。

图 6-8　值班驾驶员成长之路

评价要素参考

(1)掌握决策的概念、主要类型及其各自的特点。
(2)熟悉决策的过程与应考虑的要点。
(3)掌握决策的注意事项。

6－3　驾驶台资源管理习题

附录 A 1972 年国际海上避碰规则

INTERNATIONAL REGULATIONS FOR PREVENTING COLLISION AT SEA,1972

第一章 总 则

第一条 适用范围

1. 本规则条款适用于在公海和连接公海可供海船航行的一切水域中的一切船舶。

2. 本规则条款不妨碍有关主管机关为连接公海而可供海船航行的任何港外锚地、港口、江河、湖泊或内陆水道所制定的特殊规定的实施。这种特殊规定,应尽可能符合本规则条款。

3. 本规则条款不妨碍各国政府为军舰及护航下的船舶所制定的关于额外的队形灯、信号灯、号型或笛号,或者为结队从事捕鱼的渔船所制定的关于额外的队形灯、信号灯或号型的任何特殊规定的实施。这些额外的队形灯、信号灯、号型或笛号,应尽可能不致被误认为本规则其他条文所规定的任何信号灯、号型或信号。

4. 为实施本规则,本组织可以采纳分道通航制。

5. 凡经有关政府确定,某种特殊构造或用途的船舶,如不能完全遵守本规则任何一条关于号灯或号型的数量、位置、能见距离或弧度以及声号设备的配置和特性的规定,则应遵守其政府在号灯或号型的数量、位置、能见距离或弧度以及声号设备的配置和特性方面为之另行确定的、尽可能符合本规则所要求的规定。

第二条 责任

1. 本规则条款并不免除任何船舶或其所有人、船长或船员由于遵守本规则条款的任何疏忽,或者按海员通常做法或当时特殊情况所要求的任何戒备上的疏忽而产生的各种后果的责任。

2. 在解释和遵行本规则条款时,应充分考虑一切航行和碰撞的危险以及包括当事船舶条件限制在内的任何特殊情况,这些危险和特殊情况可能需要背离规则条款以避免紧迫危险。

第三条 一般定义

除条文另有解释外,在本规则中:

1. "船舶"一词,指用作或者能够用作水上运输工具的各类水上船筏,包括非排水船筏、地效船和水上飞机。

2. "机动船"一词,指用机器推进的任何船舶。

3. "帆船"一词,指任何驶帆的船舶,如果装有推进器但不在使用。

4. "从事捕鱼的船舶"一词,指使用网具、绳钓、拖网或其他使其操纵性能受到限制的渔具捕鱼的任何船舶,但不包括使用曳绳钓或其他并不使其操纵性能受到限制的渔具捕鱼的船舶。

5.“水上飞机”一词,包括为能在水面操纵而设计的任何航空器。

6.“失去控制的船舶”一词,指由于某种异常的情况,不能按本规则条款的要求进行操纵,因而不能给他船让路的船舶。

7.“操纵能力受到限制的船舶”一词,指由于工作性质,使其按本规则条款要求进行操纵的能力受到限制,因而不能给他船让路的船舶。“操纵能力受到限制的船舶”一词应包括,但不限于下列船舶:

(1)从事敷设、维修或起捞助航标志、海底电缆或管道的船舶;

(2)从事疏浚、测量或水下作业的船舶;

(3)在航中从事补给或转运人员、食品或货物的船舶;

(4)从事发射或回收航空器的船舶;

(5)从事清除水雷作业的船舶;

(6)从事拖带作业的船舶,而该项拖带作业使该拖船及其拖带物驶离其航向的能力严重受到限制者。

8.“限于吃水的船舶”一词,指由于吃水与可航水域的可用水深和宽度的关系,致使其驶离航向的能力严重地受到限制的机动船。

9.“在航”一词,指船舶不在锚泊、系岸或搁浅。

10.船舶的“长度”和“宽度”是指其总长度和最大宽度。

11.只有当两船中的一船能自他船以视觉看到时,才应认为两船是在互见中。

12.“能见度不良”一词,指任何由于雾、霾、下雪、暴风雨、沙暴或任何其他类似原因而使能见度受到限制的情况。

13.“地效船”一词,系指多式船艇,其主要操作方式是利用表面效应贴近水面飞行。

第二章　驾驶和航行规则

第一节　船舶在任何能见度情况下的行动规则

第四条　适用范围

本节条款适用于任何能见度的情况。

第五条　瞭望

每一船在任何时候都应使用视觉、听觉以及适合当时环境和情况的一切可用手段保持正规的瞭望,以便对局面和碰撞危险作出充分的估计。

第六条　安全航速

每一船在任何时候都应以安全航速行驶,以便能采取适当而有效的避碰行动,并能在适合当时环境和情况的距离以内把船停住。在决定安全航速时,考虑的因素中应包括下列各点:

1.对所有船舶:

(1)能见度情况;

(2)交通密度,包括渔船或者任何其他船舶的密集程度;

(3)船舶的操纵性能,特别是在当时情况下的冲程和旋回性能:

(4)夜间出现的背景亮光,诸如来自岸上的灯光或本船灯光的反向散射;

(5)风、浪和流的状况以及靠近航海危险物的情况；
(6)吃水与可用水深的关系。
2. 对备有可使用的雷达的船舶，还应考虑：
(1)雷达设备的特性、效率和局限性；
(2)所选用的雷达距离标尺带来的任何限制；
(3)海况、天气和其他干扰源对雷达探测的影响；
(4)在适当距离内，雷达对小船、浮冰和其他漂浮物有探测不到的可能性；
(5)雷达探测到的船舶数目、位置和动态；
(6)当用雷达测定附近船舶或其他物体的距离时，可能对能见度作出更确切的估计。

第七条　碰撞危险

1. 每一船都应使用适合当时环境和情况的一切可用手段判断是否存在碰撞危险，如有任何怀疑，则应认为存在这种危险。

2. 如装有雷达设备并可使用，则应正确予以使用，包括远距离扫描，以便获得碰撞危险的早期警报，并对探测到的物标进行雷达标绘或与其相当的系统观察。

3. 不应当根据不充分的信息，特别是不充分的雷达观测信息作出推断。

4. 在判断是否存在碰撞危险时，考虑的因素中应包括下列各点：

(1)如果来船的罗经方位没有明显的变化，则应认为存在这种危险；

(2)即使有明显的方位变化，有时也可能存在这种危险，特别是在驶近一艘很大的船或拖带船组时，或是在近距离驶近他船时。

第八条　避免碰撞的行动

1. 为避免碰撞所采取的任何行动必须遵循本章各条规定，如当时环境许可，应是积极的，应及早地进行和充分注意运用良好的船艺。

2. 为避免碰撞而作的航向和(或)航速的任何改变，如当时环境许可，应大得足以使他船用视觉或雷达观测时容易察觉到；应避免对航向和(或)航速作一连串的小改变。

3. 如有足够的水域，则单用转向可能是避免紧迫局面的最有效行动，只要这种行动是及时的、大幅度的并且不致造成另一紧迫局面。

4. 为避免与他船碰撞而采取的行动，应能导致在安全的距离驶过。应细心查核避让行动的有效性，直到最后驶过让清他船为止。

5. 如需为避免碰撞或须留有更多时间来估计局面，船舶应当减速或者停止或倒转推进器把船停住。

6. (1)根据本规则任何规定，要求不得妨碍另一船通行或安全通行的船舶应根据当时环境的需要及早地采取行动以留出足够的水域供他船安全通行。

(2)如果在接近他船致有碰撞危险时，被要求不得妨碍另一船通行或安全通行的船舶并不解除这一责任，且当采取行动时，应充分考虑到本章各条可能要求的行动。

(3)当两船相互接近致有碰撞危险时，其通行不得被妨碍的船舶仍有完全遵守本章各条规定的责任。

第九条　狭水道

1. 沿狭水道或航道行驶的船舶，只要安全可行，应尽量靠近其右舷的该水道或航道的外缘行驶。

2. 帆船或者长度小于20 m的船舶，不应妨碍只能在狭水道或航道以内安全航行的船舶通行。

3. 从事捕鱼的船舶，不应妨碍任何其他在狭水道或航道以内航行的船舶通行。

4. 船舶不应穿越狭水道或航道，如果这种穿越会妨碍只能在这种水道或航道以内安全航行的船舶通行。后者若对穿越船的意图有怀疑，可以使用第三十四条4款规定的声号。

5. (1)在狭水道或航道内，如只有在被追越船必须采取行动以允许安全通过才能追越时，则企图追越的船，应鸣放第三十四条3款(1)项所规定的相应声号，以表示其意图。被追越船如果同意，应鸣放第三十四条3款(2)项所规定的相应声号，并采取使之能安全通过的措施。如有怀疑，则可以鸣放第三十四条4款所规定的声号。

(2)本条并不解除追越船根据第十三条所负的义务。

6. 船舶在驶近可能有其他船舶被居间障碍物遮蔽的狭水道或航道的弯头或地段时，应特别机警和谨慎地驾驶，并鸣放第三十四条5款规定的相应声号。

7. 任何船舶，如当时环境许可，都应避免在狭水道内锚泊。

第十条　分道通航制

1. 本条适用于本组织所采纳的分道通航制，但并不解除任何船舶遵守任何其他各条规定的责任。

2. 使用分道通航制的船舶应：

(1)在相应的通航分道内顺着该分道的交通总流向行驶；

(2)尽可能让开通航分隔线或分隔带；

(3)通常在通航分道的端部驶进或驶出，但从分道的任何一侧驶进或驶出时，应与分道的交通总流向形成尽可能小的角度。

3. 船舶应尽可能避免穿越通航分道，但如不得不穿越时，应尽可能以与分道的交通总流向成直角的船首向穿越。

4. (1)当船舶可安全使用临近分道通航制区域中相应通航分道时，不应使用沿岸通航带。但长度小于20 m的船舶、帆船和从事捕鱼的船舶可使用沿岸通航带。

(2)尽管有本条4(1)规定，当船舶抵离位于沿岸通航带中的港口、近岸设施或建筑物、引航站或任何其他地方或为避免紧迫危险时，可使用沿岸通航带。

5. 除穿越船或者驶进或驶出通航分道的船舶外，船舶通常不应进入分隔带或穿越分隔线，除非：

(1)在紧急情况下避免紧迫危险；

(2)在分隔带内从事捕鱼。

6. 船舶在分道通航制端部附近区域行驶时，应特别谨慎。

7. 船舶应尽可能避免在分道通航制内或其端部附近区域锚泊。

8. 不使用分道通航制的船舶，应尽可能远离该区域。

9. 从事捕鱼的船舶，不应妨碍按通航分道行驶的任何船舶的通行。

10. 帆船或长度小于20 m的船舶，不应妨碍按通航分道行驶的机动船的安全通行。

11. 操纵能力受到限制的船舶，当在分道通航制区域内从事维护航行安全的作业时，在执行该作业所必需的限度内，可免受本条规定的约束。

12. 操纵能力受到限制的船舶，当在分道通航制区域内从事敷设、维修或起捞海底电缆时，在执行该作业所必需的限度内，可免受本条规定的约束。

第二节　船舶在互见中的行动规则

第十一条　适用范围

本节条款适用于互见中的船舶。

第十二条　帆船

1. 两艘帆船相互驶近致有构成碰撞危险时,其中一船应按下列规定给他船让路:

(1)两船在不同舷受风时,左舷受风的船应给他船让路;

(2)两船在同舷受风时,上风船应给下风船让路;

(3)如左舷受风的船看到在上风的船而不能断定究竟该船是左舷受风还是右舷受风,则应给该船让路。

2. 就本条规定而言,船舶的受风舷侧应认为是主帆被吹向的一舷的对面舷侧;对于方帆船,则应认为是最大纵帆被吹向的一舷的对面舷侧。

第十三条　追越

1. 不论第二章第一节和第二节的各条规定如何,任何船舶在追越任何他船时,均应给被追越船让路。

2. 一船正从他船正横后大于22.5度的某一方向赶上他船时,即该船对其所追越的船所处位置,在夜间只能看见被追越船的尾灯而不能看见它的任一舷灯时,应认为是在追越中。

3. 当一船对其是否在追越他船有任何怀疑时,该船应假定是在追越,并应采取相应行动。

4. 随后两船间方位的任何改变,都不应把追越船作为本规则条款含义中所指的交叉相遇船,或者免除其让开被追越船的责任,直到最后驶过让清为止。

第十四条　对遇局面

1. 当两艘机动船在相反的或接近相反的航向上相遇致有构成碰撞危险时,各应向右转向,从而各从他船的左舷驶过。

2. 当一船看见他船在正前方或接近正前方,在夜间能看见他船的前后桅灯成一直线或接近一直线和(或)两盏舷灯;在白天能看到他船的上述相应形态时,则应认为存在这样的局面。

3. 当一船对是否存在这样的局面有任何怀疑时,该船应假定确实存在这种局面,并应采取相应的行动。

第十五条　交叉相遇局面

当两艘机动船交叉相遇致有构成碰撞危险时,有他船在本船右舷的船舶应给他船让路,如当时环境许可,还应避免横越他船的前方。

第十六条　让路船的行动

须给他船让路的船舶,应尽可能及早地采取大幅度的行动,宽裕地让清他船。

第十七条　直航船的行动

1. (1)两船中的一船应给另一船让路时,另一船应保持航向和航速。

(2)然而,当保持航向和航速的船一经发觉规定的让路船显然没有遵照本规则条款采取适当行动时，该船即可独自采取操纵行动，以避免碰撞。

2. 当规定保持航向和航速的船，发觉本船不论由于何种原因逼近到单凭让路船的行动不能避免碰撞时，也应采取最有助于避碰的行动。

3. 在交叉相遇局面下，机动船按照本条1款(2)项采取行动以避免与另一艘机动船碰撞时，如当时环境许可，不应对在本船左舷的船采取向左转向。

4. 本条并不解除让路船的让路义务。

第十八条　船舶之间的责任

除第九、十和十三条另有规定外：

1. 机动船在航时应给下述船舶让路：

(1)失去控制的船舶；

(2)操纵能力受到限制的船舶；

(3)从事捕鱼的船舶；

(4)帆船。

2. 帆船在航时应给下述船舶让路：

(1)失去控制的船舶；

(2)操纵能力受到限制的船舶；

(3)从事捕鱼的船舶；

3. 从事捕鱼的船舶在航时，应尽可能给下述船舶让路：

(1)失去控制的船舶；

(2)操纵能力受到限制的船舶。

4. (1)除失去控制的船舶或操纵能力受到限制的船舶外，任何船舶，如当时环境许可，应避免妨碍显示第二十八条规定信号的限于吃水的船舶的安全通行。

(2)限于吃水的船舶应充分注意到其特殊条件，特别谨慎地驾驶。

5. 在水面的水上飞机，通常应宽裕地让清所有船舶并避免妨碍其航行。然而在有碰撞危险的情况下，则应遵守本章条款的规定。

6. (1)地效船在起飞、降落和贴近水面飞行时应宽裕地让清所有其他船舶并避免妨碍他们的航行；

(2)在水面上操作的地效船应作为机动船遵守本章条款的规定。

第三节　船舶在能见度不良时的行动规则

第十九条　船舶在能见度不良时的行动规则

1. 本条适用于在能见度不良的水域中或在其附近航行时不在互见中的船舶。

2. 每一船应以适合当时能见度不良的环境和情况的安全航速行驶，机动船应将机器作好随时操纵的准备。

3. 在遵守本章第一节各条时，每一船应充分考虑到当时能见度不良的环境和情况。

4. 一船仅凭雷达测到他船时，应判定是否正在形成紧迫局面和(或)存在着碰撞危险。若是如此，应及早地采取避让行动，如果这种行动包括转向，则应尽可能避免如下各点：

(1)除对被追越船外，对正横前的船舶采取向左转向；

(2)对正横或正横后的船舶采取朝着它转向。

5. 除已断定不存在碰撞危险外，每一船当听到他船的雾号显似在本船正横以前，或者与正横以前的他船不能避免紧迫局面时，应将航速减到能维持其航向的最小速度。必要时，应把船完全停住，而且无论如何，应极其谨慎地驾驶，直到碰撞危险过去为止。

第三章　号灯和号型

第二十条　适用范围

1. 本章条款在各种天气中都应遵守。

2. 有关号灯的各条规定，从日没到日出时都应遵守。在此期间不应显示别的灯光，但那些不会被误认为本规则各条款订明的号灯，或者不会削弱号灯的能见距离或显著特性，或者不会妨碍正规瞭望的灯光除外。

3. 本规则条款所规定的号灯，如已设置，也应在能见度不良的情况下从日出到日没时显示，并可在一切其他认为必要的情况下显示。

4. 有关号型的各条规定，在白天都应遵守。

5. 本规则条款订明的号灯和号型，应符合本规则附录一的规定。

第二十一条　定义

1. "桅灯"是指安置在船的首尾中心线上方的白灯，在 225 度的水平弧内显示不间断的灯光，其安装要使灯光从船的正前方到每一舷正横后 22.5 度内显示。

2. "舷灯"是指右舷的绿灯和左舷的红灯，各在 112.5 度的水平弧内显示不间断的灯光，其装置要使灯光从船的正前方到各自一舷的正横后 22.5 度内分别显示。长度小于 20 m 的船舶，其舷灯可以合并成一盏，装设于船的首尾中心线上。

3. "尾灯"[①]是指安置在尽可能接近船尾的白灯，在 135 度的水平弧内显示不间断的灯光，其装置要使灯光从船的正后方到每一舷 67.5 度内显示。

4. "拖带灯"是指具有与本条 3 款所述"尾灯"相同特性的黄灯。

5. "环照灯"是指在 360 度的水平弧内显示不间断灯光的号灯。

6. "闪光灯"是指每隔一定时间以频率为每分钟闪 120 次或 120 次以上的号灯。

第二十二条　号灯的能见距离

本规则条款规定的号灯，应具有本规则附录一第 8 款订明的发光强度，以便在下列最小距离上能被看到：

1. 长度为 50 m 或 50 m 以上的船舶：

——桅灯，6 n mile；

——舷灯，3 n mile；

——尾灯，3 n mile；

——拖带灯，3 n mile；

——白、红、绿或黄色环照灯，3 n mile。

2. 长度为 12 m 或 12 m 以上但小于 50 m 的船舶：

——桅灯，5 n mile；但长度小于 20 m 的船舶，3 n mile；

---

① 为与《国际海上避碰规则》译文保持一致，这里沿用"尾灯"写法。

——舷灯，2 n mile；

——尾灯，2 n mile；

——拖带灯，2 n mile；

——白、红、绿或黄色环照灯，2 n mile。

3. 长度小于 12 m 的船舶：

——桅灯，2 n mile；

——舷灯，1 n mile；

——尾灯，2 n mile；

——拖带灯，2 n mile；

——白、红、绿或黄色环照灯，2 n mile。

4. 不易察觉的、部分淹没的被拖带船舶或物体：

——白色环照灯，3 n mile；

第二十三条　在航机动船

1. 在航机动船应显示：

(1)在前部一盏桅灯；

(2)第二盏桅灯，后于并高于前桅灯；长度小于 50 m 的船舶，不要求显示该桅灯，但可以这样做；

(3)两盏舷灯；

(4)一盏尾灯。

2. 气垫船在非排水状态下航行时，除本条 1 款规定的号灯外，还应显示一盏环照黄色闪光灯。

3. 除本条 1 款规定的号灯外，地效船只有在起飞、降落和贴近水面飞行时，才应显示高亮度的环照红色闪光灯。

4. (1)长度小于 12 m 的机动船，可以显示一盏环照白灯和舷灯以代替本条 1 款规定的号灯；

(2)长度小于 7 m 且其最高速度不超过 7 节的机动船，可以显示一盏环照白灯以代替本条 1 款规定的号灯。如可行，也应显示舷灯；

(3)长度小于 12 m 的机动船的桅灯或环照白灯，如果不可能装设在船的首尾中心线上，可以离开中心线显示，条件是其舷灯合并成一盏，并应装设在船的首尾中心线上或尽可能地装设在接近该桅灯或环照灯所在的首尾线处。

第二十四条　拖带和顶推

1. 机动船当拖带时应显示：

(1)垂直两盏桅灯，以取代第二十三条 1 款(1)项或 1 款(2)项规定的号灯。当从拖船船尾至被拖物体后端的拖带长度超过 200 m 时，垂直显示三盏这样的号灯；

(2)两盏舷灯；

(3)一盏尾灯；

(4)一盏拖带灯位于尾灯垂直上方；

(5)当拖带长度超过 200 m 时，在最易见处显示一个菱形体号型。

2. 当一顶推船和一被顶推船牢固地连接成为一组合体时，则应作为一艘机动船，显示

第二十三条规定的号灯。

3. 机动船当顶推或傍拖时,除组合体外,应显示:

(1)垂直两盏桅灯,以取代第二十三条1款(1)项或1款(2)项规定的号灯;

(2)两盏舷灯;

(3)一盏尾灯。

4. 适用本条1或3款的机动船,还应遵守第二十三条1款(2)项的规定。

5. 除本条7款所述外,一被拖船或被拖物体应显示:

(1)两盏舷灯;

(2)一盏尾灯;

(3)当拖带长度超过200 m时,在最易见处显示一个菱形体号型。

6. 任何数目的船舶如作为一组被傍拖或顶推时,应作为一艘船来显示号灯:

(1)一艘被顶推船,但不是组合体的组成部分,应在前端显示两盏舷灯;

(2)一艘被傍拖的船应显示一盏尾灯,并在前端显示两盏舷灯。

7. 一不易觉察的、部分淹没的被拖船或物体或者这类船舶或物体的组合体应显示:

(1)除弹性拖曳体不需要在前端或接近前端处显示灯光外,如宽度小于25 m,在前后两端或接近前后两端处各显示一盏环照白灯;

(2)如宽度为25 m或25 m以上时,在两侧最宽处或接近最宽处,另加两盏环照白灯;

(3)如长度超过100 m,在(1)和(2)项规定的号灯之间,另加若干环照白灯,使得这些灯之间的距离不超过100 m;

(4)在最后的被拖船或物体的末端或接近末端处,显示一个菱形体号型,如果拖带长度超过200 m时,在尽可能前部的最易见处另加一个菱形体号型。

8. 凡由于任何充分理由,被拖船舶或物体不可能显示本条5款或7款规定的号灯或号型时,应采取一切可能的措施使被拖船舶或物体上有灯光,或至少能表明这种船舶或物体的存在。

9. 凡由于任何充分理由,使得一艘通常不从事拖带作业的船不可能按本条1或3款的规定显示号灯,这种船舶在从事拖带另一遇险或需要救助的船时,就不要求显示这些号灯。但应采取如第三十六条所准许的一切可能措施来表明拖带船与被拖船之间关系的性质,尤其应将拖缆照亮。

第二十五条　在航帆船和划桨船

1. 在航帆船应显示:

(1)两盏舷灯;

(2)一盏尾灯。

2. 在长度小于20 m的帆船上,本条1款规定的号灯可以合并成一盏,装设在桅顶或接近桅顶的最易见处。

3. 在航帆船,除本条1款规定的号灯外,还可在桅顶或接近桅顶的最易见处,垂直显示两盏环照灯,上红下绿。但这些环照灯不应和本条2款所允许的合色灯同时显示。

4. (1)长度小于7 m的帆船,如可行,应显示本条1或2款规定的号灯。但如果不这样做,则应在手边备妥白光的电筒一个或点着的白灯一盏,及早显示,以防碰撞。

(2)划桨船可以显示本条为帆船规定的号灯,但如不这样做,则应在手边备妥白光的电筒一个或点着的白灯一盏,及早显示,以防碰撞。

5. 用帆行驶同时也用机器推进的船舶,应在前部最易见处显示一个圆锥体号型,尖端向下。

第二十六条　渔船

1. 从事捕鱼的船舶,不论在航还是锚泊,只应显示本条规定的号灯和号型。

2. 船舶从事拖网作业,即在水中拖曳爬网或其他用作渔具的装置时,应显示:

(1)垂直两盏环照灯,上绿下白,或一个由上下垂直、尖端对接的两个圆锥体所组成的号型;

(2)一盏桅灯,后于并高于那盏环照绿灯;长度小于 50 m 的船舶,则不要求显示该桅灯,但可以这样做;

(3)当对水移动时,除本款规定的号灯外,还应显示两盏舷灯和一盏尾灯。

3. 从事捕鱼作业的船舶,除拖网作业者外,应显示:

(1)垂直两盏环照灯,上红下白,或一个由上下垂直、尖端对接的两个圆锥体所组成的号型;

(2)当有外伸渔具,其从船边伸出的水平距离大于 150 m 时,应朝着渔具的方向显示一盏环照白灯或一个尖端向上的圆锥体号型;

(3)当对水移动时,除本款规定的号灯外,还应显示两盏舷灯和一盏尾灯。

4. 本规定附录二所述的额外信号,适用于在其他捕鱼船舶附近从事捕鱼的船舶。

5. 船舶不从事捕鱼时,不应显示本条规定的号灯或号型,而只应显示为其同样长度的船舶所规定的号灯或号型。

第二十七条　失去控制或操纵能力受到限制的船舶

1. 失去控制的船舶应显示:

(1)在最易见处,垂直两盏环照红灯;

(2)在最易见处,垂直两个球体或类似的号型;

(3)当对水移动时,除本款规定的号灯外,还应显示两盏舷灯和一盏尾灯。

2. 操纵能力受到限制的船舶,除从事清除水雷作业的船舶外,应显示:

(1)在最易见处,垂直三盏环照灯,最上和最下者应是红色,中间一盏应是白色;

(2)在最易见处,垂直三个号型,最上和最下者应是球体,中间一个应是菱形体;

(3)当对水移动时,除本款(1)项规定的号灯外,还应显示桅灯、舷灯和尾灯;

(4)当锚泊时,除本款(1)和(2)项规定的号灯或号型外,还应显示第三十条规定的号灯、号型。

3. 从事一项使拖船和被拖物体双方在驶离其航向的能力上受到严重限制的拖带作业的机动船,除显示第二十四条 1 款规定的号灯或号型外,还应显示本条 2 款(1)和(2)项规定的号灯或号型。

4. 从事疏浚或水下作业的船舶,当其操纵能力受到限制时,应显示本条 2 款(1)(2)和(3)项规定的号灯和号型。此外,当存在障碍物时,还应显示:

(1)在障碍物存在的一舷,垂直两盏环照红灯或两个球体;

(2)在他船可以通过的一舷,垂直两盏环照绿灯或两个菱形体;

(3)当锚泊时,应显示本款规定的号灯或号型以取代第三十条规定的号灯或号型。

5. 当从事潜水作业的船舶其尺度使之不可能显示本条 4 款规定的号灯和号型时,则应显示：

（1）在最易见处垂直三盏环照灯，最上和最下者应是红色，中间一盏应是白色；

（2）一个国际信号旗“A”的硬质复制品，其高度不小于 1 m，并应采取措施以保证周围都能见到。

6. 从事清除水雷作业的船舶，除显示第二十三条为机动船规定的号灯或第三十条为锚泊船规定的号灯或号型外，还应显示三盏环照绿灯或三个球体。这些号灯或号型之一应在接近前桅桅顶处显示，其余应在前桅桁两端各显示一个。这些号灯或号型表示他船驶近至清除水雷船 1000 m 以内是危险的。

7. 除从事潜水作业的船舶外，长度小于 12 m 的船舶，不要求显示本条规定的号灯和号型。

8. 本条规定的信号不是船舶遇险求救的信号。船舶遇险求救的信号载于本规则附录四内。

第二十八条　限于吃水的船舶

限于吃水的船舶，除第二十三条为机动船规定的号灯外，还可在最易见处垂直显示三盏环照红灯，或者一个圆柱体。

第二十九条　引航船舶

1. 执行引航任务的船舶应显示：

（1）在桅顶或接近桅顶处，垂直两盏环照灯，上白下红；

（2）当在航时，外加舷灯和尾灯；

（3）当锚泊时，除本款（1）项规定的号灯外，还应显示第三十条对锚泊船规定的号灯或号型。

2. 引航船当不执行引航任务时，应显示为其同样长度的同类船舶规定的号灯或号型。

第三十条　锚泊船舶和搁浅船舶

1. 锚泊中的船舶应在最易见处显示：

（1）在船的前部，一盏环照白灯或一个球体；

（2）在船尾或接近船尾并低于本款（1）项规定的号灯处，一盏环照白灯。

2. 长度小于 50 m 的船舶，可以在最易见处显示一盏环照白灯，以取代本条 1 款规定的号灯。

3. 锚泊中的船舶，还可以使用现有的工作灯或同等的灯照明甲板，而长度为 100 m 及 100 m 以上的船舶应当使用这类灯。

4. 搁浅的船舶应显示本条 1 或 2 款规定的号灯，并在最易见处外加：

（1）垂直两盏环照红灯；

（2）垂直三个球体。

5. 长度小于 7 m 的船舶，不在狭水道、航道、锚地或其他船舶通常航行的水域中或其附近锚泊时，不要求显示本条 1 和 2 款规定的号灯或号型。

6. 长度小于 12 m 的船舶搁浅时，不要求显示本条 4 款（1）项和（2）项规定的号灯或号型。

第三十一条　水上飞机

当水上飞机或地效船不可能显示按本章各条规定的各种特性或位置的号灯和号型时，

则应显示尽可能近似于这种特性和位置的号灯和号型。

第四章　声响和灯光信号

第三十二条　定义

1.“号笛”一词,指能够发出规定笛声并符合本规则附录三所载规格的任何声响信号器具。

2.“短声”一词,指历时约 1 秒的笛声。

3.“长声”一词,指历时 4 ~6 秒钟的笛声。

第三十三条　声号设备

1. 长度为 12 m 或 12 m 以上的船舶,应配备一个号笛,长度为 20 m 或 20 m 以上的船舶除了号笛以外还应配备一个号钟,长度为 100 m 或 100 m 以上的船舶,除了号笛和号钟以外,还应配备一面号锣。号锣的音调和声音不可与号钟相混淆。号笛、号钟和号锣应符合本规则附录三所载规格。号钟、号锣或二者均可用与其各自声音特性相同的其他设备代替,只要这些设备随时能以手动鸣放规定的声号。

2. 长度小于 12 m 的船舶,不要求备有本条 1 款规定的声响信号器具。如不备有,则应配置能够鸣放有效声号的其他设备。

第三十四条 操纵和警告信号

1. 当船舶在互见中,在航机动船按本规则准许或要求进行操纵时,应用号笛发出下列声号表明之:

“一短声”表示“我船正在向右转向”;

“两短声”表示“我船正在向左转向”;

“三短声”表示“我船正在向后推进”。

2. 在操纵过程中,任何船舶均可用灯号补充本条 1 款规定的笛号,这种灯号可根据情况予以重复:

(1)这些灯号应具有以下意义:

“一闪”表示“我船正在向右转向”;

“两闪”表示“我船正在向左转向”;

“三闪”表示“我船正在向后推进”。

(2)每闪历时应约 1 秒,各闪应间隔约 1 秒,前后信号的间隔应不少于 10 秒;

(3)如设有用作本信号的号灯,则应是一盏环照白灯,其能见距离至少为 5 n mile,并应符合本规则附录一所载规定。

3. 在狭水道或航道内互见时:

(1)一艘企图追越他船的船应遵照第九条 5 款(1)项的规定,以号笛发出下列声号表示其意图:

“二长声继以一短声”表示“我船企图从你船的右舷追越”;

“二长声继以两短声”表示“我船企图从你船的左舷追越”;

(2)将要被追越的船舶,当按照第九条 5 款(1)项行动时,应以号笛依次发出下列声号表示同意:

“一长、一短、一长、一短声”。

4. 当互见中的船舶正在互相驶近，并且不论由于何种原因，任何一船无法了解他船的意图或行动，或者怀疑他船是否正在采取足够的行动以避免碰撞时，存在怀疑的船应立即用号笛鸣放“至少五声短而急”的声号以表示这种怀疑。该声号可以用“至少五次短而急的闪光”来补充。

5. 船舶在驶近可能被居间障碍物遮蔽他船的水道或航道的弯头或地段时，应鸣放一长声。该声号应由弯头另一面或居间障碍物后方可能听到它的任何来船回答一长声。

6. 如船上所装几个号笛，其间距大于 100 m，则只应使用一个号笛鸣放操纵和警告声号。

第三十五条　能见度不良时使用的声号

在能见度不良的水域中或其附近时，不论白天还是夜间，本条规定的声号应使用如下：

1. 机动船对水移动时，应以每次不超过 2 分钟的间隔鸣放一长声。

2. 机动船在航但已停车，并且不对水移动时，应以每次不超过 2 分钟的间隔连续鸣放二长声，二长声间的间隔约 2 秒钟。

3. 失去控制的船舶、操纵能力受到限制的船舶、限于吃水的船舶、帆船、从事捕鱼的船舶，以及从事拖带或顶推他船的船舶，应以每次不超过 2 分钟的间隔连续鸣放三声，即一长声继以二短声，以取代本条 1 或 2 款规定的声号。

4. 从事捕鱼的船舶锚泊时，以及操纵能力受到限制的船舶在锚泊中执行任务时，应当鸣放本条 3 款规定的声号以取代本条 7 款规定的声号。

5. 一艘被拖船或者多艘被拖船的最后一艘，如配有船员，应以每次不超过 2 分钟的间隔连续鸣放四声，即一长声继以三短声。当可行时，这种声号应在拖船鸣放声号之后立即鸣放。

6. 当一顶推船和一被顶推船牢固地连接成为一个组合体时，应作为一艘机动船，鸣放本条 1 或 2 款规定的声号。

7. 锚泊中的船舶，应以每次不超过 1 分钟的间隔急敲号钟约 5 秒。长度为 100 m 或 100 m 以上的船舶，应在船的前部敲打号钟，并应在紧接钟声之后，在船的后部急敲号锣约 5 秒钟。此外，锚泊中的船舶，还可以连续鸣放三声，即一短、一长和一短声，以警告驶近的船舶注意本船位置和碰撞的可能性。

8. 搁浅的船舶应鸣放本条 7 款规定的钟号，如有要求，应加发该款规定的锣号。此外，还应在紧接急敲号钟之前和之后各分隔而清楚地敲打号钟三下。搁浅的船舶还可以鸣放合适的笛号。

9. 长度为 12 m 或 12 m 以上但小于 20 m 的船舶，不要求鸣放本条 7 款和 8 款规定的声号。但如不鸣放上述声号，则应鸣放他种有效的声号，每次间隔不超过 2 分钟。

10. 长度小于 12 m 的船舶，不要求鸣放上述声号，但如不鸣放上述声号，则应以每次不超过 2 分钟的间隔鸣放其他有效的声号。

11. 引航船当执行引航任务时，除本条 1、2 或 7 款规定的声号外，还可以鸣放由四短声组成的识别声号。

第三十六条　招引注意的信号

如需招引他船注意，任何船舶可以发出灯光或声响信号，但这种信号应不致被误认为本规则其他条款所准许的任何信号，或者可用不致妨碍任何船舶的方式把探照灯的光束朝着危险的方向。任何招引他船注意的灯光,应不致被误认为是任何助航标志的灯光。为此目的,应避免使用诸如频闪灯这样高亮度的间歇灯或旋转灯。

第三十七条 遇险信号

船舶遇险并需要救助时,应使用或显示本规则附录四所述的信号。

第五章 豁 免

第三十八条 豁免

在本规则生效之前安放龙骨或处于相应建造阶段的任何船舶(或任何一类船舶)只要符合 1960 年国际海上避碰规则的要求,则可:

1. 在本规则生效之日后 4 年内,免除安装达到第二十二条规定能见距离的号灯。

2. 在本规则生效之日后 4 年内,免除安装符合本规则附录一第 7 款规定的颜色规格的号灯。

3. 永远免除由于从英制单位变换为米制单位以及丈量数字凑整而产生的号灯位置的调整。

4. (1)永远免除长度小于 150 m 的船舶由于本规则附录一第 3 款(1)规定而产生的桅灯位置的调整。

(2)在本规则生效之日后 9 年内,免除长度为 150 m 或 150 m 以上的船舶由于本规则附录一第 3 款(1)规定而产生的桅灯位置的调整。

5. 在本规则生效之日后 9 年内,免除由于本规则附录一第 2 款 (2)规定而产生的桅灯位置的调整。

6. 在本规则生效之日后 9 年内,免除由于本规则附录一第 2 款(7)和第 3 款(2)规定而产生的舷灯位置的调整。

7. 在本规则生效之日后 9 年内,免除本规则附录三对声号器具所规定的要求。

8. 永远免除由于本规则附录一第 9 款(2)规定而产生的环照灯位置的调整。

第六章 对符合本公约规定的验证

第三十九条 定义

1. 审核系指为确定达到审核标准的程度而获取审核证据和客观地对其评价的一套系统的、独立的和有文件记录的程序。

2. 审核机制系指本组织制定的国际海事组织成员国审核机制,其中考虑到本组织制定的导则。

3. 文书实施规则系指本组织以第 A. 1070(28)号决议通过的《国际海事组织文书实施规则》(《文书实施规则》)。

4. 审核标准系指《文书实施规则》。

第四十条 适用范围

各缔约国在按本附则履行其责任和义务时,须使用《文书实施规则》的规定。

第四十一条 符合性验证

1. 每一缔约国均须接受本组织按照审核标准进行的定期审核,以验证其是否符合并实施了本公约的要求。

2. 本组织秘书长须基于本组织制定的导则，负责对审核机制实施管理。

3. 每一缔约国均须基于本组织制定的导则，负责为开展审核提供便利并实施为处理审核结果的行动计划。

4. 对所有缔约国的审核均须：

(1)基于本组织秘书长制订的总体计划，并考虑到本组织制订的导则；

(2)定期进行，并考虑到本组织制订的导则。

附录一　号灯和号型的位置和技术细节

1. 定义

“船体以上的高度”一词，指最上层连续甲板以上的高度。这一高度应从灯的位置垂直下方处量起。

2. 号灯的垂向位置和间距

(1)长度为 20 m 或 20 m 以上的机动船，桅灯应安置如下：

①前桅灯，或如只装设一盏桅灯，则该桅灯在船体以上的高度应不小于 6 m，如船的宽度超过 6 m，则在船体以上的高度应不小于该宽度，但是该灯安置在船体以上的高度不必大于 12 m；

②当装设两盏桅灯时，后灯高于前灯的垂向距离应至少为 4.5 m。

(2)机动船的两盏桅灯的垂向距离应是这样：即在一切正常纵倾的情况下，当从距离船首 1000 m 的海面观看时，应能看出后灯在前灯的上方并且分开。

(3)长度为 12 m 或 12 m 以上但小于 20 m 的机动船，其桅灯安置在舷边以上的高度应不小于 2.5 m。

(4)长度小于 12 m 的机动船，可以把最上面的一盏号灯装在舷边以上小于 2.5 m 的高度，但当除舷灯和尾灯之外还设有一盏桅灯或者除舷灯之外还设有第二十三条 4(1)所规定的环照白灯时，则该桅灯或该环照白灯的设置至少应高于舷灯 1 m。

(5)为从事拖带或顶推他船的机动船所规定的两盏或三盏桅灯中的一盏，应安置在前桅灯或后桅灯相同的位置。如果该灯装在后桅上，则该最低的后桅灯高于前桅灯的垂向距离应不少于 4.5 m。

(6)①第二十三条 1 款规定的桅灯，除本款②项所述外，应安置在高于并离开其他一切灯光和遮蔽物的位置上。

②当在低于桅灯的位置上不可能装设第二十七条 2 款(1)项或第二十八条规定的环照灯时，这些环照灯可以装设在后桅灯上方或悬挂于前桅灯和后桅灯垂向之间，如属后一种情况，则应符合本附录第 3 款(3)的要求。

(7)机动船的舷灯安置在船体以上的高度，应不超过前桅灯高度的四分之三。这些舷灯不应低到受甲板灯光的干扰。

(8)长度小于 20 m 的机动船的舷灯，如并为一盏，则应安置在低于桅灯不小于 1 m 处。

(9)当本规则规定垂直装设两盏或三盏号灯时，这些号灯的间距如下：

①长度为 20 m 或 20 m 以上的船舶，这些号灯的间距应不小于 2 m，而且除需要拖带号灯的情况外，这些号灯的最低一盏，应装设在船体以上高度不小于 4 m 处。

②长度小于 20 m 的船舶,这些号灯的间距应不小于 1 m,而且除需要拖带号灯的情况外,这些号灯的最低一盏,应装设在舷边以上高度不小于 2 m 处。

③当装设三盏号灯时,其间距应相等。

(10)为从事捕鱼的船所规定的两盏环照灯的较低一盏,在舷灯以上的高度应不小于这两盏号灯垂向间距的 2 倍。

(11)当装设两盏锚灯时,第三十条 1 款(1)项规定的前锚灯应高于后锚灯不小于 4.5 m。长度为 50 m 或 50 m 以上的船舶,前锚灯应装设在船体以上高度不小于 6 m 处。

3. 号灯的水平位置和间距

(1)当机动船按规定有两盏桅灯时,两灯之间的水平距离应不小于船长的一半,但不必大于 100 m。前桅灯应安置在离船首不大于船长的四分之一处。

(2)长度为 20 m 或 20 m 以上的机动船,舷灯不应安置在前桅灯的前面。这些舷灯应安置在舷侧或接近舷侧处。

(3)当第二十七条 2 款(1)项或第二十八条规定的号灯设置在前桅灯和后桅灯垂向之间时,这些环照灯应安置在与该首尾中心线正交的横向水平距离不小于 2 m 处。

(4)当机动船按规定仅有一盏桅灯时,该灯应在船中之前显示;长度小于 20 m 的船舶不必在船中之前显示该灯,但应在尽可能靠前的位置上显示。

4. 渔船、疏浚船及从事水下作业船舶的示向号灯的位置细节

(1)从事捕鱼的船舶,按照第二十六条 3 款(2)项规定用以指示船边外伸渔具的方向的号灯,应安置在离开那两盏环照红和白灯不小于 2 m 但不大于 6 m 的水平距离处。该号灯的安置应不高于第二十六条 3 款(1)项规定的环照白灯但也不低于舷灯。

(2)从事疏浚或水下作业的船舶,按照第二十七条 4 款(1)和(2)项规定用以指示有障碍物的一舷和(或)能安全通过的一舷的号灯和号型,应安置在离开第二十七条 2 款处,但绝不应小于 2 m。这些号灯或号型的上面一个的安置高度绝不高于第二十七条 2 款(1)和(2)项规定的三个号灯或号型中的下面一个。

5. 舷灯遮板

长度在 20 m 或 20 m 以上的船舶的舷灯,应装有无光黑色的内侧遮板,并符合本附录第 9 款的要求。长度小于 20 m 的船舶的舷灯,如需为符合本附录第 9 款的要求,应装设无光黑色的内侧遮板。用单一直立灯丝并在绿色和红色两部分之间有一条很窄分界线的合座灯,可不必装配外部遮板。

6. 号型

(1)号型应是黑色并具有以下尺度:

①球体的直径应不小于 0.6 m;

②圆锥体的底部直径应不小于 0.6 m,其高度应与直径相等;

③圆柱体的直径至少为 0.6 m,其高度应两倍于直径;

④菱形体应由两个本款②所述的圆锥体以底相合组成。

(2)号型间的垂直距离应至少为 1.5 m。

(3)长度小于 20 m 的船舶,可用与船舶尺度相称的较小尺度的号型,号型间距亦可相应减少。

7. 号灯的颜色规格

所有航海号灯的色度应符合下列标准,这些标准是包括在国际照明委员会(CIE)为每

种颜色所规定的图解区域界限以内的。

每种颜色的区域界限是用折角点的坐标表示的。这些坐标如下：

(1)白色

x　0. 525　0. 525　0. 452　0. 310　0. 310　0. 443

y　0. 382　0. 440　0. 440　0. 348　0. 283　0. 382

(2)绿色

x　0. 028　0. 009　0. 300　0. 203

y　0. 385　0. 723　0. 511　0. 356

(3)红色

x　0. 680　0. 660　0. 735　0. 721

y　0. 320　0. 320　0. 265　0. 259

(4)黄色

x　0. 612　0. 618　0. 575　0. 575

y　0. 382　0. 382　0. 425　0. 406

8. 号灯的发光强度

(1)号灯的最低发光强度应用下述公式计算：

$$I = 3.43 \times 10^6 TD^2 K^{-D}$$

式中　I——在使用情况下，以坎(Candelas)为单位计算的发光强度；

T——临阈系数，为 2×10^{-7} 勒克司；

D——号灯的能见距离(照明距离)，以 n mile 计算；

K——大气透射率。用于规定的号灯，K 值应是 0. 8，相当于约 13 n mile 的气象能见度。

(2)从上述公式导出的数值示例如下：

以 n mile 为单位的号灯能见距离 D (照明距离)	以坎为单位的号灯发光强度 I ($K=0.8$)
1	0. 9
2	4. 3
3	12
4	27
5	52
6	94

注：航海号灯的最大发光强度应予限制，以防止过度的眩光，但不应该使用发光强度可变控制的办法。

9. 水平光弧

(1)①船上所装的舷灯，在朝前的方向上，应显示最低要求的发光强度，发光强度在规定光弧外的 1 ~ 3 度之间，应减弱以达到切实断光。

②尾灯和桅灯，以及舷灯在正横后 22. 5 度处，应在水平弧内保持最低要求的发光强度，直到第二十一条规定的光弧界限内 5 度。从规定的光弧内 5 度起，发光强度可减弱 50%，

直到规定的界限；然后，发光强度应不断减弱，以达到在规定光弧外至多5度处切实断光。

(2)①环照灯应安置在不被桅、顶桅或建筑物遮蔽大于6度角光弧的位置上，但第三十条规定的锚灯除外，锚灯不必安置在船体以上不切实际的高度。

②如果仅显示一盏环照灯无法符合本段第(2)①小段的要求，则应使用两盏环照灯，固定于适当位置或用挡板遮挡，使其在1 n mile距离上尽可能像是一盏灯。

10. 垂向光弧

(1)所装电气号灯的垂向光弧，除在航帆船的号灯外，应保证：

①从水平上方5度到水平下方5度的所有角度内，至少保持所要求的最低发光强度；

②从水平上方7.5度到水平下方7.5度，至少保持所要求的最低发光强度的60%。

(2)在航帆船所装电气号灯的垂向光弧，应保证：

①从水平上方5度到水平下方5度的所有角度内，至少保持所要求的最低发光强度；

②从水平上方25度到水平下方25度，至少保持所要求的最低发光强度的50%。

(3)电气号灯以外的灯应尽可能符合这些规格。

11. 非电气号灯的发光强度

非电气号灯应尽可能符合本附录第8款表中规定的最低发光强度。

12. 操纵号灯

尽管有本附录第2款(6)规定，第三十四条2款所述的操纵号灯应安置在一盏或多盏桅灯的同一首尾垂直面上，如可行，并且操纵号灯高于或低于后桅灯的距离不小于2 m，则操纵号灯应高于前桅灯的垂向距离至少为2 m。只装设一盏桅灯的船舶，如装有操纵号灯，则应将其装设在与桅灯的垂向距离不小于2 m的最易见处。

13. 高速船*

(1)高速船的桅灯可装设在相应于船的宽度、低于本附录第2款(1)①规定的高度上，其条件是由两盏舷灯和一盏桅灯形成的等腰三角形的底角，在正视时不应小于27度。

(2)长度为50 m或50 m以上的高速船上，本附录第2款(1)②规定的前桅灯和主桅灯之间4.5 m的垂向距离可以修改，但此距离应不少于下列公式规定的数值：

$$y = (a + 17\Psi)C/1\,000 + 2$$

式中　y——主桅灯高于前桅灯的高度，m；

a——航行状态下前桅灯高于水面的高度，m；

Ψ——可为航行状态下的纵倾，(°)；

C——为桅灯之间的水平距离，m。

14. 认可

号灯和号型的构造以及号灯在船上的安装，应符合船旗国的有关主管机关的要求。

*参照1994年国际高速客船安全规则和2000年国际高速客船安全规则。

附录二　在相互邻近处捕鱼的渔船的额外信号

1. 通则

本附录中所述的号灯,如为履行第二十六条4 款而显示时,应安置在最易见处。这些号灯的间距至少应为0.9 m,但要低于第二十六条2 款(1)项和3 款(1)项规定的号灯。这些号灯,应能在水平四周至少1 n mile 的距离上被见到,但应小于本规则为渔船规定的号灯的能见距离。

2. 拖网渔船的信号

(1)长度等于或大于20 m 的船舶,在从事拖网作业时,不论使用海底还是深海渔具,应显示:

①放网时:垂直两盏白灯;

②起网时:垂直两盏灯,上白下红灯;

③网挂住障碍物时:垂直两盏红灯。

(2)长度等于或大于20 m,从事对拖网作业的每一船应显示:

①在夜间,朝着前方并向本对拖网中另一船的方向照射的探照灯;

②当放网或起网或网挂住障碍物时,按附录第2 款(1)规定的号灯。

(3)长度小于20 m,从事拖网作业的船舶,不论使用海底或深海渔具还是从事对拖网作业,可视情显示本段(1)或(2)中规定的号灯。

3. 围网船的信号

从事围网捕鱼的船舶,可垂直显示两盏黄色号灯。这些号灯应每秒钟交替闪光一次,而且明暗历时相等。这些号灯仅在船舶的行动为其渔具所妨碍时才可显示。

附录三　声号器具的技术细节

1. 号笛

(1)频率和可听距离

笛号的基频应在70 ~700 Hz 的范围内。

笛号的可听距离应通过其频率来确定,这些频率可包括基频和(或)一种或多种较高的频率,并具下文第1(3)款规定的声压级。对于长度为20 m 或20 m 以上的船舶,频率范围为180 ~ 700 Hz(±1%);对于长度为20 m 以下的船舶,频率范围为180 ~ 2 000 Hz(±1%)。

(2)基频的界限

为保证号笛的多样特性,号笛的基频应介于下列界限以内:

①70 ~200 Hz,用于长度200 m 或200 m 以上的船舶;

②130 ~350 Hz,用于长度75 m 或75 m 以上但小于200 m 的船舶;

③250 ~700 Hz,用于长度小于75 m 的船舶。

(3)笛号的声强和可听距离

船上所装的号笛,在其最大声强方向上,距离1 m 处,在频率为180 ~700 Hz(±1%)(长度20 m 或20 m 以上的船舶)或180 ~2 100 Hz(±1%)(长度20 m 以下的船舶)范围内的至少每个1/3倍频带宽中，应具有不小于下表所订相应数值的声压。

船舶长度 （m）	1/3倍频程带宽声压相对值，距离1 m，相对于2×10^{-5}牛/m^2。（分贝）	可听距离 （n mile）
200或200以上	143	2
75或75以上但小于200	138	1.5
20或20以上但小于75	130	1
小于20	120* 115♀ 111♂	0.5

注：* 当量测频率在180～450 Hz时。

♀当量测频率在450～800 Hz时。

♂当量测频率在800～2100 Hz时。

表中的可听距离是参考性的而且是在号笛的前方轴线上，在无风条件下，有90%的概率可在有一般背景噪声（用中心频率为250 Hz的倍频程带宽时取68分贝，用中心频率为500 Hz的倍频程带宽时取63分贝）的船上收听点听到的大约距离。实际上，号笛的可听距离极易变化。而且主要取决于天气情况，所订数值可作为典型值，但在强风或在收听点周围有高背景噪声的情况下，可听距离可大大减小。

（4）方向性

方向性号笛的声压值，在轴线±45°内的任何水平方向上，比轴线上的规定声压级至多只应低4分贝，在任何其他水平方向上的声压级，比轴线上的规定声压值至多只应低10分贝，以使任何方向上的可听距离至少是轴线前方上可听距离的一半。声压级应在决定可听距离的那个1/3倍频带中测定。

（5）号笛的安装

当方向性号笛作为船上唯一的号笛使用时。其安装应使最大声强朝着正前方。号笛应安置在船上尽可能高的地方。使发出的声音少受遮蔽物的阻截，并使人员听觉受损害的危险降到最低程度。在船上收听点听到本船声号的声压值不应超过110分贝（A）。并应尽可能不超过100分贝（A）。

（6）一个以上号笛的安装

如各号笛配置的间距大于100 m，则应作出安排使其不致同时鸣放。

（7）组合号笛系统

如果由于遮蔽物的存在，以致单一号笛或本节（6）所指号笛之一的声场可能有一个声压值大为降低的区域时，建议用一组合号笛系统以克服这种降低。就本规则而言，组合号笛系统作为单一号笛论。组合系统中各号笛的间距应不大于100 m，并应作出安排使其同时鸣放。任一号笛的频率应与其他号笛频率至少相差10 Hz。

2. 号钟和号锣

（1）声号的强度

号钟、号锣或其他具有类似声音特性的器具所发出的声压值，在距它1 m处，应不少于

110 分贝。

(2)构造

号钟和号锣应用抗蚀材料制成,其设计应能使之发出清晰的音调。长度为 20 m 或 20 m 以上的船舶,号钟口的直径应不小于 300 mm。如可行,建议用一个机动钟锤,以保证敲力稳定,但仍应可能用手操作,钟锤的质量应不小于号钟质量的 3%。

3. 认可

声号器具的构造性能及其在船上的安装,应符合船旗国的有关主管机关的要求。

附录四　遇 险 信 号

1. 下列信号,不论是一起或分别使用或显示,均表示遇险需要救助:

(1)每隔约 1 分钟鸣炮或燃放其他爆炸信号一次;

(2)以任何雾号器具连续发声;

(3)以短的间隔,每次放一个抛射红星的火箭或信号弹;

(4)无线电报或任何其他通信方法发出莫尔斯码 …———…(SOS)的信号;

(5)无线电话发出“梅代”(MAYDAY)语音信号;

(6)《国际简语信号规则》中表示遇险的信号 N. C.;

(7)由一个球体或任何类似球体的物体及在其上方或下方的一面方旗所组成的信号;

(8)船上的火焰(如从燃着的柏油桶、油桶等发出的火焰);

(9)火箭降落伞式或手持式的红色突耀火光;

(10)放出橙色烟雾的烟雾信号;

(11)两臂侧伸,缓慢而重复地上下摆动;

(12)通过数字选择性呼叫(DSC)在以下频道上发送的遇险报警:

a. 甚高频(VHF)70 频道;

b. 中频和高频(MF/HF),频率为 2 187.5 kHz、8 414.5 kHz、4 207.5 kHz、6 312 kHz、12 577 kHz 和 16 804.5 kHz。

(13)通过国际海事卫星(Inmarsat)船舶站或其他移动卫星服务商提供的船舶地面站发送的船对岸的遇险报警。

(14)由无线电应急示位标发出的信号;

(15)无线电通信系统发出的经认可的信号,包括救生艇筏雷达应答器。

2. 除为表示遇险需要救助外,禁止使用或显示上述任何信号,并禁止使用可能与上述任何相混淆的其他信号。

3. 应注意《国际信号规则》《商船搜寻和救生手册》的有关部分,以及下述的信号:

(1)一张橙色帆布上带有一个黑色正方形和圆圈或者其他合适的符号(供空中识别);

(2)海水染色标志。

附录 B　中华人民共和国非机动船舶海上安全航行暂行规则

1958 年 4 月 19 日交通部、水产部发布，1958 年 7 月 1 日起施行。

第一条　凡使用人力、风力、拖力的非机动船，在海上从事运输、捕鱼或者其他工作，都应当遵守本则。

在港区内航行的时候，应当遵守各该港港章的规定。

第二条　非机动船在夜间航行、锚泊的时候，应当在容易被看见的地方，悬挂明亮的白光环照灯一盏。如果因为天气恶劣或者受设备的限制，不能固定悬挂白光环照灯，必须将灯点好放在手边，以备应用；在与他船接近的时候，应当及早显示灯光或手电筒的白色闪光或者火光，以防碰撞。

非机动船已经设置红绿舷灯、尾灯或者使用合色灯的，仍应继续使用。

第三条　非机动渔船，在白昼捕鱼的时候，应当在容易被看见的地方，悬挂竹篮一只，当发现他船驶近的时候，应当用适当信号指示渔具延伸方向；使用流网的渔船，还要在流网延伸末端的浮子上，系小红旗一面；在夜间捕鱼的时候，应当在容易被看见的地方，悬挂明亮的白光环照灯一盏，当发现他船驶近的时候，向渔具延伸方向，显示另一白光灯。

第四条　非机动船在有雾、下雪、暴风雨或者其他任何视线不清楚的情况下，不论白昼或者夜间，都应当执行下列规定：

（一）在航行的时候，应当每隔约 1 分钟，连续发出雾号响声（如敲锣、敲梆、敲煤油桶、吹螺、吹雾角、吹喇叭等）约五秒钟。

（二）在锚泊的时候，如果听到来船雾号响声，应当有间隔地、急促地发放响声，以引起来船注意，直到驶过为止；

（三）在捕鱼的时候，也应当依照前两项的规定执行。

第五条　两艘帆船相互驶近，如有碰撞的危险，应当依照下列规定避让：

（一）顺风船应当避让逆风打樯、掉樯的船；

（二）左舷受风打樯的船，应当避让右舷避风打樯的船；

（三）两船都是顺风，而在不同的船舷受风的时候，左舷受风的船应当避让右舷受风的船；

（四）两船都是顺风，而在同一船舷受风的时候，上风船应当避让下风船；

（五）船尾受风的船应当避让其他船舷受风的船。

第六条　在航行的非机动船，应当避让用网、曳绳钓或者拖网进行捕鱼作业的非机动渔船。

第七条　非机动船应当避让下列的机动船：

（一）从事起捞、安放海底电线或者航行标志的机动船；

（二）从事测量或者水下工作的机动船；

（三）操纵失灵的机动船；

（四）用拖网捕鱼的机动船；

(五)被追越的机动船。

第八条 非机动与机动船相互驶近,如有碰撞危险,机动船应当避让非机动船。

第九条 非机动船在海上遇难,需要他船或者岸上救援的时候,应当显示下列信号:

(一)用任何雾号器具连续不断发放响声;

(二)连续不断燃放火光;

(三)将衣服张开,挂上桅顶。

第十条 本规则经国务院批准后,由交通部、水产部联合发布施行。

附录 C　本书所涉及的海船船员培训大纲节选

500 总吨及以上二/三副船舶避碰与值班 21 培纲要求

适任要求		理论知识与要求	实践技能与要求	评价标准	课时	
					理论	实操
1.2 保持安全的航行值班	值班 经修订的《1972 年国际海上避碰规则》的内容、应用和意图的全面知识	1.2.1 避碰规则 1. 掌握适用范围 2. 掌握责任:适用对象、疏忽种类、背离规则的条件、目的和注意事项 3. 掌握一般定义:船舶、机动船、帆船、从事捕鱼的船舶、限于吃水船、失去控制的船舶、操纵能力受到限制的船舶、在航、长度和宽度、水上飞机、互见、能见度不良和地效船等十三个名词的定义 4. 掌握号灯与号型:基础知识、各类船舶号灯与号型的显示与识别 5. 声响与灯光信号:基础知识、信号种类、适用、使用方法和注意事项 6. 掌握瞭望:适用范围与目的、瞭望人员与手段 7. 掌握安全航速:含义与要求、决定因素 8. 掌握碰撞危险:判断原则、手段与方法,雷达正确使用,雷达标绘及其相当的系统观察方法,罗经方位法使用注意事项 9. 掌握避免碰撞的行动:时机、幅度和效果,避让有效性查核要求,减速或把船停住的时机与要求,本船转向与变速避让效果及 CPA 和 TCPA 的变化规律,不应妨碍的责任与行动要求,不应妨碍的船舶与不应被妨碍的船舶之间的责任关系 10. 掌握狭水道:狭水道与航道的定义,适用范围,航行原则,不应妨碍的义务,狭水道航行注意事项	实验室和操纵模拟器训练: 1. 号灯号型识别及运用 2. 灯光声响信号识别及运用 3. 掌握瞭望的基本手段和方法 4. 正确判断船舶的会遇态势和局面 5. 理解"早、大、宽、清"的含义,并根据该原则采取适当的避碰行动 6. 正确应用狭水道、分道通航制水域的航行和避让原则 7. 理解和应用能见度不良时的行动原则 8. 防碰撞、防海损时的技巧:慢、准、稳,适时使用舵、车、声号等手段	遵守公认的原则和程序,随时保持的正规瞭望;号灯、号型和声号符合经修订的《1972 年国际海上避碰规则》中载明的要求并能正确辨认;根据经修订的《1972 年国际海上避碰规则》的要求,保持应有的航行戒备;能够正确判断碰撞危险,并采取符合规则要求的避让行动 (航行值班本节培训内容涵盖了对船员综合素质要求)	40	22

500 总吨及以上二/三副船舶避碰与值班 21 培纲要求(续 1)

适任要求	理论知识与要求	实践技能与要求	评价标准	课时	
				理论	实操
	11. 掌握分道通航制:分道通航制和沿岸通航带定义及组成,适用范围,与规则其他条款的关系,使用分道通航制和沿岸通航带的原则,穿越分道通航制的航法,进入分隔带或分隔线的规定,应特别谨慎航行的区域,避免锚泊,不应妨碍的规定,免受约束的船舶 12. 掌握帆船条款:适用范围、避让责任和行动 13. 掌握追越局面:适用范围,构成要件,局面特点,避让责任与行动,与其他条款的关系 14. 对遇局面:适用范围,构成要件,局面特点,避让责任与行动,危险对遇的理解及避让特点 15. 交叉相遇局面:适用范围,构成要件,局面特点,避让责任与行动 16. 掌握让路船的行动:让路责任的确定,避让原则 17. 掌握直航船的行动:直航船定义,保向保速的含义及适用时机,可独自采取行动的时机及注意事项,采取最有助于避碰行动的时机及注意事项,让路船的责任 18. 掌握船舶之间的责任:确定船舶之间责任的原则,与其他条款之间的关系以及互见中让路责任的确定,机动船、帆船以及从事捕鱼的船舶与其他船之间的责任,限于吃水的船舶与其他船之间的责任,水上飞机与其他船之间的责任,地效船与其他船之间的责任 19. 掌握能见度不良时的行动规则:一般规定,避让行动规定				

500 总吨及以上二/三副船舶避碰与值班 21 培纲要求(续 2)

适任要求	理论知识与要求	实践技能与要求	评价标准	课时 理论	课时 实操
航行值班中应遵守的原则的全面知识	1.2.2 航行值班中应遵守的原则 1. 了解航行值班中基本原则的内容、应用和意图 2. 掌握驾驶台值班人员承担的责任及要求 3. 掌握驾驶台瞭望的要求 4. 掌握驾驶台交接班的有关要求 5. 掌握船舶航行、操纵和避让行动的有关要求 6. 掌握船舶在锚泊时驾驶值班人员的职责 7. 掌握船舶港内以及装卸危险品时驾驶值班人员的职责 8. 渔区航行与避让 9. 掌握船舶内部通信设备和船舶报警系统及使用方法 10. 掌握船舶常规指令 11. 掌握主要航海国家的国旗、常见国际信号旗及船舶挂旗方法	在船应开展如下实习： 1. 能正确使用《驾驶台程序指南》,保障值班秩序 2. 能正确使用船上内部通信设备 3. 能使用工作语言就有关值班职责的事宜与其他值班船员进行沟通 4. 能按照要求正确识别和升降主要航海国家的国旗和常见信号旗	值班、接班和交班符合公认的原则和程序;对有关船舶航行的运动和活动保持正规记录;始终明确安全航行的责任,包括船长在驾驶台和船舶正在被引航期间	12	10
驾驶台资源管理 驾驶台资源管理原则的知识,包括： 1. 资源的分配、分派和优先排序 2. 有效的交流 3. 决断力和领导力 4. 情境意识的获得和保持	1.2.6 驾驶台资源管理 1. 了解驾驶台资源管理概念、作用与目的 2. 了解驾驶台资源的组成、分配与排序 3. 掌握驾驶台组织结构及职责 4. 掌握通信与沟通的定义、方式及特点,有效沟通的原则,与引航员沟通要点,通信与沟通障碍及改进方法 5. 了解决策的概念、持点、主要类型、决策的过程与要点 6. 了解领导力的含义与作用,领导的类型与风格,船舶领导力 7. 掌握情境意识含义、组成,情境意识丧失的征兆,提高情境意识水平的途径,保持良好的情境意识	在船舶操纵模拟器上训练： 1. 各种特殊条件下的操船训练(各种紧急情况、限制水域、恶劣天气海况等) 2. 各种局面的和环境条件下的船舶避让训练 3. 船舶内外各种资源的综合运用训练	1. 根据需要,按正确的优先顺序分配和分派资源,以执行必要任务; 2. 交流清楚、无歧义; 3. 有疑问的决定和/或行动受到适当质疑和反应; 4. 认同有效的领导行为; 5. 团队成员对当前和预测的船舶状态、航路和外部环境有着共同的准确理解	8	24

500 总吨及以上二/三副船舶避碰与值班 21 培纲要求(续 3)

适任要求		理论知识与要求	实践技能与要求	评价标准	课时	
					理论	实操
1.7 用视觉信号发出和接收信息	视觉信号通信 使用《国际信号规则》的能力	1.7.1 国际信号规则 1. 掌握主要的国际信号旗; 2. 了解旗意的解释; 3. 掌握代旗的正确使用; 4. 掌握当信号不明白时,应采取的行动; 5. 掌握如何终止信号的显示; 6. 了解所列的信号名字,说出其明语意思; 7. 掌握识别信号的使用; 8. 了解带补充码的单字母信号的用法; 9. 掌握信号的组成; 10. 了解补充码和补充表的使用; 11.4 掌握单字母信号的意思; 12. 掌握破冰船与被援助船之间的单字母信号; 13. 掌握国际信号规则中的遇险信号	能在实验室完成以下实践: 1. 能根据需要正确使用国际信号规则; 2. 能识别主要的旗语信号; 3. 信号旗呼叫的演示; 4. 回答旗的演示及其作用; 5. 能正确拼读国际语音字母和数字表	操作者能够在其职责范围内始终保持成功的通信交流 视觉信号的识读和回应正确。	6	6
	用莫尔斯灯收发经修订的《1972 年国际海上避碰规则》附录 4 和《国际信号规则》附则 1 规定的遇险信号 SOS 以及同样在《国际信号规则》中规定的单字母信号的视觉信号的能力	1.7.2 莫尔斯信号通信 1. 了解并会区分 Morse 信号中的数字和字母; 2. 掌握用闪光灯收发遇险信号 SOS; 3. 掌握声响信号中的推荐信号; 4. 掌握仅在符合《国际海上避碰规则》的要求中所示的单字母信号	能在实验室完成以下实践: 1. 能使用并辨识简单的闪光灯信号,尤其是 SOS 信号; 2. 对《国际海上避碰规则》附录 4 规定的信号的辨识	操作者能够在其职责范围内始终保持成功的通信交流	2	1
小计					68	63

附录 D　国际信号旗示意图

国际信号旗示意图

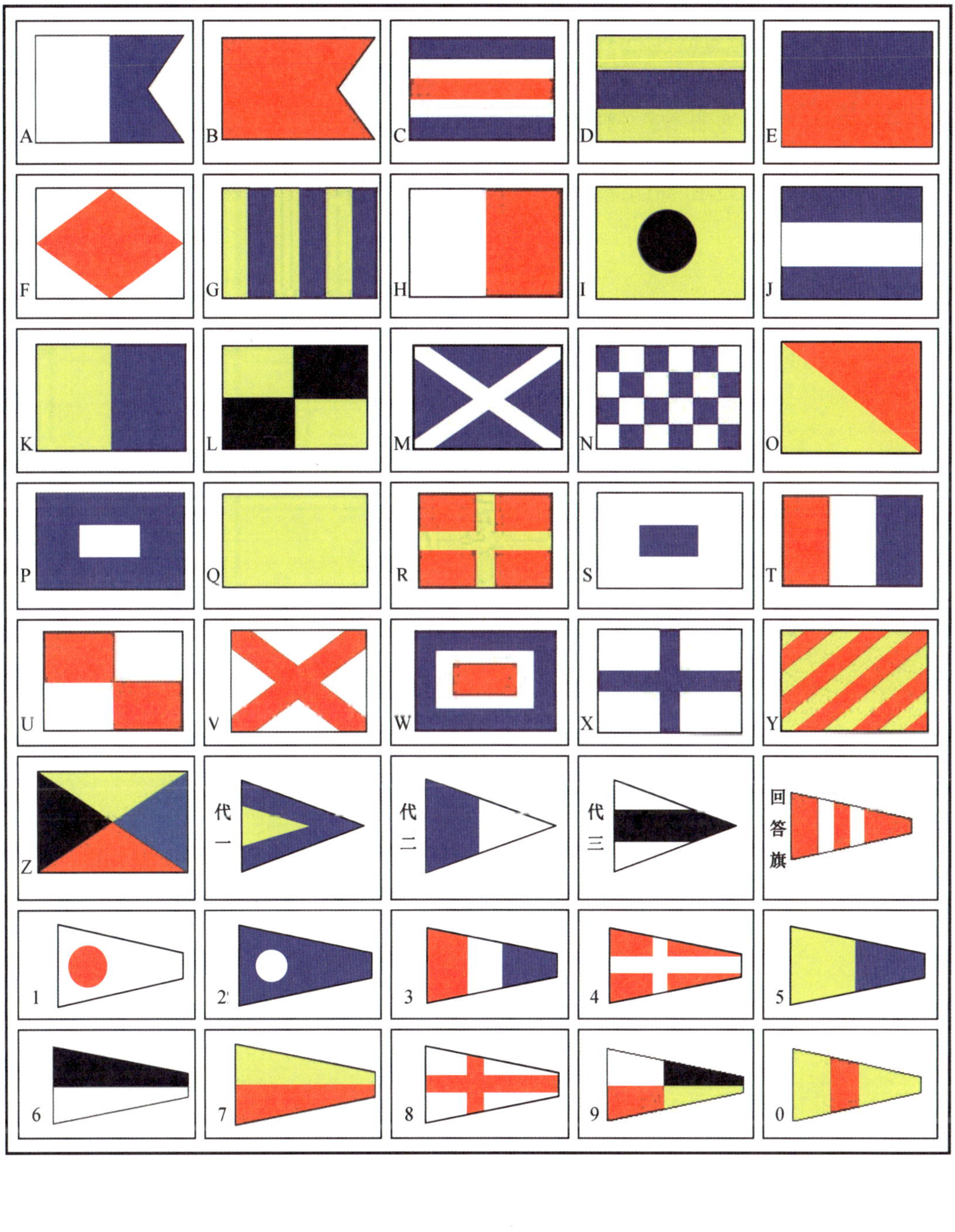

参 考 文 献

[1] 蔡存强. 海上避碰规则导论[M]. 北京:人民交通出版社,1995.

[2] 赵月林,张铎. 船舶值班与避碰[M]. 北京:人民交通出版社,2007.

[3] 吴兆麟. 船舶避碰与值班[M]. 3 版. 大连:大连海事大学出版社,2008.

[4] 王凤武,张卓. 驾驶台资源管理[M]. 2 版. 大连:大连海事大学出版社,2008.

[5] 赵月林,薛满福. 船舶操纵与避碰[M]. 大连:大连海事大学出版社,2012.

[6] 赵月林. 船舶操纵与避碰:避碰篇[M]. 大连:大连海事大学出版社,2018.

[7] 赵月林,黎冬楼,赵越. 船舶操纵与避碰:船舶避碰与值班篇[M]. 大连:大连海事大学出版社,2020.